香港文庫
學術研究專題

香港與近代中國

霍 啟 昌 香 港 史 論

霍啟昌 —————— 著

三聯書店（香港）有限公司

總序

香港，作為中國南部海濱一個重要的海港城市，有著特殊的社會經歷和文化特質。它既是中華文化值得驕傲的部分，又是具有強烈個性的部分。尤其在近現代時期，由於處於中西文化交匯的前沿地帶，因而還擁有融匯中西的大時代特徵。回顧和整理香港歷史文化積累的成果，遠遠超出整理一般地域文化歷史的意義。從宏觀的角度看，它在特定的時空範疇展現了中華文化承傳、包容的強大生命力，從而也反映了世界近代文化發展的複雜性和多面性。

梁啟超在《中國歷史研究法》中對有系統地收集史料和研究成果的重要性，曾作這樣的論述：

> 大抵史料之為物，往往有單舉一事，覺其無足輕重；及彙集同類之若干事比而觀之，則一時代之狀況可以跳活表現。比如治庭院者，孤植草花一本，無足觀也；若集千萬本，蔚已成畦，則絢爛炫目矣。[1]

近三十年來香港歷史文化研究，已有長足的進步，而對香港社會歷史文化的認識，到了一個全面、深入認識、整理和繼續探索的階段，因而《香港文庫》可視為時代呼喚的產物。

（一）

曾經在一段時間內，有些人把香港的歷史發展過程概括為"從小漁村到大都會"，即把香港的歷史過程，僅僅定格在近現代史的範疇。不知為什麼這句話慢慢成了不少人的慣用語，以致影響到人們對香港歷史整體的認識，故確有必要作一些澄清。

---

1 梁啟超：《中國歷史研究法》〔香港：三聯書店（香港）有限公司，2000〕，69頁。

從目前考古掌握的資料來看，香港地區的有人類活動歷史起碼可以上溯到新石器中期和晚期，是屬於環珠江口的大灣文化系統的一部分。由此我們可以清楚地看到，香港的地理位置從遠古時期開始，就決定了它與中國大陸不可分割的歷史關係。它一方面與鄰近的珠江三角洲人群的文化互動交流，同時與長江流域一帶的良渚文化有著淵源的關係。到了青銅器時代，中原地區的商殷文化，透過粵東地區的浮濱文化的傳遞，已經來到香港。[2]

還有一點不可忽視的是，香港位於中國東南沿海，處於東亞古代海上走廊的中段，所以它有著深遠的古代人口流動和文化交流的歷史痕跡。古代的這種歷史留痕，正好解釋它為什麼在近現代能迅速崛起所具備的自然因素。天然的優良港口在人類歷史的"大航海時代"被發掘和利用，是順理成章的事，而它的地理位置和深厚的歷史文化根源，正是香港必然回歸祖國的天命。

香港實際在秦代已正式納入中國版圖。而在秦漢之際所建立的南越國，為後來被稱為"嶺南"的地區奠定了重要的政治、經濟和文化基礎。[3]香港當時不是區域政治文化中心，還沒有展示它的魅力，但是身處中國南方的發展時期，大區域的環境無疑為它鋪墊了一種潛在的發展力量。我們應該看到，當漢代，廣東的重要對外港口從徐聞、合浦轉到廣州港以後，從廣州出海西行到南印度"黃支"的海路，途經現在香港地區的海域。香港九龍漢墓的發現可以充分證實，香港地區當時已經成為南方人口流動、散播的區域之一了。[4]所以研究中國古代海上絲綢之路，不應該完全忘卻對香港古代史的研究。

2　參看香港古物古蹟辦事處：〈香港近年的考古發現與研究〉，載《考古》第 6 期（2007），3－7 頁。

3　參看張榮方、黃淼章：《南越國史》（廣州：廣東人民出版社，1995）。

4　參看區家發：〈香港考古成果及其啟示〉，載王賡武主編：《香港史新編》（增訂版）〔香港：三聯書店（香港）有限公司，2017〕，3－42 頁。

到了唐宋時期，廣東地區的嶺南文化格局已經形成。中國人口和政治重心的南移、珠江三角洲地區進入"土地生長期"等因素都為香港人口流動的加速帶來新動力。所以從宋、元、明開始，從內地遷移來香港地區生活的人口漸次增加，現在部分香港原住民就是在這段歷史時期遷來的。[5] 香港作為一個地區，應該包括港島、九龍半島和新界三個部分，所以到 19 世紀 40 年代，香港絕對不能說"只是一條漁村"。

　　我們在回顧香港歷史的時候，常常責難晚清政府無能，把香港割讓給英國，但是即使是那樣，清朝在《南京條約》簽訂以後，還是在九龍尖沙咀建立了兩座炮台，後來又以九龍寨城為中心，加強捍衛南九龍一帶的土地。[6] 這一切說明清王朝，特別是一些盡忠職守的將領一直沒有忘記自己國家的土地和百姓，而到了今天，我們卻沒有意識到說香港當英國人來到的時候只是"一條漁村"，這種說法從史實的角度看是片面的，而這種謬誤對年輕一代會造成歸屬感的錯覺，很容易被引申為 19 世紀中期以後，英國人來了，香港才開始它的歷史，以致完整的歷史演變過程被隱去了部分。所以從某種意義上看，懂得古代香港的歷史是為了懂得自己社會和文化的根，懂得今天香港回歸祖國的歷史必然。因此，致力於香港在 19 世紀中葉以前歷史的研究和整理，是我們《香港文庫》特別重視的一大宗旨。

5　參看霍啟昌：〈十九世紀中葉以前的香港〉，載王賡武主編：《香港史新編》（增訂版）〔香港：三聯書店（香港）有限公司，2017〕，43－66 頁。

6　其實我們如果細心觀察九龍寨城在第一次鴉片戰爭以後形成的過程，便可以看到清王朝對香港地區土地力圖保護的態度，而後來南九龍的土地在第二次鴉片戰爭中失去，主要是因為軍事力量對比過於懸殊。

（二）

　　曲折和特別的近現代社會進程賦予這個地區的歷史以豐富內涵，所以香港研究是一個範圍頗為複雜的地域研究。為此，本文庫明確以香港人文社會科學為範疇，以歷史文化研究資料、文獻和成果作為文庫的重心。具體來說，它以收集歷史和當代各類人文社會科學方面的作品和有關文獻資料為己任，目的是為了使社會大眾能全面認識香港文化發展的歷程而建立的一個帶知識性、資料性和研究性的文獻平台，充分發揮社會現存有關香港人文社會科學方面的資料和成果的作用，承前啟後，以史為鑑。在為人類的文明積累文化成果的同時，也為香港社會的向前邁進盡一份力。

　　我們希望《香港文庫》能為讀者提供香港歷史文化發展各個時期、各種層面的狀況和視野，而每一種作品或資料都安排有具體、清晰的資料或內容介紹和分析，以序言的形式出現，表現編者的選編角度和評述，供讀者參考。從整個文庫來看，它將會呈現香港歷史文化發展的宏觀脈絡和線索；而從具體某一個作品來看，又是一個個案、專題的資料集合或微觀的觀察和分析，為大眾深入了解香港歷史文化提供線索或背景資料。

　　從歷史的宏觀來看，每一個區域的歷史文化都有時代的差異，不同的歷史時期會呈現出不同的狀況，歷史的進程有快有慢，有起有伏；從歷史的微觀來看，不同層面的歷史文化的發展和變化會存在不平衡的狀態，不同文化層次存在著互動，這就決定了文庫在選題上有時代和不同層面方面的差異。我們的原則是實事求是，不求不同時代和不同層面上數量的刻板均衡，所以本文庫並非面面俱到，但求重點突出。

　　在結構上，我們把《香港文庫》分為三個系列：

　　1."香港文庫·新古今香港系列"。這是在原三聯書店（香港）

有限公司於 1988 年開始出版的 "古今香港系列" 基礎上編纂的一套香港社會歷史文化系列。以在香港歷史中產生過一定影響的人、事、物為主，以通俗易懂的敘述方式，配合珍貴的歷史圖片，呈現出香港歷史與文化的各個側面。此系列屬於普及類型作品，但絕不放棄忠於史實、言必有據的嚴謹要求。作品可適當運用注解，但一般不作詳細考證。書後附有參考書目，以供讀者進一步閱讀參考，故與一般掌故性作品以鋪排故事敘述形式為主亦有區別。

"香港文庫‧新古今香港系列" 部分作品來自原 "古今香港系列"。凡此類作品，應對原作品作認真的審讀，特別是對所徵引的資料部分，應認真查對、核實，亦可對原作品的內容作必要的增訂或說明，使其更為完整。若需作大量修改者，則應以重新撰寫方式處理。

本系列的讀者定位為高中至大專水平以上的讀者，故要求可讀性與學術性相結合。以文字為主，配有圖片，數量按題材需要而定，一般不超過三十幅。每本字數在十萬到十五萬字之間。文中可有少量注解，但不作考證或辯論性的注釋。本系列既非純掌故歷史叢書，又非時論或純學術著作，內容以保留香港地域歷史文化為主旨。歡迎提出新的理論性見解，但不宜佔作品過大篇幅。希望此系列能成為一套有保留價值的香港歷史文化叢書，成為廣大青少年讀者和地方史教育的重要參考資料。

2. "香港文庫‧研究資料叢刊"。這是一套有關香港歷史文化研究的資料叢刊，出版目的在於有計劃地保留一批具研究香港歷史文化價值的重要資料。它主要包括歷史文獻、地方文獻（地方誌、譜牒、日記、書信等）、歷史檔案、碑刻、口述歷史、調查報告、歷史地圖及圖像以及具特別參考價值的經典性歷史文化研究作品等。出版的讀者對象主要是大、中學生與教師，學術研究者、研究機構和圖書館。

本叢刊出版強調以原文的語種出版，特別是原始資料之文本；亦可出版中外對照之版本，以方便不同讀者需要。而屬經過整理、分析而撰寫的作品，雖然不是第一手資料，但隨時代變遷，那些經過反覆證明甚具資料價值者，亦可列入此類；翻譯作品亦屬同類。

每種作品應有序言或體例說明其資料來源、編纂體例及其研究價值。編纂者可在原著中加注釋、說明或按語，但均不宜太多、太長，所有資料應注明出處。

本叢刊對作品版本的要求較高，應以學術研究常規格式為規範。

作為一個國際都會，香港在研究資料的整理方面有一定的基礎，但從當代資料學的高要求來說，仍需努力，希望本叢刊的出版能在這方面作出貢獻。

3. "香港文庫‧學術研究專題"。香港地區的特殊地理位置和經歷，決定了這部分內容的重要性。無論是在古代作為中國南部邊陲地帶與鄰近地區的接觸和交往，還是在"大航海時代"與西方殖民勢力的關係，以至今天實行的"一國兩制"，都有不少是值得深入研究的課題。人們常用"破解"一詞去形容自然科學方面獲得新知的過程，其實在人文社會科學方面也是如此。人類社會發展過程中的地區差異和時代變遷，都需要不斷的深入研究和探討，才能比較準確認識它的過去，它是如何承傳和轉變至今天，又將如何發展到明天。而學術研究正是從較深層次去探索社會，探索人與自然的關係，把人們的認識提高到理性的階段。所以，圍繞香港問題的學術研究，就是認識香港的理性表現，它的成果無疑會成為香港文化積累和水平的象徵。

由於香港無論在古代還是近現代都處在不同民族和不同地區人口的交匯點，東西方不同的理論、價值觀和文化之間的碰撞也特別明顯。尤其是在近世以來，世界的交往越來越頻密，軟實力的角力和博弈在這裡無聲地展開，香港不僅在國際經濟上已經顯示了它的地位，而且在文化上的戰略地位也顯得越來越重要。中國要在國際事務上取得話語權，不僅要有政治、經濟和軍事等方面的實力，在文化領域上也應要顯現出相應的水平。從這個方面看，有關香港研究的學術著作出版就顯得更加重要了。

"香港文庫‧學術研究專題"系列是集合有關香港人文社會科學專題著作的重要園地，要求作品在學術方面達到較高的水平，或在資料的運用方面較前人有新的突破，或是在理論方面有新的建樹，作品在體系結構方面應完整。我們重視在學術上的國際交流和對話，認為這是繁榮學術的重要手段，但卻反對無的放矢，生搬硬套，只在形式上抄襲西方著述"新理論"的作品。我們在選題、審稿和出版方面一定嚴格按照學術的規範進行，不趨潮流，不跟風。特別歡迎大專院校的專業人士和個人研究者"十年磨一劍"式的作品，也歡迎翻譯有關香港的高學術水平的外文著作。

（三）

簡而言之，我們把《香港文庫》的結構劃分為三個系列，是希望把普及、資料和學術的功能結合成一個文化積累的平台，把香港近現代以前、殖民時代和回歸以後的經驗以人文和社會科學的視角作較全面的探索和思考。我們將以一種開放的態度，以融匯穿越時空和各種文化的氣度、實事求是的精神，踏踏實實做好這件有意義的文化工作。

香港在近現代和當代時期與國際交往的歷史使其在文化交流方面亦存在不少值得總結的經驗，這方面實際可視為一種香港當代社會資本，值得開拓和保存。

毋庸置疑，《香港文庫》是大中華文化圈的一部分，是滙聚百川的中華文化大河的一條支流。香港的近現代歷史已經有力證明，我們在世界走向融合的歷史進程中，保留中華文化傳統的重要。香港今天的文化成果，說到底與中華文化一直都是香港文化底色的關係甚大。我們堅信過去如此，現在如此，將來也一定如此。

鄭德華

2017 年 10 月

總序

目
錄

自序

大概一年半前好友鄭德華博士到訪，尚未坐定即告知他已答應香港三聯書店邀請，負責編輯一巨型香港文獻，名為《香港文庫》。聽到這位長者老友仍興致勃勃要為香港人福祉繼續作出貢獻，正想向他親切祝賀，冷不防他突然變得嚴肅起來，向我提出一個"鬼主意"。他告訴我 2018 年是三聯七十周年紀慶，他渴望我能夠答應將我過往三十多年以來全部有關香港史的著作綜編成一巨冊，即一本完整的有關香港與近代中國的史書，作為三聯七十周年紀念出版的一部主要著作。他提醒我由於我不少的著作是在北京一流學術機構及權威出版社的刊物登載，如北京中華書局、中國史學會、中國社會科學院，而這些中央一級文獻刊印數量非常有限，相信一般港人是不容易閱讀到的。而我亦有不少著述是在世界各地一流大學及權威性學術機構的刊物發表，如日本京都東洋文庫、美國柏克萊大學、台灣中央研究院、德國海德堡大學及葡國科克布拉大學等，若非專業史家，即便是香港人也難有機會看到，因此有需要重印讓港人有機會得閱，加深港人對香港與近代中國的認識。

　　相信鄭兄這番說話是一事實，在 2011 年，即是紀念辛亥革命成功一百周年那一年，正好另一出版界好友陳萬雄博士也用同樣的理由說服我，埋頭苦幹將過往本人有關香港與辛亥革命的著述，重新綜合整理，由他策劃在香港商務印書館出版了《港澳檔案中的辛亥革命》一書。但今時已不同往日，本人現已屆長者之齡，況且早已下定決心，將個人有關香港史的研調及大學行政的工作盡快減緩至完全淡出為止。而本人亦已在香港學術界豹隱多時，絕少在公開場合露面。所以這個"鬼主意"就好像晴天霹靂一樣，令素來善於應對的我，剎時語塞，難以作答。但鄭兄知我是一個爽快之人，不是婆媽之輩，亦知我已實行全退的計劃，因此馬上主動給我一些時間考慮便告退。

　　鄭博士真誠的提議，確實令我費心考量，應否接受這個任命，工作的難度性並非我要考量的因素，這也是一件有意義有價值的事情，只是我已年事頗高，似已進入心如止水的世界，能否提升堅毅的意念去完成這個任命，我不得不三思而行。

回想本人在學界費時三十多年，銳意鑽研香港歷史檔案史料，即英國殖民地部檔案，英國外交部檔案，英國議會文書，港督私人檔案，港英政府的各種刊物如《香港藍皮書》、《香港政府憲報》、《香港立法局會議文件彙編》、《香港政府行政報告》、《香港年報》、《香港立法局會議錄》等，以及在晚清至抗日戰爭期間在香港出版的主要報刊等，主要目的是要將在這段中國近代史期間所發生的有關香港及香港華人的正確香港史實，提供給香港華人閱讀，令他們了解到香港及香港華人在晚清至抗日戰爭這段中國近代史期間，曾扮演過的重要角色以及對國家作出的巨大貢獻。但眼見當今年輕一代的香港華人，不單止不認識香港史，更無意去正視這些重要的香港史實，就好比一把利刃橫插在心底，一直令我感受到莫名的痛楚。假若這些年輕人真的從未有機會閱讀本人的香港史著作，那麼藉此機會讓他們得閱這些正確史料，將他們錯誤的認知思維得以撥亂反正，這不是本人終身冀求能夠做到的一椿頂有意義的事嗎？一想到這裡，在我這個老人身軀內仍然感受到一股熱血的沸騰，老夫聊發少年狂，決意作出最後一擊的意念油然而生，這就是最後終於答應德華兄共同努力出版這本書的唯一原因。

至於為甚麼作者要窮半生研究香港史這個問題，在本書每一章節，甚至每一字裡行間，讀者都不難找到答案。這就是在中國近代史所發生的一些重大事件，如辛亥革命的成功、中國經濟的發展、中西文化及科學技術的交流，為中國中央及地方政府作育英才，以至抗日戰爭獲得最後勝利等，香港及香港華人都曾作出重要貢獻，尤其是在抗日戰爭期間，當大部分中國土地漸次被敵人佔領，香港即成為中國抗日文化思想向外傳播的重要橋頭堡，而中華民族的意識，亦相繼得以在居住於香港的華人中延續，進而澎湃高漲，因此香港及香港華人在中國抗日的民族運動上，亦曾擔當了重要的歷史角色。

上述這些事蹟都是現今香港人值得感覺驕傲的正確史實，亦都是筆者從浩瀚的檔案資料中搜查得來的相關資料，以專業史家積累數十年的史學功力與技能，細心客觀地分析和評估，論以史出，其可信性是毋庸置疑的。

本書能夠在短短時間內編成，是得到不少人無私的輔助，首先是德華兄的細心審閱稿本及不時作溫馨而有效的催迫，本人同事羅海剛先生以他的科技知識，將不同來源的資料盡快融合為一電子版稿，另一同事禤鳳鳴女士經常超時工作協助輸入文稿，藉此機會向他們表示衷心的謝意。最後謹以此書獻給不惜犧牲一切，追隨左右四十多年的忠誠老伴及戰友，要不是得到她全心全意的精神支持及慰藉，在我枯燥乏味的閱讀檔案生涯，是肯定無法享受到既激情而又溫馨的二人世界。

第一章

明清時期的香港

現在稱香港的，多指香港地區，即是包括了英國於 1842 年割佔的香港島、1860 年割佔的南九龍半島和昂船洲、以及 1898 年租借的新界及鄰近島嶼的全部土地。驟看來，香港的歷史似乎很短，更由於英國首相巴麥尊在 1841 年 4 月 21 日曾對香港島作出以下評估："只是一荒涼海島，連一間房屋亦不容易看見到。"因此不少人有個錯覺，都認為在英國人管治之前的香港，只是一渺無人煙的荒島，並無甚麼古蹟文物，自然更談不上有社會的存在。本章的主旨在於首先簡略說明，香港地區各處不僅在石器時代以來即有文化的存在，而且一直是中國人繁衍生息的地方。然後本章將會較為詳細分析和引述可信性較高的史料及保存的古蹟文物，來證明從明至清被英人奪取前這段時間，香港地區各處已有相當完備的軍事防衛系統和行政機構，同時，當地的社會經濟和文教事業也有較大發展，與中國內地鄉村比較，並無多大遜色。

近年來在南丫島、大嶼山等地發現的史前遺址證明，香港早在新石器時代已有人類活動。香港史前文化是華南文化體系的一部分。香港出土的青銅時代遺物，與廣東以至整個長江以南的青銅文化比較，並無不同。近十幾年來，香港地區發現很多古代石刻，如石壁、東龍島、滘西灣、大浪灣、蒲台島、長洲等地的石刻均有力地證明該地區一直有古代先民居住，而且大部分石刻的花紋與中國古代青銅器及同時期的陶器紋飾極為相似。又如 1955 年九龍李鄭屋村漢墓出土的器物，無論在形制還是裝飾方法等方面，均與廣州及鄰近一帶漢墓中出土的物品基本相同。

一、明代以前的香港地區海防措施

根據中國歷史文獻的記載，現今的香港地區，早於公元前 214 年秦始皇平定南越後，設南海郡時已納入中國版圖。之後經歷漢、晉、隋、唐、五代、宋以至於明，香港地區所屬的縣治，歷代都有所更改：漢時隸屬番禺縣，晉時隸寶安縣，唐代屬東莞縣，明萬曆年間（1573－1619年）則改名新安縣。到了清代，除了在康熙年間（1662－1722年）曾一度被併入東莞縣外，香港地區屬新安縣管轄。[1]

香港地區內的地名，在中國歷史文獻中最先出現的要算"屯門"了。屯門一名早在《新唐書》中已有記載。在唐代，由於它的地理位置優越，是廣州在海上對外交通的要衝，故此有屯門鎮的設立，並駐兵作為保護往來商舶之用，更有郵驛人員負責傳遞消息，可見屯門在當時已是重要的防守及駐軍地區。到了宋代則改在大奚山（即大嶼山）設駐摧鋒軍。同時宋政府亦在香港地區內設官管治，所以兩宋間有官富司之設。及至元時則改設屯門巡檢司。相信宋之官富司和元之屯門巡檢司對香港區內一些地方都曾負起民政的職責。但在明之前，香港地區內哪些地方是屬於哪個官員的管轄地域，則難以考證。

根據本地文獻記載，中國內陸人士陸續遷移到本地區定居是始於宋代。北宋時大概由於中原戰亂的影響，而香港地區盛產莞香、珍珠及海鹽，所以吸引了一些中原人民前來。其中最早遷入的可能是元朗錦田鄧氏的始祖鄧符協。他大概在北宋熙寧年間（1068－1077年）定居在屯門河谷以北的富庶地區錦田，其後鄧氏家族繁衍，逐漸分支到屏山、廈村及龍躍頭等地。隨著鄧氏的遷入，一些現今新界的大族相繼前來定居。如新田文族、上水廖族、河上鄉侯族及粉嶺彭族。他們為香港地區的發展奠定了基礎，而且對以後當地的建設，貢獻甚大。

廣東是在1394年開始才設有海防部隊。在這一年中，明太

1　蕭國健認為在漢代香港地區屬南海郡博羅縣，而不是番禺縣管轄範圍，而直至東漢及三國時期仍然沒有改變。見蕭國健：《香港前代社會》〔香港：中華書局（香港）有限公司，1990〕，13頁。

祖下詔設立廣東海道負責守護廣東海岸以防倭寇侵犯。[2] 當時香港地區屬東莞縣界內。而又是在 1394 年這一年，明政府在東莞距離香港地區很近的地方特別設立了一個守禦千戶所。[3] 更且在同一年，又於東莞縣城東南四百里處設置了大鵬守禦千戶所。[4] 明代初年，香港地區的防禦，主要依靠東莞千戶所，但在一定程度上也有賴於大鵬千戶所的兵力，因為一小部分香港地區是在這千戶所防禦區域之內。隨後，廣東沿海防倭的巡防網絡系統便組織起來，而香港地區內一些戰略要點就相繼成為這個廣東沿海守禦系統中前哨基地之一。

根據明代有關海防的文獻，在 1540 年廣東沿海重要地區的巡防系統劃分為三路以防禦倭寇襲擊。[5] 香港地區屬於中路的範圍。如顧炎武所說："海口有三路，設巡海備倭官軍以守之⋯⋯中路自東莞南頭城，出佛堂門、十字門（在澳門港口外）、冷水角諸海澳。"[6] 中路防禦的構成是恐防倭寇在其從福建到廣東航程中，若果無法在柘林登岸，則必定會轉駛向東莞海疆。因而必然經過一些戰略港口，如屯門、大嶼山（大澳、東涌）、雞棲、佛堂門、冷水角、老萬山、虎頭門等，特別是南頭，極可能被寇船用作為停泊與潛匿的理想地點。

所有上述戰略港灣和島嶼周圍水域合起來就是防禦系統的中路。在這些港口周圍都有官兵巡邏或留駐。明文獻並未有說明這些官兵為誰，但有提及防衛系統包括陸軍和水師。香港地區的防衛陸軍應主要來自東莞千戶所，而亦有可能很少部分抽調自大鵬千戶

---

2 顧炎武：《天下郡國利病書》，101 卷，11 頁上。

3 胡宗憲、鄭若曾：《籌海圖編》，3 卷，8－16 頁；李賢、彭時：《大明一統誌》，4867－4868 頁。

4 史澄：《廣州府誌》，73 卷，1 頁上。

5 周廣：《廣東考古輯要》，30 卷，1 頁上。

6 顧炎武：《天下郡國利病書》，97 卷，9 頁下。

所。但按照明代軍制，除衛、所外還在沿海岸戰略要點設置巡檢司。[7] 位於香港區內的巡檢司是官富巡檢司。[8] 但現存的資料顯示，這個官富巡檢司是到 1570 年代才在香港地區設立的。[9] 所以在 1550 至 1570 年這段時間，主管香港地區沿岸防務的陸軍官員是東莞和大鵬兩處千戶所的指揮和千戶、百戶等。每當倭寇或其他海盜侵掠香港地區時，他們便馬上帶領部隊前往各戰略要地抵禦，而在侵掠者撤退後，這些官兵便返回平時的守衛處所。不過，設立官富巡檢司以後，負責守衛香港地區的明官員就常駐在這裡了。

除陸上巡邏外，在明時還有戰船在香港地區水域內執行任務。但明初的水師並無獨立的編制，而是置於衛、所等軍官指揮之下。因此主管香港地區的水師的官佐，也應是東莞、大鵬兩千戶所的軍官。

到 1563 年，巡撫譚綸、總兵戚繼光聯名上奏，向明廷建議設水師守衛海岸線。[10] 隨後，廣東全省水師分別組成六寨，各自負責保衛潮州、惠州、廣州、高州、雷州、瓊州等六府的海域。[11] 廣州寨主管廣州一府巡海任務，總部駐於東莞縣的南頭（自 1573 年起改屬新安縣），[12] 非常接近香港地區。調配給南頭寨的戰船共約六十艘，在佛堂門、大星、廣海等處遊弋。[13] 大多數戰船平時在今香港新界的屯門、佛堂門海面停泊，因為在本區中這兩處海水最深。[14]

7　龍文彬：《明會要》，13 卷，76 頁。

8　胡宗憲、鄭若曾：《籌海圖編》，3 卷，5 頁；茅元儀：《武備志》，213 卷，6 頁上下。

9　王崇熙：《新安縣誌》，61 頁。

10　周廣：《廣東考古輯要》，30 卷，9 頁上下。

11　同上，30 卷，3 頁上下。

12　同上。

13　同上。

14　同上，30 卷，8 頁上下。

分配到廣東水師各寨的戰船為四級。[15] 每艘船員人數從四十名至七十名不等，視船隻大小而異。每四艘戰船有官佐一名總管。[16] 水手由主管海岸防務的官佐招募，費用從布政司所撥專款項內支付。[17] 有理由相信，直到 1565 年止，主管水師的官佐也就是東莞、大鵬兩千戶所的軍官。此後有一名參將被任命為南頭寨的指揮，麾下共有水師兵員一千四百八十六名。[18] 他同時還兼統陸軍一營，計三百三十名。[19] 南頭寨水師擁有大小戰船五十三艘，負責守衛廣州府海域所有戰略要區。這些水師兵員和船隻平均分配到六個巡防前哨基地，即佛堂門、龍船灣、洛格、大澳、浪陶灣和浪白，合稱六汛。每汛駐水師員兵二百一十名，戰船八艘。[20] 從此防務系統集中化了，組織也較良好。

到 1586 年，由一員軍階較高的總兵常駐南頭指揮，以代替原來的參將。[21] 但這只實行了四年，1590 年又恢復由參將統率。由於倭寇活動日益猖獗，南頭寨的兵力相應地於 1591 年增加到兩千零八名，屬下戰船也增為一百一十二艘。[22] 除這些變動外，戰船的停泊點也擴大到包括屯門、九龍、急水門、東涌、西涌、鵝公頭等多處，其中可考定在香港地區海域以內的至少有七處之多。[23]

---

15 羅學鵬：《廣東文獻》，4 輯，9 卷，6 頁。

16 同上；茅元儀：《武備志》，213 卷，15 頁上。

17 同上。

18 王崇熙：《新安縣誌》，55 頁；靳文謨：《新安縣誌》，8 卷，12 頁下 – 13 頁上。

19 靳文謨：《新安縣誌》，11 頁上。

20 同上，11 頁上 – 12 頁上。

21 同上，有關此六汛地在現今香港區的正確位置，可參看林天蔚、蕭國健：《香港前代史論集》（台北：台灣商務印書館，1985），250 – 251 頁。

22 靳文謨：《新安縣誌》，8 卷，12 頁上。

23 同上。

1614 年，兩廣總督張鳴岡奏稱，日本人在澳門得到葡萄牙人庇護，難以管束，應將其逐出澳門。[24] 當時有人強烈主張連葡萄牙人也一併驅逐出境，張鳴岡卻有不同的看法。他建議准葡萄牙人留居澳門，但應該立法加以管制，並加強該地區的守備兵力，以資防範。[25] 結果於 1617 年派出一員參將統兵一營駐守澳門以北約五十里的雍陌村（屬香山縣），擔任該地區的水、陸防衛。[26] 1621 年，參將改駐距離澳門更近的前山，所轄水師有兵員一千二百名，大小巡船五十艘，守衛通往澳門港入口的十一處戰略前哨點。[27] 這支兵力中，有士兵六百八十名、船三十三艘，是從南頭寨抽調的。[28] 南頭寨的兵力似乎減弱了，但因它所轄海域的範圍大大縮小，所以香港地區的防衛反而更有效率。[29]

綜上所述，自從 1394 年設立廣東海道以後，香港地區已經成為廣東沿海防倭守禦系統中的前哨基地之一。也是在這一年，設立了一個總部離香港地區很近的特設千戶所。到 16 世紀 50 年代，在廣東海上巡邏劃分三路之後，明代海防文獻已時常提到屯門、佛堂門、大澳、東涌等地名。這些地點在海防系統中地位重要，有幾個原因。首先，它們都位於通往南頭半島的航路上。南頭半島是防備敵船沿珠江上駛進入廣州的主要屏障，其戰略重要性在 1586 年兩廣總督和御史的聯名奏章中講得很清楚。他們建

---

24 《明實錄》（台北：中央研究院歷史語言研究所，1965），527 卷，3 頁上；沈德符：《野獲編》，30 卷，37 頁上－38 頁上；印光任、張汝霖：《澳門紀略》（台北：成文出版社，1968），1 卷，10 頁上－10 頁下。

25 印光任、張汝霖：《澳門紀略》，1 卷，10 頁上－10 頁下。

26 同上，1 卷，10 頁下。

27 同上。

28 靳文謨：《新安縣誌》，8 卷，12 頁下。

29 同上，11 頁下－12 頁上。

議派總兵駐守南頭以便充分控制這一"通往廣州的門戶",[30] 因外來船隻雖可直達澳門,而由澳門至省,則水淺不能行駛,必須由大嶼山經南頭,直入虎頭門,以抵於珠江。[31] 所以,上述各處地點周圍水域需要有船隻經常巡弋,以便對企圖上駛珠江口的外來船舶進行監視。這就是在屯門、佛堂門、大澳和東涌設立巡防前哨點的原因。其次,這些地方海水較深,是負責守衛廣州一府海疆的南頭水師大號戰船的理想停泊點。

明政府在九龍建有軍事設施。萬曆九年(1581年)應檟編的《蒼梧總督軍門誌》中的海防圖對九龍已有記載。萬曆年間完成的郭棐著《粵大記》的廣東沿海圖內記有九龍山一地。清康熙朝編的《新安縣誌》引用明朝舊誌所載香港及鄰近地區的海防設施,也提及九龍是重要汛站之一。[32]

明代在香港地區設立的防禦措施,原是保衛廣東沿岸重要地區的防倭巡防網絡系統的一部分。但倭寇問題未完全解決,葡萄牙人的東來又引發了新的問題。西洋人(葡萄牙人,在明文獻又稱"佛朗機")在澳門的出現和留駐,引起許多明朝官員的關注。他們關心怎樣設立防止葡人從澳門侵擾入內地的措施。[33] 關注的結果是明朝的廣東地方官員為了容許西洋人在澳門進行貿易,建立了一套細緻的防禦機制,對在澳門及附近區域(包括香港地區的一部分)出現的外國人進行監察和管理。[34] 所以在倭寇被平定

---

30 王崇熙:《新安縣誌》,25頁。

31 王崇熙:《新安縣誌》。大嶼山,清代以前稱"大奚山",現香港政府仍從"大嶼山"一名為該島(英文為 Lantau Island)之中文官式名稱。

32 靳文謨:《新安縣誌》,8卷,12頁上。

33 Fok Kai Cheong, *The Macao Formula: A Study of Chinese Management of Westerners from the Mid-Sixteenth Century to the Opium War Period*, pp.140-154.

34 同上。

以後，在這地區的海防都仍然不放鬆戒備。上文所述位於香港地區水域內的屯門、佛堂門，大嶼山的大澳和東涌以及其他海灣，在這防禦系統中地位相當重要。它們都位於通往南頭半島的航路上，而南頭半島是防備葡萄牙、荷蘭船隻沿珠江上駛進入廣州的主要屏障。因此上述各處海澳周圍水域需有防衛船隻頻繁巡邏，這就是明廣東官員要在屯門、佛堂門、大澳和東涌等處設立巡防前哨點的原因。這些為一般人熟識的明朝巡防要點都是設立在現今新界及離島。但根據一些可信性高的明清史料，在明萬曆年間（1573－1619 年）九龍一地也是一個重要汛站，而且肯定已設有防禦措施。[35]

史料表明，在這一時期中東莞縣（後來是新安縣）沿岸地區遠不是和平、安靜的。記載中曾有好幾次海寇劫略的嚴重事例。[36]這些海寇的主要成員包括廣東稱為"蛋家"的流動性水上（即艇居）居民，以及從福建沿岸軍事前哨點逃跑而以離澳門港約六十里的離岸島嶼為巢穴的逃兵。[37]這些海寇與外國人有密切聯繫並被指控為曾挑動日本人或葡萄牙人參與劫略。[38]但是，與同一期間香山縣所受到的次數多得多的侵犯相比，就可見香港地區的守軍在對付騷亂上的效率明顯是較高的。

據資料記載，葡萄牙人於 1521 年曾駛入香港地區，意圖前往廣州貿易。當這些西方來客拒絕在售出貨物前離去的時候，據文獻記錄他們曾在屯門港附近與明朝水師激烈交鋒。[39]擊敗葡人的功勞被歸於當時廣州水師的指揮官海道副使汪鋐，因為他能招

---

35 霍啟昌：《香港與近代中國》〔香港：商務印書館（香港）有限公司，1992〕，23 頁

36 史澄：《廣州府誌》，79 卷，1 頁下；9 頁上；11 頁上下；16 頁上。

37 同上。

38 田明曜、陳灃：《重修香山縣誌》，22 卷，5 頁上－18 頁上。

39 嚴重簡：《殊域周咨錄》，9 卷，19 頁。

募到曾經長期同葡人在一起，懂得製造大炮和火藥的兩名華人在他麾下服務，汪氏的勝利在頗大程度上即由於兩人所造的大炮。[40] 1623 年又發生了荷蘭船隻侵入佛堂門水域，近岸停泊的事件。在接到荷蘭人企圖登陸的報告後，新安知縣陶學修立即率領鄉勇去增援岸防部隊。[41] 陶氏因為親到現場視察防務，終於驅逐了外來的侵犯者。到 1630 年，再有海寇侵入，據報有超過一百艘平底戰船突入佛堂門外水面，擬在南頭半島登岸，劫略鄰近地區。[42] 南頭寨水師指揮官參將陳拱即調集屬下戰船在佛堂門外截擊海寇，在初次接戰中陳拱告捷，奪得敵船七艘。海寇隨即改變策略，轉航避開政府水師船隻，而偷入南頭水面。[43] 由於陳拱所統戰船數量遠不及海寇船隻之多，他不敢追擊，而是回到南頭寨內，加固城牆預防海寇的攻撲。[44] 海寇圍城多日未能攻下，在其首領被政府軍隊發炮擊斃後，便解圍再次出海，開始在沿岸進行一系列劫略活動。[45] 廣東巡撫授權陳拱集結戰船百餘艘，與海寇進行一系列激烈戰鬥。陳拱終於平定了海寇，但是他本人亦在作戰中喪生。

我們不妨進一步追問，在香港地區發生的、牽涉到日本海寇、葡萄牙人和中國叛黨的上述事件，只是簡單的孤立事件，還是相互聯繫的呢？若是相互聯繫的，那麼它們同明史上較重大的問題又有甚麼關係呢？

明朝自於 1368 年建國後，即禁止臣民出海與外國貿易。唯一被容許的外貿形式是伴隨著按固定貢期來華的使團的朝貢貿易。但是，到 16 世紀初年，這種在明朝中華中心世界秩序的有

40　嚴重簡：《殊域周咨錄》，9 卷，19 頁。

41　史澄：《廣州府誌》，79 卷，9 頁上。

42　同上，11 頁上－11 頁下。

43　同上。

44　同上。

45　同上。

利條件下成為常規的外交和貿易體制，已經受到東亞、東南亞政治發展的威脅，有解體之虞。在日本，中央政府無力控制全國，強而有力的軍事家族便為派出朝貢使團的權利而爭鬥不休。如大內、細川兩家的仇怨竟導致 1523 年福建沿海的大騷亂，於是明朝停止了日本對明的朝貢貿易。[46] 葡萄牙人於 1511－1512 年接管馬六甲也打破了和諧。以前廣州是東南亞各個明朝藩屬國朝貢使團來華的停泊港口。葡人仿照馬六甲的先例於 1517 年來到廣州。廣東地方官員容許這些外國人進行貿易，但是葡人對於未經明廷批准的貿易卻並不滿足。他們冒充馬六甲貢使，冀得進京朝見明帝陰謀失敗後，明朝天子宣佈禁令，終明朝一代葡萄牙人被禁止與中國貿易。[47]

明朝的禁令並沒有使來華貿易的外國人（葡萄牙人和日本人）止步不前。日本人開始轉而採取違禁的方法來進行有利可圖的貿易。中國沿海各省的華人，急於牟取厚利，也有樂意同外國人勾通協作的。由於政府的監察和管理都付闕如，違禁貿易成為華人協作者同日本人之間的私人事務。這兩個集團之間爆發暴力鬥爭時，常導致日本人在中國沿海地區的劫略，使“倭寇”問題再次出現而且更加惡化。與此同時，葡萄牙人試圖在廣州與明朝政府建立合法的貿易關係遭到挫折後，也於 1523 年後開始參加福建、浙江沿海日本人及其華人協作者之間的違禁貿易。這樣，葡萄牙人便同嘉靖年間（1522－1566 年）一直猖獗的海盜、走私活動密切結合在一起，無法擺脫。所以，明朝政府在 1550 年代所稱的“倭寇”，實際上是一個由私販和侵略分子組成的國際性

---

46 Fok Kai Cheong, *The Macao Formula: A Study of Chinese Management of Westerners from the Mid-Sixteenth Century to the Opium War Period*, pp.15-17.

47 同上，33－44 頁。

集團。

　　因此，所謂"倭寇"問題原來是比單純的外來威脅即日本海盜侵擾海岸更加複雜的。明朝當局雖然也及時認識到問題的複雜性及它發生的根本原因，但這一認識是漸次形成的。隨著"倭寇"問題真正性質的判明，可以確定它有幾個特點。第一，這個問題帶來了對明朝的內部威脅，因為明朝本身的不滿分子（即沿海的勢家和土豪）在帶領日本人劫略沿海地區中起了主要作用。第二，走私和海盜行為構成了倭寇問題的主要成分，必須同時對付。最後，明朝的海禁政策必須重新評價，因為上述走私和海盜行為在很大程度上是這個政策引起和促成的。[48] 從 1520 年代起，明朝當局在四十年或更長的期間內被迫要對不斷發生的事件、情況和危機隨時作出回應，致力尋找一道最終可以結束這種病象的藥方。這確實不容易，因為這樣一項政策不僅要能根除走私和海盜行為，而且還必須為海上貿易，從而也為外交關係提供一種解決辦法。明廷在採取明確政策前一直遲疑不決，其故在此。[49]

　　明朝當局雖然需要一段長時間才能提出根本的解決方案，卻很早就痛切地感覺到"倭寇"問題絕不只是外來威脅的危險那麼簡單。動亂是由中國本身的不滿分子從內部促成的。大陸居民中一些人的協作是海盜劫略得到成功的重大保證，明朝的防禦戰略家和決策人物對這一點都嚴重關注。所以，對外來劫略者的防禦同時等於對潛在的協作者和漢奸的內部管制。[50] 主要的理由是，當浮海而來的劫略者和其供應來源被完全截斷的時候，沿海侵略的問題就會很易解決。因此明朝的決策人物就假定，當外國人被割

48　So Kwan Wai, *Japanese Piracy in Ming China During The Sixteenth Century*, pp.32-36; pp.43-64.

49　Fok Kai Cheong, *The Macao Formula: A Study of Chinese Management of Westerners from the Mid-Sixteenth Century to the Opium War Period*, p.20.

50　參看陳子龍：《明經世文編》。

斷了同中國內部叛逆分子聯繫以後，他們就不能形成難以對付的威脅了。[51]

日本人和其協作者的海盜劫略及走私活動在 1550 年代中更趨激烈，從浙江向北擴展到江蘇沿海，向南蔓延到福建、廣東沿岸。在這個時候，各省當局受到來自北京的壓力，要對本地區內的國際性劫略集團採取強有力的行動。這就是香港地區那一套細緻的監視、防衛機制到 1550 年代才開始建立的原因。廣州官員也企圖加強地方海岸守衛制度，但是他們心中卻抱有另一個目的。自從葡萄牙人被驅逐以後，廣州與東南亞各國之間的貿易一直沒有恢復以前的規模和重要性。貿易縮減的主要原因是一部分東南亞國家已經落入葡人之手，在中葡歧見未有得到和解之前，是不會有船隻從這些國家前來中國的。結果廣東陷入一場劇烈的經濟危機。因此，廣州官員們急望與葡萄牙人通商，以求改善嚴重的財政形勢。

葡萄牙人一方的迫切需要也促使他們同中國省級官員達成協議。葡人對日本貿易的基礎是以中國絲織品交換日本的白銀而由葡人擔任中介人。這項貿易已經發展到相當龐大的規模，產生了豐厚的利潤，所以葡萄牙人強烈希望確保中國產品供應。他們所需要的是詳細擬訂雙方都能接受的貿易細節。[52] 對廣東官員來說，允許外國人進入廣州城內將會在治安上引起極大的風險，特別是發現葡萄牙人同日本人有密切關係以後，風險之大就遠不是廣東官員們所能準備接受的了。不過，從多年來同外國人接觸的經驗中，官員們已經懂得，只要能夠防止葡萄牙人與無所顧忌的日本人或叛逆的中國居民協作，那麼光是葡人自身是不能對當地治安

---

51 Fok Kai Cheong, *The Macao Formula: A Study of Chinese Management of Westerners from the Mid-Sixteenth Century to the Opium War Period*, pp.22-23.
52 同上。

形成可怕的威脅的。假如把他們限制在一個地區，而政府在該處又擁有充分的手段來嚴密地監視及審查那些充當雙方交往媒介的當地居民，那麼就能進行貿易了。但是這個地區必須離廣州較近方可滿足葡人的需要，而且也必須有強大的守衛力量。[53]

最後被選中為貿易地點的地方是濠鏡（澳門）。[54] 但是在此之前，廣州官員們為了接待葡人曾允許外國船舶到廣州港南方的一些島嶼停泊，如浪白滘、上川島等處。在中國和西方的文獻中都可找到葡萄牙人常在這些島上出入的證據。這些史料都缺乏詳細的記載，但所述足可互相印證。[55] 由這些記述可知，在前述各離岸島嶼上葡萄牙商人與自廣州乘小船前來的華人無疑已進行相當大規模的貿易了，[56] 有跡象表明，葡萄牙人逐漸想轉到廣州城內貿易，[57] 原因不大清楚。但是，在這些海島上所能得到的機會明顯滿足不了葡人，他們已在開始期望與廣州市集相聯繫的、大得多的商業前景了。對廣東官員來說，葡人的可憎形象是不可能容易克服的。一定不能允許外國人進入廣州；外國船隻由於吃水較深必須駛經某幾條航道才能進入廣州，這些航道必須設防守衛。這就說明了為甚麼廣東水師的總部要設在南頭，同時也解釋了為甚麼在大嶼山上一些地點，在屯門、佛堂門和香港海域中其他戰略據點建立眾多的防禦前哨基地。這些軍事設施構成一個周密的防禦機制的一部分，其作用是控制企圖駛入廣州港經商的外國船隻。

到 16 世紀末，廣州官員們已經逐步確定了一項政策以適應明朝外交政策中的兩種實際情況：其一是海上對外貿易是有利可

---

53 Fok Kai Cheong, *The Macao Formula: A Study of Chinese Management of Westerners from the Mid-Sixteenth Century to the Opium War Period*, pp.22-23.

54 同上，71－91 頁。

55 同上，60－62 頁。

56 同上。

57 同上，61－62 頁。

圖的，可以允許，但必須加以管制；其二是有效的海岸防衛是必要的。這一政策來源於那些導致"倭寇"問題惡化並產生"葡萄牙人問題"的特殊歷史環境和事件。廣東省官員所設計的方案，其可行性在很大程度上有賴於有效而充分的防禦設施，以防止葡人突入內地或從珠江口上駛進入廣州。因此廣東官員們便力採主動，加強澳門周圍的地方防禦系統並且沿著通向珠江口的航道設立防衛前哨點。這就說明了在"倭寇"問題解決後仍然保留香港地區範圍內軍事措施的原因。所以，我們要在導致"倭寇"問題惡化及"葡萄牙人問題"產生的那些歷史環境中，以及事件的背景下來理解明代這些在香港地區內所建立的軍事設施，而且還要看到，這些軍事設施乃是為使上述方案得以有效推行而在澳門和其鄰近地區周圍建立的周密防衛機制的組成部分。

二、清代的香港地區實況

1. 香港島

根據 1841 年 5 月 15 日《香港公報》（*Hong Kong Gazette*）第二期所記載的香港島人口分佈情況，赤柱（村鎮）和筲箕灣（石礦、大村落）的居民人數最多，分別是兩千名及一千二百名。島上其他居民點有黃泥涌（農村）、香港（大漁村）、公岩（石礦、貧窮村落）、石凹（石礦、貧窮村落）、群大路（漁村）、掃桿埔、紅香爐、西灣、大潭、東鼓（以上為小村落）、大石下、土地灣、石塘咀（以上為石礦、小村落）及大浪（小漁村），居民人數由五名至三百名不等。[58] 上述這些港島地名，見於明《粵大記》廣東沿海圖的有赤柱、黃泥涌、筲箕灣及香港，足見這些地方最晚在

58《中國叢報》（*The Chinese Repository*）第 10 卷第 5 期（1841 年 5 月），
　　287－289 頁。

明代已有人聚居。[59]

　　從上引《香港公報》的記載可以得知，港島原來的居民共有三大類，即漁民、農民及打石工人。按比例漁民應是多數，而赤柱則是港島人口最多的地方。據 1841 年參與侵佔港島的英國官員參遜（A.R.Johnston）描述："赤柱村是全島最大及最重要的村落⋯⋯共有房屋及商鋪一百八十間⋯⋯居民從事農耕、商業及醃曬鹹魚，約有農田六十畝⋯⋯常有為數三百五十多艘大小船艇在此碇泊。"[60] 由此可見，當年赤柱是個相當繁榮的漁港市鎮。

　　又上引 1841 年《香港公報》第二期所列港島各居民點中，有六處指明是石礦村落，足見在 1841 年以前有不少港島居民是從事打石及採石工作的。其餘的居民點大概都是農村和漁村。從現存的新界族譜得知，當時一些新界大氏族曾擁有港島部分田地。例如錦川的鄧氏即在黃泥涌、香港村及薄扶林村擁有田地，上水廖族在掃桿埔佔有五十畝農田。此外，南頭的黃族則擁有港島南部赤柱、深水灣、淺水灣一帶的若干田地。[61] 他們住在大陸，將名下的港島田地租與佃農，只著意收租，一般不過問港島的事務。

　　英人佔領港島以前，清政府在島上派駐由千總、把總等統率的綠營兵。與中國其他地方一樣，其駐防和巡邏的地區稱汛地。同治朝編的《廣東圖說》談及香港島的形勢時有以下的記載："舊有居民數十戶，東有紅香爐汛，東南有赤柱汛。"[62] 嘉慶朝《新

59　見郭棐：《粵大記》，32 卷，政事類海防卷末，廣東沿海圖。

60　參遜：〈香港島紀事〉（A. R. Johnston, *Note on the Island of Hong Kong*），原載《倫敦地理雜誌》。《1846 年香港年鑑及行名錄》轉載（*London Geographical Journal*, XIV, reprinted in the Hong Kong Almanack & Directory for 1846）。

61　丁新豹：〈香港早期之華人社會〉（香港：香港大學博士學位論文，1988），19 頁。

62　桂文燦：《廣東圖說》，13 卷，8 頁下。

安縣誌》說，赤柱有兵防守。道光二年（1822年）完成的阮元的《廣東通誌》說，紅香爐水汛由千總、外委各一員，率領汛兵撥配米艇巡洋。[63] 又閩浙總督顏伯燾道光二十一年（1841年）的奏摺中也指出："香港為商船內駛必由之路，其島曰紅香爐，上有營汛居民，並非偏僻小港可比。"[64] 1841年1月，英軍統帥伯麥（G.Bremer）曾照會清大鵬營副將賴恩爵，要求"速將該島（香港）各處所有貴國官兵撤回"。[65] 上引各文獻足以證明，在英軍登陸前，香港島一直都有清朝汛兵駐守。

鴉片戰爭以前，港島的地方事務多由當地耆老按照清朝法律和鄉約處理。英人強佔港島後，義律（Charles Elliot）於1841年2月1日頒佈的第一個告示稱："至爾居民，向來所有田畝房舍產業家私，概必如舊，斷不輕動。凡有禮儀所關，鄉約律例，率准仍舊，亦無絲毫更改之議。……擬應大清律例規矩之治，居民除不拷訊研鞫外，其餘稍無所改。凡有長老治理鄉里者，仍聽如舊。……責成鄉里長老，轉轄小民，使其從順毋違。"[66] 這段文字清楚地表明，以往港島主要是由一些長老依照鄉約和清朝律例來治理的。又柴灣羅屋羅氏族人所藏乾隆三十三年（1768年）的田土買賣契據，內有"緝盜安民……十家之內，互相稽察"字樣。[67] 羅屋村的羅子行並曾被委任為甲長，可知乾隆年間曾在港島

63 阮元：《廣東通誌》，175卷，26頁，經政略，兵制三。

64 文慶等編：《籌辦夷務始末》（道光朝）（北京：中華書局，1964），30卷，1094－1095頁。

65 佐佐木正哉編：《鴉片戰爭の研究》（資料篇）（東京：東京大學出版會，1964），75頁。

66 中國史學會主編：《中國近代史資料叢刊——鴉片戰爭》，4冊（上海：上海人民出版社，1962），239－240頁。

67 丁新豹：〈香港早期之華人社會〉，30頁。

推行保甲制。[68]

　　根據現存碑記，赤柱的居民在道光二十七年（1847 年）曾經重修繕安公所。[69] 通常一座建築物不會只經歷幾年便需要重修，所以這公所極可能創建於英人登陸港島以前。這個組織的設立是為了處理地方事務，其中一項重要工作是維護禮法。它通常設在廟宇內或是廟宇的附近。

　　據參遜記載，英人登陸港島時發現島上有三所廟宇，即赤柱的天后廟，鴨脷洲的洪聖廟和紅香爐的天后廟。[70] 查同治七年（1868 年）刻的《天后古廟碑記》內有以下記述："茲紅香爐天后宮，創建有年，自道光甲辰（1844 年）重修以來……"[71] 也就是說 1844 年這座天后古廟已需要重修，估計此廟在英人入侵前已經存在。

　　又據 1845 年在筲箕灣海心廟所立的碑文《新建天后聖母古廟碑記》，當時在香港島上，香火最盛的天后廟是早已建立在石排灣的一座，[72] 因此在 1841 年之前，石排灣無疑已建有廟宇。根據許舒博士近年的研究，在英人登陸以前，香港島上的居民已建有最少十座廟宇。[73] 天后（媽祖）是福建、台灣等地區民間供奉的海神，港島居民集資建廟，供奉天后，在宗教信仰上與福建等省居民完全一樣。

---

68 丁新豹：《香港早期之華人社會》，30 頁。

69 科大衛、陸鴻基、吳倫霓霞合編：《香港碑銘彙編》，1 冊（香港：香港市政局，1986），102 頁。

70 參遜：〈香港島紀事〉，載《1846 年香港年鑑及行名錄》。

71 科大衛、陸鴻基、吳倫霓霞合編：《香港碑銘彙編》，1 冊，102 頁。

72 同上，1 冊，98 頁。

73 許舒：〈1841 年前的香港島〉，載《英國皇家亞洲學會香港分會會刊》，24 卷（1984），127－129 頁。

以上許多事實，歸納起來有這樣幾個要點：

一、鴉片戰爭以前，香港島上有清朝正規軍常川駐守，保衛中國南部海疆。

二、清朝的法律在香港島具有充分效力。有些史料表明，當年港島曾實行與大陸相同的保甲制。

三、中國人民在港島建立了許多大小村落，他們披荊斬棘，從事捕撈、耕種、打石等業，為開發港島作出不可磨滅的貢獻。

四、港島實行與當時中國大陸相同的土地制度，居民的風俗習慣以至宗教信仰也與閩粵沿海一帶大致相同。

這些就是 1644 年至 1841 年香港島的基本情況。

2. 九龍半島

清初因沿海寇患頻繁，兼之鄭成功佔據台灣抵抗，因此清政府厲行沿海遷界。康熙七年（1668 年）恢復舊界，並且在新安縣沿邊設墩台二十一座以鞏固海防，其中包括九龍墩台，派士兵三十名防守。[74] 康熙二十一年（1682 年），新安縣裁減兵員，並將縣內二十一座墩台削減為八座。但九龍台駐軍並不在裁汰之列，只改名為九隆汛，駐兵十名。[75] 工部尚書杜臻被康熙帝派到廣東和福建巡視復界後，增加了九龍台的駐軍。

乾嘉年間沿海寇患仍熾，加以西人東來的威脅增加，因此清政府在沿海增設更多汛營及炮台。嘉慶十五年（1810 年）新安知縣李維榆請求將原佛堂門炮台一座移建於九龍寨海旁。經總督百齡批准，於嘉慶十六年（1811 年）建成。[76] 此炮台周圍三十一丈，南面安炮八位，其餘三面均係馬牆，東邊開門，內有官廳、

---

74 靳文謨：《新安縣誌》，8 卷，4 頁下－5 頁上。

75 同上，8 卷，9 頁。

76 顧炳章：《勘建九龍城炮台全案文牘》（以下簡稱《文牘》），17 頁，25 頁。

兵房共十間。[77] 道光初年,此台由千總一員,外委一員,率防兵三十八名駐守,而九龍海口汛則撥防兵十名駐守。[78] 至道光二十六年(1846年)該炮台仍由千總一員,配台兵丁四十二名防守,另有協防外委帶兵二十名分駐九龍海口汛。[79]

鴉片戰爭期間,英人多次覬覦九龍,於是清廷下令督臣前往九龍踏勘,以謀強化該地的防衛措施,道光二十六年(1846年)決定在九龍興建城寨。[80] 在此之前,清廷在道光二十三年(1843年)已改調大鵬營副將一員、九龍司巡檢一員駐紮九龍,以加強該地的防衛。[81]

九龍城寨是在道光二十六年(1846年)十月初七日興工,於次年四月十八日完竣的。[82] 整個城寨包括以下幾種軍事建築物:石城一座,周圍一百八十丈,高連垛牆一丈八尺,內東西南三面城牆厚一丈四尺,北面城牆厚七尺。後山建粗石圍牆一道,長一百七十丈,高八尺,厚三尺。武帝廟一所,副將、巡檢衙署各一所,演武亭一所,軍裝局一間,火藥局一間,兵房十四間。[83] 城上敵台東西南三面配炮三十二位,北面依山毋庸備炮。[84] 除此之外,更將原有的九龍炮台南面炮牆加高培厚,內有之官廳、兵房一律修釬,並添易三千斤炮二位。[85]

---

77 《文牘》,17頁,25頁。

78 阮元:《廣東通誌》,175卷,經政略,兵制三,水師提標左營及大鵬營條。

79 《文牘》,25–26頁。

80 《文牘》,3頁。

81 同上,4頁。

82 同上,73頁。

83 同上,67頁。

84 同上,5頁。

85 同上,6頁。

從以上各種文獻所載有關九龍半島的軍事措施，可知自清初以來，清政府在那裡一直駐有官兵防守。鴉片戰爭以後，清政府進一步加強了九龍防務。

道光年間，九龍半島在經濟上也有明顯發展。在道光二年（1822年）立於九龍侯王廟內的《重修侯王古廟碑記》中，詳細列出捐贈者的姓名，其中店鋪名字至少有一百個。[86] 這不僅證明當年已有不少人在九龍半島居住，而且這個地方的商業也相當興盛。

《勘建九龍城炮台全案文牘》中存有道光帝在興建九龍城寨之前諭令兩廣總督委員前往當地作實地勘查的珍貴記錄。其中有關當時九龍的資料較縣誌準確、詳細得多。《文牘》指出，道光二十六年（1846年）時，九龍地方鋪民雲集，漸成市鎮。[87]

《文牘》還指出：在九龍白鶴山五里以內沿海一帶，店鋪民房數百餘戶，名叫九龍寨，現有副將和巡檢在此駐紮。[88] 可見當時這一帶已經相當繁盛。

此外，九龍半島在英人佔據以前，建有廟宇和義學。據現存九龍城侯王廟的《重修楊侯王宮碑記》，[89] 1822年此廟已需要重修，可見它的落成遠在道光朝以前。

另據現仍可在九龍城衙前圍天后廟見到的《重修天后宮碑記》（民國時立），其中提及："我九龍衙前圍，天后古廟，歷史遒遠……闔鄉生靈，賴其樾蔭者，垂七百餘年矣。迨清雍正間，曾加重修。"[90] 若據此說，那麼這座天后古廟遠在宋代便已經建成。

---

86 科大衞、陸鴻基、吳倫霓霞合編：《香港碑銘彙編》，76頁。

87 《文牘》，9頁。

88 同上。

89 科大衞、陸鴻基、吳倫霓霞合編：《香港碑銘彙編》，75頁。

90 同上，2冊，595頁。

還有九龍旺角的觀音廟，內有 1927 年刻成的《重建大石鼓水月宮勸捐小引》碑文，其中提到水月宮一直香火鼎盛，已歷百有餘年。[91] 由此可見，此廟在英人奪取九龍半島之前數十年即已存在。

道光二十七年（1847 年），九龍官紳於城寨內興建龍津義學。香港島自從被英國佔領以後，人情重貨寶而薄詩書，[92] 因此九龍城寨勘建委員認為有必要捐建民間義學，[93] 以振興九龍城的風氣，"士氣既伸，而外夷亦得觀感於弦誦聲明，以柔其獷悍之氣"。[94] 這就是興辦龍津義學的由來。

大量事實說明，九龍半島在 1860 年以前不僅是廣東海防要地，而且清政府在這裡建有城寨，經濟和文化均有較大的發展。

3. 新界及離島

新界本土及離島是在 1898 年租借給英國政府的。早在宋元時期，已有不少大氏族從中原遷居到這一帶地方。到了清朝，這個地區已有相當完善的軍政制度。至於當地的文化教育事業，歷史更為悠久。

如前所述，新界本土及離島一些戰略性地點如佛堂門、龍船灣、大澳，浪淘灣等在明代已設有汛站。康熙年間更在這個地區內增設墩台。到了雍正年間，清政府在佛堂門及大嶼山增建炮台各一座，以鞏固這個地區的海防。[95]

乾嘉兩朝，清政府在沿海增設更多汛營及炮台，以防海盜和

---

91 科大衛、陸鴻基、吳倫霓霞合編：《香港碑銘彙編》，2 冊，478 頁。

92 同上，1 冊，101 頁。

93 《文牘》，65 頁。

94 科大衛、陸鴻基、吳倫霓霞合編：《香港碑銘彙編》，1 冊，101 頁。

95 蕭國健：《清代香港之海防與古壘》（香港：顯朝書室，1982），1–2 頁。

西方殖民勢力的侵擾。新界地區歸新安營防守，屯門及大埔頭等墩台即隸屬此營管轄。[96] 嘉慶十六年（1811 年），這些設立在新界的墩台都改為汛房。[97] 各離島的防務由大鵬所防守營負責，設有大嶼山水汛、東涌口汛、大嶼山炮台以資防守。[98] 嘉慶二十二年（1817 年）清政府更於東涌口增建汛房，又於該處石獅山腳加建炮台二座，以增強防禦力量。[99] 其後在道光十二年（1832 年）再加築圍牆，擴建為東涌所（寨城）。

道光初年，設在新界地區的汛營和駐兵續有增加。該地區的防務由派駐在新安縣城的守備負責，其下設有把總及外委一員，率兵十六名駐屯門汛，另外又撥兵六十名分防其他各汛，如大埔頭汛、城門凹汛及橫州汛等。麻雀嶺汛則有把總及外委各一員，率領防兵二十八名駐守。至於離島，在大嶼山炮台設有千總一名，率領四十八名兵丁駐防，另有三十八名兵丁分防大嶼山汛及東涌口汛。[100]

鴉片戰爭以後，清政府被迫割讓香港島。為了阻止英人進一步入侵，清政府曾銳意加強九龍的防禦，新界本土及離島的防衛措施也相應進一步強化。

首先，清政府於道光二十三年（1843 年）調大鵬營副將及九龍巡檢駐紮九龍寨。這位副將不僅負責防禦九龍，而且負責新界的防務，統管大鵬協水師左右兩營和水師提標左營。[101] 大鵬協左營的主管軍官是派駐在大鵬所城的中軍都司，此營的步兵及海防

96　蕭國健：《清代香港之海防與古壘》，2 頁。

97　同上。

98　同上。

99　阮元：《廣東通誌》，130 卷，建置六，廨署二。

100　阮元：《廣東通誌》，175 卷，經政略，兵制三，水師提標左營及大鵬營
　　　二條。

101　桂文燦：《廣東圖說》，13 卷，14 頁上。

士兵共有七百九十五名，其中部分兵力負責防守位於今新界境內的糧船灣、佛堂門、瀝源（沙田）及塔門等地。[102]

大鵬協水師右營由一員守備主管，駐守地是東涌所城，全營共有駐防兵丁六百四十一名，大嶼山、長洲、坪洲、急水門等地的防務均由此營負責。[103]

提標左營由一名遊擊率領，駐於縣城內，全營水師兵力共有八百四十九名，守衛地區包括現時新界北部和西部沿海，屯門、城門凹等汛均由他指揮防守。[104]

由清初至 1898 年，新界本土及離島都屬於新安縣的範圍，道光二十三年（1843 年）以前由官富司巡檢管轄，後改屬九龍司巡檢管轄。雖然這個地區距離新安縣治較遠，但當地現存的一些碑文表明，直到 1898 年，新安縣的管轄權仍能直達這個地區。現試舉幾個實例為證。

乾隆四十二年（1777 年），攝理新安縣事的南雄總捕，奉憲命到新界元朗舊墟大王古廟內勒石，飭令各佃戶應按規定之數納租，挑運至田主家交收。[105]

大嶼山東涌侯王廟內的石碑立於乾隆四十二年（1777 年）。從碑文可以得知，乾隆三十三年（1768 年），大嶼山的東西涌、姜山等處的田主和佃農曾因租稅事件發生爭執。此案前後經歷十年，歷任縣丞多次調停，未有結果，終由督憲批結，主佃才允和解，於乾隆四十二年在東涌侯王廟刻石為證，永遠遵照收納。[106]

嘉慶七年（1802 年），離島吉澳鄉民到兩廣總督處告狀，聲

102　桂文燦：《廣東圖說》，13 卷，14 頁上－16 頁上。

103　同上，13 卷，16 頁上－18 頁上。

104　同上，13 卷，18 頁上－20 頁下。

105　科大衞、陸鴻基、吳倫霓霞合編：《香港碑銘彙編》，1 冊，41 頁。

106　同上，1 冊，43 頁。

28

稱有地棍承買田租，並勾結縣工房蠹，任意額外加租。最後署新安縣丞奉督憲命，到吉澳天后宮立石曉諭業主佃戶等人，今後不得額外加租，仍照舊章收租，"如敢抗違，定即嚴究"。[107]事故才告平息。

道光十五年（1835年），離島坪洲的蜑民因縣政府隨意徵用漁船，並強迫蜑民扮商人誘緝匪徒，引起居民強烈不滿，乞請縣丞呈稟督憲，要求永遠停止此等擾民活動，獲得批准。於是政府在當地天后宮內勒石告示，以便永遠遵行。[108]

到了咸同年間，由於寇盜時常侵擾新界離島，當地村民自行組織社團，訂立規約，督率勇壯，以保地方的安寧。例如同治九年（1870年）在外長洲刻的《重修鎮安公局碑記》，即提到當地居民在咸豐年間建立團練公局，後來又擴建為外長洲鎮安社防禦公局。[109]碑文稱：

> 我等外長洲祖業相承，於茲數百年。……時值咸豐初年，寇盜充斥，人心震動。使非防禦有方，何以安人心而絕外侮乎？是以在洲紳士……等稟請鄔明府出示曉諭鋪戶居民人等，督率勇壯團練，首尾相應。無事則為國家良民，有事則為公侯干城。地方賴以安靖。……爰集同人，共擎眾力，因在外長洲建團練公局，加意防禦。越數年後重修……而社始成，因名之曰鎮安社。蓋有取乎鎮定一方，又安四海之意焉。[110]

同樣的情況在新界沙頭角蓮麻坑村的《修整圍場碑序》亦有

---

107 科大衛、陸鴻基、吳倫霓霞合編：《香港碑銘彙編》，1冊，59頁。
108 同上，1冊，84頁。
109 同上，1冊，142頁。
110 同上。

記述。[111] 咸同年間由於當地村民生齒日繁，各自任意興建民房，常常發生爭執，於是自行組織社團，訂立規約，規定村人"不得霸佔眾地，私造屋廁，私置糞堆，私作石塋，私種園籬，私堆柴草，及塞界水等弊"，[112] 到了光緒二十年（1894 年）更創立蓮溪社，推舉總理人及副理人，以處理村民糾紛。

在英人強租之前，新界本土及各離島有不少文物古蹟，如廟宇、宗祠、書室、學院以至圍屋、圍村等。有些可追溯到宋、明時期。[113] 一些宗祠書室或學院，實際就是明清時代教育村中子弟的場所，近年有人統計，僅清朝建成的最少就有四百四十九處之多。[114] 可知這個地區的子弟，常有受教育的機會，當地也能培養出一些人才。據嘉慶朝編纂的《新安縣誌》記載，自南宋至清嘉慶二十三年（1818 年）為止，新界本土及離島地區人士考獲功名的有甲科進士一名，鄉試中考的有十一人，恩貢四人，歲貢九人，例貢及增貢六十人，例職十七人（其中例貢及例職都是捐納得來的）。至於嘉慶二十四年（1819 年）以後的人數，則要根據碑文、牌匾和族譜等資料詳細研究才能得知。在現存的古廟宇內，多刻有重修碑文，捐款人有很多都是當地庠生、貢生或監生。[115] 現存的宗祠或書室內，仍保留不少功名碑，上刻有中榜的

---

111 科大衛、陸鴻基、吳倫霓霞合編：《香港碑銘彙編》，1 冊，256－257 頁。

112 同上，1 冊，256 頁。

113 如大廟灣的天后廟內，存有宋咸淳年間的石刻碑文，又如元朗蕃田村的文氏宗祠，上水河上鄉的侯氏宗祠和錦田的吉慶圍、永隆圍，均建於明代。

114 吳倫霓霞：〈清代新界地區的鄉村教育〉（Alice Ng Lun Ngai-ha, *Village Education in the New Territories Region under the Ching*），載科大衛、許舒、彭雅雋合編：《從鄉村到城市：香港社會傳統根源的研究》（David Faure, James Hayes and Alan Birch (eds.), *From Village to City: Studies in the Traditional Roots of Hong Kong Society*），108 頁。

115 科大衛、陸鴻基、吳倫霓霞合編：《香港碑銘彙編》，1 冊，71－75 頁，192－193 頁。

當地居民名字，可知 1898 年以前本地區雖然說不上文風鼎盛，但並非荒涼的邊陲之地。此外，本地區的不少古蹟、建築頗為宏偉，裝修和雕刻亦十分精美，如河上鄉的侯氏宗祠及元朗新田的大夫第等建築物，堪稱難得的古代藝術遺產。

綜合以上論述，在英人強租新界以前，清政府在這個地方建立了比明代更完備的防衛系統和政權機構；同時，當地的社會經濟和文教事業也有較大發展，與中國內地鄉村比較，並無遜色。

三、清代的軍事措施

在明代設立的沿海 "防倭" 和 "防葡" 的軍事措施，到了清代政府不單將它承襲過來，而且大大地將它強化起來。首先，清代開頭的幾個皇帝，由於害怕明室遺臣和其他海外反抗勢力的活動，也由於要鞏固清朝權力的一般願望，不僅繼續推行明朝預防西方人與內地不良分子可能的勾結的各項防禦措施，而且力求增強對澳門、香港地區的管制。[116] 但主要原因是清代對外的合法海上貿易全部都集中在廣州，而清代所謂 "廣州貿易" 制度的運作，同樣需要一個周密的防禦機制來監管和控制前來經商的西方船隻和商人。香港地區早已設立的軍事措施，在整個廣東海防機制上比在明朝時更為重要。這是由於中外的海上貿易重心，到清代中葉時已轉為鴉片貿易，而參與鴉片貿易的西商船隻多喜歡在香港地區海域停泊或活動。其次，在 19 世紀初期，英國人漸顯露對香港地區內一些島嶼的覬覦之心，圖謀奪取過來，像葡人在澳門一樣，將它變成一個受英人控制的英國對華貿易基地。因

---

116 Fok Kai Cheong, *"Ming Military Measure"* in David Faure; James Hayes, Alan Birch (eds.), *From Village to City: Studies in the Traditional Roots of Hong Kong Society*, p.11.

此，在鴉片戰爭發生前後，清政府在防禦英人入侵時，曾作出一些積極的回應，先後在本港地區建立軍事防線，而整區的防禦中心則繫於九龍城寨的興建。清政府為了籌建九龍城寨，也間接令到廣東沿海的海防線強化起來。本文下一部分將詳細解釋這個歷史演變過程。

明朝所規定的海岸防衛準則及目標到清代大體上仍保持不變，但是清朝推行的措施則在某些方面有所不同。例如，清軍的調動和部署在若干方面是較為精細巧妙的。這是因為兩朝地方守衛的軍事制度本非完全相同，而清朝當局更不忘明人的痛苦教訓，常對明朝臨時應變的措施加以改進。

上文已提及在明末時，新界及離島一些戰略性地點如屯門、佛堂門、東涌、龍船灣、大澳、浪淘灣等已設有汛站，但根據一些可信性高的資料所記錄，九龍在明代時也是一個重要汛站。明萬曆九年（1581 年）應檟編的《蒼梧總督軍門誌》海防圖已記載九龍一地。明代郭棐在萬曆年間完成的《粵大記》在廣東沿海範圍內亦有記載九龍山一地。清康熙朝編的《新安縣誌》引用明朝舊山志所載有關香港及鄰近地區在明時所設的海防措施，即已提及九龍是重要訊站之一。[117] 可見在明萬曆年間九龍一地肯定已設有軍事措施而為官員所熟識。

清初，因為沿海寇患頻繁，兼且鄭成功佔據台灣頑抗，因此清政府才厲行沿海遷界。到了康熙七年（1668 年），清政府才恢復展界，並且在新安縣沿邊增設墩台二十一座以鞏固海防。其中坐落香港地區的有佛堂門墩台、屯門墩台、大埔頭墩台、麻雀嶺墩台及九龍墩台。[118] 這些墩台都有千總或把總帶兵防守，[119] 如在九

---

117 靳文謨：《新安縣誌》，8 卷，12 頁上。

118 同上，4 頁下－5 頁下。

119 同上，5 頁下。

龍墊台就設有士兵三十名防守。[120] 康熙二十一年（1682 年），新安縣裁減兵員，並將縣內的二十一座墊台削減為八座，從而減少駐軍，但九龍台並不在裁汰之列，可見清政府對它的重視。根據地方資料記載，清政府只將九龍台改名為九隆汛，但將駐兵削減至十名。[121] 可是工部尚書杜臻被康熙帝委派到廣東和福建巡視復界時所記錄有關九龍台的情況則略有出入。杜臻是在康熙二十二年（1683 年）十一月啟程，至康熙二十三年（1684 年）五月竣事的。[122] 杜臻在《粵閩巡視紀略》提到香港地區防守實況時說："於大鵬所置重兵又因界設…… 九龍把總一兵七十三名。候閱定。"[123] 顯然是杜臻到實地巡視後認為九龍形勢很重要，要加派兵力防守。

到了雍正年間，清政府即在佛堂門及大嶼山增建炮台各一座，作為鞏固這地區海防之用。在乾隆、嘉慶兩朝，由於海盜仍然不時侵擾這個地區，而且西人東來的威脅日益增加，因此清政府在沿海增設更多汛營及炮台。香港地區的防禦也相應強化起來。嘉慶十五年（1810 年）新安知縣李維榆請求將原佛堂門炮台一座移建於九龍寨海旁，提督錢夢虎上奏獲總督百齡批准，並大概在嘉慶十六年（1811 年）建成。[124] 此炮台周圍三十一丈，南面安炮八位，其餘三面均係馬牆，東邊開門，內有官廳兵房共十間。[125] 新界地域是由新安營加以防守，故此原在屯門及大埔頭等

120 靳文謨：《新安縣誌》，8 卷，5 頁下。

121 同上，9 頁上下。

122 杜臻：《粵閩巡視紀略》，孔氏岳雪樓影鈔本，提要，1 頁。

123 同上，2 卷，39 頁上－39 頁下。

124 《文牘》，17 頁、25 頁。《文牘》是筆者在國內發現的一份珍貴的歷史資料，係勘建委員會顧炳章稿本，共收道光二十六年、二十七年的有關公文八十件，計四萬餘字。

125 同上。

地設立的墩台隸屬此營管轄。[126] 但在嘉慶十六年（1811年），這些設立在新界的墩台都改為汛房。[127] 各離島的防務則是由大鵬防守營負責的，設有大嶼山（水）汛，東涌口汛，大嶼山炮台以資防守。[128] 嘉慶二十二年（1817年），清政府更於東涌口增建汛房，並且加築圍牆建成東涌所（寨）城，又於東涌石獅山腳加建炮台兩座，以便增強此處的防禦力量。[129]

在道光初年，設在新界及離島的汛營和駐新安縣城的防兵仍然有增無減。新界地區的防務由派駐在新守備負責，其下設有把總及外委各一名，率領兵十六員駐守屯門汛，另外又撥兵六十名分防其他各汛，如大埔頭汛，城門凹前及橫洲汛等。麻雀嶺汛則有把總及外委各一員，率領防兵共二十八名駐守。至於離島方面，在大嶼山炮台設有千總一名，率領四十八名兵丁駐防，另又有三十名兵丁分防大嶼山（水）汛及東涌口汛。[130] 至於九龍方面，九龍炮台仍設有千總一員，外委一員，率防三十八名兵丁駐守，而九龍海口汛則撥兵十名駐驛，[131] 至於香港島在英人奪取前的軍防又是怎樣的呢？同治朝編的《廣東圖說》談及香港島的形勢時有以下的記載："舊有居民數十戶，東縣大鵬協有紅香爐汛，東南有赤柱汛。"[132] 同書在新安縣大鵬協右營守備條中有進一步的提示，指出該守備設有左哨二司，把總一員，分防赤柱汛。[133] 嘉慶朝編的《新安縣誌》早已提及赤柱有兵防守，"赤柱山在縣南

126　蕭國健：《清代香港之海防與古壘》，2頁。

127　同上。

128　同上。

129　阮元：《廣東通誌》，130卷，建置六，廨署二。

130　同上，卷175，經政略，兵制三，水師提標左營及大鵬營二條。

131　同上。

132　桂文燦：《廣東圖說》，13卷，8頁下。

133　同上，16頁上。

洋海中，延袤數十里，諸山環拱，為外海藩籬，有兵防守。"[134]
而在卷十《經政四兵制》之《大鵬所防守營》及《新安營條》，
亦有提到紅香爐水汛。道光二年（1822 年）完成的阮元《廣東
通誌》則較為詳細說及紅香爐水汛，是由千總一員，外委一員，
率領汛兵撥配米艇巡洋的。[135] 又閩浙總督顏伯燾在道光二十一年
（1841 年）的奏摺同樣指出："香港為商船內駛必由之路，其島曰
紅香爐，上有營汛居民，並非偏僻小島可比。"[136] 又義律於 1841
年 1 月 20 日在照會琦善的公函中也指出："請即……所有兵船軍
師撤退九龍所近之香港島地駐紮。"[137] 當時英軍統帥總兵伯麥也
曾照會清朝大鵬營協鎮賴恩爵，著其 "速將該島（香港）全處所
有貴國官兵撤回"。[138] 由上引各中外文獻可見，在英軍登陸前，香
港島是一直都有清朝汛兵派駐防守的。這大概是由於參與鴉片貿
易的外來船隻，在 19 世紀初已大量駛入香港地區海域，尤其在
現今尖沙咀的海面，從事各種活動，因此清政府相繼在港島及九
龍增設汛兵以監察及防禦。

鴉片戰爭爆發後，清政府被迫將香港島割讓給英國。為了阻
止英人進一步入侵，清政府曾銳意加強九龍的防禦。其實在此之
前，英人早已顯露對九龍的覬覦之心，清政府為了防禦英人海上
侵奪九龍，已著意在尖沙咀興建兩座炮台建立一條防線，而新界
及離島的防禦措施在同期也相應進一步強化起來，以下將詳細為
讀者申述個中情況。

首先，清政府在道光二十三年（1843 年）已將大鵬營副將及

---

134 王崇熙：《新安縣誌》，50 頁。

135 阮元：《廣東通誌》，175 卷，經政略，兵制三，水師提標左營及大鵬營
二條。

136 文慶等編：《籌辦夷務始末》（道光朝），30 卷，17 頁。

137 佐佐木正哉：《鴉片戰爭の研究》（資料篇），76 頁。

138 同上，75 頁。

九龍巡檢移駐九龍城。這位副將不僅負責防禦九龍，而且連新界離島各處都是由他負責防務的。他統管大鵬協水師左右兩營並水師提標左營。[139] 大鵬協左營的主管軍官是派駐在大鵬所城的中軍都司，此營的步兵及海防士兵合共有七百九十五名，其中有一些是防守現位於新界離島的糧船灣、佛堂門、瀝源（沙田）及塔門等地。[140]

大鵬協水師右營是由一員守備主管，他的駐守地是東涌所城，全營共有駐防兵丁六百四十一名，離島的大嶼山、長洲、坪洲、急水門、梅窩等地的防務也是由此營負責的。[141]

提標左營是由一名游擊領軍，他是派駐在縣城內的，全營的水師兵力共有八百四十九名，守衛地區包括現時新界北部和西部沿海，因此屯門、城門凹等汛地都是由游擊指揮防守的。[142]

根據中英檔案的記載，英國最早顯露對九龍的覬覦之心，應該是始自道光二十一年（1841年）十二月。當時義律與琦善正在進行談判歷史上所謂《穿鼻條約》時，即已公開提出要求中國政府給予尖沙咀作為英人寄居之所。此事可以從義律照會琦善的公文得知："本月十九日，接據貴大臣爵閣部堂來文，均已閱悉。寄居一所，今據貴大臣爵閣部堂，擬應予給，而沙角既難允為予給，本公使大臣仍欲權為依照貴大臣爵閣部堂之意。今擬以尖沙咀洋面所濱之尖沙咀，紅坎即香港等處，代換沙角予給。"[143] 當時義律因為沒有得到沙角，於是就提出要求以九龍的尖沙咀來代替。

但在此之前，英人已用武力意圖奪取九龍半島上的官涌，據為巢穴。此事由於在鴉片戰爭爆發前，清政府都一直容許英商的

---

139 《文牘》，4頁；桂文燦：《廣東圖說》，13卷，14頁上。

140 同上，14頁上－16頁上。

141 同上，16頁上－18頁上。

142 同上，18頁上－20頁下。

143 佐佐木正哉：《鴉片戰爭の研究》（資料篇），62頁。

鴉片躉船寄泊在尖沙咀的海面。道光十九年（1839年），清政府派欽差大臣林則徐到廣東查辦禁煙，當林則徐勒令英商繳交全部英船帶來的鴉片，才准開艙貿易之後，義律和一些違令的英商，即遷出澳門，將船隻開到尖沙咀一帶聚泊。但林則徐也馬上移駐虎門，以便就近調度，並照會大鵬營參將賴恩爵，帶領師船，在九龍山口岸、尖沙咀一帶，查禁當地人士給予接濟，並且致力防衛當地設立的炮台。英人被割斷接濟，又不想屈服，逼於無奈，曾在九龍作出一連串的侵擾行動。這些事蹟在《籌辦夷務始末》，都有相當詳細的記載。例如林則徐在道光十九年（1839年）的上奏，就有提及英人在九龍一帶擾攘的情況："臣等前因嘆夷種種違玩，照例斷其接濟，不許住澳，該夷旋向九龍師船覓食，先行開炮，我軍奮力回擊，大挫夷鋒。"[144]

又根據林則徐稍後的一個報告，在同年，英人又更突襲九龍半島的官涌，並向駐守九龍的清兵攻擊，前後竟有六次之多。

尖沙咀迤北，有山樑一座，名曰官涌，恰當夷船脊背之上，俯攻最為得力，當即飭令固壘深溝，相機勸辦。夷船見山上動作，不能安居，乃糾眾屢放三板，持械上坡窺探，即經駐紮該處之增城營參將陳連陞，護理水師提標後營游擊之守備伍通標等，派兵截拏、打傷夷人二名、奪槍一桿，餘眾滾巖逃走……九月二十九日，夷船排到海面，齊向官涌營盤開炮，仰攻數次……十月初三日，該夷大船，在正面開炮，而小船抄赴旁面，乘潮撲岸，有百餘人搶上山岡，齊放鳥槍，僅傷兩兵手足，被增城右營把總劉明輝等，率兵迎截，砍傷打傷數十名，夷人披靡而散……初四日，夷船又至官涌稍東之胡椒角，開炮探試，經駐守之陸路提標後營游擊德連，將大炮抬炮，一齊回擊，受傷而走……十月初六日……晡時，夷人在該船桅上，窺見（官涌）營盤安炮，即各趕

144　文慶等編：《籌辦夷務始末》（道光朝），8卷，18頁上。

裝炮，至起更時，連放數炮打來，我軍五路大炮，重疊發擊……該夷初猶開炮抵拒，後……棄碇潛逃……初八日晡時，哆唎與嘧噁唎吐兩船，潛移向內，漸近官涌，後船十餘隻，相隨行駛，我軍一經瞭見，仍分起趕赴五路山梁，的計炮力可到，即齊放大炮，注定頭船攻擊，恰有兩炮連打哆唎船艙，擊倒數人……後船驚見，即先折退，而哆唎一船，尤極倉遑遁去。計官涌一處，旬日之內，大小接仗六次，俱係全勝。[145]

從這段史實可以得知，在九龍被英軍侵擾期間，由於林則徐和鄧廷楨處理得宜，馬上調兵增援，所以能夠遏止英軍奪取九龍官涌的企圖。"臣等節據稟報，知該處（官涌）屢被滋擾，勢難歇手，當又添調官兵二百名，派原任游擊馬辰，暨署守備周國英，把總黃者華，帶往會勦，復思該處既佔地利，必須添安大炮數位，方可致遠攻堅，復與提臣挑撥得力大炮六門解往以資轟擊……復札駐守九龍之參將賴恩爵都司洪名香，駐守宋王台之參將張斌，就近督帶兵械移至官涌，併力夾擊。"[146]

由於林則徐是位盡忠職守的封疆大吏，又有見識，所以並未被這次在官涌的中英交戰獲得小勝而衝昏頭腦，對防禦英人入侵的工作稍為鬆懈。反之，林則徐於翌年再上奏朝廷，要求在尖沙咀增設炮台，作為防禦英人入侵的急務，即獲朝廷批准進行。此奏章與上諭的詳細內容可以在《籌辦夷務始末》第十卷中得見：

上年因嘆咭唎桀驁不馴，抗違禁令。經臣等與前督臣鄧廷楨，調集官兵，在尖沙咀迤北之官涌等處山梁，紮營安炮，分為五路，痛力勤擊，該夷兵船二隻，貨船數十隻，始皆連夜遁去。但恐兵撤之後，仍復聯檣聚泊，勢若負嵎，必須扼要設防，方足以資控制，隨飭候補知府

---

145 文慶等編：《籌辦夷務始末》（道光朝），8 卷，32 頁上－34 頁下。
146 同上，33 頁上。

余保純，署大鵬營參將賴恩爵，新安縣知縣梁星源，會同周歷履勘。旋據該員等稟稱，尖沙咀山麓，有石腳一段，其形方長，直對夷船向來聚泊之所。又官涌偏南一山，前有石排一段，天生磐固，正對夷船南洋來路，若兩處各建炮台一座，聲勢既相聯絡，而控制亦極得宜等語。當經飭令將兩台高寬丈尺，及開築地平，並建造牆垛炮洞，弁置兵房，神廟望樓，藥局馬路，一切工料價值，覈實確估。據詳細勘實，計尖沙咀炮台，估需工料銀一萬七千九百五十一兩零，官涌炮台，估需工料銀一萬四千四十六兩零，竊思此項工程，係屬防夷要務，斷不多緩。[147]

"內閣，林則徐等奏，籌議添建炮台一摺。廣東尖沙咀一帶地方，為夷船經由寄泊之區。又係該省船隻東赴惠潮，北往閩浙要道，該督等相席情形，請於尖沙咀及官涌兩處，各建炮台一座，聲勢既相聯絡，控制亦亟得宜，著照所議趕緊建築，以資防制。"[148] 經朝廷批准後地方政府即進行興建此兩座大炮台，一名懲膺，一名臨衝，共配有鐵炮五十六位，分派大鵬左右兩營防守。[149]

本來尖沙咀的兩座炮台的興建是由林則徐和鄧廷楨建議的，原意是用來作為阻止英人入侵九龍的第一防禦線。但由於琦善無能，在英人威嚇下，竟徑自將這條防線摧毀。平心而論，英人由於船堅炮利，若果單靠這兩座炮台，在兩國正式交戰，是絕難抵禦英軍的入侵的。根據英征華艦隊總司令哥夫的分析，這兩座炮台實際上是"不堪一擊的"。[150] 但這條防線畢竟令到英人不能肆

---

147 文慶等編：《籌辦夷務始末》（道光朝），10 卷，31 頁上下。

148 同上，33 頁上 − 34 頁下。

149 《文牘》，19 頁。

150 《英外交部檔案編號一七》，46 卷，245 − 246 頁。

無忌憚地在九龍香港進行侵略活動，則是無可置疑的。所以也可以說，在阻止英人入侵九龍的歷史過程中，這條防線是曾經起了一定的作用。而這條防線一經被摧毀，英人在該處的活動自然變本加厲，而清廷亦漸察覺到琦善處理與英方談判涉及有關香港九龍的事宜，前後有反覆文辭，可能將個中真相隱瞞，於是下旨調查，經調查後得知英人日肆囂張，皆由於"琦善畏葸無能，受其欺侮，以致愈形猖獗"。[151] 於是清廷下令督臣往該處踏勘情形，以謀強化該處的防夷措施。結果是決定在九龍城興建寨城，成為另一條防止英人進一步入侵九龍的防線。

這段重要史實可以在耆英的上奏中得知：

查九龍山地方，在急水門之外，與香港逼近，勢居上游，香港偶有動靜，九龍山聲息相通，是以前經移駐大鵬營副將及九龍山巡檢，藉以偵察防衛，頗為得力，第山勢廷袤，駐守員弁兵丁，無險可據，且賃住民居，並無衙署兵房，堪以棲止。現值停工，又未便動公項，嘆夷雖入我範圍，不致復生枝節，而夷情叵測，仍應加意防備，今於該處添建寨城，用石砌築，環列炮台多安炮位，內設衙署兵房，不惟屯兵操練足壯聲威，而逼近夷巢，更可藉資牽制，似於海防大有裨益。溯查康熙五十六年，因西洋人受厘澳門，尚於距澳十五里之前山寨，建立城垣炮台，駐兵列炮，堵扼咽喉，至今賴之。九龍山之逼近香港，與前山之密邇澳門，形勢無二，亟應建立城寨，以便防守。[152]

在此之前，清廷於道光二十三年（1843年）已改調大鵬營副將一員、九龍巡檢一員駐紮九龍以便控制該處。[153]

151　文慶等編：《籌辦夷務始末》（道光朝），23卷，7頁上。

152　同上，76卷，3頁上下。

153　《文牘》，4頁。

從上述清政府所採取的一系列軍事措施來看，在鴉片戰爭前後，當英人經常入侵香港島及九龍半島海面之際，不能說清政府沒有採取措施來保衛香港地區的海域。在尖沙咀建立的兩座炮台，用意就是用來阻止英人入侵九龍。根據英方的資料，這兩座炮台對英人在尖沙咀及九龍其他地方海面的活動和佔據香港島有諸多不便，所以當中英雙方停火進行談判期間，義律即向琦善提出要求清政府將尖沙咀的兩座炮台摧毀：

第一章
明清時期的香港

> 照得先日與貴大臣爵閣部堂，議將香港一島讓給英國主治，其對面之尖沙咀地，聽照貴大臣爵閣部堂來意，不請兼給，當經面說明。尖沙咀不應留存炮台軍士，致嚇該處洋面及香港海邊地方。惟據尖沙咀炮台數台，現聚軍士多人……請望就將該台炮械軍士，統行撤回九龍，可期相安全妥矣。不然則各該處既有軍台，其對面之香港山處處，即須堅立炮台，俾開放地彈，起火箭地，以為自護，並須多留英國水陸軍士，保守地方。誠恐其中難免偶因不相順處，致壞兩國承平和好之意。不如先將各該台汛軍械將士，均即撤回九龍，則英軍炮台，除須在門口等處，備武提防，堵禦外國相敵者及海盜寇船外，自可無庸多建，兵亦不用多留矣。此果兩相重信，友交保和常遠之美法也。本公使大臣因念如此議擬辦理，可期相安永久，倘因未能如此，必致以安易危，欲保和好，終適礙難，勢所必有。故特此專請貴大臣爵閣部堂，熟思之，且知此際該處光景，固非善妥，一日難保無事。其尖沙咀等處炮台，應以軍械將士退回九龍之情至緊要。貴大臣爵閣部堂，就使查照施行登覆，為此照會。[154]

義律要求琦善馬上從尖沙咀的“懲膺”和“臨衝”兩座炮台撤防的意圖，是不難窺見的：主要是由於這兩座炮台，對英人佔據香港島和進一步入侵九龍半島造成不便。雖然義律在上列的公

154　佐佐木正哉：《鴉片戰爭の研究》（資料篇），76頁。

文中聲聲以和為貴，但其實暗中出言恐嚇，若果琦善不答應將這兩座炮台摧毀，就要再次開戰。琦善是個軟弱無能的人，為了委曲求全，他只好答允：

> 本月十一日接據來文，內開請將尖沙咀炮械軍士撤回，則英軍炮台，除須在門口等處，備武提防，堵禦外國相敵者及海寇船外，自可無庸多建，兵亦不庸多留等話。查貴國求請承平，已均議定，具有公文，原可無庸添兵防守，所有尖沙咀炮位兵丁，現已統行撤回。惟炮位須由海船載運，貴公使大臣即飭知貴國軍士人等，此係依允所請，撤回存貯炮位，無得起疑，致滋別故。[155]

當義律接到琦善這個公文後，即馬上去信呈告英國外交部大臣巴麥尊（Henry Temple Palmerston）有關尖沙咀炮台事宜，可見重視。[156] 而從這個時期至 1844 年底，英國外交部和殖民地部首長的往來公文，每當論及中英關係情況時，都不時提及有關尖沙咀炮台。例如，在 1843 年 1 月 4 日，英國外交部大臣鴨巴甸（Aberdeen, Lord）即就尖沙咀炮台一事質詢已代替義律職任的璞鼎查（Henry Pottinger），問及何以在中英條約草稿上未有列入清政府對撤防尖沙咀的承諾。[157] 而當時的英國殖民地大臣士丹利（Stanley, Lord）亦於同年 7 月 27 日，就同一文件向鴨巴甸查問有關撤防的詳細情況，並要求知道鴨巴甸對璞鼎查有何指示。[158] 最後，為了使倫敦各大臣安心，璞鼎查在回函中保證尖沙咀兩座炮台已不能對英人在香港及九龍的活動構成任何威脅，因為它已被

155　佐佐木正哉：《鴉片戰爭の研究》（資料篇），78 頁。

156　《英國外交部檔案編號一七》，42 卷，222 頁。

157　同上，46 卷，35 頁。

158　同上，75 卷，109 頁。

"夷為平地"。[159]

綜觀上述的史實，足以證明清政府在尖沙咀興建的兩座炮台，對英人佔據香港島，對英國商船和兵船進出入香港港口和九龍半島洋面曾經構成一定的威脅，是備受英當局關注的。可惜清政府軟弱無能的督臣輕易將之摧毀，因而令英人在該處的活動更加肆無忌憚。不過清廷亦察覺到琦善處理與英方談判有關香港、九龍的事宜可能將個中實況隱瞞，於是下旨調查真相。經過調查後得知由於琦善畏葸無能，以致英人在九龍一帶愈形猖獗。[160] 於是清廷下令督臣前往九龍作實地勘查，認為九龍山因逼近香港，而英夷居心叵測，必須加意防備。香港偶有動靜，九龍山聲息相通，所以"亟應建立城束，以便防守"。[161]

九龍寨城是在道光二十六年（1846 年）十月初七興工，於次年四月十八日完竣的。[162] 整個寨城包括以下幾種軍事建築物："石城一座，周圍一百八十丈，高連垛牆一丈八尺，內東西南三面城牆，厚一丈四尺，北面城牆厚七尺。後山建粗石圍牆一道，長一百七十丈、高八尺、厚三尺。武帝廟一所，副將巡檢衙署各一所，演武亭一所，軍裝局一間，火藥局一間，兵房十四間……。"[163] 城上敵台東西南三面配炮三十二位，北面因為依山無庸裝備火炮。[164] 除此之外，更將原有的九龍炮台南面炮牆加高培厚，內有之官廳兵房一律修葺，並且添易三千斤炮二位，以為九龍城寨之犄角。[165] 至道光二十六年（1846 年），該炮台仍由千總一員配台兵

---

159 《英國外交部檔案編號一七》，66 卷，249 頁。

160 文慶等編：《籌辦夷務始末》（道光朝），23 卷，7 頁上。

161 同上，76 卷，3 頁上下。

162 《文牘》，73 頁。

163 同上，67 頁。

164 同上，5 頁。

165 同上，6 頁。

丁四十二名防守，而另有協防外委帶兵二十名分駐九龍海口。"[166]

上文所論述的就是九龍城寨興建的歷史背景。當城寨建成後，這一帶防禦英人入侵的設備是增強起來了，但清政府為了籌建九龍城寨，竟然間接令到廣東沿海的海防防線強化起來，則是我們所意料不到的，所以亦不能不附帶在這裡提及。

自從義律使用計謀，先後佔據定海、攻下沙角，大角炮台作為要脅，迫令琦善撤退了沿河防守設備以及拆除尖沙咀炮台，廣東一帶的海防即如同虛設。例如道光二十一年（1841年）五月奕山將軍上奏："逆夷退出外洋，繳還虎門各炮台，當即飛飭查勘，安兵駐守去後，茲據先後稟稱，各炮台僅餘基址，或被拆卸或被轟碎，無何棲止，炮位大者無存，小者亦皆殘毀。稟請勘估前來。奴才等查虎門內外各炮台，百餘年來，扼要添設，未雨綢繆，工堅械備，一旦撤守，為逆夷劖平……而諸隘為之一空，若急於修復，凡鳩工庇林，添鑄炮位，非一二年不能一律完固。"[167] 稍後奕山又復稟告："粵省自省河失防之後，炮械船隻，皆為焚毀，所餘水師巡船，僅可哨探，不能抵禦。"[168]

此後，雖然清廷盡力圖謀重整粵省海防武備，但由於欠缺經費，所以一直擱置著修築沿海炮台和加添炮位等工程。但想不到下令官紳捐輸籌建九龍城寨的經費，所得的成績竟然大大地超出預期的數目。此段史實，可以從《文牘》所收錄的一篇奏章得知。耆英在道光二十七年（1847年）三月初五日，就有關籌建九龍城炮台事宜奏告："至各官紳捐輸經費，自道光二十六年（1846年）九月初一日起至二十七年（1847年）三月初十日止，共收洋銀四十三萬二千六百七十三兩。又陽江鎮據陽江縣知縣朱庭桂

166　《文牘》，25－26頁。

167　文慶等編：《籌辦夷務始末》（道光朝），29卷，39頁上下。

168　同上，44頁下。

44

率同紳士譚鴻義等，收捐洋銀三萬六千零二十兩二，共實收洋銀四十六萬八千六百九十三兩，均經先後解繳廣州府庫，除支給九龍工費外，尚存盈餘銀四十三萬二千六百九十三兩。"[169]

兩廣總督耆英即懇請朝廷批准，將盈餘的款項，作為在虎門海口及省河一帶，籌建炮台、營造兵房、儲備火藥、修葺粵省城垣及增調弁兵駐守城垣各事宜之用。而道光皇帝亦硃批御准，下旨內閣轉令耆英從速按照原奏籌辦一切，以便將廣東的海防盡早強化起來，此中詳細情況可以參考《文牘》原文，[170] 這裡只酌錄其中有關動用捐建九龍城寨盈餘部分："省河一帶水陸炮台……至省河各台兵房……應如該督所奏准其添建，合共估計工料等項銀五千一百八十兩，應在九龍炮台捐款盈餘項下支銷。"[171] 又增造三板船隻所應需工料銀兩，"應准其在於九龍炮台捐款盈餘項下動支造辦"。[172] 而"擬追加工火藥五萬斤，分貯各台以備緩急，亦如該督所奏，准其照數添製，查加工火藥每百斤需工料銀九兩二錢，計五萬斤需銀四千六百兩，亦於九龍炮台捐款盈餘項下支銷。"[173] 至於修葺粵省城垣並城上兵房炮棚等項，"共需工料銀一萬二千兩，又城內火藥局二處，亦應及時修造，估需銀五百八十兩，均在於九龍城炮台捐款盈餘項下支銷。"[174]

從以上節錄自《文牘》的珍貴資料顯示，清政府由於轉建九龍城寨，因而間接能夠將鬆懈的廣東海防，得以重新鞏固起來。

---

169 《文牘》，100－101 頁。

170 同上，105－117 頁。

171 同上，111－113 頁。

172 同上，114 頁。

173 同上。

174 同上，115－116 頁。

第二章

香港與近代中國的中西文化交流

這是一章論述的是 19 世紀後半期發生在香港的一些大規模文化交流活動。這些活動之所以能夠出現，既由於香港獨特的文化環境，也由於許多當時在香港居住的人士的努力，其中包括西方知識分子和傳教士，香港政府官員以及在香港接受教育的華人。他們在這時期與香港發生密切聯繫，其經歷各不相同，但都具備若干共同的特點，如在香港長期居留，對中文或某種歐洲文字（或二者兼備）具有淵深的知識，而且對研究另一文化具有堅定的決心。

　　在 19 世紀期間，香港是西方在中國沿海建立的最早的灘頭陣地之一，確實可稱為中國與西方間文化和技術交流的一個中心。打算到中國傳教或貿易的西方人士，常是先來香港作些準備，在啟程赴中國內地前先熟識中國的情況；想要出洋，有意研習西方語文或其他學科的中國人士，也常先來香港停留，再前赴外地；其他生長在香港的華人更能親身接觸體驗到西方的理想、制度、習慣和人民。這些由西方人士和中國人士組成的特殊人群在東、西方的接觸中充當了雙方文化中介人的角色，在文化交往活動範圍中有重大的貢獻。

　　香港在 19 世紀後期開始，可以稱得上是中西文化交流的重地，由於香港航運發達，從香港到內地或其他國家的交通都十分方便，因此，不少西方知識分子如傳教士，亦經常利用香港作為暫時駐腳地，先來香港體會及認識中國文化習俗，熟習中國的語言後，才進入內地傳道。為了方便傳道工作，這些外籍傳教士，在學曉中國語文後，除了在港從事翻譯《聖經》及其他福音課本外，更且著書辦報，將西方學說、歷史文物及科技知識介紹給國人認識。例如香港出版的第一份中文期刊《遐邇貫珍》，就是由教會人士創辦的。這些重要的中西文化交流活動，都是在港的傳教人士孕育出來的。

　　在早期中西文化文流活動上，香港政府的一些官員亦有一定的貢獻。香港政府當局在成立殖民地政府不久後，便體察到由少數的英籍人士統治眾多的華人，一些高級英籍官員必須通曉華語，以便官民能夠溝通。因此在 1860 年代，便開始從英國方面考選“官學生”來港，接受兩年華文訓練，然後派充翻譯官及其他重要公職。與官學生計劃推行的同時期，香港政府又組成了一個翻譯部，以便溝通華洋意見。而香港政府亦一直重視外籍官員學習中文的成績。其後更設立一個考試委員會，又附設一個學習華文監督處，來考核外籍官員的華文水平。這些措施令到不少港英官員都潛修中國語文和致力研究中國文化。一些人更將他們的心得著書立說，以便能夠幫助其他外籍人士學習中國的語言和認識中國的文化，更有人將一些重要的西方經典文學翻譯為中文，俾國人有機會去體會及認識學習。

至於一般的香港華人，在同樣的文化交流活動上亦作出重大的貢獻。由於他們生活在華洋雜處的商業社會，鑑於香港的繁榮有賴於國際貿易的推廣，甚至商務的實際需求，香港華人學習西學的風氣遠較同期的國人為盛。不少香港知識分子都致力出版一些幫助華人學習外文的辭彙、詞典，以及中英對照的商業用語書籍，或是英語會話自學的課本等等。這些書籍都有很好的銷路，更加觸發港人支持這些文化活動。以下本文將著重講述經過挑選的部分香港版圖書的出版情況，並試論它們在中西文化交流上所作出的貢獻。

傳播文化最重要的工具是書籍，而文化溝通的主要媒介則是語言。根據香港檔案資料顯示，晚清時期在港府登記的出版書籍，所用作編印的語文就有十三種之多。其中包括馬來語、巴赫納語、老撾語、拉丁語、柬埔寨語、法語、西班牙語、意大利語、越語和藏語，當然還有漢語。[1] 這實際上還是相當保守的數

1　參看 1888 年至 1900 年間的《香港轅門報》（又稱《香港政府憲報》）港府登記香港出版書籍。

字，因為由巴黎外方傳道會主辦的拿撒勒印書館聲言單它一家粗略計算每年即平均出版圖書二十九種，共六萬兩千冊以上。[2] 這家印書館又稱，從 1884 年創建後的五十年中它就曾以十二種語言刊印了二十八部字典，其中四部還獲得法國學術界嘉獎。此外該印書館還以各種不同語種出版《聖經》，多至三十三種版本，且附有注釋。此外還印行了超過三百萬冊書籍，分屬不同的種類學科，如史地類圖書四十一種，語言學和文學書籍八十五種，教育類圖書八十三種以及在哲學、神學、禮拜儀式、護教學、聖徒傳記學、祈禱儀式等方面進行研究的其他著作。[3] 當時香港的學術出版可稱得上是蔚為大觀。

學習中國事物最基本的門徑是精通漢文。要把熟練漢語的簡易途徑教給外國人，使用漢文字典、詞彙和語法指南等書籍是極有幫助的。雖然法國漢學家將漢語研究引進歐洲，他們在印行一本法華字典上卻很緩慢，直到 1872 年才出版第一本法華字典。德國人則直到 1876 年仍未出版一本重要的德華字典。可以說，法國人和德國人都在漢學研究上落後了，而香港的西方傳教士則作出重要貢獻，出版了相當重要的漢語字典和辭彙。國際上知名的歐德理（E.J. Eitel）、湛約翰（John Chabmers）和嘉約翰醫生（Dr.John Kerr）都在香港編纂和出版了漢語字典和辭彙，如歐德理的《廣州方言漢語字典》（1877 年）、湛約翰的《英粵字典》（1878 年）和嘉約翰的《粵語方言成語選》（1889 年）等都獲得了國際稱譽。湛約翰的字典在問世三年後已重印至第六版，嘉約翰的書到 1905 年也已發行第六版。

不過，談到幫助外國人學會說廣州話和廣東省其他方言的工作，則羅傳列（又譯羅存德，William Lobscheid）和詹士波乃耶

2　*South China Morning Post*, November 28th, 1934.

3　同上。

（James Dyer Ball）這兩位國際知名度較低的人物值得特別注意。羅傳列牧師是德國傳教士，於 1856 年來港，就香港政府之聘任皇家圖書館的監督。他來港不久，就發現迫切需要出版一本良好的語法書，來幫助外籍學生學會說寫漢語。因為他初到香港時試圖 "找到一位教師願意降低尊嚴與他講話，如同對本國同胞一樣"，但遇到很大的困難，"而且那時又還沒有一本用當地方言出版的書，可以作為學習漢語口語的可靠指南。"[4] 由於無法找到一本有適當辭彙的真正有用的好書，在使用任何一本現成的語法書時，他感覺到 "就像一個人住在倫敦，卻要使用法語語法書來學習英語一樣。"[5] 羅傳列還指出，在大多數後來出版的篇幅較少的書中，表音法僅宜於私人使用。"聲調完全被拋開不管，這使有關書籍時常成為交給初學者手中的危險工具。"[6]

這就是他出版《漢語語法》的原因，這本書是 1864 年在孖剌西報館印刷的。在有關這一科目的圖書極度缺乏下，此書的出版十分有用。它的貢獻可從序言中進一步推論出來，尤其是在解釋此書的功用的部分："為了幫助外國學生掌握書面的和口語的成語，並且使他能夠避免研究那些不必要的或無用的句子，作者盡力使本書文體與各種不同的方言區別開來。在大多數段落之末都附有廣州方言所用詞語的提要。……簡易和有用就是作者的唯一目標。他竭力搜集有關中國人政治、宗教、風俗、習慣的新鮮有趣的資料，作為讀物，使學生不但可以熟識語言，而且也能了解他們切望在其中僑居的人民的日常生活。"[7]

波乃耶久任香港政府公務員，他不但是漢語教學方面的多產

4　William Lobscheid, *Grammer of the Chinese Language*, Preface.

5　同上。

6　同上。

7　同上。

作家，而且還被稱譽為最精通中國語文的外國人之一。[8] 他的著作多，給人以深刻印象，包括了《客家方言簡易句法》（1881 年）、《粵語易通》（1883 年）、《英粵袖珍詞彙》（1886 年）、《粵語易通詞彙》（1886 年）、《怎樣講粵語》（1889 年）、《廣州方言短語選》（1890 年）、《新會方言》（1890 年）和《東莞方言》（1890 年）等書。

《中國評論報》上的一篇書評對《粵語易通》評論說："波乃耶先生對所有初學粵語會話的人造福不淺。有關這門知識的好書很少而且已經絕版；坊間現可找到的書乃是自命不凡的廢話的彙編。……我們熱誠推薦這本書……它與波乃耶先生作為粵語會話大師的聲譽是相稱的。"[9] 在談到波乃耶的《粵語易通詞彙》時，《雷特福和根室主堡時報》（*Retford and Gains-borough Times*）和《決克索普、紐瓦克周報》（*Workshop and Newark Weekly News*）的一位評論員甚至提出了更高的評價："（作者）盡了一切力量來減輕商人、官學生、傳教士和學生在學習漢語這個難學的語言中的勞作……波乃耶是香港學養最深的語言學家之一……在使華語簡單化和通俗化的工作上不可能找到比他更有能力的作家了。"[10] 另一位評論員在《英國報》（*English Paper*）上評論波乃耶同一本著作，也毫不猶豫地作了類似的推崇："作者是我們有幸遇上的、中國話講得最好的外國人之一。他在東方出生和長大，操粵語交談如同使用英語一般的流利，因此，在每個初學漢語的人都感到頭痛的一些要點（例如聲調、量詞等）上，他是一個最可靠的權威。"[11]《德臣西報》補充說："波乃耶先生精通粵語

8　有關波乃耶生平簡略可參看 "Introduction", *Things Chinese or Notes Connected with China*, 1982.

9　J. D. Ball, *How to write Chinese*, Second Edition, 1905, Section on advertisements.

10　同上。

11　同上。

方言程度可能超過任何外國人……我們並不猶疑地說,他的《粵語易通》和《怎樣講粵語》這兩本著作幾乎是我們所能期望的最簡明、最完備的粵語方言教本了。同一題材的其他作品確實再沒有一本值得同波乃耶的著作相比的。"[12] 從這些書評的讚美之詞看來,對於那些想要學上足夠詞彙以便能向操粵語的華人表達心意的外國人來說,波乃耶的貢獻應是很大的。實際上這也能從他著作的銷數證明波乃耶的《怎樣講粵語》、《英粵袖珍詞彙》、《粵語易通》和《粵語易通詞彙》等書都是在 19 世紀末期出版的,但是在 1910 年前都已經至少重印到第三版。

關於雙語著作如字典、詞彙、語法指南等怎樣成為幫助香港外國人學習華語的有用工具,已經談得很多了。香港本地能說英語的華人也認識了這類書能幫助中國學生獲得英語知識的用處,因此他們也著手編纂同類書籍,而且也許開始得更早。由香港的中國人編纂的最早的英漢字典之一似乎是譚達軒於 1875 年出版的那一本《華英字典彙集》。不過,像作者在此書序言中所承認的,這本字典並非他獨立編著的,而是"以韋伯斯特(Webster)、伍斯特(Worcester)、沃克(Walker)、約翰遜(Johnson)等著名英文字典為基礎翻譯而成。"[13] 但是,它包含了"所有常用的英文單詞,按通常字母順序排列,每一個詞都附有由著名作家審訂的詞義說明。"[14] 字典中每一個詞都由作者小心地譯為漢語,他真誠地希望"所有的詞都翻譯得正確,即使原詞在英語中意義上有多種不同程度的差別。"[15] 可能是由於對這一類著作的巨大需求,該作者次年又出版了另一本雙語著作,書名

---

12 J. D. Ball, *How to write Chinese*, Second Edition, 1905, Section on advertisements.

13 譚達軒:《華英字典彙集》,英文序。

14 同上。

15 同上。

是《通商指南》；作者在該書〈自序〉中表明作此書的用意："余既刊《華英字典彙集》，書成，一時見者許以為可作學者先路之導然。余猶病其不能雅俗兼賅也，因仿類書之法而編輯採掇，復為《通商指南》一書，如肉之在串，如錢之在貫，俾學者易於尋速而求焉。"[16] 這本指南的內容分按一百多個標題排列，包括商業信件、求職申請書、銀行支票及商業匯票格式以至中國沿海港口中各國領事館和外商的名單。這些及其他作者能夠為學習英語的華人提供的知識，都在〈自序〉中有詳細介紹：

> 所區門目，如天文、地理、人事、時令、宮室、物產，約凡百有餘類。此外則及各國之山川、輿地、風土、人情、器用、藝術，靡不博採旁搜，詳為編列，了然如掌上螺紋，所有英字皆以華字注明，令略識英字者，即可由華字入門。商賈檢覽良為稱便。而此外，則通商和約、通商稅則，亦得附入。下之則若貿易場中問答之語，與夫華英銀錢之異同、斤兩之輕重、尺寸之短長，悉為之比較無差，甚至券據、書札、公牘、稟辭，咸有格式可遵。此余傳授學者之苦心，誠不敢稍有或遺矣。[17]

當時在港居留的王韜，對譚氏兩部著作都十分嘉許：

> 自類書既行，而別類分門，廣為薈萃，學者循是以搜羅，無不如其意以去，實稱便焉。下之則有通俗雜字，以供商賈便覽，譚君達軒，既著《華英字典彙集》而復有《通商指南》之刻，其意亦權輿於此矣。蓋道有精粗畢貫，事有大小並舉，文有雅俗共賞者，中西對譯之文誠莫備於是書矣。[18]

16　譚達軒：《通商指南》，自序。
17　同上。
18　同上，王韜序。

而王韜對《通商指南》一書尤其讚賞：

> 是書之作，其益凡三，操觚之士，易於檢尋，一時偶有所未知，但當按部考稽，無所不得。擬之記事之珠，盈船之琲，過之無不及也，此其有所益者一也。書中所載，無所不賅，深者見之為深，淺者見之為淺，譬諸殘磯斷壁，捃拾不窮，此其有益者二也。所區門目，凡有百餘，大之則如輿圍之遠近，俗尚之好惡，器藝之精良，和約之條款，稅則之紛繁，無不詳為臚載，朗若列眉。小之則如借券貨單，示以定式公文書牘，授以成規，而皆得由華文以驗英文，由英文以識華文，兩者並通，無所偏廢，此其有益者三也。然吾以為此猶未足盡譚君著書之本意也。方今中西合好，西商既可至華，豈華商獨不可至西乎，招商輪船局之設，曾已遠泛重瀛，往來無阻，貿易西土，已兆其機，安知十年之後，航海之利，不將為華商所有乎，此書實其嚆矢也，不當家置一編也哉。[19]

    19 世紀期間在香港出版而至今尚存的字典還有一本值得提及，它是由循環日報社於 1899 年印行的。這本字典題名為《華英字典集成》，實際上是早先由鄺其照於 1875 年出版的另一部字典的增訂本，而鄺氏那本書本身又是 1868 年出版的一本小型的英華詞彙的修訂版。據《華英字典集成》編者說，1868 年版的詞彙就已經出人意外地暢銷，表明了 "公眾對這樣一本書的需要和讚賞"。[20] 1875 年那本字典的良好銷路似可說明："對學習英語的華人來說，這本書比以前出版的任何書籍更為適用。" [21] 為了這些原因，在 1899 年版字典中編者 "大大增加了單詞和短語的條

19　譚達軒：《通商指南》，王韜序。

20　鄺其照：《華英字典集成》，英文序。

21　同上。

數，雜用詞語的表也大大擴充了。"[22] 此外，"單詞的分類更加細緻和準確。許多單詞後面附加了解釋性的定義或同義詞，這點好處將很快受到讚賞的。商業通信格式和大事年表都經過了細心的修訂。"[23] 因此編者深信新版字典"比以前版本更能充分適應他們（指公眾）的需要，在引導英國人民和中國人民更充分地相互了解對方的語言和文學方面盡自己的職責。"[24]

由香港華人編寫而現可考證的第一本英語語法書籍是陸敬科的《英文文法譯述》，它是由文裕堂於 1894 年以中、英文出版的。但是，19 世紀晚期在香港流行最廣的英語語法書卻是陸敬科的另一本書即《華英文法捷徑》。它也是用中、英文寫的，於 1897 年至 1898 年印行第一版，只印一千冊。[25] 但是，到 1904 年它已發行第七版，光是這一版就印了三千冊。[26] 換句話說，在不到六年的時間內它已經售出一萬冊以上。從香港當時人口不多的情況看來，這本書的影響無疑是巨大的。[27] 此外，學習英語的香港學生廣泛查閱的另一本書是羅星流的《英語易讀》，也是用中、英文寫成的。它於 19 世紀末首次出版，但到 1907 年第七版已經問世，表明公眾對它的巨大需要。[28]

隨著各方面對華接觸的增加，西方人士不僅繼續編纂字典和

---

22 鄺其照：《華英字典集成》，英文序。

23 同上。

24 同上。

25 《香港轅門報》（1898 年 7 月 9 日），664 頁。

26 同上（1904 年 10 月 21 日），1713 頁。

27 在 1901 年 1 月，香港本島及九龍居民總數為二十八萬三千九百七十五人，其中二十七萬四千五百人是華人，而華人之中有二十二萬七千三百人是成年人。以上指數是按《英國殖民地部檔案編號一三一》，1901 年 39 卷 1 頁至 25 頁所列統計數字得來的。

28 這本書是在 1896 年出版的，見《香港轅門報》（1896 年 6 月 30 日），640 頁；同上（1907 年 4 月 12 日），445 頁。

語法書來幫助他們直接學會漢語,而且也開始努力使中國的歷史和文學更易為西方人民所理解。在努力把中國經典介紹給西方這方面,19世紀的香港再次取得重大的成就。儒家主要經典的總集第一次被翻譯為一種歐洲文字,這是由理雅各(James Legge)在香港完成的。整個翻譯計劃由香港首屈一指的豪商羅拔·查甸(Robert Jardine)資助。雖然有了王韜等人的得力協作,理雅各仍需二十年之久才得大功告成。

必須指出的是,理雅各所譯中國經書中的序文、導言和注釋構成了對世界漢學研究的一份極為重要的貢獻。從這裡可以看到理雅各漢學的精髓,足以證實他是"這一時期中研究中國經典造詣最深的(外國)人物"。[29] 他毫不躊躇地指出他試圖翻譯的這些著作的優點和價值。例如,他對"四書"中的頭一本《大學》發表意見,認為這本書無疑是有優點的,因為書中闡明了一些重要原則,如果政府和個人行為都能恪守這些原則,"就能增進人類的幸福,提高人類的品格。"[30] 理雅各對孔子和孟子兩位聖賢又曾經作了如下的評論:

理氏所譯的總集題名為《中國經書》,共分七卷。第一卷和第二卷所譯為《四書》,於1861年發行,但是包括《尚書》和《竹書紀年》的第三卷卻在四年後才在香港出版。第四卷是英譯《詩經》,到1871年方才面世。隨後是《春秋》和《易經》的譯本,分別於1872年和1882年印行。全套經典總集的最末一卷是《禮記》英譯本,到1885年始出版。

　　一方面我們並不會從孟子那里尋找新的真理,但是另一方面孟子天然品格的特徵卻比他的夫子更為鮮明,更有吸引力。他具有一種"英

29　Mary G. Mason, *Western Concept of China and the Chinese 1846-1876*, p.194.

30　James Legge, *The Chinese Classics, 1861-1872*, Vol. 1, p.27.

雄”的成份。而且他又是個辯證法家。如他所申明的，他並不好辯，但是在不得已而爭辯的時候，他卻表明自己是辯論藝術的大師。在他的推論中時常可以看到我們不得不喜愛和欣賞的獨創性和敏銳性。我們和他的同感較和孔子的同感為多，因為孟子同我們比較接近。他沒有那麼嚴肅，但卻更可欽仰。中國古聖人的教導在通過孟子的心靈活動時帶上一絲孟子特有的色彩，現在中國有教養的階層和一般讀者所信守的聖人之言，也是帶著這種孟子個性的。[31]

在同一些序文、導言和注釋中，也可發現一些理雅各從傳教士觀點對儒家倫理的某些特色進行指責的片斷，不過，總的來說他可以稱得上是一直試圖做一個公正不偏的批評家。1930 年代的一位著名漢學家絕不猶豫地指出，與理雅各同時代的其他漢學家在任何儒家倫理問題上發表的任何觀點，“同理氏的見解並不屬於同一範疇，不可同日而語。”[32] 所以，無怪另一位偉大的漢學家翟爾斯，在讚揚理氏的不朽譯作時，說英國的廣大讀者不能不感謝“理雅各的不朽之作，它在五十年中使他們有可能讀到儒家的經書。”[33] 確實，理雅各翻譯的中國經典是世界漢學界中的一座豐碑，不論是與他同時代的人還是現代學者都無不讚譽。例如當時居住在香港的著名學者王韜先生就曾經這樣稱讚過理氏的嚴謹治學態度和高深的見解：

先生獨不憚其難，注全力於十三經，貫串考核，討流溯源，別具見解，不隨凡俗，其言經也，不主一家，不專一說，博採旁涉，務極其通，大抵取材於孔鄭而折衷於程朱。於漢宋之學，兩無偏袒。譯有四子

31　James Legge, *The Chinese Classics, 1861-1872*, Vol. 2, p.43.

32　Mary G. Mason. *Western Concept of China and the Chinese 1846-1876*, p.195.

33　Lo Hsiang-lin, *Hong Kong and Western Cultures*, p.49.

書、尚書兩種。書出，西儒見之，咸嘆其詳明該洽，奉為南針。夫世之談漢學者，無不致疑於古文尚書，而斥為偽孔，先生獨不然，以為此皆三代以上之遺言，往訓援引，多見於他書，雖經後人之裒集，譬諸截珥編璫、終屬可寶，何得遽指為贗托而擯之也。平允之論，洵堪息眾喙之紛爭矣。[34]

必須再一次指出，《中國經典》這一部不朽巨著，並不是理雅各獨自譯成的，而是他領導當時居住在香港的一些中西學者鼎力合作完成的。這些學者包括湛約翰、王韜和黃勝。而其中又以王韜的助譯工作最為重要。理雅各在《書經》英譯本序言中曾公開承認："譯者（理本人）不得不承認並感激蘇州學者王韜所給與的貢獻。在譯者認識的中國學者之中，以他的中國典籍知識最為淵博──他不單止助我工作，而且使艱辛的日子變為生氣盎然。"[35]

除理雅各譯的《中國經書》外，還有不少其他中國文學作品的英譯本，雖然沒有那麼著名，也是 19 世紀中在香港出版的。這些譯本直接或間接地向西方介紹了中國文學的一些偉大作品，如 H · 賽克羅夫特（Bencroft）翻譯《紅樓夢》（1893 年）、歐德理翻譯《三字經》（1892 年）和《千字文》（1893 年）、以及皇仁書院多位教師合譯的《左傳》（一部分，1894 年）就是一些顯著的例子。

另一方面，給中國學生介紹西方文學及歷史的出版物在 19 世紀的香港也並不缺少，這就可以保證西方與中國之間的文化交流在香港是真正平衡地進行的。例如，A · J · 梅（May）的《伊索寓言》中、英文對照本就是編給"學習英文的中國人同學習中

34　王韜：《弢園文錄外編》（北京：中華書局，1959），8 卷，218 頁。

35　James Legge, The Chinese Classics, Vol. 3, Part 1, Preface.

文的英國人"[36] 使用的。許多人曾從這本書中受益,這從此書在不足十年內已印行了三版可獲證明。[37]

大名鼎鼎的王韜,也在他自己的香港中文報紙《循環日報》上寫了許多介紹西方學術、火器和有關其他科學題材的文章。更重要的是,王韜在香港時還編寫了一份關於 1870－1871 年普法戰爭的詳細記載,名為《普法戰紀》,並且寫了法國、美國和俄國的歷史。19 世紀中在香港出版的其他中文期刊如《遐邇貫珍》、《黃龍報》、《中國醫學報》、《中國日報》等都對中國讀者更多地了解西方文化和科學方面貢獻良多,已在其他地方談過了,[38] 但談到外國人士很早期便在香港將西方學說、歷史文物和科技知識,介紹給國人認識,不能不在此較為詳細談一談香港出版的第一份中文期刊——《遐邇貫珍》。

《遐邇貫珍》是香港出版的第一本定期中文刊物,亦是近代史上以中文出版的較早期刊物之一。它由英國倫敦傳道會所屬英華書院自籌經費出版,於 1853 年 8 月 1 日(即咸豐三年)創刊,至 1856 年 6 月停刊。

保定章東耘替《遐邇貫珍》創刊號題詞時曾預祝它能夠流傳甚廣,影響深遠:"創論通遐邇,宏詞貫古今⋯⋯吾儒稽域外,賴爾作南針。"[39] 而在〈遐邇貫珍告止序〉一文中,主編亦自稱:"《遐邇貫珍》一書,遠行各省,故上自督撫,以及文武員弁,下遞工商士庶,靡不樂於披覽。"[40] 但實際上《遐邇貫珍》每期只印三千冊,流傳範圍並非這麼廣,只限於沿海岸通商港口,這個

---

36 《香港轅門報》(1891 年 4 月 11 日),276 頁。

37 同上(1899 年 5 月 6 日),701 頁。

38 K. C. Fok, "An Analytical Study of Hong Kong Chinese Periodicals up to 1950", Unpublished Conference Paper, 1982.

39 《遐邇貫珍》(1853 年 8 月創刊號),題詞。

40 同上(1856 年 5 月第 45 號),1 頁上－1 頁下。

事實可以在〈論遐邇貫珍表白事歟編〉得知："《遐邇貫珍》一書，每月以印三千本為額，其書皆在本港、省城、廈門、福州、寧波、上海等處編售，間亦有深入內土。"[41] 而在《遐邇貫珍》創刊後十七個月所出版的 1854 年第十二號，主編表示對銷售情況感覺十分失望，因為始終未能獲得華人廣泛支持："不謂遲至於今，售者固少，而樂助者，終無一人。"[42] 回顧《遐邇貫珍》出版的期間，中國內地的儒家對西學評價甚低，較為保守的士大夫更群起而攻之，所以《遐邇貫珍》未能達到主編所期望的銷售量及官紳商賈的支持，是意料中事。

《遐邇貫珍》雖然只辦了三年，而其影響力亦未至於章東耘所預期般重大，但其內容的創新及超越時代性，則肯定是同時期任何其他中文刊物所難以相比的。況且在出版期間，《遐邇貫珍》一直不遺餘力以中文介紹西方科學及歷史文物給國人認識，在早期中西文化交流上，實在是功不可沒。

《遐邇貫珍》的第一位主編是麥都思（Walter H. Medhurst），第二位是奚禮爾（Charles B. Hillie），而最後一位是大名鼎鼎的理雅各。雖然變換主編數次，但辦刊的一貫宗旨始終是著意推動中西的文化交流，在創刊號序言中，編者已說得十分清楚："每月一次，纂輯貫珍一帙，誠為善舉，其內有列邦之善端，可以述之於中土，而中國之美行，亦可以達之於我邦，俾兩家日臻於洽習，中外均得其裨也。"[43]

《遐邇貫珍》的主編希望透過介紹西方的科學知識及原理，來加深中國和西方各國人民相互理解，因此特別重視當時所謂"格物致知"的學說，在〈遐邇貫珍小記〉一文中可以窺見主編

---

41 《遐邇貫珍》（1855 年 2 月第 2 號），15 頁下。

42 同上（1854 年 12 月第 12 號），2 頁上。

43 同上（1853 年 8 月第 1 號），3 頁上。

出版這本超越時代性的中文刊物的旨趣："是書之由……蓋欲人人得究事物之巔末，而知其是非，並得識世事之變遷，而增益其聞見，無非以為華夏格物致知一助。"[44] 而在乙卯年正月（1855年3月）的〈新年叩賀〉一文，亦重申這個辦刊主旨："欲修德者，必先明理，而明理莫先於格物致知，故自正心修身以至平天下，功效莫不由是而來也，獨惜華民頗涉構滯，安於舊典，不務新知，偏執己見，不屑他求，遂貽坐井之譏，而失致知之學。"因此《遐邇貫珍》曾經大量刊載介紹西方自然科學和社會科學的文章，以便"事物之巔末，世事之變遷，與夫外國之道，山海之奇，無不展卷而在目矣，豈非格物致知之一助乎，亦豈非中國漸進於齊治均平之小補哉。"[45]

屬於自然科學的專文論著涉及方面極為廣泛，論及天文學及物理學原理的有〈彗星說〉、〈地球轉而成晝夜論〉、〈熱氣之理總論〉、〈熱氣理論（論冷熱表）〉、〈熱氣理論（論熱長物）〉；生物學方面，有〈生物總論〉、〈續生物總論〉和〈續生物總論終〉；醫學方面一共有十四篇，是從合信氏所著《全體新論》節錄出來重刊的，都是以圖文並茂的方式介紹人體各主要部分，如腦、臟腑、骨骼、心、肌肉以至眼、耳、鼻等器官的功能。有關地理學及地質學原理的，有〈地形論〉、〈地質略論〉、〈地理撮要〉、〈續地理撮要論〉、〈地理全誌節錄〉、〈聲石方位載物論〉、〈繼磐石形質原始〉。

除了上述有關自然科學原理的專文外，《遐邇貫珍》亦登載了不少文章，介紹西方最新的實用科技，如〈泰西種痘奇法〉、〈火船權制述略〉、〈拯溺妙法〉、〈玻璃論〉、〈繼造玻璃論〉、〈天下火車路程論〉、〈貨船畫解〉、〈照船燈塔畫解〉等，其中大部

44《遐邇貫珍》（1854年12月第12號），1頁上－1頁下。

45 同上（1855年3月第3號），1頁上－3頁下。

分都附插圖表詳為解釋。

　　雖然《遐邇貫珍》較為重視為國人介紹西方的科技知識，但亦刊載不少有關西方各國的歷史、政治制度以及風土民物的文章，以便國人能增益其聞見。例如介紹當代西方政治制度的有〈英國政治制度〉、〈花旗國政治制度〉兩文，後者除了介紹美國的憲法，更著意比較論述英美兩國政治制度相異之處，"並將其所以與英國區別不同之處，詳言以申之。"[46] 所載有關英國歷史的亦有兩篇，分別是〈英倫國史總略〉及〈續英倫國史總略〉。其主要內容是簡述英國由羅馬統治期間，經過日爾曼統轄後以至威廉一世及威廉二世王朝建立的歷史沿革。[47] 論及美國歷史的亦有兩篇，〈極西開荒建治析國源流〉是一篇談論發現北美洲的經過及美國成功爭取獨立建國的文章，而另一篇〈少年華盛頓行略〉則是介紹華盛頓總統在少年時的事蹟。[48] 有關法國歷史的亦有〈佛國烈女若晏記略〉，所謂"烈女若晏"，其實即聖女貞德。

　　《遐邇貫珍》的一貫宗旨是謀求中國人民與西方人士相互理解，以尋求中外和平共處，而達通商互惠之利益，但由於"中國邇年，與列邦不通聞向，昔年列邦人於中土，隨意遊騁，近年阻其往來，即偶有交接，每受中國人欺侮。惟准赴五港通商而已。彼此不相交，我有所得，不能指示見授，爾有所聞，無從剖析相傳。倘若此士恆如列邦，准與外國交道相通，則兩獲其益。列邦人原無意尋戰侵疆，因爭佔所得，理難久享其利，不若貿易相安，時可獲益無窮也，是中國愈見興隆，則列邦愈增豐裕……倘過我有所缺，彼以有餘濟之，或過彼有所乏，我以其盈酬之，彼

46 《遐邇貫珍》（1854 年 1 月第 2 號），1 頁上。

47 同上（1855 年 9 月第 9 號），1 頁上－4 頁下；（1855 年 10 月第 10 號），9 頁下－12 頁上。

48 同上（1853 年 11 月第 4 號），1 頁上－5 頁下；（1855 年 4 月第 4 號），5 頁上－5 頁下。

此交相通融，彼此亦同受其益。"[49] 為了能夠促進中西的交往，發展互惠的商業關係，《遐邇貫珍》曾特意撰寫有關中西交通史和中西貿易史的文章，如〈西國通商溯源〉、〈粵省公司原始〉、〈粵省公司原始後篇〉便是。第一篇是追過自馬可‧李羅來華後的中西交往過程，[50] 而後兩篇的所謂粵省公司即史書稱為東印度貿易公司。文章內容是簡略介紹此公司的創立過程以及它的貿易制度及情況："吾觀今之人，或多有知公司一局，且能記憶其貿易交處之年，但料必少有人知此局之來歷，何由而起，何年所創，及夫所行者何事，最著者何條，其基址之廣遠幾何程，其出納之資財若干欵，室主篇所以縷述而詳敘之耳。"[51]

雖然《遐邇貫珍》介紹西方文學方面的內容比較上沒有在自然科學和社會科學方面這麼豐富，但在它一共出版的三十二號當中，有十八號是譯載《伊索寓言》的故事，而在第二輯第九號，更有專文介紹西方著名盲詩人米頓的生平及節譯其詩詞。這些都是當時國人難以獲得的有關西方文學的知識。

為了幫助國人認識西方國家的風土民物，《遐邇貫珍》除了在新聞專欄報導歐美的政治社會情況外，亦刊載一些這方面的文章，大部分是以遊記方式，介紹歐洲及美國各地的風土人情。例如〈西程述概〉一文是以"中土越英之程途，縷述其梗概，凡道路所經，程期幾何，費資若干，皆詳敘而條申之。"[52] 又如〈阿歪希島紀略〉是介紹現今檀香山的風土民物，[53] 而〈瀛海筆記〉和〈瀛海再筆〉則更是由華人執筆，報導在英國居留期間的見聞："居其都者七閱月，目覩身觀，凡英土民物之蕃庶，建造之高宏與夫

---

49 《遐邇貫珍》（1853 年 8 月第 1 號），2 頁下－3 頁上。

50 同上（1853 年 10 月第 3 號），1 頁上－3 頁上。

51 同上（1854 年 4 月第 3、4 號），1 頁下。

52 同上（1853 年 9 月第 2 號），1 頁上。

53 同上（1853 年 11 月第 4 號），5 頁下－8 頁下。

政治之明良，制度之詳備，有可述者皆筆而記之。" [54]

回顧《遐邇貫珍》的出版過程，在咸豐初年，即已大量提供有關西方科學新知以及政治制度而至風土民物給國人閱讀，雖然它以香港為中心，所能輻射流傳到國內的範圍，有其時代局限性，但在早期的中西文化交流史上，在香港出版的《遐邇貫珍》實立下了豐功偉績。

本文集中討論一份經過挑選的書目，這些著作對 19 世紀中西文化交流的貢獻是值得重視的。我們所研究的這些著作由長期居留香港的人士編寫，又由香港的出版公司印行。編者和作者的分佈從西方傳教士和政府官員到在香港受教育的中國學生。他們之所以能在中國同西方的交往中起兩種文化中介人的作用，主要是由於香港獨特的文化環境。傳教士費了不少心血來編纂字典並在香港翻譯中國哲學宗教書籍，因為他們認為，懂得中國語文和方言與熟悉中國古代經書中所體現的思想，對於奉派來中國常駐的基督教傳教士是有很大價值的。正如一位漢學家所指出的，如果傳教士們 "懂得中國哲學和中國思想方法，那麼他們就有可能以一種對中國文人學士和一般群眾都同樣富有感染力的方式來介紹基督教義。" [55]

在 19 世紀中為香港政府工作的西方官員，由於政府的迫切需要，也轉向與傳教士一樣的文化追求。在香港殖民地的最初二十年中，外籍官員很少有能充分掌握中國語言的，因此能夠同中國居民隨意交換意見的確實少之又少。歐德理於 1854 年報道說，在整個政府中沒有留下一名外籍人員 "完全通曉漢語和漢文

---

54 《遐邇貫珍》（1854 年 7 月第 7 號），1 頁上。

55 Mary G. Mason. *Western Concept of China and the Chinese 1846-1876*, p.194.

的"。[56] 到 1859 年又有人說香港政府人員中除視學官外只有三個人懂一點廣州話，但是卻只有一個人即高等法院譯員算是懂點漢文，而且懂得還不完全。[57] 不過，到了 19 世紀末期，曾在 1854 年作出上述批評的歐德理卻能夠報道說："（在香港政府）每個部門中，至少有一位（英國官員）能夠自己看懂一份中文的申請書，又能有效地核對由華人秘書暫充譯員所口譯出來的文件。"[58] 當然，官學生制度的施行，有可能在某種程度上解釋了為甚麼 1860 年代後會有更多外籍官員能夠講和能夠閱讀漢語，不過，通過閱讀語法指南和語文讀物，西方人士能夠學習到許多有用的詞彙，從而提高了他們運用漢語的能力，這點顯然是不能忽視的。

至於在香港受教育的華人，他們以英語為第二種語言來學習和研究，這並不缺少鼓勵因素。與內地社會相比，19 世紀後半期的香港社會在經濟基礎上基本是商業性而非農業性的，而在思想取向上儒家的色彩肯定較少。此外，香港的華人學生從學習英語中找到了一種實用的商業價值。比如，最著名的官立英文中學中央書院的校長就於 1865 年校務報告上抱怨學生轉學率很高，認為這是學習英語追求"眼前實利"的不幸後果。[59] 最後但並非不重要的是，香港學生願意學習英語還是由於政府的政策，即對華人學生進行英語訓練藉以保證華籍公務員的長期來源，使他們可以在外國人政府和被統治者之間起橋樑的作用。

由此，學習英語的熱誠就為英語輔導書籍的出版創造了需求

---

56 E. J. Eitel, "Chinese Studies and Official Interpretation In the Colony of Hong Kong", *China Review*, Vol. XVI, 1877, p.5.

57 Norton Kyshe, *The History of the Laws and Courts in Hong Kong*, 1898, Vol. II, pp.8-9.

58 E. J. Eitel, "Chinese Studies and Official Interpretation In the Colony of Hong Kong", p.8.

59 《香港轅門報》（1866），138 頁。

和市場，這些書可以幫助中國學生通曉外國統治者的書面語和口語。這無疑就是香港編著許多成功的英語語法、會話練習、詞彙等的原因。有趣的是這一類暢銷書大部分是由當地華人編寫，以中、英文出版的。這些暢銷書都是雙語出版物，看來這就是它們受到普遍歡迎的主要原因。

學習中國或西方文化最基本的門徑，是要精通英文或漢文。19 世紀香港的獨特環境，不單止能夠方便華人學習英語，而且同時亦能夠俾在港學習漢文的外籍人士同樣的方便。主要原因是上述所提到在香港出版的各種書籍報刊，對在港積極學習外文的人士幫助很大，而且能夠幫助他們進一步認識另一文化的主要組成部分，如哲學、文學、歷史以及宗教等方面。更重要的是，透過同樣的書籍報刊，香港又能將當時西方的新知識不時輻射傳入國內。就此，香港實是以稱為 19 世紀中國與西方間文化和技術交流的一個中心。這一事實，當時不少的眼光較為銳敏的觀察家都留意到。例如理雅各為香港華人子弟創辦模範官立英文學校的心意，是祈望英語教學不單止令香港華人受益，而且"將會對中國大陸產生重大影響，令不少的中國人民受益，兼且獲得啟蒙進步"。[60] 香港西醫書院教務長孟生博士在 1887 年 10 月的就職演詞中就強調香港"應該在一切有關文明的事項上成為燃亮和指引中國的中心"。[61] 盧押總督在 20 世紀初一次皇仁書院畢業典禮上致詞時，也曾充滿信心地說："我希望他日有幸能親眼看到香港成為遠東研習西學的中心。"[62]

---

60 《香港轅門報》（1861），107 頁。

61 Philip H. Mason Bahr and A. Alcock, *The Life and Work of Sir Patrick Mason*, 1927, p.91.

62 Gwenneth Stokes, *Queen's College*, 1862-1962, p.265.

第三章

香港與近代
中國的政治

一、香港檔案中的孫中山

香港檔案是否藏有與辛亥革命運動有關的珍貴資料，在 1980 年代前一直未有學者認真深入探討，只有少數學者對香港檔案稍有一些論述。[1] 這方面的著述稀少，主要原因在於學者必須懂英文。所謂檔案資料，通常是指未經公佈的歷史文件，應是未經整理刊印的，是研究香港史最重要的原始資料。這些香港檔案資料包括英國殖民地部檔案編號一二九、一三二、一三三、八八二，英國外交部檔案編號一七、二二八、二三三、三七一、六七七以至英國議會文書及港督私人檔案等。而這些都是英文檔案。其中所藏有關辛亥革命資料的則以殖民地部檔案編號一二九及八八二最為重要。[2]

雖然孫中山先生在早期策進革命運動與香港有非常密切的關係，但直至到 1980 年代，在大陸和台灣出版的各種重要革命文獻中，都沒有收錄在香港出版或藏在香港檔案內有關孫中山先生在港策進革命活動的英文第一手史料。[3] 除上述的香港檔案資料，還包括在辛亥革命期間在港出版的四種英文日報。[4]

1　霍啟昌：〈研究香港史各種資料評選〉，載《香港史教學參考資料》〔香港：三聯書店（香港）有限公司，1995〕，41－58 頁；K.C. Fok, *Lectures on Hong Kong History, Hong Kong's Role in Modern Chinese History* [Hong Kong: The Commercial Press (H. K.) Ltd., 1990], pp.36-52；霍啟昌：〈幾種有關孫中山先生在港策進革命史料試析〉，載《回顧與前瞻——國內外孫中山研究述評》〔香港：中華書局（香港）有限公司，1986〕，440－455 頁。

2　同上。

3　例如中國國民黨黨史委員會編：《革命文獻》，1973 年；中國史學會主編：《辛亥革命》，1957 年；中國人民政治協商會議廣東省委員會文史資料研究委員會編：《孫中山與辛亥革命史料專輯》，1982 年。

4　下文將有詳細解釋。見第 73 頁。

若干學者於研究辛亥革命各種問題時曾經局部或零碎地引用過這些史料。例如史扶鄰教授有關孫中山先生和中國革命的起源的巨著，[5] 陳曼如女士多年前在香港大學歷史系撰寫有關香港革命黨員之研究的碩士論文，[6] 即已留意到其中一部分資料。前些時候，已故林敏森君在本書作者指導下更具體和有系統地利用辛亥革命期間，這四種香港英文報紙所報導有關革命黨員在港活動過程的資料，來編寫他的碩士論文其中的一章。[7] 本書作者是第一位以專文介紹這些英文資料，和嘗試分析這些資料對研究辛亥革命的價值的學者。[8]

研究香港歷史的原始資料，最重要的是英國殖民部檔案編號一二九的原稿本書信公文。[9] 這個檔案收錄到的公函包括以下幾種：（一）由 1841 年至 1946 年間，歷任港督與英國殖民地大臣的一切往來書信和附帶文件。（二）同時期英國殖民地部有關管治香港的會議錄和備忘錄公文。（三）同期中殖民地部與其他英國政府部門，或任何私人機構，或任何人士商討有關香港事宜的往

5　Harold Z. Schiffrin, *Sun Yat-sen and theOrigins of the Chinese Revolution*, 1968，即史扶鄰：《孫中山和中國革命的起源》。

6　Chan, Mary Man-yue, *Chinese Revolutionaries in Hong Kong, 1895-1911, Master's thesis*, University of Hong Kong (1963)，即陳曼如：《有關在 1895 年至 1911 年間香港革命黨之研究》。

7　Lam Man-sum, *Hong Kong and China's Reform and Revolutionary Movements: an analytical study of the reports of four Hong Kong English Newspapers 1895-1911*, M. Phil thesis, University of Hong Kong, 1985，即林敏森：《四種香港英文報紙報導有關香港和中國改良與革命運動之關係的研究》。

8　參看霍啟昌：〈幾種有關孫中山先生在港策進革命史料試析〉，載《回顧與前瞻——國內外孫中山研究述評》，440－455 頁。

9　C.O 129, Original Correspondence, 即英國殖民地部檔案編號一二九，原稿本往來函件。

來文件。香港檔案館多年前已開始從事編撰這個檔案的目錄，直至目前為止，這個檔案目錄只編到 1920 年。[10] 香港檔案館藏有此檔案全部公文的縮微膠捲，但香港大學孔安道紀念圖書館則只藏至 1940 年。[11]

英國外交部檔案中，都收錄到不少辛亥革命期間有關中國事宜的文件。例如外交部檔案編號一七、二二八、二三三和三七一便是。[12] 這些檔案中又以研究辛亥革命早期的過程的編號一七較值得留意。這個檔案收錄到的檔包括以下幾種：（一）由 1815 年至 1905 年間，英國駐外國領使及外交官員致英外交部大臣的原稿本匯報和往來公文；（二）同時期外國使節駐英國跟英外交部的往來書信；（三）同時期英外交部與其他人士的往來書函。這些外交部檔案都是以國家來分類的，所以有關香港的檔案可以在中國部分找到。不過，外交部檔案收錄到有關香港事宜的公文，通常都另已附錄在殖民地部檔案內。但偶然亦會有些公文只能在外交部檔案內才找得到，所以，研究孫中山先生在香港策進革命運動這個題目，雖然殖民地檔案編號一二九是最重要的，但外交部檔案編號一七和其他以上提及的編號，都值得我們去調查。這幾種英國外交部檔案，孔安道紀念圖書館都藏有縮微膠捲，更且，該圖書館從這些外交檔案，抽取有關香港的條目，編成香港條目纂

---

10 CO 129: Hong Kong Original Correspondence Contents, 1841-1920, V1-V10，即英國殖民地部檔案編號一二九，有關香港原稿本往來函件目錄，第 1－10 冊。

11 孔安道紀念圖書館是香港大學內專收藏有關研究香港資料的藏書單位。欲知該圖書館藏書情況，可參看 Yeung Kwok-hung, *Hung On-to Memorial Library*，即楊國雄：〈孔安道紀念圖書館簡介〉一文。

12 F. O. 17 (General Correspondence, China); F. O. 228 (Embassy and Consular Archives, Correspondence); F. O. 233 (Embassy and Consular Archives, Miscellaneous); F. O. 371 (General Correspondence, Political).

編，只供館內讀者索閱，要是想知道以上所提及的幾種英國外交部檔案，是否有報導孫中山先生在港策進革命的文件，可從這個條目纂編得知大概。

辛亥革命前在香港出版的英文日報，現尚存的共有四種。其中最早開辦的大概要算《德臣西報》（*CHINA MAIL*）。據查考，該報是於 1845 年 2 月 20 日創刊的，當時只是一張周報，而且每星期只有四頁。[13] 報館設在雲咸街。要注意的是《德臣西報》在 1876 年 2 月 1 日才開始轉為每日出版，[14] 所以最早每日出版的英文報紙應是 1857 年 10 月 1 日創刊的《孖剌西報》（*HONG KONG DAILY PRESS*）。此報報館地址亦是在雲咸街。[15] 第三種每日出版的香港英文報紙是《士蔑西報》（*HONG KONG TELEGRAPH*）。此報其實是每晚出版的，在 1881 年 6 月 15 日創刊，報館設在畢打山。[16] 四種英文日報中最遲開辦的是 1903 年 11 月 6 日創刊的《南華早報》（*SOUTH CHINA MORNING POST*）。最初報館原是設在干諾道，其後在 1907 年將館址遷至德輔道。[17]

這四種報紙中《德臣西報》歷史最悠久，在日治時期曾停

13　Frank H.H. King & Prescott Clarke, *A Research Guide to China Coast Newpapers 1822-1911*, 1965，即王法勤與克拉克合編：《晚清西文報紙導要》，59 頁；Prescott Clarke: *The development of the English language press on the China Coast, 1827-1881*, thesis M. A. University of London, 1961，即克拉克：《中國沿海西文報紙發展史》，77－78 頁。

14　同上。

15　同上。

16　*Hong Kong Guide Book*, 1893，即《香港旅遊指南》，100 頁；*China Mail 76th Anniversary Number, March 1921*，即《德臣西報七六周年紀念特刊》，7 頁。

17　Robin Hutcheon, *South China Morning Post: The first Eighty years*, 1983，即夏之安：《南華早報最初之八十年》，12 頁，16 頁。

刊，光復後復刊，至 1974 年 8 月 17 日因經濟問題又告停刊。《德臣西報》的最早期數已不存，現存該報最早的期數應是原藏在香港政府布政司署圖書館的 1845 年 6 月 5 日出版的一份，該圖書館亦收藏到 1846 年至 1853 年的較早期數。香港大學孔安道紀念圖書館則藏有 1853 年至 1875 年的期數。從 1876 年開始，除缺小部分期數外，該報都能夠差不多全部保存下來，亦算難能可貴，這些期數現存放在香港檔案館和香港大會堂圖書館。[18]

第二種英文日報《孖剌西報》亦是歷史悠久，一共出版了八十四年，直至 1941 年香港淪陷才停止。香港現存的《孖剌西報》雖然並不齊全，因為最早的期數已無法找到，但香港檔案館及大會堂圖書館收藏到的由 1870 年至 1941 年的期數，除缺去很少一部分外，都得以完整保存下來。[19]

《士蔑西報》是唯一仍能夠保存最早期數的英文日報，亦可算是相當齊全的，因為現藏於香港檔案館及大會堂圖書館該報的期數由創刊號至 1941 年為止，只缺去三月。[20]

《南華早報》雖然是四種報紙中創刊最遲的，但它最早的期數已散失，現藏大會堂圖書館及香港檔案館該報最早而又完整的一份是 1904 年 1 月 5 日出版的。[21] 此後一直至 1941 年為止，幾乎全部期數都完整無缺收藏在此兩藏書單位，所以到日治時期為止，《南華早報》是四種日報中保存得最齊全的了。[22]

孫中山先生自創立興中會，以至辛亥革命成功的十八年期間，經過乙未廣州首義、庚子閏八月惠州三洲田之役、壬寅除夕洪全福之役、丁未四月潮州黃岡的起義、同月惠州七女湖之役、

---

18 所缺期數是 1876 年 1 月 2 日和 3 日。

19 只缺 1870 年 1 月至 5 月。

20 所缺三月是 1888 年的 3 月、4 月和 5 月。

21 現存最早但不完整的一份是 1903 年 11 月 6 日。

22 所缺期數是 1910 年 10 月 30 日至 1911 年 1 月 4 日。

庚戌正月廣州新軍之役、辛亥三月廣州黃花崗起義、又九月廣東光復之役等等，由於都是利用香港作為出發點，或重要聯絡站，因此都曾經引起香港政府的注意，更因為革命黨在港的活動，會間接影響到英國和清廷的邦交，所以當任港督向英國殖民地部大臣呈報孫中山先生在港策進革命的情況，並且向其請示對策，是自然不過的事。至於殖民地部大臣回函批示港督應採的應對政策，亦都是順理成章的。這些來往文件都附入殖民地部檔案編號一二九，是研究早期革命運動的難能可貴的資料。

孫中山先生在港進行的革命運動，因為密謀推翻滿清，可以導致中國內政引起重大改變，而嚴重影響到中英關係，故此英外交部亦相當關注此等革命活動情況，更且清廷亦常常通過外交途徑，要求英外交部轉達英首相，照會港政府採取行動制止革命黨員在港的活動，故此，英國外交部檔案編號一七及其他編號，亦收錄到評論及記述孫中山先生及其他黨員在港策進革命運動的珍貴文件。[23] 至於四種香港出版的英文日報，對每次革命軍起義，更差不多事後都有報導和評論。有幾次則更在起義前便搶先透露有關革命黨行動的消息。這些報導或評論革命黨活動過程的英文資料，都可以在這四種報章的社論欄、特派中國記者報導專欄和轉載其他國內報章消息欄內找到。

以上提及的幾種香港史料，無論是檔案文件，或是英文報章，都是可以提供給我們一些難得的參考資料，去進一步認識當時外人對辛亥革命運動的心態，更重要的是，這些資料有時亦可以補充革命文獻報導不足的地方，使我們更深切了解辛亥革命的過程。

殖民地部檔案編號一二九的原稿本書信公文，和外交部檔案編號一七的文件，都有不少是報導有關革命黨員歷次在香港策劃

23　例如編號一七，1718 卷。

起義的資料。[24] 因為限於篇幅，現只挑選檔案編號一二九內一些有關乙未廣州首義和事後孫中山先生被港府下令驅逐出境的資料來討論，以證明這些資料對研究早期辛亥革命，有一定的價值。這些資料包括以下幾種：

（一）港督羅便臣致殖民地部大臣有關陰謀奪取廣州事　編號一二九卷二七一　1896 年 3 月 11 日

（二）廣州機密情報　編號一二九卷二七四　1896 年 6 月 16 日

（三）廣州機密情報節錄　編號一二九卷二七四　1896 年 12 月 12 日

（四）英國外交部致殖民地部有關在港對中國不利的秘密幫會　編號一二九卷二七四　1896 年 10 月 31 日

（五）港督卜力致殖民地部大臣報告有關孫逸仙事件　編號一二九卷二八三　1898 年 5 月 18 日

（六）英國下議院致殖民地部有關孫逸仙醫生事件　編號一二九卷二八六　1898 年 4 月 1 日

（七）英國下議院致殖民地部有關孫逸仙醫生　編號一二九卷二八六　1898 年 7 月 14 日

（八）英國外交部致殖民地部有關孫逸仙醫生被逐　編號一二九卷二八七　1898 年 8 月 20 日

（九）英國外交部致殖民地部有關孫逸仙醫生事件　編號一二九卷二八七　1898 年 4 月 26 日

廣州乙未起義是革命黨員首次嘗試以武力推翻清朝的革命行動，在整個革命過程中應有特殊重要性，因為它具有承先啟後的作用。但是經已出版的革命文獻，對於乙未首義有關香港籌劃過

24　例如外交部檔案編號一七的 1718 卷便有不少文件是有關楊衢雲被暗殺和洪全福起義。

程，都報導得非常簡略。例如，陳少白在《興中會革命史要》中隻字不提，鄒魯的〈乙未廣州之役〉，亦只有幾行敘述此事件。[25]但收錄在殖民地部檔案編號一二九卷二七一的有關乙未起義的資料卻長達數千字，是以上各種文獻所未提及的。這些英文史料對我們認識當時楊衢雲在港，是怎樣去進行調度軍械和人員，依期到省接應，可以提供一些重要的新證據。這些資料都收錄在港督羅便臣答覆殖民地大臣，有關港府調查乙未起義的報告書內，這個報告書其實是按照當時香港代助理輔政司卑利（F. J. Badeley）草撰的調查備忘錄來寫的，港督羅便臣在綜合對此事件評論中指出，香港政府已盡了一切力量去調查此事件的真相，而革命黨員在港密謀起義的過程，亦可以在這個報告中看到。因此，這份報告的可靠性相當高，是現存研究乙未首義資料中最詳盡的重要文件。像這樣的檔案資料能夠令學者更深切地了解港英政府對革命黨人所採取的政策，自然成為研究早期辛亥革命運動過程的珍貴資料，現試將備忘錄中一部分資料，亦即是現有革命文獻未有提及到的部分，節譯出來。[26]

　　1895 年 10 月初，香港警局已得悉若干三合會會員正在港募集勇士，密謀回廣西生事。在 10 月 27 日，香港警官士丹頓（Stanton）接獲線報，得知革命黨員已招募得大概四百人，將於當晚乘搭保安輪往廣州。士丹頓即以電話將線報報告知警察司，並親往碼頭調查。抵達後，即發現為數大約六百名貧窮工人（原文字眼為苦力，Coolies）被拒絕登船，因各人皆無錢付往廣州船票，經盤問，其中供出他們都是由一名姓朱的（原文 CHU HO，應是指朱貴全），代沙宣洋行買辦替省城招募的

25　只是在後期由簡又文在香港搜集當地資料而編成，收進《國民革命文獻叢錄》的〈楊衢雲略史〉則稍為提供多一些有關此次起義的資料。

26　K. C. Fok, *Lecture on Hong Kong History, Hong Kongs Role in Modern Chinese History*, pp.36-45.

兵勇,每月餉銀十圓,兩日前每人已經領取五仙作食用,並經答允先再發一圓作盤川附輪往省城。

正當盤問間,朱貴全跟另兩人已抵達碼頭,此兩人皆攜有銀圓一袋,據稱他們兩人共攜有九百圓,是沙宣洋行買辦,即楊衢雲給予的,而他們來此目的是發給每名招勇一圓作盤川。

此時大隊警員亦開抵現場,攜同警察司之搜令,准備登船搜查軍火,亦同時對在場數百人展開搜查是否藏有軍械,但無結果。

保安輪船主指出,他早已知悉,此批意欲登船人士是招勇,但他的立場是誰人能付船費即准登輪,他並不計較登船人數。經磋商後,終於決定將該九百圓先交該輪買辦,待船開啟後,再發給所謂招勇。結果,大概四百人,包括朱貴全在內,登輪前往省城。

當晚十時,士丹頓幫辦再接獲消息,據報一大批軍火最近曾被沙宣洋行買辦購入,並已藏在保安輪運往省城。經調查後,證實有楊衢雲購買軍火事,士丹頓即告知警察司,該司亦馬上電告英國駐廣州領事,並照會九龍海關。

翌日,士丹頓再從一名□□(原文 SO KU,該人中文姓名待查證)處獲知更詳細消息。據悉該人曾被朱貴全邀請幫他替清廷在港招勇,餉銀每月十圓,而□□經已答允相助,並且答應他本人亦加入行列,因他一直確信此說。直至 10 月 27 日下午三時,當他再次跟朱貴全在皇后道一八七號會面,才察覺到其中另有陰謀,因為朱貴全告訴他此次招勇的真正目的是用來向廣州滿人進擊。到時將會有三千人在廣州作內應,而另一批為數兩千人的同志,將會從澳門進發會合。□□即獲分派紅帶一條,警哨一個作為標記,並獲知暗語口號是"除暴安良",更知悉小洋槍正藏在保安輪運省城途中。當□□得知真相後,即拒絕參與共事。

香港的一個華籍警長當晚亦是保安輪乘客,回港後,他有如下報告:"船上兩招勇向他透露,當船離開香港後,朱貴全即告訴他們在該輪上藏有小洋槍,待抵達省城後便將該批槍械分發各人,當首領下令便行事。其他招勇獲知此事後,很多認為他們是應政府招募而來的,拒絕參與剛向他們揭露的計劃……"

船遭抵達省城，即見朱貴全和其他首領，暗中潛逃上岸，顯然已知道事機敗露，只好捨棄招勇遁去。

當時派駐碼頭的兵勇人數與平時無異。大約五十名船上招勇，向此等駐守兵勇申訴，實係為招勇而來並願候命，此五十人遂被帶往見緝捕統帶李家焯，大概清官方至此才知悉船上藏有軍械。因為，假設官方一早知悉，一定會帶備大隊兵勇駐守碼頭迎候，以便登船搜查。該批軍械其後在別處起獲。

此次，楊衢雲是將小洋槍藏在五個士敏土（即所謂紅毛泥）桶內，由當時經常代客運貨的廣興源棧，當作美國砵蘭士敏土寄運往省城。10月28日，該棧東主即接到廣州當局發來電報，通知他由於該棧寄出的士敏土桶藏有槍械，已將該棧在省城的夥伴逮捕，並要求該棧東主通知香港警局，設法緝拿將貨寄出之客人歸案。

11月1日，兩廣總督通過英領使，要求港督，將此次謀反之五個主謀押往省城。港督因此等皆為嫌疑政治犯，故此並沒有答應粵督要求……

被認為是此次替叛黨組織籌募經費的骨幹人物，名叫孫文，或稱孫逸仙……偵知他在10月31日，曾經於香港滙豐銀行提款三百圓，然後轉往皇后道一樓宇，之後便失其行蹤，大概是從後門遁去。自此，他亦未見在港出現，據說已往檀香山。[27]

這部分乙未起義有關香港的資料長達數千字。值得注意的幾點是：第一，經已出版的革命文獻，對於乙未首義有關香港籌劃過程，都報導得非常簡略。例如，陳少白在《興中會革命史要》中隻字不提，就算報導得最詳細的〈乙未廣州之役〉一文，亦只

27 K. C. Fok, *Lecture on Hong Kong History, Hong Kongs Role in Modern Chinese History*, pp.441-445.

有幾行敍述此事："總理以佈置已定，乃親上省調度，將香港之軍械，財政人員，一切交楊衢雲處理。詎楊已得權，既懷私意，又不公平，以致內部發生問題，軍械人員不能依期到省。……楊衢雲雖接總理阻止來省電，然以軍械七箱，已裝泰安輪運省，若起回又恐敗露，乃使朱貴全、丘四等於初十晚帶數百人附泰安輪入粵。李家焯早派人預伏，抵岸，先登者四十餘人被捕去，後登諸人盡將符號毀棄，始得免。"[28]

　　第二點，香港檔案資料在報導乙未事件中，與革命文獻的報導有出入。根據檔案資料，最初是港府偵悉楊衢雲等在港籌劃進行招勇和偷運軍火行跡的，是在陽曆 10 月 27 日發生的事。但廣州政府在 28 日保安輪抵步後，仍未知悉革命黨從香港來省城接應的計劃。直至輪上四十餘名招勇，向駐守碼頭兵勇自供身份，然後被帶往見李家焯進行審訊，才得知詳情。但根據鄒魯所說："據稱九月間香港保安輪船抵省，附有土匪四百餘名，潛謀不軌，經千總鄧惠良等探悉前往截捕，僅獲四十餘人。"[29] 則是說鄧惠良偵悉的。又："十一日（即陽曆 28 日），香港泰安輪船搭載四百餘人抵省登岸，李家焯率把總曾瑞璠等往查獲朱桂銓，丘四等四十五名。"[30] 卻是說李家焯查獲的。細查鄒魯所說，此兩段原來轉載自粵督譚鍾麟的奏章，而這個奏章是應清廷諭將乙未之役首犯迅速捕拿而發的。本來，此次舉義，因大吏恐怕清廷處分，最初是匿而不報，其後粵京官入奏清廷，才有此下諭。故此，譚鍾麟的奏文內多有粉飾之辭以求自保，其可靠性值得懷疑。例如，譚的奏稿全文對同樣事件的報導，就有幾處是前後矛盾的。最初是"據稱九月間香港保安輪船抵省，附有土匪四百餘名。"

28　中國史學會主編：《辛亥革命》，228－229 頁。

29　同上，232 頁。

30　同上，233 頁。

其後則"十一日香港泰安輪船搭載四百餘人抵省登岸。"[31] 報導同一事件，先是指保安輪，其後又改為泰安輪。但卑利的備忘錄則由始至終都指出載運招勇往省城的是保安輪。譚鍾麟的奏文中另一同樣前後不符的事件是原先報導"千總鄧惠良等探悉前往截捕，僅獲四十餘人"。但在原奏稍後則已經不是鄧惠良，而改為"李家焯率把總曾瑞璠等往查獲朱桂銓，丘四等四十五名"。[32]

本章無意再深入研究革命文獻對乙未首義報導的可靠性，只將革命文獻與香港檔案資料對乙未之役的記載作一比較，用意是想確證這些英文資料的參考價值。現試再以孫中山先生被港府驅逐出境一事為例，分析兩種資料對這事報導的得失。

孫中山先生在乙未首義失敗後，即被港府驅逐出境，革命文獻對這件事的來龍去脈很少報導。藏在英殖民地部編號一二九檔案內的文件，有不少是談論這件事的底細，主因是孫中山先生在倫敦蒙難後，英國下議院戴維德（Davitt）議員向殖民地部大臣及英當局質詢何以孫先生要被港府遞解出境，並且要求解釋此事的真相。編號一二九檔案內的卷二八三、二八六和二八七所藏的一連串文件，就是因為英當局就此質詢進行調查而得來的重要記錄。已出版的革命文獻，只有吳壽頤的《國父的青年時代》一書，報導孫先生被逐事件較為詳盡。[33] 雖然此書並無注釋，亦沒有提及所曾參考資料，但細意分析其內容便可知道作者必定曾參閱一部分英國政府有關此事件的檔案公文，然後節譯出來。不過，此書對這個事件發生的詳細過程，稍嫌報導得簡略，並且更遺漏不少極為重要的資料。現試隨便舉幾個例子來證實這個意見。

首先，對於港督何以要下遞解令，吳先生未有嘗試去解釋，

---

31 中國史學會主編：《辛亥革命》，233 頁。

32 同上。

33 吳壽頤：《國父的青年時代》，83－86 頁。

只是很籠統地說：“1896 年香港總督羅便臣看見革命黨的活動，一天緊張一天，便引用了香港 1882 年的法律條例宣佈把國父遞解出境。”[34] 但在致殖民地部報告有關孫先生被逐的公文中，港督卜力曾解釋前任督憲羅便臣下遞解令的詳情，並且附上香港總督會同議政局對孫先生發出的解票中英文本。在英文本解票上，押解情由一欄內所填上的理由是：“總督及行政局認為孫逸仙會危害本殖民地的和平與良好秩序。”[35]

第二，遞解令是在 1896 年 3 月 4 日發出的，當時孫先生已在日本橫濱，他曾寫信給當時香港輔政司洛克（Lockhart），要求證實是否因他曾參與行動去“解除受苦國人被轄虜專制暴虐之羈絆”，而將他遞解出境，若有此事，他將會訴諸英國輿論，要求撤銷遞解令，因為他曾就此事徵詢倫敦幾位英國朋友，他們都認為孫先生的行動並未違反英國法律。卜力致殖民地部的報告書公文亦附有此信和洛克回信的稿本，[36] 但吳壽頤先生只是翻譯了洛克給孫先生的回信。[37] 十分可惜，吳先生未有翻譯這封孫先生致洛克信的內容，因為當時英國殖民地部大臣張伯倫（Chamberlain）認為這封信是孫先生參加革命黨的一有力證據，亦即是所謂不打自招，張伯倫在卜力的報告書公文上有如下的備註：“看來，除了在附來孫逸仙本人所寫的信件內自述曾參與其事，是很難找到其他證據控訴他曾圖謀奪取廣州（指乙未首義）。”[38]

第三，當接到戴維德議員的質詢後，張伯倫即致信港督卜力要求將孫中山先生被驅逐過程原因詳細報告。在審閱過一切有

34　吳壽頤：《國父的青年時代》，83 頁。

35　《英國殖民地部檔案編號一二九》，283 卷，138 頁。

36　同上，136－137 頁。

37　吳壽頤：《國父的青年時代》，84 頁。

38　《英國殖民地部檔案編號一二九》，283 卷，133 頁。

關文件後，張認為此事相當棘手。因為港督羅便臣當時所引用的香港 1882 年的治安法律條例，會被國會議員批評為不合理的條例。更且，羅便臣在遞解令所填上要驅逐孫先生的理由，是相當牽強，因為孫先生其實並未有違反殖民地法律，或經審判定罪而要將他遞解出境。所以張伯倫在公文上備注，出席國會會議時，是不能直接詳細答戴維德所提各問題，只可以含糊混過便算。[39] 但吳壽頤先生並未有留意到這個內情，只是簡單報導英國殖民地部大臣亦知道香港政府所採取的行動 "有點站不住腳" 便算。[40] 所以，要徹底明白香港及英國政府對孫先生被逐出香港的意見，免不了要參考這些香港檔案資料。對於這些資料，無論是藏在英國殖民地部或外交部檔案內的文件，可以用來充實我們對辛亥革命的認識，想無異議矣。

根據上述港督羅便臣的調查報告，楊衢雲是早期革命運動的一個重要人物，在乙未首義中扮演一個十分重要的角色，全賴他募集經費，負責調度軍械和人員，依期到省接應起義的革命黨員，因而導致其後楊衢雲被清廷派人到港將之暗殺。楊衢雲其實是早期革命運動的一個主腦人物，他這麼年輕便被暗殺是革命運動一個重大損失，而他的被暗殺，對當時革命運動應是一關鍵性的事件。但革命文獻對楊衢雲的事蹟及被暗殺事件都只是輕描淡寫地談及便算。相反地，在英國外交部檔案編號一七卷一七一八內，就收錄到不少文件，將楊衢雲被暗殺的案件審判過程詳細加以報導，這些文件對於認識楊衢雲是一個怎樣的人物，以及他在早期革命運動內的地位，和為甚麼清廷要暗殺他均屬珍貴資料，對研究辛亥革命運動的史家，極之有參考價值。

又例如壬寅除夕洪全福之役（1903 年），幾乎是一場清一色

---

39 《英國殖民地部檔案編號一二九》，286 卷，337 頁。

40 吳壽頤：《國父的青年時代》，84 頁。

香港人的"演出"，準備工作主要在香港進行，負責幕後策劃工作的領袖又都是香港知名人士。興中會的要員謝纘泰為了要報復好友楊衢雲被清廷買兇刺殺之仇而擔起安排奪取廣州的重任。這是早期有關興中會革命黨員的重要內情，但革命文獻卻對此疏於報導。反之，上述英國外交部檔案編號一七卻存有珍貴資料，對洪全福事件的來龍去脈，有極詳細的報導。為了進一步了解革命運動早期的活動真實情況，是不能不重視這些香港檔案資料的。

以下亦以乙未首義為例，嘗試分析，當時香港出版的英文日報對孫中山先生和該事件的報導評論，以求確實這些資料的參考價值。

《德臣西報》是首先透露有關革命黨員在港活動的英文報章。早在 1895 年 3 月，該報在一連串的社論文內，都暗示有革命黨的存在，並正密謀舉義推翻滿清。[41] 這些社論更向外人呼籲支持這個行動，因為若果獲得外人支持，這個行動定會成功，而中國新成立的政權亦將會帶給外人在華投資一個更好的機會。[42] 在 3 月 15 日，該報更以〈在中國就將爆發的革命〉為題，重申革命對中國和其他國家都有好處。[43] 同年 10 月 14 日，《德臣西報》再次提及盛傳革命黨會舉義推翻清廷。[44] 從這些報導評論中，可以看到，在乙未起義之前，《德臣西報》確已表示支持革命運動。這正好證實了革命文獻中通常談及革命早期，同情和幫助孫中山先生在港策進革命的外人，有《德臣西報》的主筆黎德其人。[45] 但同時，這些《德臣西報》有關興中會的提示，亦令我們感覺困惑。因為

---

41 例如在 3 月 12、15、16、18 日。

42 《德臣西報》（1895 年 3 月 12 日）。

43 同上（1895 年 3 月 15 日）。

44 同上（1895 年 10 月 14 日）。

45 中國史學會主編：《辛亥革命》，225 頁；中國國民黨黨史委員會編：《革命文獻》，64 輯，74 頁；謝纘泰：《辛亥革命秘史》，8 頁。黎德即 Thomas H. Reid。

這些社論所描述的革命黨，無論在形象、黨旨、策進革命方法，和所期望成立的新政府，都與我們從革命文獻資料認識到的香港興中會不符合。因為根據革命文獻的記載，香港興中會成立時，凡入會者須一律向天宣誓，而其誓辭則是："驅除韃虜，恢復中華，創立合眾政府，倘有二心，神明鑑察。"[46] 但在 1895 年 3 月 18 日《德臣西報》的社論，筆者很明確指出，當起義成功後，革命黨並不打算創立合眾政府，而是成立君主立憲政制，至於推舉誰來充當君皇之職，則尚未有決定，但這個新政府肯定會推行一連串的改革，這些改革包括：撲滅貪污，改善現有科舉、教育和法制，大事興建鐵路，開發礦業等等。[47]

　　黎德這些報導確實令人費解，明明是被各種革命文獻公認為孫中山先生好友，亦曾數次參與興中會集會，並且答允幫助完成革命大計[48]，何以黎德竟將興中會的政綱混淆為立憲派的政綱？筆者不打算在此深入探討這個問題，將會在本書以後章節另作解釋。值得在此指出的是，《德臣西報》及其他的香港英文日報所報導有關早期香港興中會的資料，跟革命文獻所記載的並不完全符合。革命文獻中記述早期興中會事蹟的，以謝纘泰的《辛亥革命秘史》最為詳盡。但拿謝纘泰的記述跟這些報章的報導對證，則發覺謝所說有很多值得懷疑之處。例如根據謝的記載，黎德是在 1895 年 6 月 16 日首次參加興中會聚會的。當時，孫中山先生、楊衢雲和謝纘泰首先商討起義計劃，然後接見黎德。[49] 但黎德在 3 月 12 日的《德臣西報》社論早已提示有關革命黨活動。又據謝所說，《德臣西報》在 3 月 18 日登出一文大力支持"我們

46　中國國民黨黨史委員會編：《革命文獻》，60 頁。

47　《德臣西報》（1895 年 3 月 18 日）。

48　中國史學會主編：《辛亥革命》，225 頁；中國國民黨黨史委員會編：《革命文獻》，64 輯，74 頁；謝纘泰：《辛亥革命秘史》，8 頁。

49　謝纘泰：《辛亥革命秘史》，9 頁。

革命計劃"。[50] 但該文如上所述，只是支持革命黨去成立一個君主立憲政制，而不是興中會期求創立的共和政府。並且，謝書又談到孫、楊、謝及黃咏襄其後於 3 月 21 日接見《士蔑西報》編輯鄧勤（Chesney Duncan），並獲其答允支持革命的行動。謝更指出《士蔑西報》當日有文支持革命計劃。[51] 但根據林敏森君深入調查，發覺《士蔑西報》在乙未首義之前並無登刊過任何報導或評論去支持革命運動。[52] 以上只是隨便舉幾個例子，謝纘泰於記述早期興中會的事蹟，尚有其他部分其可靠性是值得懷疑的。不過，這幾個例子已足以給我們一個重要啟示，就是，要徹底了解孫中山先生和興中會初期在港策進革命運動的真實情況，和遭受到的各種困難，尤其是怎樣進行爭取外人的同情和支持，有需要深入研究各種香港出版英文日報保存下來的寶貴資料。

最後尚要特別一提的是於 1947 年 10 月至 1953 年 4 月登載在《華僑日報》名為"香港掌故"的專欄。這個專欄是吳霸陵以筆名"驚洋客"撰寫，其中輯錄不少有關孫中山先生及他的革命同志在香港策劃各次起義的情況，如〈同盟會香港分會〉、〈三洲田軍事革命與香港〉、〈大明順天國與香港〉、〈丁未軍事革命與香港〉等便是。此專欄又以〈僑賢軼事〉為題相當詳細地講述孫中山先生及其他在港澳活動的重要革命黨員的生平及事蹟，例如：〈孫中山同志〉、〈楊衢雲〉、〈楊衢雲略史〉、〈謝纘泰〉、〈陳楊三家〉、〈孫眉〉、〈黃世仲〉、〈伍漢持〉、〈劉思復〉便屬於此類。雖然吳霸陵的主要參考資料來自一些已出版的"革命文獻"，如馮自由的《革命逸史》及簡又文編入《廣東文獻》的《國民革命

50　謝纘泰：《辛亥革命秘史》，9 頁。

51　同上。

52　林敏森：《四種香港英文報紙報導有關香港和中國改良與革命運動之關係的研究》，第 3 章，157－159 頁。

文獻叢錄》等，但亦有不少資料是來自一些革命先烈的後人看到專欄後，致信給吳霸陵提供一些新資料來補充吳所寫的革命先烈的事蹟，例如在《楊衢雲》特輯，吳就表明是收到楊的親人楊百誠、楊必凡及楊的相識朋友何思寧、陳靜濤、趙超等人的補充資料。因此若要深入了解各次起義在香港策進的實況，吳霸陵所輯錄的資料是彌足珍貴的。

二、香港與孫中山早期革命思想的形成

　　孫中山先生就讀於香港拔萃書院和大書院是在 1883 年至 1885 年期間，而肄業於西醫院則在 1887 年至 1892 年這五年期間。當時香港在政治、經濟、社會各方面正經歷重大的變化，華人開始爭取到較高的政治地位和經濟影響力。首先伍才（即伍廷芳）在 1880 年被港督暫時委任為定例局（後稱立法局）議員，跟著在 1883 年年底，黃勝被正式委任為首任華人議員。因為政府已通過修改法例，以此定例局要有一名華人代表為議員，故此在黃勝退休後，是由曾經教過孫先生的何啟醫生繼任。在經濟方面，從 1870 年代後期開始，華人已有從事收購洋商因營業不振而結束的商行。在 1880 年代初期，香港華商的財富已有追越洋商的趨勢。例如，在 1880 年 1 月至 1881 年 5 月這段時間，華人購入原屬洋商所擁有的地產和物業，共值一百七十一萬元。[53] 同期，港督軒尼詩在定例局提出報告，談及華人是港島的最大業主，而港府的稅收，有百分之九十來自華人。而每季繳納地稅一千元的香港業主共有十八人，其中只有一家是洋商，其餘都為華人。[54]

53　安德葛：《香港史》（倫敦：牛津大學出版社，1964），176 頁。

54　同上，195 頁。

華人在當時香港經濟影響力的增強，亦可以在以下的事件上看到。在 1881 年 4 月 23 日，以保良局主席馮明珊為首的一批華民紳商，進謁港督獻頌詞，讚揚軒尼詩在任以來四年間"宏敷德政，諸風順遂，即港中之富厚，日盛月增。"[55] 軒尼詩在答謝詞中亦坦率公開承認，香港這段時期對外貿易獲得重大發展，因而帶來財富以開拓港島的經濟活動，是有賴華人在港強大的組織。根據《轅門報》的記載："燕制軍（即軒尼詩）遜謝首事諸人頌揚之美意，云所言闔港諸凡順遂一語，本部堂以為不盡由本部堂有所作為，良由諸公中所有商賈銀號店戶諸人所致居多也。"[56]

　　香港華人政治經濟地位的提高，不可能不在孫先生腦海中留下一定的印象。孫先生尤其欣賞香港當時良好的"衛生與風俗"。這可以從 1923 年 2 月 20 日孫先生在香港大學的演講詞中清楚地見到。

　　孫先生這篇在港大發表的演講詞，一直都被學者懷疑其內容的真實性。一來由於孫先生身在香港，對港人及港政府恭維一番，大概是任何演講者慣常的客氣話。更且，事隔已卅年，講者記憶是否猶新，尚屬疑問。但這究竟是有關孫先生早期思想難得的直接線索，由於孫先生在原文中更談到他的"革命思想，係從香港得來"。因此，孫先生少年時代的革命思想，是否真的受當時香港社會制度啟發而產生，是一個相當重要的問題，值得我們深入去探討。可惜這個問題，似乎一直未被專事研究孫先生的學者所重視。本人只是從事香港史研究，不敢在各位研究孫中山先生的專家面前班門弄斧，只是希望在本文嘗試深入討論，香港政府在 19 世紀末期處理衛生問題，是否如孫先生憶述這般良好完善，從而推論孫先生在後期的追憶，有關

---

55 《香港轅門報》（1881 年 4 月 23 日），274 頁。

56 同上，276 頁。

19 世紀末期香港情況是否可信，更藉此推斷香港當時的社會情況是否確實在孫先生腦海中留下一定的印象。本文的主旨，還是想證明多認識香港史，可以幫助我們進一步去明了孫中山先生早期的思想和革命活動。

其實，香港在開埠初期，曾經面對過非常嚴重的公共衛生問題，主因是華人居住地區環境十分惡劣。街道既狹窄，房屋結構又通風不足，亦無排水系統，其他衛生設備更談不上。當時華人人口增長迅速，但房屋則不足，造成往往幾十人住在一間狹窄的屋子內，加上不少華人家裡都習慣飼食雞豕等家畜，而對污水、腐物及糞便又處理不當，因而常常有疫症發生。19 世紀 50 年代的幾位國家大醫師（後稱總醫管，即現在的衛生局長）在任期間都在他們的周年報告書中，極力批評香港的公共衛生情況，要求改善港島的衛生環境，加緊清除垃圾、糞便和設立排水系統。[57]

1862 年 12 月，港督羅便臣任命組成一個公共衛生委員會，採取預防措施，應付正在中國和日本流行的霍亂病。次年，這個委員會即在報告書中指出，港島衛生情況十分惡劣，並建議政府應將市內排水系統全部改進。該委員會亦同時提出其他改善市容衛生的建議，例如，由於華人常將垃圾池當作水廁用，故此委員會認為須要將此等池整理潔淨。至於一切安頓糞便之所，定要移至遠離市內人口稠密的住宅區，而警察則要認真檢舉違例的市民。[58]

衛生委員會所提出的這一系列措施，可以說都是對症下藥，能夠徹底改善港島的衛生環境，但要是真的一一施行的話，政府是要大大增加支出的。由於政府經費短缺，所以在 19 世紀 60 年代，這些建議還是無法實現。不過，在 1860 年代，公共衛生措施亦稍獲改善。例如，在 1866 年，政府首次設立規例，稱為 1866

---

57 安德葛：《香港史》，96－97 頁。

58 同上，115 頁。

年第八條則例，限令華人在市區屋內養豬，必須獲得華民政務司所發的牌照，否則須罰款五元或入獄十四天，而所養的豬則充公。[59] 在同一則例，定例局又授權港督可以聘任一衛生督察，並授權該督察得以入民居檢查衛生情況，若果任何戶主拒絕容許衛生督察進行檢查工作，可以被檢控，最高可被法庭罰款五十元或入獄十四天。[60] 在定例局同年所定則例中，又有一條授權國家大醫師或衛生督察檢控因人口過度擠迫致使屋內衛生情況十分惡劣的戶主。因為這種情況足以危害鄰近住戶的健康，被檢控的戶主，若果被法庭判以罪名成立，可以被罰款高至五十元或入獄三個月。[61] 次年，定例局將第八條則例廢除，增改成為 1867 年第九條則例。[62]

至於改善清除垃圾和糞料方面，在 1870 年代，已有相當的成就。在 1874 年 10 月 2 日，定例局按照上述 1867 年第九條則例，議定將港島 "整理齊整及潔淨" 條款章程，擴展成為十二條，今照原文略述如下：

（一）所有公廁之糞料，俱屬承充人料理搬運。

（二）凡挑運糞料所用之糞桶，顏色大小均照工務司署內所備之格式置辦，其桶蓋要周密，該挑運糞料者亦須佩帶號牌。

（三）一切安頓糞料之所，須領工務司牌照，仍須督憲批允。

（四）所有糞艇非屬承充人者，不准載運糞料，該等糞艇須照第二號盆艇一式，其船艙須以板蓋密，只許在所列之埗頭灣泊。

（五）夏天早上七時後，冬天早上八時後，不准在街上挑運糞料。

（六）所有地方設有之垃圾池，皆歸承充人處理。

---

59 《香港轅門報》（1866 年 8 月 25 日），341 頁。

60 同上。

61 同上。

62 《香港轅門報》（1867 年 6 月 22 日），228 頁。

（七）所有垃圾艇只准早上五時起至七時止，在所列埗頭灣泊。

（八）凡垃圾污穢等物，只許堆放在國家（即港政府）所設裝垃圾地方，其餘別處一概不准堆放。

（九）如有違犯以上規條者，罰銀不逾一百元或監禁不逾三個月。

（十）凡水陸軍營之承充潔淨地方，不受此規條所限。

（十一）倘承充人故意違犯此合約內任何一款，一經在巡理府告發，該承充人將須罰銀不逾一百元。

（十二）茲將一千八百六十七年第九條例於該年六月二十一日所立之規條概行刪除。[63]

上列十二條"潔淨"港島的章程，都是著重於設立一個清除垃圾及糞料的完善衛生制度。同時，政府為了使這個制度能夠順利運作，更將打掃街道和清倒糞料的承充合約，詳細訂明，嚴厲執行，在 1874 年所訂立的承充合約，條款共有十七種之多，較重要的包括以下各條款：

（一）承充人每日必要將市內所有官街大道打掃清潔，並須要常雇三班壯健工人，以為打掃街道之用，每班名額至少以十五名為限。

（二）承充人每日必要將街邊各明渠打掃清潔，將所有沙坭垃圾等物清理。

（三）承充人每日須要細心將所有街邊小路及徑道，掃理潔淨，莫令垃圾或污穢物件堆積其中。

（四）承充人每日須要在海面，將所有浮近海傍石磡，或被海水沖上岸的一切垃圾及污穢臭物等件搬挑清楚，又要將所有貯積在市內空曠之處，或廢地上之垃圾及污穢臭物等件搬挑清楚。

---

63 《香港轅門報》（1874 年 10 月 3 日），553－554 頁。《英國殖民地部檔案編號一二九》，196 卷，388－391 頁。

（五）承充人須將所有隔穢氣井，一概清挖潔淨，每一個禮拜之內至少要清挖一次。

（六）在下雨天，除打掃街道工人外，承充人須要加添工人二十名，以為料理隔穢氣井之事，以免沙泥樹葉樹枝，或其他垃圾等物，硬塞鐵罩之中，毋使雨水泛濫以至破壞街道。

（七）承充人每日要將本港內各公廁，及國家文官公署與各公家居宇所有糞尿，一概用桶裝載搬挑清楚。所用之桶是要有蓋的，桶身要寫上記號，至於桶樣，亦須中官定奪。

（八）承充人須要每日在所限的時間內，將港內各垃圾池和當作垃圾池用之車輛，一概清理，並要將仔細清出的垃圾等物，運至海旁貯於垃圾艇內。

（九）承充人須要備辦合式的船艇，用作垃圾船和糞船之用。此等船艇須於指定時間內，在列明的埗頭灣泊妥當。凡各船艇車具糞桶等物件，每日用完後，必要用水洗掃潔淨，然後貯放，以免有穢氣熏及鄰近居民。承充人不准任從挑糞尿之人，在海面洗桶。反之，應要督率各挑夫常時將糞桶在糞艇內洗濯，並要將洗桶之水倒入艇內。

（十）承充人須要將所有糞料穢物泥塵等物，用船艇載運到垃圾灣。[64]

這些打掃街道的規例並不是空話，政府是認真地付諸實行的。例如，我們從《香港轅門報》1875 年 12 月 25 日的告示可以得知，1876 年打掃街道的合約，曾由一位住在石塘咀姓歐的人投得。[65] 無可否認，這些規例一經執行，市內街道的清潔情況必然獲得顯著的進步。但要達到徹底改善整個港島的衞生環境，則還是有賴於先解決華人住宅區的改建問題，和改善港島的排水和供應

---

64 《英國殖民地部檔案編號一二九》，196 卷，392－404 頁。
65 《香港轅門報》（1875 年 12 月 25 日），504 頁。

食水的系統。但這些問題都涉及當時香港政府極其複雜的內部政治鬥爭。本文不打算在這方面深入討論，只是著重說明政府怎樣繼續在 1880 年代，去改善清除垃圾和糞料的措施。因為，這方面的衛生情況，當時在香港求學的孫先生較為容易留意和觀察得到。而孫先生日後在香港大學演講時提到當時 "香港的衛生" 制度良好，大概就是指這些清除樓宇街道上垃圾和糞料的措施。

香港在 1880 年代，於改善城市衛生環境上，有重要突破性的成就，這都是柴維克的衛生調查報告書發表後帶來的結果。[66] 柴維克是英國皇家工程師，在 1881 年被英國殖民地大臣金巴利伯爵派遣東來，到香港全面調查當地的公共衛生情況。金巴利的決定，是鑑於倫敦軍部和香港軍人的壓力，要求採取適當步驟，保障香港英軍軍營的衛生。[67]

柴維克是一個眼光相當銳利的觀察家，他在報告書上，將香港的衛生情況作了一個十分全面性的詳細分析，他認為港島的衛生設施，實在缺點甚多，確有大加改善的必要。例如：食水供應不足，樓宇建築多不合規格，須要修改法例，市內排水系統又缺乏，而樓宇的排水系統則更 "基本上甚差"，打掃街道須要更徹底去進行，並且要與清除糞料的工作分開辦理。他又建議政府興建更多的市場、公共廁所和浴室。至於衛生行政和組織方面，他又認為執行衛生工作的人員，應該由一位專職的衛生行政長官去監管，為港府設立潔淨局的先聲。[68]

柴維克的報告書是在 1882 年發表的。在次年，定例局即提出一項衛生修正法例，設立潔淨局，全權處理衛生事務，包括檢

66　安德葛：《香港史》，187－188 頁。

67　這是可以從一連串的英國殖民地部檔案公文中看到的，例如編號一二九，193 卷，45－60 頁，203－210 頁等。

68　柴維克衛生調本報告書共有五十九頁，並附十多個詳細圖則。

查不合衛生法例的民房。[69] 同年,定例局又按照舊有的"潔淨"章程十二條,增加至二十條。除將舊有的進一步較詳細列明並補充外,更增添如下較重要的規條:

(一)凡人無論因何事故,不得任由糞尿在其屋內停留超過二十四小時之久,必須設法著所雇之工人或承充人,逐日依序及在所限時間內,將其挑往糞船。

(二)倘無嚴密蓋之桶,不准在本港九約內,各通衢大道挑運養豬之潲水或灌溉所用之穢水。此等潲水穢水,在夏天晨早七點鐘後,冬天晨早七點半鐘後,不准在各通衢大道挑運。

(三)本港九約內各戶主,必須備有規定之垃圾箱,將屋內所清理之乾垃圾,穢物及廢物貯囤該箱內,不准貯在別處或坎,於每早即將箱內垃圾,倒在公眾垃圾車內。

(四)凡人無論因何事故,不得任由廚房廢物、乾垃圾穢物或別的臭物,貯在其屋內超過二十四小時,倘不遵守上列之章程,又不將垃圾倒入垃圾車、應即將該廚房之廢物、垃圾及穢物挑往最近之垃圾池。[70]

從這個 1883 年第七條例所議定的二十條章程中,我們可以看到,當時的香港政府,已制訂一套相當詳盡的細則,去進行市內清除垃圾及糞料的工作。細看這些則例,都是非常嚴格而力求衛生的措施,即使用當今社會衛生設施的準則來衡量,亦可以算得是合乎水平了。

為了要能夠嚴格和有效地執行上列所提及的衛生條例,定例局在 1883 年,又同時設立一個相當完善的衛生行政監管制度。[71]

---

69 《香港轅門報》(1883 年 7 月 7 日),590-592 頁。
70 同上。
71 同上,594-600 頁。

上文已提及，定例局在 1883 年 6 月 2 日，頒令設立潔淨事務局，專門處理本港潔淨事務，由工務司、華民政務司及總醫官主理。之下設潔淨事務總巡一名、分巡三名，而每名分巡所屬之約有華人練目兩名，而約內之更練則歸練目管理。[72] 這些監管官員的職守，都詳細列明。各更練首先必須熟習承充本港九約內打掃街道及承充挑運糞料合約的章程。各更練須巡視各掃街及挑糞工人是否做妥按照法例規定的工夫，倘在管理的地段內發現這些工人有疏於職守，即應報告潔淨事務分巡。又如見有人違犯任何事例，即應查拿該人，將情由告知該約的分巡，一同將該犯帶往巡理府控告。[73] 至於練目，則須擇定時間，每日在司理潔淨事務官署，與其約內分巡會面一次，並在該署稟報事件兼領分巡囑咐。[74] 潔淨事務分巡的職守主要有二：第一，分巡必須巡察各家戶口，能否遵守各則例所載的潔淨章程；第二，分巡必須查察承充打掃街道及挑運糞料的工人，是否能夠執行合約內規定的章程。為了要執行此等稽查職責，分巡是有權入民居查察衛生情況，但必須有人投訴或得到戶主之允許，始可入屋。又分巡必須將每日事件大略登注在手折內，小心詳注所查街名，各屋號數及其潔淨情況，或有其他犯法事件，一併登記。[75] 至於潔淨事務總巡的職守，大致上與各分巡之職務無大分別。所分別者是各分巡的工作，統歸總巡的管轄。總巡規定必須將本港九約內，所有通衢道路，每七日至少巡查兩次，而各垃圾池、糞船、垃圾船及車、公共廁所、垃圾所及糞料灣泊所等，則每星期必須查察一次。[76]

　　據上述的資料顯示，19 世紀 80 年代的香港，即孫中山先生

---

72 《香港轅門報》，596 頁。

73 同上，600 頁。

74 同上。

75 同上，596－598 頁。

76 同上，594 頁。

正在求學的香港，已經有一個相當完善的清掃垃圾及糞料的制度。這個制度有詳細的衛生條例，去規限市民不得在屋內貯積穢物，或在屋外隨意搬載穢物，違反者將會受檢控被罰。政府訂立合約，由承充合約的工人，專門負責在指定的時間及指定的情況下搬除。承充打掃街道及挑運糞料的工人，若果有不依常規辦事，亦同樣可受檢控處罰。為了使得各潔淨條例和打掃街道合約的章程，能夠有效地被執行，政府又設立潔淨事務官員，去專職監管此等潔淨工作。這些監管的官員，無論上至潔淨事務總巡或分巡，下至練目或更練，都須要遵守一系列十分詳盡的職守章程（例如，潔淨事務總巡的職守章程有十三條，而分巡的則多達四十一條），去執行衛生監管的工作，務求定例局所頒定的〝潔淨則例〞各章程，能夠順利施行。而這一系列嚴密的規例，無論是規限市民的，承充潔淨合約工人的，或是潔淨事務官員的，都不是空設的，政府實際上都嚴格執行。所以在 19 世紀 80 年代終結時，香港於打掃街道及清除糞料上所獲得的成就，令到公共衛生情況有顯著的改善。這是可以在總醫官（即國家大醫師）的周年報告書中看得到的。在 1890 年的報告書中，艾理斯總醫官指出，華人近年來死於由污穢環境引致的疾病的人數，已大大削減，而 1889 年的死亡人數，定在是過去十六年來最少的一次。[77]

本文主要是嘗試解釋，孫中山先生在香港求學時，所觀察到的公共衛生制度，是怎樣的一個制度。本文經過深入的探討，認為這個衛生制度在當時的社會來說，是一個相當完善的制度，尤其是在打掃街道及搬運糞料方面，更可稱得上是已合乎當今社會衛生的水平。因此，難怪孫先生當時認為香港的衛生設施，遠較他的故鄉香山縣的為良好。

19 世紀香港在工商業和市政方面已有較現代化的建設。香

---

77 《香港轅門報》（1890 年 8 月 30 日），853 頁。

港的造船業在 1880 年代下半期，突然飛躍猛進，每年至少可製成二十艘船。香港第一個旱塢是在 1857 年興建的，名為 "賀普船塢"。香港黃埔船塢公司則是在 1866 年成立，初時只是集資七十五萬元，其後成為香港最大船塢公司。在 1899 年該公司已聘有員工共四千五百一十人。在 1848 年至 1860 年末期，香港已成立三個輪船公司，包括 "省港澳輪船公司" 發展航運。在 1871 年，香港創辦了第一個 "公倉"。跟著在 1875 年香港建立了第一個領航燈塔，而香港的天文台則是在 1884 年建成。以上所提到的一系列十分現代化的港口，修造船業和碼頭倉庫的建設，令香港的航運業加速發展，成為世界上一重要的轉口埠。[78]

其他的市政建設亦十分現代化。在 1880 年初期，港政府已立例批准商人從事建造電車軌道以容許電車在市中行走。1888 年第一部電車開始載客行走。港島堅尼地城至筲箕灣長達十一哩的電車線，亦於 1904 年全線通車。

蒸氣推動的渡海輪在 1870 年已開始使用。1880 年已有正常渡海小輪服務，而到了 1898 年，天星小輪公司正式負責提供相當頻密的小輪渡航線。

電報系統在 1870 年已在港創立，第一度海底電纜則在 1871 年安裝，並且能通過這個海電纜發電報到西貢、新加坡、英國等地。其後在 1880 年已能發電報到馬尼拉。到了 1894 年，從香港發電報的地方，擴展到上海、福州及馬來西亞等地。1881 年 6 月 24 日，港島首次裝設電話。香港電力公司於 1889 年開辦，在灣仔設廠房，翌年即開始供電。

1863 年，歷時四年興建的香港第一口水塘，即薄扶林水塘建成，開始為市民供水，儲水量從最初兩百萬加侖逐漸提升至

---

78 霍啟昌：〈19 世紀香港的現代化與孫中山先生早期革命思想〉，北京，孫逸仙思想與中國現代化學術座談會，1 頁。

六千六百萬加侖。在 1880 年代，港府又開築大潭水塘。這個工程費用達六十萬元，所要建成的水庫有一條輸水道穿過渣甸山，中經港島北面的黃泥涌谷和灣仔峽，將食水輸入位於港島半山區的濾水池。[79]

上述的一些 19 世紀香港的現代化建設，令不少當時來香港的中國知識分子留下深刻印象是毋容置疑的。現隨便舉幾個例子來證明這個說法。

首先，康有為於 1879 年路經香港時，即對此英殖民地的建設印象深刻：“薄遊香港，覽西人宮室之琅麗，道路之整潔，巡捕之嚴密，乃始知西人治國有法度。” 因此啟發他對西學鑽研。梁啟超對此事亦有加以證實：“先生……及道香港上海，見西人殖民政治之完整，屬地如此，本國之更進可知。因思其所以致此者，必有道德學問以為之，本乃悉購江南製造局及西教會所譯出各書盡讀之。” 王韜於 1856 年避居香港時，即撰文提及香港的司法制度，防衛治安措施相當完善，並且十分欣賞香港政府能夠善於開源和理財。王韜對香港當時一些現代化建設，更是讚賞不已，認為是當時中國內地市政無法比擬的先進設施，例如他對薄扶林水塘能夠供應自來水到港島西區和中區，以及街道設立的煤氣燈便有這樣記錄：“泉脈發自山巔，流至博胡林（薄扶林），黃泥涌數處，皆鐵筩置地中，引之貫注延接，流入各家。華民則每街之旁，建聚水石池，以機激之，沛然立至，汲用不窮。於上環建煤氣局，夜間街市燈火咸以煤氣注燃，光耀如畫，仰望山巔，燦烈若繁星，尤為可觀。” 最後，王韜不禁慨嘆不已：“前之所棄土者，今成雄鎮，洵乎在人為之哉。”[80]

---

79 霍啟昌：〈19 世紀香港的現代化與孫中山先生早期革命思想〉，2 頁。

80 同上，3 頁。

中國第一任駐英公使郭嵩燾在 1876 年出使英國，途經香港，亦藉此機會，視察當時香港學館和監獄情況，對香港的普通教育和監獄制度的設施都留下美好的印象。對教育設施有這樣的記評：＂其規條整齊嚴肅，而所見宏遠，猶得古人陶養人才之遺意。中國師儒之失教，有愧多矣，為之慨然。＂他對監獄管理亦多讚賞：＂所至灑濯精潔，以松香塗地，不獨無穢惡之氣，即人氣亦清淡，忘其為錄囚處也。＂總之，郭氏認為較之國內同時的牢獄的黑暗，污穢與殘酷，實有天壤之別。[81]

晚清著名詩人黃遵憲在 1870 年曾經到香港，在港賦有《香港感懷十首》，內有慨嘆之詞，既欣賞香港的進步和現代化建設，亦感懷落入外人手才有此情況出現：＂火樹銀花耀，氈衣繡縷鋪。五丁開鑿後，欲界亦仙都。＂＂為誰割藜霍，遍地出芙蓉。方丈三神地，諸侯百里封。居然成市鎮，高疊矗狼峰。＂與黃遵憲交誼頗深的廣東名才子潘飛聲，於 1892 年應《華字日報》聘請出任為該報主筆，在港所作之文章，編為《老劍文稿》，其中有〈遊大潭篤記〉，驚嘆大潭水塘建設的實效，復感雖然鄉土相連，而香港已落外人手，由西人經營，環境何啻霄壤：＂……英人初得香港通商，度大洋之水，鹹滷不可食，乃搜澤度泉，停注為潭。斯港遂為東來貿易第一繁盛之地。將荒山一片，化為金銀樓閣，佳麗綺羅，此潭所繫，不甚大歟！……以港去吾鄉里一日程，遊覽所至，渺若荒陬，若不勝去國離鄉之感，盱衡今昔，憂從中來。＂[82]

上述的資料顯示，在 19 世紀末期，一般曾經訪港的中國知識分子，都覺得與內地比較，香港是一個十分進步而又現代化的城市，當時在港求學的孫先生有同樣的感受，是絕對可能的事情，這正好是觸發起孫先生要推翻清政的革命思想的主導線。個中實況，有關孫先生早期思想較直接的資料亦有數條提及。例如在《孫文學說》第八章——有志竟成篇，便有談及國父在大學的時代，怎樣與香港同學陳少伯、尤烈、楊鶴齡幾位開始談革命："常往香港，朝夕往還，所談者，莫不為革命之言論；所懷者，莫不為革命之思想；所研究者，莫不為革命之問題⋯⋯此為予革命言論之時代也。"但對於他的革命思想是否受香港環境觸發，此條文並無任何揭示。

但孫先生在 1923 年 2 月 20 日於香港大學一次演講中卻曾加以解釋，他在演詞中指出："我之思想發源地即為香港。至於如何得之？則三十年前在香港讀書，暇時輒閒步市街，見其秩序整齊，建築閎美，工作進步不斷，腦海中留有甚深之印象。"孫先生尤其欣賞香港當時良好的"衛生與風俗"。孫先生在演詞中所謂"衛生"，即是指當時香港政府釐定施行的"齊整及潔淨"制度，而所謂"風俗"，主要是指治安良好和政府官員腐敗事尚少："覺得鄉間與本港，確大相懸別。因在鄉間要做警察及看更人方可，因斯二者有槍械在手，晚上無時不要預備槍械，以為防備之用。由此想到香港地方與內地之比較，因香港地方開埠不過七八十年，而內地已數十年，何以香港歸英國掌管即佈置得如許妥當？⋯⋯又見香港之腐敗事尚少，而中國內地之腐敗，竟習以為常，牢不可破。"[83] 這裡孫先生談到香港之腐敗是不符合史實的，例如從香港歷史上看，貪贓納賄是長期困擾香港社會的嚴重問題，1897 年 6 月 2 日破獲的私開賭博大案，就有英籍幫辦、警

---

83 《華字日報》（1923 年 2 月 21 日）。學術界對孫中山先生這番話有不同的評價，有人認為當時香港亦有不少腐敗事，所以孫中山先生不盡了解香港的實情。但本文只是側重孫先生心目中這個"理想化的香港"對他革命思想的形成有一定的影響，而這是毫無疑問的一個事實。

官、書記官以及警察、通事一百餘人因受賄被判刑或革職。[84] 但如上文所述，孫先生演講談到的香港情況在某些方面又反映了歷史實際。

孫先生這番感受，與上述康有為、郭嵩燾、王韜、黃遵憲以至潘飛聲對香港的感受，並無差別，都是感覺到香港是一個華人社會，但在英人管治下，竟然變得治安良好、秩序井然、建設現代化，比之國內治安混亂，公共事業無人管理，市政建設停滯不前，實有天淵之別。但英國人的良好政府並非與生俱來："並非固有者，乃人經營而改變之耳。" 從前英國政府亦有其腐敗惡劣之處，但由於英人決意更張之，於是有志者事竟成，終於能達到目的。孫先生因而受啟發，得到結論：中國於國際間地位日低，聲譽日下，主要由於清政府腐敗無能，又不留意民生，只顧個人利益，不惜魚肉良民，妄加搜刮。孫先生眼光遠，大有見及此，於是認為目前急務，便是要推翻清政府，為中國建立一良好政府："從前英國政治亦復腐敗惡劣，顧英人愛自由，僉曰：'吾人不復能忍耐此等事，必有以更張之。' 有志竟成，卒達目的。我因遂作一想曰：'曷為吾人不能改革中國之惡政耶？'"，因此孫先生特別強調："由此可知我之革命思想，完全得之於香港。" [85]

最後但同樣重要的是，孫先生在策進辛亥革命運動早期的多次起義失敗是與在香港發生的一些大事有關。而孫中山先生其後能夠令辛亥革命運動扭轉劣勢，奪取主要香港華人支持的操控權和絕對優勢，對革命最後的成功起到了重要作用，亦是與在香港發生的一些大事有關，但這個重要問題鮮為史家注意，因此有必要詳細解釋當時實況。

要推翻清政府是要在擁有一定的條件下進行才能有機會成

---

84 N. Cameron, *Hong Kong: The Cultural Pearl*, Hong Kong, pp.136-137.

85 《華字日報》（1923 年 2 月 21 日）。

功。首先是要有一批先進知識分子思想家去釐定和宣揚革命思想。其次是要有一班同情革命運動的富有商人，樂意提供龐大經費支持革命運動多方面的開支，並要有一些在當地有政治地位的人士公開或暗中爭取外國政府的了解、同情和認同，甚至要暗中保護革命黨員的人身安全和協調輔助革命黨員進行計劃時的調動。最後還要有一股精壯、視死如歸、身先士卒，敢於在最前線衝鋒陷陣，能為了推翻滿清政府而捐軀的革命分子。

回顧興中會時期與同盟會初期在香港澳門策進各起義的革命黨員，都不乏上述的人才。但孫中山先生及其革命同志嘗試多次起義都一敗塗地，這是否由於他的早期革命思想未成熟、未有堅定立場、無法獲得眾多黨員充分支持，亦即是未達到統一革命戰線所致？有甚麼人為過失？若果條件不足，能否說一些革命先烈不自量力、枉作犧牲呢？每次在港澳策進起義得到了些甚麼啟示教訓？而孫先生究竟是在哪時才取得決定性的優勢？而這一切是否與在香港發生的一些大事和一些香港人物有關？

孫先生在革命運動初期能夠把握多少上述的成功條件？一般著作都認為孫先生與"四大寇"的其他三人在香港求學時代已有驅除韃虜，推翻清政府的決心。但細讀當時在港澳記載的第一手史料與了解在港澳發生的史實，則這個說法有待商榷。筆者認為李敖先生多年前提出的看法值得深入探討，李認為孫先生在香港經歷了革命思想的重大演變，即在"上李傅相書"的前後。[86] 筆者認為不出兩個可能性，即是孫先生的"推翻清政府"革命意志仍未堅定。這是由於大部分的興中會成員仍傾向支持光緒皇帝，只是大肆抨擊慈禧太后，對此孫先生仍猶豫不決，而"上李傅相書"可以說是他本人革命思想的分水嶺。另一可能是孫先生"推翻滿清政府"的意志早已堅定，但礙於香港形勢條

---

86 李敖：《孫逸仙和中國西化醫學》（香港：文共書屋，1968），96頁。

件不夠，並不容易施行，只好接受一些緩衝的施行方法，弄至言行有一定矛盾。這是導致初期起義一敗塗地的因素。

有足夠證據指出孫先生要向現實低頭。首先孫要爭取革命經費。本來孫先生最初在澳門行醫時，收入是很不錯，而他的大哥孫眉亦曾提供一些資助，但當他被迫離開澳門在廣州洗基東西藥局行醫並開展革命時已出現經濟拮据情況，[87] 到了在港成立興中會時，由於要策劃乙未起義，需要相當龐大經費購買槍械，又要懂門路，更要找人暗中包庇保護，以及爭取外人尤其是在香港的英國官員和輿論支持，而這些都不是孫先生及其以"四大寇"為核心的興中會同志所能辦得到的。所以在競選興中會會長時已反映出，其實孫及其"死黨"是在形勢比人弱的情況下，要向現實低頭，讓楊衢雲做會長，而並不是甚麼為大局著想計，不相爭持，避免引起內部磨擦。細看香港興中會的成員。孫中山先生可以說是相當"西化"的成員。他一早已離了中土家鄉，"始見輪舟之奇，滄海之闊"，因而"自是有慕西學之心，窮天地之想"的胸襟。他已經歷夏威夷的意奧蘭尼書院（Iolani College）和阿湖書院（Oahu College），受過西方教育，這些身世，都使孫中山的身份，大大不同於來自國內其他欲改革中國的志士。他們多是道地的"土包子"，或者對西方稍有了解，但全是間接的。但孫亦有不少志同道合的香港華人與他常常商談國事。

在香港興中會的其他成員亦有不少屬於"西化"的華人，例如以前"輔仁文社"社員為骨幹的一批，如楊衢雲、謝纘泰、劉燕賓、周昭岳、溫宗堯等十六人，多是香港政府官校大書院的畢業生。在大書院攻讀的學生較同時代中國內地的學生，對西方學問和世界實際事務的知識也高深得多（在下文將較詳細解釋）。

---

87 霍啟昌著：《孫中山在澳門 —— 檔案中的孫中山先生澳門經歷》（北京：中國社會科學出版社，2017）。

但要指出，他們最初參加輔仁文社原是旨在“開通民智”，只是一個交換智識研究學術之所，雖有愛國之心，大家還不敢公開談論反對政府，都是秘密商談有關救國方策。雖然轉而加入興中會，意欲改革清政府，但他們所謂“改革”大有可能只是停滯在“改良”思想上。不少會員不是政府公務員便是洋行買辦文員或英報記者，雖然他們在香港都能夠目睹一些愛國的民族性行動而有所激發，但由於他們的飯碗與侵略中國的外人有密切關係，而港英政府對於香港華人組織愛國民族性運動，非常敏感，監視甚為嚴密，恐防這類運動含有反帝意識，所以這些與港英政府關係密切的“革命黨員”，不便公開支持推翻清政府，以免導致英國政府與清政府鬧翻，只能暗中支援保護。而由於這些同志多是負責溝通在港英國官員、商人及報人，以爭取他們的支持，所以相信在公開場合，他們都表示較屬意於緩進的改革思想，亦即是康有為、梁啟超的維新立憲思想，這都是由於港英及澳葡政府在立場上不能公開支持任何推翻清政府的行動。這正好解釋了為甚麼支持興中會的《德臣西報》主筆黎德在 1895 年 3 月 18 日的社論中明確指出，當乙未起義成功後，革命黨並不打算創立合眾政府（共和），而是成立君主立憲政制。

除了上述的身為公務員或外國機構辦事員的興中會會員外，另一類同志便是在香港社會有地位的商人和專業人士，這些人為了保障本身的利益，自然更加不便公開支持推翻清政府行動，因為在香港營商的華人，大都與廣州的官場有極密切的聯繫，有些更甚至是廣州官員在港的耳目。而在乙未首義扮演重要角色的黃詠商與何啟便是這類支持革命黨的佼佼者。黃是香港首名華人議政局議員黃勝的公子，因他變賣一座樓宇，將所得捐贈作為經費，才有這次起義。而由於何啟是香港法律界的前輩，關於法律外交事件，孫中山及其他興中會員多“就商之”。而在策劃乙未起義時，謝纘泰和何啟兩人是負責對外一切交涉的。而何啟是有

名的 "改良" 派思想家，在香港政府和社會都有崇高地位，更是
孫中山就讀的西醫院的創辦人，而且他長期為港英政府委任為議
政局議員，不特為香港華人悉唯他 "馬首是瞻"，就是港英政府
遇著關於華人的要政，也都是要諮詢他的意見。何啟不但是一位
學識宏通、對於中西政教都有湛深研究的人，而且也是愛國憂
時、以中國興亡之責為己任的志士。他常常以英文發表關於革新
救國的主張，從他的著作也可以知道他在這時期的思想是較接近
康梁維新派的。而謝則與康有為的弟弟康廣仁很有交情，其後謝
更嘗試透過康廣仁與康梁派合作，但並未成功。

　　至於楊衢雲，從他的生平可以斷言他是一個熱血愛國人士，
為了國家民族不惜犧牲自己生命，亦早有推翻滿清之心，是在革
命早期的一個精英分子，亦是一個受人愛戴和擁護的年輕人，不
然亦難以擊倒受 "四大寇" 力捧的孫中山成為興中會會長。由於
他亦懂技擊，可以說是身懷絕技的人，而且是懂英語西學的知識
分子，曾在南洋唸書工作，回到香港又先後在政府及洋行肆事，
所以是興中會負責購買軍械的最理想人選，因而是策進乙未首義
的關鍵性人物。只是從他的事蹟記載中，難以找到他對革命思想
的任何言論。相信楊是一個相當率直並非善於工計的人，所以當
興中會全人在乙未一役寄予重任，令楊負責籌措餉械，最後還是
出錯，走漏風聲，令一班精英分子如陸皓東等革命志士，犧牲了
寶貴的生命，而楊亦要避難到國外。楊的調動出錯，大有可能是
因為他依賴以往購械及資助他的一些華商及公務人員或是英藉人
士，其思想形態仍是傾向於支持光緒皇帝的改良立憲派，不慎向
屬於維新派的人洩漏風聲。所以大有可能當忠心支持康梁的港人
知道興中會將在廣州發動起義消息後，馬上與相熟的廣州官員報
信，導致乙未首義的計劃胎死腹中。

　　至於孫中山先生在乙未起義時的革命思想形態更要細心分
析。以眼光敏銳見稱的李敖先生，很多年前已指出過去的歷史解

釋太偏重在"革命"的一方面，而忽略了孫中山在革命前的濃厚"改良"主義色彩。[88] 李先生認為孫中山在香港西醫院攻讀時經歷了一段很重要的革命思想轉變，這段轉變可能與其基本精神是一致的，不外是"改革"清政府、救國救民，但是表達和施行的方法，則有顯著的不同。[89] 這個轉變的原因有必要深入探討，但是要了解港澳當時的實情，才能知其端倪。

已故的香港大學羅香林教授，雖然不是專業研究辛亥革命運動，但因為對一些香港史料比較嫻熟，對孫先生這個時期的革命思想有獨特的見解。他在談到孫中山與鄭觀應和何啟在港澳時的關係，認為孫的革命主張，與鄭由洋務而進行的新政思想，雖然內容不盡相同，但孫在"革命進行當中，曾有一時期，亦以為新政派所採上書議政方法，無妨向清廷中稍為開通的大臣先為一試，故於鄭觀應與何啟等的計劃，亦未持異議，而且有所參與。"[90] 這番話就是跟李敖先生所提的意見非常接近，都體會到孫先生在港澳時期的思想有明顯的"改良"色彩。其實孫先生自己在《倫敦避難記》的自述就直認不諱：

予在澳門，始知有一種政治運動，其宗旨在改造中國，故名之曰"興中會"。其黨有見於中國之政體不合於時勢之所需，故欲以和平手段，漸進方法，請願於朝廷，俾倡行新政。其最要者，則在改行立憲政體，以代專制及腐敗的政治。予當時深表同情，即投身為黨員，自信固為國利民福計耳。

中國睡夢至此，維新之機，苟非發之自上，殆無可望，此興中會之所由設也。興中會之所以偏重於請願上書等方法，冀萬乘之尊或一

---

88 李敖：《孫逸仙和中國西化醫學》，71－73頁。

89 同上，86－88頁。

90 同上，82頁。另據羅香林：〈國父革命主張對於何啟與鄭觀應等之影響〉。

垂聽，政府之或可奮起。且近年以來，北京當道諸人與各國外交團接觸較近，其於外國憲政當必略有所知。以是吾黨黨員本利國福民之誠意，會合全體聯名上書。時則日本正以雄師進逼北京，在吾黨固欲利用此時機，而在朝廷亦恐以懲治新黨，失全國之心，遂暫擱不報。但中日戰事既息，和議告成，而朝廷即悍然下詔，不特於上書請願者加以叱責，且云此等陳請變法條陳，以後不得擅上云云。

　　在這段話中，孫先生的和平緩進改良思想色彩是很明顯的。所謂 "和平手段"，所謂 "漸進方法"，所謂 "請願於朝廷"，所謂 "冀萬乘之尊或一垂聽"，所謂 "會合全體聯名上書" 等，都是改良派語調，無從否認。但明明一般革命文獻都記載孫在西醫院唸書時即與 "四大寇" 其他三人商議革命事，就是孫的當時最好朋友之一的陳少白，在《興中會革命史要》的回憶中亦說："他進校（西醫院）以後，天天談革命，同學中當然沒人同他談的，或有以為大逆不道而避他的……叫他 '洪秀全'。因為孫先生平時常常談起洪秀全，稱為反清第一英雄，很可惜他沒有成功……" 而當時與孫在西醫院攻讀至畢業的唯一同學江英華亦在被訪問時談及 "總理在院之時，即善與同學談革命"。[91]

　　如果孫先生在港澳期間的思想既是 "改良" 派又是 "革命" 派思想，不是有內在矛盾存在？筆者認為只要細心分析港澳當時的實況，便不難找到合理的答案。筆者不懷疑孫先生早 "蓄革命之機"，但從有真正 "革命" 思想或蓄 "革命" 之機，到將它實施於策進革命運動以達革命之旨，是一條遙遠的道路，是要創造足夠的條件和把握當前所容許的每一個機會，向目的推前一步，才能最後實踐的。但孫先生能夠成為一個偉大的革命先行者，是由於他是一個傑出的策略家或戰略家，他懂得盡量利用當前形勢去

91　李敖：《孫逸仙和中國西化醫學》，69頁。

達成他的最終目的，他絕對是識時務而又能夠把握機會的俊傑，並不是僅憑赤膽忠心去完成革命大志，是不容易被不利形勢難倒的，這就是偉大領袖的難得品格。他往往表現出他非常現實的一面，權衡實際情況後，敢於嘗試任何形勢容許的一切方法手段去完成革命任務。這是孫先生勝過其他革命同志一籌的地方。這種精神保存了整個革命事業持久的熱誠和活力，令革命運動能夠屢仆屢起，度過嚴重挫折和希望幻滅的時刻而走到最後勝利的原因。

現將孫中山在乙未首義前面對的香港實況作一申述，以便更清楚了解他的言行。上文已說到孫先生要將思想實施於行動上去救國救民，必須要得到香港華人一些權貴人物的支持和協助才能開展其革命運動，而其中一個最關鍵性人物便是何啟。何在 1887 年便發表了〈中國先睡後醒論書後〉的革新救國文章。這時正是孫在西醫院常與楊鶴齡等談論鼓吹革命的時代。何啟是西醫院的創辦人兼主腦人物，更可以說是孫的"恩師"，孫和他早有一定的交誼。何的言論孫不能不熟知。而孫在院內的超卓成績，甚至他鼓吹革命的抱負，何亦不會無所聞。由於兩人都是十分"西化"的華人，有惺惺相惜的感覺是很自然的事，一個敬重老師，一個賞識後學，這段交情和兩人地位懸殊就是令到孫先生言行不能協調的主因。何啟是在香港社會權重一時的華人領導，對孫的興中會贊助尤多，但以他的地位計"不願列名黨籍"，雖然如此，對於孫的革命大計，常常參與，而"興中會對外宣言，亦由何手修正發出。"[92]

但與何啟正好相反，孫只是一個醫學院學生，就是在西醫院畢業後成為醫生，孫在港澳社會還是沒有甚麼地位，想搞革命，

---

92 李敖：《孫逸仙和中國西化醫學》，72 頁。據民國二十四年（1935 年）廣州嶺南大學孫逸仙博士紀念醫院籌備委員會編印：《總理開始學醫與革命運動五十周年紀念史略》。

以孫這樣領悟力高的人才來說，沒有道理不曉得缺了像何啟這樣一個有力人士的支持，簡直是難過登峰了。所以就算孫先生抱有徹底革命主張，但要開展這個革命運動，就不敢冒犯何啟這些香港權貴。儘管這些改良派的權貴人士的政治見解和內容與孫有所不同，但並未令他停止與他們相互交往。故此對何啟、鄭觀應等改良派的革新計劃，"亦未持異議，而且有所參與"。而就是在這種參與的過程裡，不但結識了著名改良派思想家如鄭觀應和王韜等，導致孫有上書李鴻章之心，而且王韜還為孫寫了介紹信給李鴻章的幕僚羅豐祿，以達成孫上書的積極效果。

若果我們將一些發生在香港的史實和香港一些重要人物拼成一個清晰的歷史圖案，然後將孫先生放進去，孫先生在這時嘗試採取較緩和的手段去達成革命的最終目的，是完全符合史實和合理的行動。讓我們嘗試拼合這幅圖案。當孫在大書院唸書時，每屆不少畢業生都被當時主張西化的清廷領袖如李鴻章、張之洞等錄用為清政府效勞，不少這樣的香港學生其後更在中央和各省的不同層次上分別擔任政府高級職務。而在差不多每次畢業典禮上，當時的港督或校長的致詞內，都會向李鴻章等致謝。孫一定早已知道有李鴻章這樣一個人。

當孫進入西醫院時，李鴻章是西醫院的名譽贊助人。孫的良師何啟是西醫院的創辦人，與李鴻章必然相當投契，而此時孫在港澳認識到的鄭觀應則更是獲李賞識的人。李鴻章於光緒八年（1882年）奏定鄭氏專辦商務，後更任招商局總辦。而孫先生的另一西醫院良師康德黎教務長，在孫畢業典禮的演講詞中，亦表示出對李鴻章的讚賞和敬仰："勿謂貴國的當局不相信科學，那極有權威的李鴻章先生，關於本院的職務曾覆信述及……他要求先給我們以科學，有了科學，則其他一切，都會跟著來了。"[93] 若

---

93 《德臣西報》（1892 年 7 月 24 日）。

果與孫先生一同參與這個典禮的江英華的回憶可信的話，則孫在上書李鴻章之前已有過一小段直接關係。根據江的話，當他和孫先生在西醫院畢業的時候，曾發生了以下一件事：

> 畢業後因香港未有位置，時香港總督羅便臣曾馳書北京英公使，託英使轉薦於北洋大臣李鴻章，謂總理與余兩人識優學良，能耐勞苦，請予任用。李覆書羅便臣總督，云可來京候缺。每人暫給月俸五十元，並欲授吾二人‘欽命五品軍牌’。總理為潛身京都，運動諸人革命，允即前行，吾二人遂偕康德黎師往省（廣州）。請英使轉商總督德壽領牌，然後晉京，以免惹清政府之忌。詎德壽總督諸多為難，欲吾二人填寫三代履歷等等，方准領得。總理氣怒而返港，余亦勸其莫輕易進京，以免身危，遂不果。[94]

從上述一些史實可得知孫為甚麼要上書李鴻章，就是因為對李早有印象，覺得李是權重一時，受外人尊重的一位識時務之大員，而且肯錄用像他這類西化華人。就算要聽他話，但辦起新政來，未嘗不可挽救當時的中國。但當他了解到連李這樣的人物竟無意亦無力推動新政時，可能是基於精神受挫敗，在怨憤情況下，亦可能是基於理智的分析，革命意志堅定下來，決計積極籌備興中會去推翻清政府。

上文已有論及孫在興中會難以說是有甚麼操控權。所以籌劃乙未首義時，最重要的事都是要交付何啟、謝纘泰、楊衢雲等並非嫡系的黨員去負責。結果就是由於這方面出錯而影響整個起義的成敗得失。反而在廣州一切進行得較為順利，這可能是由於孫親自策劃，加以輔助他的鄭士良、陸皓東，可以說是這時期較為

---

94 李敖：《孫逸仙和中國西化醫學》，95－96頁。另據鄭子瑜：《總理老同學江英華醫師訪問記》，1940年，《華僑日報》。

"志同道合" 的同志，而鄭所統率的多是三合會人士，而三合會的反清傳統毋須懷疑。所以雖然這些武裝戰鬥部隊順利抵達，但由於槍械火藥未能按時運到而令他們白白犧牲不少生命。

因為限於篇幅，上文只限於深入探討乙未起義的策劃過程，但有足夠證據證明，其與另一在 19 世紀末同樣以香港為基地策動的起義——三洲田軍事革命，最後失敗主因都在於革命領導孫中山未能真正操控興中會，建立統一革命思想戰線。黨員在革命思想上仍呈現嚴重的分歧。肩負籌餉買軍械至爭取外人支持重要職責的黨員，都屬香港有權勢的華人，當英國政府及英人輿論仍然公開支持光緒皇帝，這些西化華人為了維持在香港本身的利益地位，都不便、不欲或不能公開認同用武力推翻清政府。對他們來說，倘若一日尚有希望以和平緩進方法，即以 "改良" 派方式進行的維新運動成功改革中國，他們仍然會實際支持 "改良" 思想多過 "革命" 思想。

羅香林教授在〈國父革命主張對於何啟與鄭觀應等之影響〉一文中指出，有很多在這時期與孫中山先生過從甚密的友人，如何啟、鄭觀應，其政治觀點與孫是有所分別的，因而令到孫 "與鄭觀應、何啟等的表現，亦到底是有分別的，這由於孫是由主張革命與實行革命以欲擴大作用與力量，故嘗與改良派的人士互相注意，而終以使改良派的人士，亦轉而加入革命的運動，而鄭氏、何氏等，乃是由主張推行新政，由所採方法的證明失效，而乃改為歸向孫，而參加革命運動的，非自始即主張革命的，觀於何啟的始終未列名為興中會的會員，其中的消息如何，便可知道了。" [95]

筆者認為羅教授這番話，基本上是說對了。但細心分析當時

在港發生的史實，便察覺一般香港華人權貴如何啟及其後最能出錢出力支持孫的李煜堂、李紀堂等，都並不是在康有為、梁啟超於 1898 年宣告百日維新失敗後便馬上歸向孫先生。孫文自從乙未起義失敗即被港英政府驅逐出境，為清政府以"逆賊"名義追緝，對於這一班香港華人權貴來說是很難公開對孫加以支持，而且孫雖然仍繼續以香港為基地策劃其他起義，不過都只是在泊於香港港口的船上與革命黨員商議進行。那麼究竟孫先生是在哪時和在甚麼樣情況下才逐漸扭轉劣勢、排除上述阻力奪取在港的操控權？其實這個過程是與在香港發生的兩件史實有關，但多為史家忽略。

三、香港扭轉孫中山革命局勢的乾坤

第一件事是當康有為知道百日維新失敗後，他立即逃避到香港，嘗試在此建立基地繼續抗拒慈禧政權。康這次訪港引致有權勢的西化華人在港英報紙展開一場論戰決定應否支持康梁的保皇派。第二件事是康有為在 1899 年再次訪港，希望港英政府給予政治庇護，從而利用香港作為保皇運動的重要基地。

康有為於 1879 年首次路經香港時，即對此英殖民地的建設印象深刻，由此形成一種複雜的情結：既讚嘆西方人的業績，又痛惜中國的落伍。這次在香港的見聞使他第一次認識到西方政治制度非"蠻夷可言"，他在日記中寫道："薄遊香港，覽西人宮室之琅麗，道路之整潔，巡捕之嚴密，乃始知西人治國有法度。"因此啟發他對西學的鑽研。[96]

康有為第二次來到香港，已經是 1898 年了。在慈禧太后和她的追隨者發動宮廷政變，成功地剝奪了光緒皇帝的政治權力

---

96 胡濱：《戊戌變法》（上海：新知識出版社，1956），23 頁。

後，他來香港尋求政治避難。是年 9 月，經皇帝提醒形勢危在旦夕，康有為逃離北京，坐上了開往上海的輪船，最後在英國人的保護下逃到香港。

康有為於 1898 年 9 月 30 日晚到達香港，並在西灣河受到香港政府代表的歡迎。為了保護他不遭暗殺，港府起初建議康有為暫時在警署中棲身，後又安排康到一位華人朋友家中居住。康有為在香港短暫逗留期間，抓緊時間尋求英國人對維新變法的支持。他還涉足十分西化和商業化的香港華人圈子以顯示其政治才華。[97]

由於香港不是康有為百日維新活動的中心之一，香港人對康的思想並不熟悉。但是，當維新領袖來到這塊殖民地尋求政治避難時，操英語的香港居民是不是完全不了解他的作為呢？當然不是。1895 年 12 月 19 日，香港的一家英文報紙《孖剌西報》就已經譯載了百日維新的一份重要文件。這份呈給光緒皇帝的萬言書是由康有為和梁啟超起草，並得到六百零三位舉人的簽名，敦請皇上厲行維新改革。該報還於同日刊載了維新的主要內容。不過，由於對維新的真實目的並不了解，這家報紙對維新派持審慎態度，對其前途既不樂觀，也不同情。據《孖剌西報》載，中國維新派可能是受到了 "極端愛國情緒" 的驅動，因為維新派內心並不崇拜西方。該報指出，擬議中的維新計劃停留在對西方思想一知半解的水平上。所以普遍的看法是，儘管維新運動提出要借鑑多項源自外國的制度與經驗，卻不能緩解中國對西方的排斥。該報懷疑，維新的根本目的是企圖恢復中國對外國的控制與支配。[98]

不過，香港英文報紙大多數都支持光緒皇帝。報界認為光

---

97 K.C. Fok, *Lectures on Hong Kong History*, p.69.

98 *Hong Kong Daily Press*，March 12th；March 14th；March 19, 1898.

113

緒皇帝既愛國又開明，有決心維持帝國的完整，並希望通過西學推動國家進步。反之，慈禧太后則是一個獨裁而專橫的女人，是進步力量的大敵，是“俄國的朋友和工具”是英國在華利益的威脅。《士蔑西報》甚至斷言，百日維新的失敗是因為俄國在暗中幫助保守派。香港英文報紙的讀者對這裡所表現出的恐俄症不會感到吃驚，因為其他地方的英文報紙也同樣“全力反對俄國。”[99]

可是，香港的記者們還未弄清其性質，百日維新就已經失敗了。康有為到達香港後最緊迫的任務，就是如何與港英政府和操英語的香港人進行對話，以爭取他們支持維新運動，並承認他在維新運動中的領袖地位。可能正是出於這種動機，“對英語一竅不通”的康有為還是同意接受《德臣西報》的採訪。[100] 採訪於1898年10月6日晚上進行，詳細內容於10月7日見報。記者請康有為談論維新派的興衰、誰是中國真正的統治者、以及他逃離北京的前後經過。著名買辦、康有為在港期間的東道主何東先生為他作翻譯。康有為在訪談中表現出的外交敏銳力和待人處事能力證明，他有資格在國際事務中佔一席之地。公正地說，這次訪談證明，他並非像香港的一些批評家嘲諷他的那樣“毫無思維能力，是個純粹的空想家”。[101]

第一，在採訪開始時，康有為借機感謝“英國公使和英國人民為他提供的保護，感謝英國人民對中國政治、社會的進步和解救皇帝所表示的關注”。儼然一位資深外交家的談吐和風範。第二，在採訪過程中，康有為一再強調，維新派和中國皇帝是親西方的，特別希望得到英國方面的幫助。第三，康有為利用恐俄

---

99 *Hong Kong Telegraph*, September 27th, 1898.

100 K. C. Fok, *Lectures on Hong Kong History,* p.69.

101 *China Mail,* October 25th, 1898.

症婉轉地提醒英國政府，支持清帝和維新派是符合英國利益的。"我個人認為，利用這個機會支持皇帝陛下和進步黨是符合英國利益的，如此等於幫助中國人民，全中國民眾將把英國當成最友好、最可信的朋友。如果英國現在不採取行動，等西伯利亞鐵路通車後，恐怕俄國的勢力將會控制全中國。"[102]

根據康有為在訪談中的上述談話，我們有理由相信，康有為十分了解操英語的香港居民對中國的維新運動抱何種感情和態度。我們還有理由相信，康有為還特別顧及了香港的英文報界對當時的中國局勢的觀點和立場。他在香港的短暫逗留期間所掀起的宣傳運動相當奏效，樹立了他自己有作為、有知識的維新領袖的形象。採訪他的記者不得不承認："對於一個不懂西方語言的中國人來說，康有為吸納了大量的西方思想，他給記者的印象是，對時局的把握比他大多數同胞都清醒。"[103] 就連護督在 10 月 8 日向殖民地事務部報告康有為逃亡香港的情況時，也越俎代庖地說："我認為，駐京英國使節科伯恩（Cockburn）先生對康有為的維新計劃的估價失之輕蔑了。"[104]

勢力巨大的大不列顛聯合商會為了促進英國在華的商業利益，聘請查爾斯‧貝雷斯福德（Lord Charles Beresford）爵士從 1898 年 9 月 30 日起對中國進行探究性訪問。儘管他在香港逗留期間公事繁忙，爵士還是決定會見康有為，"以期獲得維新派人士對中國打開門戶、發展商貿的可能性的看法。"[105] 貝雷斯福德在親自撰寫的報告中稱，會見歷時良久，期間康再次顯示了其外交敏銳，並游說英國商人。

102　*China Mail*, October 7th, 1898.

103　同上。

104　《英國殖民地部檔案一二九》，285 卷，396 頁。

105　Lord Charles Beresford, *The Break up of China*, 1899, p.196.

由於貝雷斯福德爵士身為著名海軍將領，深得英國商人和政府的雙重尊敬，他對康有為的評價在很大程度上能夠樹立或損毀康在港人心目中的形象。總的來說，貝雷斯福德對維新運動持積極態度。但是，對於實施維新派計劃的方式方法，他卻不敢苟同。不過，對於身為政治難民、面臨生死轉折的康有為來說，意義更重大的是，貝雷斯福德似乎視康有為為維新領袖。"康有為身上明白無誤的精忠報國、無私奉獻的精神令我讚嘆不已。他的熱誠不容置疑。"[106]

　　的確，在海外繼續開展維新運動的開局良好，康有為完全有理由自得。但此後形勢的發展證明，康有為任何自得的言行都為時過早。儘管康得到香港上層頭面人物何東先生的接待，在香港的西化華人圈子內，對於是否應支持康有為的維新運動，卻存在著分歧。這種分歧最突出的表現就是發生在香港英文報紙上的一場大辯論。辯論的一方是"現代求真者"，此人在假名的掩護下猛烈攻擊康有為；辯論的另一方是何東，他奮起反擊，為康有為作辯護。

　　辯論的發端是"現代求真者"分別寫給《孖剌西報》、《士蔑西報》和《德臣西報》編輯部的一封讀者來信。寫信日期是1898年10月21日，於10月24日在三家報紙的讀者來信欄上同時發表。以西化華人自居的"現代求真者"竭盡諷刺挖苦之能事，對康有為的人格進行了無情攻擊。攻擊的中心有三：一、康有為自私、虛榮、自大。二、康有為剽竊他人思想而不做注釋。"現代求真者"指責說，康有為的維新計劃借用了李提摩太的許多思想，卻未對皇帝說出真情。三、由於康有為對西方語言、事務的無能無知，他嫉妒鄙視西化華人。一旦康為有掌握中國政府實

106　Lord Charles Beresford, *The Break up of China*, 1899, p.199.

權，決不會重用西化華人。[107]

　　"現代求真者"是精心挑選過攻擊時間的，因為此信是康有為離港赴日後才寄發的。寫信人或許想，既然康已不在香港，香港的西化華人誰都不會替這個鄙視眾人才能的人主持公道。果真如此，這封信就會重創康有為的形象，離間香港操英語的華人精英和康的關係，最終葬送康在海外繼續維新運動並贏得支持的希望。然而，事態的發展恰恰相反。

　　在港的西化華人認為，"譴責某人，卻剝奪對方的辯護權，是與盎格魯・撒克遜（Anglo-Saxon）的自由精神背道而馳的"。這些人中間，最德高望重而且在康在港期間與之密切交往的何東先生，覺得有義務站出來"為康先生應戰，並主持公道"。於是他給英文報紙寫去一信，駁斥"現代求真者"的所有指控，替康辯護。[108]

　　由於反康派和擁康派都向報章投稿展開申辯，所以這場辯論使三家英文報紙不經意間被捲入了一場筆墨官司。《孖剌西報》似乎支持"現代求真者"的觀點，其社論版幾次三番貶低康有為維新領袖的形象。如 1898 年 10 月 25 日，編輯部直言不諱地說康有為"是一個有某種卓越能力的人，卻毫無思維能力，是個純粹的空想家。由於他的魯莽使維新事業倒退了許多年，對他表示同情顯然是一種錯誤。"[109] 文章接著說，像康有為這樣的人物是不適宜管理重大事務並委以重任的。既然英國當局已經幫助康有為逃出了中國，編輯部認為，"從本國政府的立場來看，最好置之不理，任其自生自滅……年輕的光緒皇帝聽命於康有為之流，實

107　*China Mail*, October 24th, 1898；*Hong Kong Daily Press*, October 24th, 1898.

108　*Lectures on Hong Kong History*, pp.74-75.

109　*Hong Kong Daily Press*, October 25th, 1898.

乃大不幸。康把皇帝領到了懸崖邊，看著皇帝摔下去。"[110] 同一位編輯還說過，康有為雖然用心良苦，卻"根本不懂謹慎二字為何物"。除了發表這些中傷性文字外，《孖剌西報》還轉載了康有為的死敵、因反對康有為維新而被革職的梁鼎芬的來信。梁的來信是對康有為百日維新計劃的全面反擊。[111] 而且，"現代求真者"的第二封信只寄給了《孖剌西報》，更清楚地說明了該報在這場交鋒中的偏向。

《德臣西報》則是康有為的辯護者。首先，在刊登"現代求真者"攻擊康有為的來信的同一天，編輯部便替康有為說話：

使中國的維新運動倒退的不是像康有為這樣堅決的維新派，而是那些嫉賢妒能、小肚雞腸的小佩亭頓（Pedingtonian）之流。他們本身腐敗不堪，卻不願相信在中國會有任何人發起愛國運動的目的不是為了個人前程和私利。任何與康有為進行過交談、詢問過他對中國政治生活的各個層面和國家前途的看法的人都會對他的卓越才能肅然起敬……中國需要有這樣超群才能的人才；不論光緒皇帝的命運如何，不論他是死是活，對於中國來說的一大幸事是，終於找到了這樣一個人，他並沒有拋棄儒教的中庸思想，卻毫不考慮他個人的進退，立志要救國家於泥潭，而且願意站出來，睜大眼睛面對危險，力諫皇帝，推行改革。因為若不如此，國家和人民的命運不可能得到改變。[112]

然後，《德臣西報》的編輯號召比他更熟悉康有為的人站出來反擊"現代求真者"的指責。但他要求這些人"不要置維新這個大問題於不顧，攻擊其他任何派別的領袖，從而分散了公眾對

110　*Hong Kong Daily Press,* October 25th, 1898.

111　同上，November 3rd, 1898.

112　*China Mail,* October 25th, 1898.

主要問題的注意力。"[113]《德臣西報》後來又陸續發表了一些為康有為、何東辯護的信件。[114]

《士蔑西報》在這場辯論中則採取中立。它拒絕相信康有為是"現代求真者"所指責的那種人。在 1898 年 10 月 24 日的報紙中,該報編輯在評論"現代求真者"的來信時說,"我們完全不同意信中對康有為的評價,因為他並沒有信中所說的那種自私自利行為。"[115] 儘管如此,《士蔑西報》發表的辯論雙方的信件數量相同。

"現代求真者"沒有再次給報界寫信,於是辯論便不了了之了。總體說來,"現代求真者"對康有為的貶損取得了閃電戰般的初步勝利。但是,他後來卻逐漸失去了取得最後勝利的動力。或許是因為他在辯論中途不經意地向何東這樣強大的對手發出了挑戰。"'現代求真者'……把戰書下到了別人門前,卻連對方的鞋帶都繫不上。"[116] 事實上,他一直沒有提出任何證據來證明對何東的指責,也沒有透露真實身份。結果,那些讀了"現代求真者"第一封來信後可能對康有為的人品持懷疑態度的讀者,最後都接受了一位中立觀察家的解釋,即"這純屬對所有維新派發出的一般性攻擊"。據《德臣西報》的編輯稱,"不論何時何地,只要有維新者,便會遭遇那些自以為是的人的譴責,康有為也不能倖免那些妒賢嫉能、心胸狹窄的同胞的歪曲攻擊,不能避免心存芥蒂的外國人的輕蔑。"[117]

在這場辯論中,我們可以有把握地說,康有為在一場民意測驗的驚濤駭浪中沒有遭受沒頂之災。作為在香港政治舞台上為中

---

113 *China Mail*, October 25th, 1898.

114 K. C. Fok, *Lectures on Hong Kong History*, p.80.

115 *Hong Kong Telegraph,* October 24th, 1898.

116 同上,November 10th, 1898.

117 *China Mail*, October 25th, 1898.

國說項的第一人，應該說康有為是成功的。許多人認為香港是孫中山革命運動支持者的堡壘，康有為卻證明了自己在西化華人和英國人中間也不是沒有人緣。這場辯論反映出支持康的西化華人勢力很大，尤其是為首的何東，不但在香港社會德高望重而且富甲天下。可是亦有不少西化華人無情地攻擊康，指出他的嚴重過失，所以對他作為領導的形象有一定的創傷。[118]

究竟孫中山是怎樣及在何時才取得優勢？康有為離開英國殖民地香港而赴日本避難的原因不很清楚，但康有為很快又於1899年11月1日回到香港。康這次到港引出一個難題：他到底能否在香港避難。此事在英國外交部和殖民地事務部之間造成裂痕，不僅對維新運動的未來，而且對孫中山的革命運動產生了影響。這是由於港英政府最後在1900年拒絕給康有為提供政治庇護，因而導致康失去利用香港作為保皇運動的重要基地的絕好機會，而令整個保皇運動從此逐漸衰微。反之，孫文卻能乘此機會，不單止鞏固香港富有華人對革命運動的支持，而且獲得英國政府的默認和支持。

在百日維新失敗後，康有為，正如史扶鄰教授所說，"為了要恢復權力，保證自己的政治前途，唯一的希望就是採用孫中山的策略——在華僑中募捐，在國內招兵。"[119] 無疑康梁在美加兩國已爭取到當地不少華僑的支持，但是遠在美加，他們是難以領導任何以武力來推翻慈禧政權的活動。假若康梁能夠利用香港作為保皇運動的武裝鬥爭基地，則保皇派的勢力增長，將會是如虎添翼。[120]

118　K. C. Fok, *Lectures on Hong Kong History*, pp.80-81.

119　Harold Z. Schiffrin, *Sun Yat-sen and the Origin of the Chinese Revolution*, 1968, pp.157-158.

120　K.C. Fok, *Lectures on Hong Kong History*, pp.90-93.

在 1900 年間，梁啟超在美國各地替保皇會向當地華僑募捐經費時，已觀察到美國華僑"多工人，少巨商，雖其竭力不能多有所助"。但對於香港，他則期望甚高，原因是在香港，商賈比比皆是，梁曾致信康有為主張盡力強化在港的會務，而在港主持會務的必定要挑選最佳人選充當，"因為總持此事之人，即是當天下最要之衝。"他又建議在港開辦鐵器公司和蠶桑公司以助會務，因為他認為在"香港數十萬易易耳"。[121]

其實，身為維新運動二號人物的梁啟超早就指出，如果保皇會在內地舉事，必須在附近建立指揮部，最佳選擇就是香港或澳門。在 1899 年至 1900 年間康梁的通信中，梁多次強調香港作為維新派領導起義的基地地位十分重要。[122] 香港不僅是後勤補給中心，還是武器的來源地。一旦起義失敗，香港還可以成為維新派人士的庇護所。梁啟超還建議，香港指揮部可以借用商行身份為掩護，並以此滿足保皇會的對外商業需要。[123] 梁啟超甚至認為有必要在香港出版英文報紙作為維新運動的喉舌，因為"白人中有很多人對我們抱有同情心。"[124] 梁啟超曾經在獲得北美華人支持方面起過舉足輕重的作用，但他指出，這些華人大部分是勞動者，只有少數企業家。所以從長遠看，他們的經濟支持不能持久。[125]

在爭取華僑資金的競爭中，這個時期革命派是落在下風的。但更重要的還是梁啟超突然一改過往作風，竟然極力主張以軍事行動來爭取華僑的支持，梁啟超的當時言行對革命派的打擊十分

---

121 丁文江、趙豐田編：《梁啟超年譜長編》（上海：上海人民出版社，1983），202 頁。

122 同上。

123 同上。

124 同上。

125 同上。

巨大，因為梁令華僑相信，保皇派以武裝鬥爭來解救光緒皇帝跟搞革命並無分別，這樣保皇派便能夠竊取了孫中山和革命黨員一直獨攬的大部分權力。當時確實存在著對孫文極之不利的形勢。假使康有為真的能在香港獲得居留權，孫文是面對著隨時被推下政治舞台的危機。若果康梁在港展開以武力來推翻慈禧政權的活動，一些一直都支持革命黨的香港華人，不難會被梁啟超的魅力深深迷倒，而被梁拉過去轉而支持保皇派，這就會令革命黨大亂陣腳。[126] 因為上文已提及，早期革命運動的數次起義的經費，都是有賴香港華人大力支持的。

但畢竟事實是康有為無法留在香港，至於香港政府何以拒絕給予康政治庇護，筆者已有專著作過充分的研究和論述，在這裡只須闡述一些扼要的事實。

必須指出，在康有為前一次逗留香港期間，清政府並沒有對英國當局庇護康提出任何抗議。但時隔一年，由於海外華人對保皇會的支持日趨升級，清廷開始認為康有為比孫中山更加危險。由於情況起了變化，清政府開始通過外交途徑反對香港英政府給予康有為政治庇護。

中國駐倫敦公使羅豐祿於 1899 年 12 月 6 日向英國外交大臣發出照會，抗議英國人為康有為提供庇護。[127] 此時，康的境況非常危險。香港英文報紙反對讓康在香港逗留，而當地有政治影響力的華人，如何啟、韋玉等，都是中國革命黨的著名同情者。可是康有為非常幸運，香港總督卜力爵士堅持認為，香港政府對其居民的管轄權不容外人干涉。

羅豐祿在給英國政府的照會中指出，香港已經蛻變成了不

126　K.C. Fok, *Lectures on Hong Kong History*, pp.83-85.

127　《英國殖民地部檔案編號一二九》，295 卷，703－704 頁；《英國外交部檔案編號一七》，1718 卷，199－201 頁。

滿中國分子陰謀策劃的場地，並且翻出舊賬，說香港在太平天國時期就充當過起義者的基地。照會稱，日本和美國政府都已經拒絕為康有為提供庇護，還援引 1896 年香港驅逐孫中山的先例，認為對康有為應該照此辦理。[128] 英國政府立即指出，這種類比不適當。孫中山反對中國政府，而康有為則是中國皇帝的親信。據此，英國外交大臣索爾茲伯里（Lord Salisbury）爵士表示，在未徵詢香港當地行政首腦之前，不能接受中國公使的要求。[129]

羅豐祿繼續不斷對英國外交大臣施加壓力。在 1899 年 12 月 13 日與索爾茲伯里爵士的會晤中，羅豐祿再一次要求英國政府將康有為驅逐出香港，他還指控康在有華人的居住地籌措經費，招兵買馬，以便向中國的皇太后開戰。[130] 索爾茲伯里回答說，英國的一貫傳統是願意為"所有國家的政治難民提供庇護和保護，只要他們採取合法、和平的行為"。於是，問題的關鍵就變成"所涉及的要求政治庇護者是否企圖將香港變成針對大清國的戰爭行動的基地"。[131] 英國外交大臣當時的立場是，如果康的行為是無辜的，就不能拒絕為他提供庇護。一切都取決於卜力總督對康有為的評語。

卜力在給倫敦的報告中稱，康自到達香港以來，一直深居簡出，並未從事任何政治活動，因此康沒有任何觸犯"香港驅逐條例"的行為。卜力因而允許康繼續在香港避難。[132]

殖民地事務部一直堅決支持卜力的立場，外交部儘管有些不情願，也只好照此辦理。外交部的想法是，制訂"驅逐條例"的

128　《英國外交部檔案編號一七》，1718 卷，203－205 頁。

129　《英國殖民地檔案編號一二九》，295 卷，718－719 頁，720－721 頁。

130　同上，718 頁，720 頁；《英國外交部檔案編號一七》，1718 卷，254－255 頁。

131　《英國殖民地檔案編號一二九》，295 卷，718－719 頁，720－721 頁。

132　《英國外交部檔案編號一七》，1718 卷，217 頁。

本意是為了驅逐那些不受歡迎的、會危害當地的外國人，而不是為了向外國政府引渡政治難民。由於卜力總督明確指出，康有為沒有任何"可以援引驅逐條例"的行為，殖民地事務部便不能答應中國政府的要求。[133] 然而，此後發生的事情卻使事態複雜化了。基於對國際法和中英關係更重大問題的考慮，英國外交部最後還是推翻了殖民地事務部的決定。

1899 年 12 月 20 日，清政府對康梁發出通緝令，同時懸賞捉拿康有為，不論死活。卜力聞訊，強烈抗議中國政府挑唆刺殺身在英國殖民地的康有為。卜力指出，"若我們不放棄職責保證守法來訪者的人身安全，只會大大加重我們的費用負擔。"[134] 卜力決心竭盡全力保證康在香港的安全，殖民地事務部大臣張伯倫於是要求外交部就不論死活懸賞康有為一事向中國政府提出抗議。[135]

就此殖民地事務部要求外交部注意：清政府對身在香港的康有為採取的行動可能使事態複雜化。倫敦政府中許多官員對此情況唏噓不已，並且紛紛談論是否應該立即著令英國駐北京公使要求中國政府收回懸賞令。否則，若康有為在香港遭綁架或刺殺，英國政府將唯中國政府是問。[136]

索爾茲伯里爵士有些進退兩難了。英國政府認為，必須堅持長期執行的為個人提供法律保護的傳統。可是，羅豐祿事先已經警告過，如果康有為在英國殖民地避難，英國在華商業利益將蒙受損失。中國發出如此要挾，是因為英國在華的競爭對手，如日本和美國，已經接受了清政府的要求，拒絕康有為留任該地避難。最後，索爾茲伯里決定，必須把維護英國在華利益放在首

133 《英國外交部檔案編號一七》，1718 卷，217 頁。

134 《英國殖民地檔案編號一二九》，294 卷，615 頁。

135 《英國外交部檔案編號一七》，1718 卷，225 頁。

136 同上，226 頁。

位。因得罪慈禧太后而影響英國利益是得不償失的。索爾茲伯里在作出這種一百八十度大轉彎時，當然也得到外交部同僚的支持。他們認為，在這種情況下，"與其討好卜力爵士，不如討好中國政府。"[137] 於是，索爾茲伯里拒絕向中國政府的懸賞令提出抗議，因為若英國政府干涉中國政府政令，是非常愚蠢的外交舉動。索爾茲伯里在寫給殖民地事務部的信中明確地解釋說，康有為留在香港已經令英國政府陷入嚴重的外交困境。

索爾茲伯里爵士認為，如果允許中國政府心目中的危險分子康有為繼續留居香港，總理衙門肯定會視這種情況為奇恥大辱，是英國政府的不友好舉動。中國人相信，康有為會利用這樣的權利來做謀反北京當局的活動。"不論我們作出何種保證（阻止他不參與這樣的活動），他們都不會相信。"[138]

而且，其他外國列強在北京的代理人一定會乘機向中國政府表示，允許康有為留居香港是英女皇政府對推翻中國現行體制運動的鼓勵。[139]

因如此種種考慮，索爾茲伯里爵士敦促張伯倫同意他的觀點，即應該說服康有為離開香港前去新加坡或其他地方，以便更好地保證他的安全。[140] 殖民地事務部終於很不情願地同意了索爾茲伯里的建議，畢竟索爾茲伯里的觀點與香港英文報紙關於香港作為康有為政治避難地的立場一致。另外，也沒有任何記錄表明有人反對康有為被驅逐出香港社會。但是，為了保全港督的面子，保護殖民地政府說話算數的形象，張伯倫給卜力的指示是"女王陛下的政府考慮到康有為的人身安全，希望港督說服康有

---

137 《英國外交部檔案編號一七》，1718 卷，227－229 頁。

138 《英國殖民地檔案編號一二九》，295 卷，732－733 頁。

139 同上。

140 同上，733 頁。

為離開香港"。[141] 此後，康有為於 1900 年 1 月 27 日離開香港。因而，康有為在香港的第二幕活劇亦黯然落幕了。

康有為在英國政府的保護下在香港獲得立足之地的希望破滅了。這對於中國革命運動和維新運動此後的發展方向影響重大。但現代中國史學家卻完全忽略了這一點。

從上文可得知，在 1899 年底和 1900 年初這段關鍵的時刻，中國維新派和革命黨之間的區別已經變得模糊了。孫中山和梁啟超的注意力都轉向了哥老會，希望通過他們在中國內地發動起義。自立會的湖南領袖唐才常當時正在漢口謀劃舉事，而且已經決定與康梁，而不和孫中山合作。原因是唐認為康梁的保皇會能給他更多的資助。但是唐在 1900 年夏天失敗的原因，據說是自立會沒有得到維新派答應的來自國外的資助。[142] 在這個階段，梁啟超在給他的恩師的信中反覆強調香港是向計劃中的起義提供資金、軍火和其他資源的重要基地。梁甚至堅持說，他應該親自到香港去主持保皇會工作，因為他對該地區的領導工作頗有意見。由於康在 1900 年年初被迫離開香港，梁赴港的想法沒有變成現實。但是，如果有康梁在香港親自指揮維新派的工作，唐才常起義的結果很可能就不同了。但事實是，由於長江沿岸起義的失敗，維新派只好擱置了在廣東更大規模舉事的計劃。於是孫中山才有了大顯身手的機會。

中國革命黨員未能與維新派結成反清聯盟的原因，其他文獻已經有所論述。[143] 但論述者未留意到，康有為能否獲得在香港的政治避難權對聯盟的形成具有決定性意義。[144]

---

141 《英國殖民地檔案編號一二九》，295 卷，734－735 頁。

142 Harold Z. Schiffrin, *Sun Yat-sen and the Origin of Chinese Revolution*, pp.218-219.

143 Hao Yen-p'ing, "The Abortive Cooperation Between Reformers and Revolutionaries" *Harvard Papers on China*, Vol. XV, 1961, pp.91-114.

144 K.C. Fok, *Lectures on Hong Kong History*, pp.90-91.

首先，必須指出，那些曾經熱衷於把康有為的維新派合併入革命黨的人士基本上是居住在香港的革命黨人，如楊衢雲和謝纘泰。實際上，在這個時期，楊、謝曾經對孫中山在革命黨內的領導權提出過挑戰。[145]

第二，如果康有為得到允許在香港建立政治活動基地，那麼就應該認真考慮下列事實對孫中山領導地位可能產生的影響。是年初，楊衢雲和孫中山還在爭奪領導權；楊衢雲的親密朋友和鼎力支持者謝纘泰已經在香港與維新派獨立進行了幾年的談判；革命黨內的楊、謝二人核心僅憑自己的力量就能在香港的華人中籌集款項，獲得軍械，並尋求外國社會、特別是香港英文報紙的支持。必須指出的是，《中國日報》和1900年惠州起義的主要資助人李紀堂是楊、謝的好友。李紀堂就是由楊衢雲介紹於1900年加入革命黨的。如果康獲得了香港避難權，而梁也在這個關頭來到香港與康會合，其能影響革命運動的作用應該會非同小可。[146]

如果既有人緣，又是初生牛犢不怕虎的梁啟超能有機會做拉攏香港華人的工作，可以相信他能夠輕易動搖港人對孫中山的支持。在加拿大和夏威夷，梁在招募原孫中山的支持者參加保皇會方面已經取得了巨大成功。以楊衢雲為例，實際上楊衢雲和梁啟超於1899年在日本就見過幾次面。[147] 他們很明顯相互賞識，因為梁曾特意在他與孫中山通信時參詳楊的意見。楊衢雲最終於1900年同意把革命黨領導權交給孫中山的具體原因不清楚，但此事是康有為離開香港後發生的。最大的可能性是，楊衢雲是個實幹家，典型的熱血沸騰行動派人物，非常希望親自參加孫中山及其追隨者正在香港謀劃的起義。1900年8月唐才常起義失敗以前，

145 K.C. Fok, *Lectures on Hong Kong History*, pp.90-91.

146 同上。

147 同上。

維新派在漢口和廣東舉事的前景非常看好。康梁與哥老會建立了很好的關係，與革命黨人相比，他們有更多的錢財可以供給那些反對清政府的視死如歸志士。假設楊衢雲最後放棄革命黨內領導權就是為了要親自參與惠州起義，那麼，參加梁啟超在香港的組織可能會更有吸引力。也就是說，如果康有為能夠在香港避難，那麼梁啟超於 1900 年夏天招募楊衢雲參加保皇會的可能性是不能排除的。[148]

而且，謝纘泰和李紀堂二人都崇拜楊衢雲。而謝在黨內則經常不服從孫中山的領導。李為了革命黨慷慨解囊完全出於他對楊衢雲的友誼和敬重。有一件事例很好地證明了李、謝二人願意擁戴楊衢雲為領袖：李紀堂曾獨立出錢資助謝於 1903 年為了給楊衢雲報仇而組織的起義，而孫中山對此事一無所知。更重要的是，雖然這次起義的領導人是謝纘泰和李紀堂，英國政府的情報表明，香港名人何東也在清政府的嫌疑名單內。[149] 另一位捲入這場起義的操英語的重要華人是容閎。容閎據說被內定為擬議中的共和國總統。何東和容閎二人都是康有為的密友。上文已經詳細說明，何東是香港華人中的重量級人物，並公開為康進行過辯護，認為康是最值得信賴的領袖。還應該考慮到另一位對辛亥革命運動成敗得失有著巨大影響力的香港華人何啟的力量。何啟後期成為香港革命黨人的堅強後盾。但在 1900 年以前，何啟的政治理想明顯更接近於康有為的君主立憲制，而不是孫中山的共和制。[150]

當康在 1900 年 1 月被迫離開香港時，康的保皇運動仍然是佔盡優勢的，而孫文由於屢受挫折，被迫採取妥協態度。一般學

148　K.C. Fok, *Lectures on Hong Kong History*, pp.90-91.

149　同上，92頁。

150　同上。

者相信孫曾經表示只要康有為將保皇會解散，從而贊同革命，孫是樂意兩派合併，讓康當領導人。[151] 若果真有此事，相信孫是礙於形勢對己不利謀求自保政治地位才作此打算，而不是心甘情願將領導權雙手奉上的。但康一旦離開香港，孫文即能戲劇化地將逆勢扭轉。

這主要是義和團事件發生後，引致兩廣情況不穩定，由於康已身在海外，遂無法從這個不穩局勢中獲取利益。反之，孫卻乘此機會，大大提高他的聲價。根據史扶鄰教授的精闢分析，香港總督卜力為了要保護英國在兩廣的利益，因而嘗試策劃一方面勸說李鴻章宣佈兩廣獨立，而另一方面則邀請孫文的一派勢力與李合作。為此，史教授認為藉此良機，孫文此時也許比他一生中任何時候都更接近於得到英國官方的贊同。[152]

一個最合乎情理的想法是假若康有為仍然在香港的話，在卜力總督這個富戲劇性的計劃中，康理應比孫較為適當人選去扮演其中一個角色。首先，卜力對康的安全比對孫的安全更為關心，卜力曾盡力替康爭取在香港的居留權。其次，康在最近的兩次訪港，給一般官員及居港華英人士都留下不錯的印象，況且在港英的心目中，是絕不能將康比作如孫一般的造反者，因為康是現今大清皇帝的心腹，而光緒皇帝仍然是中國的合法統治者。最後，假若李鴻章及兩廣的官紳，真的想背離北京政權，他們應該選擇一個與他們身份相符的人合作，即是說與康有為合作，而不是與被他們公認為逆匪之首的孫文。[153]

但由於康已被迫離開香港現場，而孫文透過在香港政府有影響力的何啟的暗中斡旋，遂能乘此機會與港英政府拉上了關係。

---

151 Harold Z. Schiffrin, *Sun Yat-sen and the Origin of Chinese Revolution*, pp.165-166.

152 同上，200頁。

153 K.C. Fok, *Lectures on Hong Kong History*, p.93.

雖然卜力總督的計劃未為英國政府接納而告吹，但孫文的身份已因曾參與商談卜力計劃事宜而大大地提升，港英政府顯然已不是像以前一般將他看作一被驅逐出境的造反者，而是已認同他是能夠協助保護英國在華利益的合伙人。正如史扶鄰教授所指出，上述卜力以香港作為基地的一連串密謀是"孫中山政治生涯中一個分水嶺"。[154] 由此亦足以證明，香港政府在 1900 年的決策間接影響到革命和保皇兩個運動其後的前途，港英政府拒絕給予康有為在港居留權，不單止令孫文扭轉逆勢，使革命運動度過一段最艱苦的日子，延續下去，終走上成功之途，而且亦替保皇運動敲響了喪鐘。[155]

四、香港在辛亥革命中發揮的作用

辛亥革命運動在中國近代史上的重要性，毋庸爭議，但很少人知道，整個革命運動能夠成功，度過早期一段艱苦的日子，延續下去，終將滿清政府推翻，則是與香港和香港愛國華人很有關係的。在整個革命過程中，在 1895－1911 年這段時期中，大多數的起義都是直接在香港組織的，因此香港著實對革命事業起到了多方面的作用。首先，每次起義都是利用香港作為基地，策劃和準備工作中心或聯絡站。為此，香港又是籌集和分配經費與軍火的中心點，起義所需的火藥槍械，差不多每次都是從外地購入香港，然後輸運至起義的地點。又各次革命起義的經費，一大部分都是從香港愛國華人募捐得來的。最後香港不單止是海外和國內革命同志的聯絡和招募中心，也是每次起義失敗後，革命隊伍解散後各成員逃避清廷報復的避難所。

154　Harold Z. Schiffrin, *Sun Yat-sen and the Origin of Chinese Revolution*, p.211.

155　K.C. Fok, *Lectures on Hong Kong History*, pp.92-93.

舉例來說，在 1895 年的第一次革命嘗試中，興中會就從香港徵集人員送往廣州作為首先對清軍發起攻擊的突擊部隊。[156] 興中會主要成員如楊衢雲、陳少白等則留在香港，集中進行籌款和後勤工作。手槍一批是通過一家香港商行弄到的，"分裝五桶假稱水泥"運往廣州供革命黨人使用。[157] 在 1900 年的惠州起義中，香港被選定為後方總部，經費和軍火均在此收集。[158] 是年五月中孫中山先生偕楊衢雲等從日本乘搭法國商船"煙狄斯"趕到香港，就在香港港口停泊在"煙狄斯"旁的一隻小船上，召開軍事會議，策劃整個起義。而在這次起義當中，香港革命黨員楊衢雲、陳少白、李紀堂擔當了相當重要的角色，他們駐在香港，負責接濟餉械工作，至於軍費，除了孫中山先生籌募撥給的兩萬元外，其餘多由李紀堂自己拿出來支付。惠州地處廣東東部沿海，鄰接九龍，這一事實使香港對起義的作用更大，因為從香港派出人力增援起義軍較為容易，而起義軍受挫時亦可安全退入香港。在此次起義失敗後，起義領袖和被招募的戰鬥人員均取道回港，未受香港當局任何干擾。[159] 而事後粵督德壽將經過情形奏報朝廷時亦提及香港在叛亂中的作用："逆者孫汶伏處香港，時施詭計……奴才伏查逆者孫汶，以漏網餘兇，遊魂海外，乃敢潛回香港，勾結惠州會匪，潛謀不軌，軍火購自外洋，煽誘徧及外屬，豎旗叛逆。"

壬寅年（1902 年）除夕洪全福之役，負責策動的人物全部都是香港華人，有些更是香港的知名人士。此次的主腦人物是謝纘泰、李紀堂和洪全福。謝纘泰一直十分尊崇楊衢雲，於楊被清官

---

156 《英國殖民地部檔案編號一二九》，271 卷，442－443 頁。

157 同上。

158 有關惠州起義詳細情況可參看：Harold Z. Schiffrin, *Sun Yat-sen and the Origin of the Chinese Revolution*, pp.214-254.

159 同上。

員買兇暗殺後，謝對於滿清官員更為痛恨，計劃攻襲廣州，為楊衢雲報仇，替漢族雪恨。因為洪全福是謝纘泰父親的好友，亦由於洪全福是洪秀全的姪子，曾經為太平天國一員猛將，雖然退隱於香港多年，但在三合會裡仍然很有勢力，所以謝力邀洪出山負責攻取廣州。洪答應後即在中環德忌笠街二十四號四樓"和記棧"設立總部。這次起義的費用全部由香港富有華商李紀堂提供，行動所需的軍裝及其他用品都是在香港購備和製成，然後由香港陸續設法運入廣州應用。洪全福又在香港印製了幾種大明順天國檄文告示，準備攻取廣州之後，張貼起來，作為安民之用。但更值得注意的是，根據港英政府的資料，當時香港著名華人領袖何東爵士和聞人胡禮垣（亦即是何啟爵士的密友）都被清廷懷疑為密謀參與者之一。

從 1905 年到 1911 年間，同盟會香港分會和同盟會南方支部先後發動了若干次規模較小的起義，香港和香港華人在其中都起了不可或缺的作用。這些起義包括 1906 年的湖南、江西兩省萍（鄉）、瀏（陽）、醴（陵）起義，1907 年的黃岡起義，同年 6 月的惠州七女湖起義，同年 12 月的鎮南關起義。從這些起義的過程中可以看到香港和香港華人所擔當的共同角色。首先，每次軍事行動的準備工作主要都是在香港進行的。其次，軍事行動所需軍火都是在香港購買或製造，或是從別處弄到手然後偷運入香港，然後在香港收藏起來，最後才秘密送去起義地點。食糧亦以類似方式送出。一些香港華人的慷慨財政支援是這些起義能夠舉行的重要因素。在起義之前都有大批革命黨員從各地前來香港結集，聽候出發。在逗留期間，都是住在香港革命黨的總部或招待所。最後但同樣重要的是，起義失敗後，參加軍事行動的黨人，都會紛紛到港，而同盟會香港分會和南方支部都要忙於辦理撫助遣散，支銷極為浩繁。至於震撼人心的辛亥三月二十九日黃花崗之役，其發生過程亦是同樣地與香港有密切聯繫。首先大概在辛亥正月黃興在港分別召集留日黨人和國內各地黨人前來，聽候出發。此外又派人前往各地，購買槍械子彈，運到香港，秘密存放，等待爆發時機來臨。到了二月期間，應召前來的黨人已達數百人之多。為了統籌兼顧，於是在跑馬地設立革命軍統籌部，負責一切調動。更於擺花街設實行部，負責製造炸彈，以作衝鋒的供應。到三月初，歐美日本南洋各地籌集款項，陸續匯到香港，於是統籌部忙於將存藏在港的軍火偷運入廣州，而各黨員亦分批從港潛入廣州，準備舉事。到起義失敗後，曾參加軍事行動而保存性命的黨員，紛紛逃來香港避難，在新界李紀堂氏的農場裡獲得庇護。[160]

　　基於上述的原因，無論在興中會或是同盟會的時期，革命黨都曾在香港設立重要機關總部，用來策劃各次起義。好像在革命運動早期歷次起義都扮演相當重要角色的香港興中會和同盟會香港分會，以及在革命運動後期同盟會一些重要內部組織，如同盟會南方支部及同盟會統籌部都是在香港成立的。而甚至以同盟會會員為支幹，專門去暗殺滿清大員的支那暗殺團，亦都是在香港組織的。

　　香港興中會的總部設在士丹頓街十三號，是以"乾亨行"為名作為掩飾的。另一興中會重要機關設在德忌笠街二十號的"和記棧"，一些主要革命黨經常在這裡聚會，商討起義大計。還有一個興中會機關則是《中國日報》的第一個社址，是在士丹尼街二十四號，即著名的陸羽茶室現址所在。後來《中國日報》先搬到永樂行然後再於 1902 年遷到荷李活道二〇一號。當同盟會香港分會於 1905 年成立，其總部即設在《中國日報》的荷李活道社址。同盟會統籌部的大本營則是設在跑馬地黃泥涌道三十五號。

160　陳曼如：《1895 年至 1911 年期間中國革命黨在香港的活動》（Chan Man-yue, *Chinese Revolutions in Hong Kong, 1895-1911*），180－208 頁。

此外，因為每次起義之前，都有不少海外和國內的革命黨前來香港參加策劃工作，而當每次起義失敗後又有為數不少黨員逃避來香港，所以革命黨又在香港各處如堅道、蘭桂坊、保慶坊、摩理臣山道、皇后大道和黃泥涌道，都設有招待所用來安置此等革命黨員。

上面提及的革命黨重要機關總部和招待所，都是要一筆為數不少的經費去設立和維持的，但革命黨的經常開支不單止於此，更重要的是革命黨同時亦要在香港辦報刊宣傳革命工作，至於每次革命起義則更需要一筆巨大額外經費援助。這一切在港龐大的經常和額外開支，都是有賴香港華人慷慨支援，才能令革命運動延續下去。在這方面，香港華人著實對辛亥革命的貢獻相當之大。現試將香港華人用作革命的經費隨意舉幾個例子，以證明這個說法是對的。

第一次革命黨的起義（乙未首義）經費，本來是孫中山先生負責向夏威夷華僑籌募的，但孫先生經過一番努力，只籌得原定的一部分。若果不是得到兩位慷慨的香港華人及時襄助，恐怕第一次的起義就已無法依原定計劃進行。根據史實記載，這兩位香港華人就是黃詠商和余育之。[161] 黃詠商曾將其在香港蘇杭街的洋樓一所賣掉，得款八千元，用作起義費用；[162] 而余育之則獨自捐出軍餉一萬數千元。[163] 1900 年發動的惠州起義，全部費用要十萬元，其中的兩萬元，甚至三萬元是靠香港愛國商人李紀堂資助的。[164] 根據馮自由的記載，此次起義失敗後，革命黨員的給養、補充以至遣散撫恤等善後費用，都是由李紀堂解囊供

161　馮自由：《革命逸史》（北京：中華書局，1981），第 1 集，45 頁。

162　同上，10 頁。

163　同上，88 頁。

164　Harold Z Schriffrin, *Sun Yat-sen and the Origin of Chinese Revolution*, p.318.

給的。[165] 據李本人的自述，他曾先後墊去十八九萬元之鉅。[166] 壬寅年（1902 年）除夕洪全福之役的軍餉經費，則更全部是由香港華人一手包辦。據說李紀堂曾捐出五十萬元而導致他事後破產，雖然這個數目可能誇大一點，但據事後廣州官員的報導，此次起義的革命黨員曾擁有為數至少價值十八萬元的軍械火藥。[167] 在潮州黃岡和惠州七女湖之役，用作向日本購械、租船和接運及善後工作等費用，係由香港華人支付的。用於善後的約是一萬八千元，用於購械及租船的大概是一萬三千元[168]，而尚有用作支付革命黨員往來川資、給養、撫恤等用途的經費，其實數不得而知，但毫無疑問大部分的支出都是由香港革命黨員如李紀堂、曾錫周、馬培生和李海雲等人負責的。[169] 又在庚戌年（1910 年）正月廣州新軍起義，原定起義的時間已到，而孫中山先生在外籌募的經費尚欠兩萬元，香港黨員李海雲當時任職於香港文咸街遠同源匯兌業商店為經理，毅然將店內之股東存款兩萬元悉數提出，作為購置軍械之急需，起義才能依原定計劃進行。[170]

另一例子是革命黨在香港創辦的革命報刊對於宣揚革命工作十分重要（在下文將會詳細討論這一點），但若果不是靠一些愛國香港華人在經濟上大力支援的話，這些革命刊物是難以連續出版的。《中國日報》是革命黨的第一份刊物亦是革命黨的言論機關，於 1900 年便在香港創刊，對辛亥革命運動最後能夠成功，《中國日報》的功勞十分之大（下文將詳細申述），因為它是唯一能夠連續出版超過十年的革命刊物。但《中國日報》曾經數次遭

165　馮自由：《革命逸史》，第 3 集，163 頁。

166　《中華民國開國五十年文獻》第 1 篇第 9 冊，680 頁。

167　Harold Z Schriffrin, *Sun Yat-sen and the Origin of Chinese Revolution*, p.241.

168　馮自由：《革命逸史》，第 3 集，241 頁。

169　同上，188 頁，237 頁，240–241 頁。

170　同上，第 1 集，308 頁。

受經濟困境面臨倒閉危機，幸得幾位香港華人及時支援，才將該報挽救過來。其實該報於 1900 年創刊至 1906 年的辦報經費大部分是有賴李紀堂支付的。民國前九年癸卯夏秋之間，由於《中國日報》要耗資支援惠州起義，被迫與文裕堂文具有限公司合併，變成文裕堂產業的一部分。民國前六年丙午，文裕堂在業務上有倒下來的形勢，《中國日報》不免要受牽累，幸得香港華商李煜堂將最少五萬元款項增添入股，才令《中國日報》度過倒閉危機。其後在 1908 年《中國日報》又一次面臨經濟困境，幸得另一香港華人李直勉馬上出資購買該報三千股份，才將它挽救過來。

從上面所舉的例子可以看到，香港華人用作革命的經費相當巨大，但這些來自香港的捐款卻一直被研究同盟會財政來源的史家所低估。究其原因，主要是這些史家的研究主要以孫中山先生和其革命同志在海外籌款所得為依據。由於孫先生自乙未首義以後，即遭港英政府禁止進入香港，所以香港華人所捐與支持革命運動的款項，自然絕大多數沒有經過孫先生之手，因而從沒有在孫先生的記載中出現。但其實香港華人的財政支援，對辛亥革命的貢獻相當重大。

必須指出，儘管在香港組織和指揮的各次起義都歸於失敗，但它們對革命運動最後能夠成功的貢獻，從許多方面來說，仍然是巨大到無法計量的。這些軍事行動使革命黨人在整整十五年內得以保存對革命事業持久的熱誠和活力，這正是革命運動得以度過嚴重挫折和希望幻滅的時刻而走到最後勝利的主要原因。但是，如果沒有許多香港華人繼續不斷的慷慨的財政後援，則這些革命嘗試和活動就都會無法實現。同樣重要的是香港革命報刊在這方面所起的作用，以下嘗試分析此一要點。

讀者們一定會樂於知道，第一份中國革命報刊《中國日報》是在香港出版的。該報創辦於 1900 年 1 月 25 日，社址設在士丹利街二十四號，即陸羽茶室現址所在。[171] 它在辛亥革命運動中所起的重要作用是無可懷疑的。同盟會香港分會於 1905 年成立時，《中國日報》即成為它的機關報。它比名氣較大的《民報》的創刊還早一些，所以《中國日報》事實上是同盟會最早的機關報。當《民報》於 1908 年被日本政府禁止發行後，《中國日報》就把倡導革命的責任肩負起來，成為唯一堅持宣傳工作的革命黨機關報。對於革命運動能夠延續下去，著實有莫大的貢獻。例如，它對革命黨員在革命運動初期尋求革命理論基礎的內部討論作出了一定的貢獻。

孫中山先生曾經說過，辛亥革命運動最後能夠成功在很大程度上實有賴於革命報刊對革命宗旨和革命思想的傳播及推廣。[172] 在革命報刊中，《中國日報》無疑是最重要的，因為它是唯一能夠連續沒有間斷地出版長達十三年之久的革命刊物，它一直銳意宣揚民族主義，並恰當地宣告自己是 "中國革命提倡者之元祖"。[173] 在創刊號中它就毫不遲疑地讓讀者知道報紙取名為《中國日報》的理由。"中國者，中國人之中國也"，[174] 這可能是對中國人民提出民族主義的第一個公告。《中國日報》也對革命黨人尋求革命的理論基礎的內部討論作出了重要貢獻。孫中山在《民報》創刊號上提出他的 "三民主義" 思想後只一個月，《中國日報》就起來響應，發表了題為〈民生主義與中國政治革命的前途〉的長文，進一步解釋和詳細闡述孫中山關於社會主義的思想。[175] 這篇長文共連載十餘日之久。也是在這篇文章中《中國日報》首創

---

171 方漢奇：《中國近代報刊史》（太原：山西教育出版社，1991），第 1 冊，157 頁。

172 同上。

173 同上。

174 同上。

175 同上，第 2 冊，512 頁。

使用"三民主義"這個簡略詞語,"三民主義"瞬即成為概括代表孫中山政治理想的家喻戶曉的用語。這反映出《中國日報》對革命的貢獻實在相當大,因為它能夠將革命理論推廣到廣泛的中國人民中。

在十三年的出版期間,《中國日報》的編輯工作始終是出色的,在革命宣傳中一直卓見成效。它對革命軍的每次起義行動都及時作了詳盡的報導,例如它發表了 1906 年江西萍鄉起義的革命宣言,[176] 又發表了關於 1906 年和 1907 年廣西與廣東數次起義的其他革命文獻。[177] 這樣就將革命的訊息傳到中國各地人民心底處,而且高度宣揚了革命先烈的英勇事蹟,震撼每個讀者的心弦。由於它以香港為基地,《中國日報》就有偷運進入華南的便利,華南人民對它的新聞報導反應極為迅速。它又能夠在東南亞各國的華人社區內廣泛流傳。據馮自由說,國內外的同志都把《中國日報》看作自己的"耳目",渴望找來閱讀。[178] 從長遠來說,《中國日報》幫助完成了一個很有價值的目標,即使人們集中注意革命運動。

最後但同樣重要的一點是,《中國日報》對革命運動成功的主要貢獻在於它能夠在海外華人社區中同康有為保皇會的宣傳鬥爭,採取了戰鬥的立場。

《中國日報》屢次與維新派的刊物展開筆戰,對維新派排斥革命,鼓吹立憲的活動,以銳利的辭鋒作出重大的反擊,亦是令眾多讀者,尤其是南洋及嶺南讀者逐漸接受革命學說的主要原因。例如在 1903 年初,當謝纘泰和李紀堂試圖發動廣州起義慘敗後,康有為派在廣州所辦的宣傳性報紙《嶺海報》即對革命黨

---

176 方漢奇:《中國近代報刊史》,513 頁。

177 同上。

178 馮自由:《革命逸史》,第 3 集,235 頁。

人發動了毫不留情的抨擊，指為大逆不道。[179]《中國日報》立即發表一系列評論，進行有力的反擊，成功地捍衛了革命事業。[180] 據馮自由的回憶，這次論爭對提高《中國日報》在廣東省的銷數大有幫助。[181] 又如保皇會於 1904 年在香港創辦《商報》作為宣傳喉舌，《商報》編輯們十分積極地立即開展了"扶清保皇"這個改良主義主題的宣傳。《中國日報》立即發表〈與康有為書〉，揭露康有為"扶清"主張自相矛盾，跟著又發表〈清國近代之大言家〉，斥康為空談政治家，[182]《中國日報》再一次成功地進行反擊，在一系列評論中駁斥了這一類反對革命的宣傳。論爭一直持續到 1911 年辛亥革命爆發前夕。[183] 例如《商報》在 1911 年 3 月 29 日"黃花崗之役"失敗之後，乘機發動攻勢，攻擊革命，鼓吹君主立憲制。這時候《中國日報》立即根據法理與事實嚴厲駁斥，文章多數由朱執信執筆，由於詞鋒犀利，駁斥得十分痛快，令讀者仍然擁護革命黨。

《中國日報》並不是在香港出版的唯一革命報刊。它只是最早的而且也是在革命運動歷史上堅持最久的一份。根據最近一份有充足文獻依據的研究的估計，在 1911 年以前的十年中，在香港出版的革命報刊曾經同時有過十三種之多。[184] 例如《廣東日報》、《東方報》、《世界公益報》、《時事畫報》、《香港少年報》等便是。不過，與《中國日報》不同，這些革命報刊中有些並不是在香港創辦的。它們先在內地創辦，然後才遷來政治氣氛比較自由的香港。實際上，在 1900－1911 年間可以看到許多中國知

---

179 方漢奇：《中國近代報刊史》，第 1 冊，164 頁。

180 同上。

181 馮自由：《革命逸史》，第 1 集，68 頁。

182 《中國日報》，1904 年 3 月 7 日，3 月 22 日，3 月 23 日。

183 方漢奇：《中國近代報刊史》，第 2 冊，512 頁。

184 同上，507－508 頁。

識分子轉向以報刊作為宣傳中國現代化的手段：或是提倡漸進的改良，或是主張對現行政治制度進行革命性的變革。這些激進報刊中有一些因為公開表明了反清立場，不久就招致了滿清政府的鎮壓措施。例如慈禧太后從 1898 年晚期起多次降旨命令各省總督搜查和毀滅梁啟超的所有著作，幾發現藏有梁氏著作者一律治罪。清政府亦開始製訂新聞法例。1906 年頒佈印刷物專律和報章應守規則，兩年後又頒行《大清報律》以加強對出版物的控制，革命報刊的發行人已經盡力利用治外法權和上海、廣州的租界區，不過在清廷的高壓措施下，甚至上海公共租界亦未必是言論自由和新聞自由的理想綠洲。於是，在 20 世紀的頭十年中革命出版家和編輯便陸續遷來香港以利用其比較自由的政治氣氛。

這些革命報刊的編輯們本身就是著名的革命黨人。同內地同類報刊相比，香港革命出版物在試圖激起中國讀者的愛國熱情上有較大的自由。它們公開宣佈要 "鑽研民族主義"，並且保證要 "言人所不敢言"。[185] 簡單看一下這些刊物創辦的目標就可證明它們的願望。1904 年在香港創刊的《廣東日報》宣告以 "發揮民族主義，提倡革命精神" 為宗旨。[186] 一年後，該報編輯部雖已易人，但是仍以 "提倡民族主義，排斥異族政府" 為目標。[187] 另一份在香港創辦的報紙《東方報》也在 1906 年宣稱主要目標是 "鼓吹民族主義"。[188] 原來於 1905 年在廣州創刊的《時事畫報》主要是一份畫刊，由於它公開支持革命黨活動並且辛辣諷刺清朝的腐敗，遂被廣州當局指責，終於在 1907 年冬被迫停刊。但有數名創辦人於 1909 年來到香港，繼續以原有報名出版畫報，共出版

185　方漢奇：《中國近代報刊史》，509 頁。

186　同上，第 1 冊，169 頁。

187　同上。

188　同上，第 2 冊，508 頁。

了十多期。該報以"攻擊滿洲政府,指示革命方向"為目標,[189] 所以其主旨仍是高度民族主義的。

香港的革命出版物確實毫不猶豫地充分揭露清政府征服者在揚州、嘉定、廣州等城市的大屠殺中對漢族人民的血腥橫暴鎮壓。它們又以同樣的方式熱烈地向讀者介紹了明朝遺臣、太平軍等反清志士的愛國行動。例如,在《世界公益報》一篇題為〈活帝國與死帝國說〉的社論中,作者就呼籲讀者一致"投袂而起"參加推翻滿清皇朝的鬥爭,將之變成漢人的皇朝。[190] 另一份香港革命報紙《香港少年報》自稱以"開通民智,提倡民族主義"為宗旨,在數篇評論中反覆激勵人民起來支持"光復中國"、"漢族河山"的鬥爭。[191]

從上面的討論中可以看得很清楚,由於清政府大力鎮壓反清言論,香港的環境遠較內地自由開放,因此這些刊物都能銳意鼓吹民族主義,盡事抨擊清政府,提倡革命精神。特別是《中國日報》在保持和傳佈革命精神、瓦解反革命力量、喚起民眾注意革命運動和加強革命思想等方面都起了重要的作用。無怪革命元老陳少白有這樣一番說話來讚揚《中國日報》:"中國報者,唯一創始之公言革命報,亦革命過程中一繼往開來之總樞紐也,自乙未年廣州事敗,同志星散,國體幾解,中國報出,以懸一線未斷之革命工作,喚醒多少國民昏睡未醒之迷夢……號召中外,蔚為大革命之風。"

必須指出,儘管在香港組織和指揮的各次起義都歸於失敗,它們對革命運動最後成功的貢獻從許多方面來說仍然是巨大到無法計量的。同堅持不斷地從香港輻射到鄰近華人地區的宣傳活動

189　方漢奇:《中國近代報刊史》。

190　同上,509頁。

191　同上。

一起，這些起義使革命黨人在整整十五年內保存了對革命事業持久的熱誠和活力，這正是革命運動得以度過嚴重挫折和希望幻滅的時刻而走到最後勝利的主要原因。

1911 年 10 月 10 日，湖北新軍中的文學社和共進會等革命團體發動武昌起義，揭開了辛亥革命轟轟烈烈的一幕。武昌起義的勝利在全國引起了連鎖反應，各省革命黨人紛紛起來響應。迅猛發展的革命形勢，在香港華人中也引起了強烈的反響。

由於孫中山及其領導的革命黨人長期在香港進行革命活動，播下了革命的種子；也由於香港作為中西文化交滙之地受西方思想文化影響較深，多數香港華人都同情與支持辛亥革命運動。香港英文報紙《德臣西報》於 1911 年 11 月 7 日寫道："斷言每一百名香港華人中，有九十九名同情 '亂黨'，而且也許有百分之七十五是狂熱的、不顧一切的同情者，準不會錯。" 同年 11 月 23 日，香港總督盧押（Frederick Lugrad）在致殖民地部大臣哈考特（Lewis Harcourt）的信函中寫道："香港華人幾乎都是這樣的人——他們不僅同情這場革命，而且對其充滿激情。" [192]

1911 年 11 月 6 日，香港一家中文報紙收到一則後來證實並不真實的消息，聲稱北京已經易幟，滿人已經逃遁。這個消息如一石激起千層浪，使平靜的香港頓時沸騰起來。香港華人欣喜若狂地湧上街頭舉行慶祝活動。鞭炮聲震耳欲聾，歡呼聲經久不息，革命黨人的旗幟到處揮舞。在香港燃放鞭炮是違法的，但這次千家萬戶燃放鞭炮遍及香港各地，使得港府無法制止。與歐洲人相比，華人是一個內向含蓄、老成持重的民族。香港華人在這次慶祝活動中表現出來的高度熱情令港英當局大吃一驚。港督盧押在給殖民地部大臣的信中說："這成為本殖民地歷史上的所見

---

192 《盧押致哈考特函》，1911 年 11 月 23 日，《英國殖民地部檔案編號一二九》，
《英國殖民地部檔案編號三八一》，200 頁。

所聞中最令人驚訝的爆炸性場面。""看來整個華人居民一時間欣喜若狂。"各種慶祝活動"對華人來說是一種最不尋常的狂熱的方式"。[193]

11 月 9 日，廣東宣佈共和獨立。10 日，著名革命黨人胡漢民由香港抵達廣州，就任廣東都督。在廣東光復後成立的軍政府中有不少香港知名人士擔任重要職務。例如，李煜堂為財政部長，伍廷芳為外交部長，陳少白任外交部副部長，何啟、韋玉為總顧問官，李紀堂、陳少白為樞密處成員。[194]

廣東軍政府成立時，面臨嚴重的財政困難。兩廣總督張鳴岐逃跑時席捲而去，官庫極度匱乏，軍隊給養、政府開支均無來源。軍政府只好向商人借款，廣州、香港商人均踴躍墊支。李煜堂通過楊西岩、陳庚虞等借得港商款四十萬。[195] 另據港督盧押致殖民地部大臣的信函，廣東軍政府代表曾到香港聽取華人領袖的建議，並尋求金錢援助。據有人向港督報告，港商已捐款大約一百萬元。[196]

聽到廣東宣佈共和的消息後，香港華人於 11 月 12 日（星期日）再次關閉店鋪，湧上街道興高采烈地舉行慶祝活動。據 11 月 14 日香港《孖剌西報》估計，這次慶祝活動，僅燃放鞭炮即花費了十萬港元。

---

193 《英國殖民地部檔案編號三八一》，196 頁。

194 李新主編：《中華民國史》（北京：中華書局，1982），第 1 卷（下），381 頁。

195 中國人民政協廣東省委員會文史資料研究委員會編：《孫中山與辛亥革命史料專輯》（廣州：廣東人民出版社，1981），112 頁。

196 《盧押致哈考特函》，1911 年 11 月 23 日，英國殖民地部檔案編號一二九》，《英國殖民地部檔案編號三八一》，198 頁。另據馮自由著《革命逸史》初集中〈李煜堂事略〉一文記載："辛亥廣州光復，先生被推任財政司長，民軍所在嘩噪，先生在港一夕而籌餉八十餘萬，饑卒乃就撫聽命，庫儲亦以次就理。"八十餘萬與一百萬這兩個數字接近，當時廣東軍政府派往香港籌款的代表應該是李煜堂。

11 月 17 日，港督盧押從華民政務司哈利法斯（E.R. Halifax）處獲悉，在香港，建立了一個強有力的委員會，表面上是為了振興貿易，其主席是在香港潔淨局擔任正式職務的香港華人（劉鑄伯——筆者注）。[197]

　　香港華人對武昌起義成功和廣東光復的強烈反響使得香港英國當局坐臥不安。面對大多數香港華人同情和支持革命的現實，他們不得不做出某些讓步。同時，他們又採取種種措施控制局面，防止革命形勢的發展影響英國對香港的殖民統治。

　　11 月 6 日，香港華人首次舉行慶祝活動時，港督盧押即命令一支特別的警察巡邏隊在各個街道來回巡視，以防騷亂。他本人整個晚上守候在電話機旁，與警察保持聯繫。港督準備，一旦發生騷亂，立即派巡邏隊前去制止。[198]

　　獲悉香港華人準備舉行活動慶祝廣東宣告共和，港督盧押於 11 月 11 日將立法局的兩名華人議員何啟和韋玉請到督憲府。韋玉解釋說，在香港，人們的感情很容易傾向共和派一邊，不可能制止舉行活動，而且這種活動僅限於燃放鞭炮兩小時和關閉店鋪。港督盧押當即表示反對舉行任何活動。他指出，不能正式承認共和國，其地位尚不穩定。同時，猜想北京易幟而自發舉行活動是可以原諒的，當局可以視而不見。但對違反法律的事情，不能再次視而不見。何啟和韋玉連忙解釋說，擬議中的活動是對廣州未經流血即改變其效忠表現出的一種寬慰，是很自然的一件事，因為許多港人在廣州皆有親戚。港督最終命令華民政務司就慶祝活動一事發佈通知，允許次日中午十二時至下午二時燃放鞭

197　《盧押致哈考特函》，1911 年 11 月 23 日，《英國殖民地部檔案編號一二九》，《英國殖民地部檔案編號三八一》，199 頁。

198　同上，197 頁。

炮,以慶祝廣州避免了流血。[199]

香港政府對香港華人與廣東軍政府的緊密聯繫充滿猜忌和不滿。獲悉香港華人組職一個旨在恢復貿易的委員會的消息後,港督盧押借機於11月19日召集香港華人領袖在督憲府開會,表明港府對與辛亥命有關的種種問題之態度。出席會議的有布政司布魯因(A.W. Brewin)、華民政務司哈利法斯和何啟、韋玉、劉鑄伯、謝纘泰等十二名華人領袖。

盧押表示,他注意到大多數負責和處於領導地位的華人同情革命運動,他們完全有權這樣做。如果他們認為這場運動有利於他們的國家和種族,他們同情它是正確的。盧押接著表示,他並不敵視這場運動,但是在這個英國殖民地,政府的態度不容忽視。華人領袖應事前將他們擬採取的行動通知港督,看是否超越了指定的界限。

盧押說,他聽說過去數天成立了兩個與廣東事務有關的委員會,由於其目標為重建貿易聯繫和結束過去數周災難性的蕭條,他完全支持這些組織。但盧押話鋒一轉又說,它們關心的是純粹的中國政治事務,目的是促進革命,它們不應該在香港落戶。這種委員會的會議應該在廣州舉行,打算出席這些委員會的中國臣民應該在那裡去做。

盧押還說,一個英國殖民地應該與英國政府立場保持一致。只要與英國訂有條約的滿洲政府仍在北京行使權力,而一個未被承認的新政府又已建立,就會使英國政府處於困難的地位。如果有人提出在香港人民公開支持革命黨是真的,不僅北京現存的政府會抱怨,列強——日本、德國或其他國家也會有理由抱怨,而

---

199 《1911年11月11日會晤何啟醫生、韋玉先生記錄》,1911年11月13
　　日,《英國殖民地部檔案編號一二九》,《英國殖民地部檔案編號三八一》,
　　210頁。

且強烈要求將此事作為在目前的衝突中支持一方的理由，甚至會偏袒清帝國政府而反對新黨。

盧押強調說，他說的這些適用於以任何方式與香港政府有聯繫的任何華人，特別是立法局的華人議員。

盧押還說，不應該允許放置標語，也不應該允許廣州政府派遣正式代表來，或公開認捐支持革命。[200]

乙未廣州之役失敗後，香港政府曾對孫中山發出驅逐令，禁止他今後到香港登岸。武昌起義爆發後，孫中山擬經香港回國，要求英國政府撤消對他的驅逐令。盧押在此次與何啟等華人領袖會晤中談到此事時說："我剛剛收到佐頓爵士（Sir J. Jordan）的電報說，孫中山要求撤銷禁止他在香港登陸的命令。我不反對這樣做，但條件是，他不在這裡定居，亦不在這裡進行革命宣傳，因為他可以在廣州做這些事情。"[201]

武昌起義和廣東光復以後，香港華人歡欣鼓舞，自發組織盛大的慶祝活動，並捐款支持廣東軍政府。香港政府口頭上表示理解華人的行動，表示並不敵視這場革命運動，實際上對這場運動充滿恐懼。他們千方百計地給香港華人潑冷水，竭力切斷他們與廣東軍政府的聯繫，禁止他們過問政治，更嘗試禁止他們愛國。盧押當時對殖民地部大臣說，他將能令人滿意地控制局勢，並保持華人居民對英國政府的信任。[202] 從這句話不難看出，香港英國當局擔心革命形勢的發展會危及英國在香港的殖民統治，所以他們才公開出面制止和干涉香港華人的愛國行動。

---

200 《盧押致哈考特函》，附件五，《英國殖民地部檔案編號一二九》，《英國殖民地部檔案編號三八一》，212－214 頁。

201 同上，216 頁。

202 《盧押致哈考特函》，1911 年 11 月 23 日，《英國殖民地部檔案編號一二九》，《英國殖民地部檔案編號三八一》，200 頁。

第四章

香港與近代
中國的經濟

一、晚清中港貿易與經濟發展

在清末民初間，中國內地與香港在經濟上有著極緊密的聯繫。1931 年，香港政府曾特別設立一個經濟調查委員會，以專責研究兩地在晚清民初的經濟聯繫。該委員會的報告書指出，在歷史上，香港跟中國內地，尤其是華南的經濟活動，是有唇齒相依的緊密關係。該報告書更詳細解釋兩地在經濟上互助互惠的需要。對中國內地來說，香港具有完美的深水海港，航運十分發達。不單是亞洲其他國家，就是歐美的船隻，都喜歡灣泊在港海內，而且香港沿海旁倉庫林立，所以能夠溝通南北洋的貿易，而中國華北、華中及華南的產品，都以香港為轉運中心。基於此，調查委員會建議雙方政府應珍惜內地與香港在經濟上的互助互惠，盡量避免牽涉足以導致中斷雙方在經濟上緊密聯繫的政治活動。[1]

在 19 世紀的香港各類檔案文件中，特別是在《英國殖民地部檔案編號一二九》內的歷任港督與英國殖民地部大臣的往來書信，和香港政府各行政部門首長的每年報告書中，都可以經常看到，同樣有關內地與香港經濟關係的言論。例如麥當奴港督，在其向英國殖民地部大臣滙報有關香港發展情況的一份公文內，即指出，在 1866 年，香港跟中國內地的雙邊貿易，已開始擴展到全國各地，包括廣州、汕頭、廈門、福州、台灣、寧波、上海、九江、漢口、天津、新昌等。而兩地貿易的總值在 1866 年已由兩年前的八千七百九十二萬零五百一十八英鎊，躍升至一億一千零八十三萬一千一百一十八英鎊。[2]

---

1 《香港經濟委員會調查報告書》（1934 年），80 頁。

2 《英國殖民地部檔案編號一二九》，344 卷（1876 年 11 月 11 日）。

　　至於實際的中國內地與香港貿易情況和較為確實的統計數字，則可以在其他的香港政府檔案文件中得知大概。例如在《香港立法局會議文件彙編》所收存的香港海港司年報內，便可以找到相當詳盡的參考資料。海港司的年報大概有二三十頁之多，內附有圖表解釋所記錄資料。對研究兩地貿易有相當價值的部分，是幾欄登記每年從世界各地進出香港海港的船隻數字，及其所載的貨量，所記載的貨量是以噸位計算的，而來往的船隻則分為兩類，一類是載量較大能航行大洋的貨輪（VESSELS），而另一類則是容量較小，航程較短的帆船（JUNKS），在海港司的年報中，兩類的船隻的資料是分開記錄的。只要參閱從中國內地沿岸及台灣進港，及從香港往中國內地沿岸及台灣船隻各欄，並將兩類不同的船隻數字及其各載的貨量相加，便可得知晚清期間，每年往來中國內地與香港的船運商品的總量。但要指出的是，由於香港是一自由貿易海港，船隻進出海港，是毋需抽付關稅的，所以海港司是無從得知中國內地與香港貿易貨值的總額，而其所記錄的進出口船隻及載貨容量，亦僅是按照各船長自行申報的資料編成，嚴格來說，此等數字是不一定絕對準確的。雖然如此，這些香港政府檔案記錄，是足可以用來補充中國海關檔案，有關晚清期間中國沿岸各道商埠跟香港貿易的資料。

　　現試就香港及中國海關檔案資料的顯示，從數字上證明中國內地與香港貿易，在晚清時期對中國內地經濟發展是相當重要的。先舉幾個例子，在 1885 年，中國內地與香港貿易是佔中國對外貿易的百分之三十三點一，但在 1887 年已進佔為百分之四十六點八，而到 1893 年則更高佔至百分之四十八，[3] 之後雖然百分率未能再提升，但直到中華民國成立，仍然一直維持在百

3　《通商海關華洋貿易全年總冊》總論（1885 年、1887 年、1893 年）。

分之三十左右水平，[4] 香港雖然只是一彈丸之地，但根據上述百分比，不能不承認，香港在晚清時期對中國內地的外貿是具有舉足輕重的影響力。

但更值得我們留意的是，由於中國內地與香港貿易在同期的不斷增長及拓展，令到中國內地原有對外貿易的制度，在結構、運作及市場形態上，引致重大的變化。這些變化在香港政府及中國海關檔案都有記錄得到的。例如，中國海關在報導有關 1864 年廣州對外貿易情況時，即已留意到這種變動："在過去的十年來，對外貿易的形態已經歷重大變化，以前差不多全部的貿易是操於外人手中，而且必要透過廣州成交。現在則不同，差不多全部對外貿易都是由國內商人經手，貨品則全部從香港購買，而直接（從香港）運至內地各城鎮，再毋須通過此首府（廣州）。"[5] 同年，中國海關亦察覺到汕頭的對外貿易，差不多跟廣州的情況一樣。這就是，汕頭以前在對外通商所佔的重要地位，已漸次被香港奪去。中國海關在報告書中指出："原本（外來）船隻都在廈門滙集，進行交易，然後北上，再折返，將全部從寧波及上海帶回的貨品盡數傾銷，再重新裝載上可以轉售到印度南邊市場的中國產品。現時大部分此種轉口貿易已轉到類似香港、澳門的自由港手上。"[6]

從上述中國海關資料顯示，香港在晚清期間已漸次發展成為一個繁盛的轉口埠，這段發展過程是可以從香港政府檔案資料中獲得印證的。此一發展其實是有賴大批內地華人，因走避太平天國引起的動亂，遷徙到香港所促成的。這些從華南一帶來港的人家，不少是攜眷南來的正當人家，其中更不乏廣東、廣西的富

4　雷麥：《外國在中國的投資》（北京：商務印書館，1959），354 頁。

5　廣東口華洋貿易情形，見《通商海關華洋貿易全年總冊》（1864 年）。

6　汕頭口華洋貿易情形，見同上。

戶，故此他們同時帶來不少的錢財，因而來港後即可以買地開店及經商牟利。香港得到這些人力及財資流入，於是出現了開埠以來僅見的蓬勃現象。但更重要的是，這些商人不單有卓越的商業頭腦，更懂得利用香港四通八達的航運，架起了一座橋樑，把遠洋貿易和中國航海貿易連接起來。因為適逢不少華南沿海居民乘太平之役，政治動盪，紛紛取道香港前往北美洲或南洋謀生，因而在當地建立起另一華人社會，形成對中國的產品的固定需求。於是這些在港的華商，利用這個機會成功地運用傳統的經營方法，在香港和北美南洋之間，以及香港和中國沿海岸的商埠，發展一種返銷華洋物產的行業。這些新設立的行業，在香港歷史上，俗稱為金山莊及南洋莊的行業。所謂金山莊，是指在港設立的華人商行，專門運中國的產品往舊金山銷售，因為當時稱舊金山為金山。至於南洋莊者，則是指專門負責將中國沿海岸產品運去現今東南亞一區，供應當地華人所需的香港商行。自然，無論是金山莊還是南洋莊，它們都是同時將北美或東南亞的物品運返香港，然後再轉運至中國內地各地市場。

這些金山莊、南洋莊的設立，確是對當時中國內地與香港的經濟發展有莫大的貢獻，而這都是可以在香港政府檔案資料中得到證實的。例如羅便臣港督在 1864 年向英國殖民地部大臣報告香港事務的書件中，便有如下的意見："令到香港有今日的發展，是有賴在港的華人……這些華人將香港變成為中國沿岸貿易的中樞，中國華北及華南的產品，都在這裡轉手銷售到中國其他的地方。"[7] 又軒尼詩港督，在 1881 年的一篇對華民紳商公開演講詞中，更坦率公開承認，香港這段時間對外貿易獲得重大發展，因而帶來財富以開拓港島的經濟活動，是有賴華人在港強大的組織。根據《香港轅門報》的記載："燕制軍（即軒尼詩）遜謝首

---

7 《英國殖民地部檔案編號一二九》，92 卷（1863 年 5 月 21 日）。

事諸人頌揚之美意，云所言闔港諸凡順遂一語，本部堂以為不盡由本部堂有所作為，良由諸公中所有商賈銀號店戶諸人所致居多也。"[8]

對外貿易是整個經濟系統其中的重要一環，兩地貿易既然在中國原有的對外貿制度引起重大變化，那麼對中國的內部市場又有沒有引致重大變化呢？本文無意深入探討這個問題，但據香港史料和中國海關記錄的顯示，在晚清期間，從香港進出中國內地的商品種類，亦增長得很快，反映出需求的變動。例如在 1870 年以前，中國內地出口到香港的主要商品只是茶與絲，主要從香港進口的商品則只是棉花及鴉片。但之後，品類繁多。由香港進入中國內地的較重要商品，包括火水、油、火柴、米、煤、染料、鍍錫鐵皮、鉛、鐵等。而由中國內地出口到香港轉售的主要貨物，包括各種豆類、皮革、羊毛、植物油、各類種子、草帽纏、大麻、煙草及草蓆等。[9] 基於兩地貿易的商品種類，由簡變繁，而搜求、購售及供應的方法、地點又有變更，相信兩地貿易對同期內部市場和經濟發展，是有一定的影響的，值得我們深入作進一步研究。

二、香港華人的經濟貢獻

充足的資金是發展經濟的主要因素。香港在這方面有甚麼貢獻呢？上文已提及，不少的資金是透過內地與香港貿易流入中國的。

流入的資金確實數字當然不容易計算出來。根據一位專家在 1935 年的研究成果，中國內地在 1870 年輸出香港的貨品總值

8　《香港轅門報》（1881 年 4 月 23 日）。

9　趙子能：《香港港口》（香港：香港大學出版社，1973），31 頁。

是海關銀一千零一十六萬一千二百零四兩，在 1888 年則提升至三千三百五十五萬一千五百一十六兩，而到了 1896 年更高升至五千四百零五萬三千零六十兩，[10] 但根據一位香港史專家較為近期所發表的估值，則對 1870 年中國內地輸入香港的貨品總值提出不同數字，是海關銀一千一百四十四萬一千五百一十九兩。[11] 值得我們關注的一點，並不是以上提及的那一份研究報告採用較正確的統計方法從而研究出來的數字較為可信，而是兩份報告都同樣肯定了一個史實，就是透過兩地貿易所輸入內地的資金在當時中國經濟的收支平衡上，佔了極重要的環節。

另一個從香港流入中國內地的資金的主要來源是透過香港銀行的借貸及外滙。先談銀行貸款，它有商業性和政治性的貨款，主要是香港銀行貸款給清朝地方或中央政府，進行興建洋務實業或清償賠款，而香港銀行之中，滙豐是主要對華貸款銀行，亦是最早貸款給清朝政府的香港銀行，例如在 1875 年，滙豐即已貸出一筆為數一百七十二萬兩的款項給與福州當局。[12] 有關滙豐在這方面的研究，已有學者進行多年，並有詳細研究成果公佈出來給我們參考。[13]

不過根據一位國內有名學者的過往統計，從鴉片戰爭到甲午戰爭的五十年間，外國人開辦的銀行，一共對華貸出四十四筆為數四千六百三十萬兩的政治貸款，而香港英國人開辦的銀行處於

---

10 Ho Ping-yin, *The Foreign Trade of China* (Shanghai: The Commercial Press, 1935), pp.626-627.

11 安德葛：《東方一轉口埠》（G.B. Endacott, *An Eastern Entrepot*），191 頁。

12 雷麥：《外國在中國的投資》，342 頁。

13 景復朗（Frank King）教授已從事研究香港滙豐銀行檔案多年，有《滙豐銀行史》出版。

獨佔的地位。[14] 尤其是在 1880 年至 1895 年這期間，共貸出十五筆，佔總數的百分之六十八。[15]

當然不少學者認為這些政治貸款對中國經濟的發展有害而無利，因為 "這些貸款以關稅、鐵路、礦山作抵押，控制中國財政經濟命脈，收取高額利息和撈取巨額利潤，借款一部分是用以鎮壓中國人民革命，其危害作用是顯而易見的。"[16] 對於在帝國主義侵華時代，西方國家資金輸入對中國近代經濟發展的影響這個爭論性問題，並不是三言兩語可以解決的，本文亦無意在此申辯，只是想提出一個史實供大家參考，就是不少資金是透過香港銀行流入中國的。

至於透過香港流入中國的外匯，海外華僑的匯款自然是一最重要項目。在晚清民初期間，每年華僑匯款回國總數究竟有多少，至目前仍沒有確切的統計數字。但據當年美國加利福尼亞一家銀行估計，在 1876 年前後，美國僑匯每年大概在一百萬至一百五十萬元之間。[17] 又薛福成在光緒十六年（1890 年）上奏朝廷時，根據美國舊金山銀行匯票總賬估計，每年美國華僑匯入中國的匯款大約在八百萬兩。[18] 薛亦同樣對在新加坡南洋華工過往十三年攜寄回華的款項作一估計，認為 "當亦不下一二千萬"。[19] 據一位研究僑匯的西方專家在 1920 年代發表的統計資料，在 1899 年至 1913 年這段期間內，每年的僑匯大約為一百萬至一百五十萬

---

14 汪敬虞：《19 世紀西方資本主義對中國的經濟侵略》（北京：人民出版社，1983），239 頁，249 頁。

15 同上。

16 同上。

17 陳翰笙主編：《華工出國史料彙編》（北京：中華書局，1985），第 3 輯，285 頁。

18 同上，第 2 輯，第 1 冊，277 頁。

19 同上。

銀圓。[20]

　　由於香港自晚清以來便成為中華民族移居海外的主要轉運站，而香港金融市場一直都相當穩定，從而使對中外貨幣兌換亦能保持穩定，因此研究僑滙的專家相信上述的華僑滙款，大部分是滙到香港外國銀行，再由銀號錢庄轉入內地。專事研究香港滙豐銀行歷史的景復朗教授認為，滙豐於 19 世紀先後在世界各大城市，如紐約、舊金山、神戶、橫濱、新加坡、檳榔嶼、曼谷、仰光、西貢（胡志明市）、馬尼剌、巴達維亞（雅加達）等地設立分行或代理處，其主要目的是拉攏此等地方的僑滙。[21] 專家們細心分析出來的意見，認為大部分海外華僑滙款是透過香港銀行轉入國內，大概是可以相信的，但實際情況是怎樣的，則尚未能知道。

　　本文以下提出來討論的是一些難得的香港資料。這些資料可以幫我們認識到，香港華人及僑居海外的華人的一部分資金，是怎樣透過在香港的一些私人聯繫，轉入國內，用來發展商業或從事經濟建設的工作。這些資料可以分為兩類。第一類包括晚清時期一些香港商行的商業信札、賬簿及年結。另一批則是早期香港著名華商的壽言錄、訃告和哀思錄。[22] 本文作者正在進行整理這些資料的工作，以便著手編排目錄，因此，還未能把握到全部資料的內容，只能夠將與本文有關的少部分資料作初步提供，俾專家們作為參考之用。

　　有關商業信札，現在想一談的是 "馬敍朝檔" 所收集到的其中一少部分的商業信札。馬敍朝先生是清末民初時期的一個十

20　雷麥：《外國在中國的投資》，188 頁。

21　景復朗：《滙豐銀行史》（Frank H. King, *The Hong Kong Bank in Late Imperial China, 1864-1902*），1 卷，347 頁。

22　這些資料是經許舒（James Hayes）博士、香港大學孔安道紀念圖書館主任楊國雄先生和作者本人多年努力搜購得來的，共有十數箱之多。

分有名望的香港商人。從這些信件內容，得知不少跟他有聯繫的海外華人，常常將錢寄給馬先生，然後由他代轉到國內家人或朋友手中。現在只能將這個檔所收藏到的由 1902 年至 1904 年的信件，作一初步分析。1902 年收錄的信件，有四十件，只有十七件是有提及滙來款項銀碼的。1903 年的信件共有一百五十三件，只有七十三件是有注明確實銀碼，1904 年的信件共有二百九十一件，其中一百四十七件有提及滙款銀碼。從一百九十六件有注明確實銀碼的信件中，得知由馬先生轉滙入中國內地的銀碼總額，在 1902 年是三千一百零五銀圓，在 1903 年是六千七百七十五點六銀圓及二百七十二兩，在 1904 年則是兩萬零四百六十三點五銀圓及一千七百五十一點八七兩。一次付來款項最大筆的是在 1902 年 1 月 25 日書信所提到的兩千銀圓。滙款目的包括轉給家人親友或族人，作為讀書、訴訟、築路、修祠等用途，或是用來付予商店代買貨物、船票，亦有用作還債、合股、創業之用。

　　單從"馬敘朝檔"保存下來的少部分文件內容，已可以知道，只是透過一位香港商人，從香港帶入國內的外僑款項已是相當可觀，何況這個款項可能只代表實際流入資金的極少部分。首先，現存的馬敘朝先生商業信札，並不完整，其實大部分已失落，故從現存的信件顯示的統計數字，只應當是實際滙款總額的一小部分。其次，類似馬先生的香港殷商為數不少，例如從另一私人檔，即"馮民德檔"所存的商業信札內容，亦同樣可得知，與馮先生有生意往來的海外僑商，或是僑居海外的馮氏宗親，都是經常透過馮民德，將款項帶入國內的。[23] 因此現時確實無法得知究竟其中尚有多少是跟馬先生和馮先生一樣，將海外華人資金代

---

23 馮民德是南海九江人，生於 1895 年。十二歲時來港，入讀聖士提反男校，其後亦曾留學美國。於 1917 年回港後，即從事經商，成為香港有名望殷商之一。該檔所存的資料是由他的後人馮守仁先生贈送給香港歷史博物館的。

轉回國。希望將這批香港私人檔案資料全部整理好後，可以進一步提供較充實的意見。但上文所舉例子已足證明，不少的外僑資金是透過這個形式，流入國內協助發展經濟的。

有關香港華商私人貸款給國內商人發展企業，又可以從"馮民德檔"找到啟示。馮先生是香港瑞吉銀行的主要股東，[24] 在這個檔內仍存有少量的瑞吉銀行揭單，從這些揭單我們知道馮先生常常透過瑞吉銀行貸款給國內一些商人，幫助他們發展業務。例如在現存的揭單中，有四十一張是署名黃壽華簽揭的，黃是廣州市廣誠興和九江滙源號的東主，黃所簽揭的款項一共是二十二萬一千三百六十元。而這些揭單都是在 1933 年至 1934 年間簽的。二十二萬元並不是一大數目，但要注意的是，這個從現存的少量揭單所顯示的統計數字，只應當是實際港商貸款給國內商人總額的一小部分。可以斷定的是，類似馮先生這種愛國的股商為數不少，況且這個貸款額亦只可以代表馮先生每年貸款給國內商人的其中一部分。現時無法估計究竟馮先生每年輸入多少資金作為貸款，又或是在香港尚有多少華商是跟馮先生一樣貸款給國內商人。這個例案只足證明，有不少的香港資金是透過貸款形式，流入國內協助發展經濟的。根據學者的研究，國內商人在近代史上能夠獲外人開辦銀行貸款的機會不多，而且條件苛刻。[25] 因此香港華商輸入國內的私人貸款對幫助國內商人發展經濟相當重要，值得我們進一步研究。

更重要的是，這些私人檔案提供不少資料，讓我們認識到香港華商在晚清民初便開始大力投資在國內的企業或是貸款給國內商人發展實業。因為當時愛國的香港華商都以振興實業為強國之

24　瑞吉銀行是在 1884 年由華人合資創立的。

25　張國輝：〈論外國資本對洋務企業的貸款〉，載《歷史研究》，第 4 期（1982），14－15 頁。

本。從"馮民德檔"一批信札與及其他商業文件的內容得知，馮先生在 1920 年開始到解放前這段期間，都一直大力投資國內一些重要城市的實業，協助國家發展當地經濟。例如馮先生在上海的泰和興銀行、金門大酒店、廣信銀號、國豐行有限公司以及上海墾植公司，都擁有為數不少的股票。[26]

在近代史上，香港的華人，不單止像馮先生以私人名義輸入巨額資金協助國家發展實業，更且常常透過在港的同鄉會組織，或是私人友好關係，集資回鄉作建設實業之用。例如在 1910 年，旅港新會商務公所及四邑商工總局，共同發起創設一公司，向全港華商集資招股，以用作開闢新會西河口岡州作為商埠。該公司成立後，即擬定集資二十四萬四千元，分作一百二十股，即每股兩千元，而且認購一股便可當值理，由值理公舉二十一人為董事。當時港人認股十分踊躍。根據《華字日報》所載該公司董事局的公佈，就是香港值理便有一百六十五名，即是最少已集資三十萬元，而在短時間內，即招收到首期認地價銀二萬三千五百四十元。[27] 又例如在 1910 年，新寧鐵路公司為籌增築鐵路，在港招股。根據該公司在港報章所登的公佈顯示，在同年 3 月份共收股銀一萬四千七百四十五元。又在同年 7 月份第十二期招股，共收到股銀三萬八千零三十元。這個招股計劃是一直延續下去的。到了 1915 年該公司公佈聲稱，12 月由外埠招集得的股銀共有八九萬元，而大部分是從香港招集的。[28] 至於清政府招商集股成立的招商局，其中有不少股金是來自香港華商的。

---

26 泰和興的地址是寧波路五十九號；金門大酒店則在南京西路一〇四號，而國豐行以及廣信銀號則分別在博物院路三號和四川路二〇九號。

27 見《華字日報》，1910 年 11 月 19 日，1911 年 3 月 7 日，1911 年 4 月 13 日。

28 同上，1910 年 3 月 16 日，7 月 14 日，1915 年 12 月 2 日。

以上只是隨便舉幾個例子來證明，香港華人在近代史上是招集了為數不少的資金回鄉作建設實業之用，至於較為確實的統計數字，是要作進一步研究後才能提供的。

第二批正在整理中的資料，包括三四十種有關晚清民初時的香港富商名人的壽言錄或訃告、哀思錄。這些人物較為詳盡的生平事蹟都可以在這些資料上找到，所以是幫助我們認識當時香港華人是否對中國經濟發展有貢獻的珍貴史料。在這三四十種史料中，至少有三分之一直接提及，一些愛國的香港華商，曾經捐出數以百萬計的款項回鄉，協助發展教育，慈善福利及醫療事業。茲舉以下幾個例子證明這個說法是可靠的。

香港有名殷商兼慈善家馮平山先生原籍新會岡州，在香港及鄉間曾經捐贈無數善款，供作創辦教育及推廣慈善福利文化事業之用。在《新會馮平山先生七十壽言彙錄》中有這些記錄：“光緒壬辰即任廣州方便醫院及各善堂董事。”[29] 又 “其興學也，在邑中則設貧民義塾。平山學校。職業學校。景堂圖書館。在廣州則捐高師小學建築費……而邑中公園之養拙亭，白沙公園之嘉會亭，建築之費，皆獨力任之。綜核前後所辦義舉，約費數十萬元。”[30] 而在同書下文更清楚說明所捐資金實為 “前後約六七十萬元之鉅”。[31]

香港富商岑伯銘先生，原籍九江，在其訃告中，對他在清末民初時屢捐巨款回國，協助辦理福利事業，有如下的記載：

往時九江善團，勢分力薄。先嚴籌劃統一辦理救濟院，並將全鄉劃分四方，每方分設施醫所。病贈藥，死贈棺，葬贈地。設孤兒所，收養

---

29 《新會馮平山先生七十壽言彙錄》，27 頁。

30 同上，23 頁。

31 同上，29 頁。

無數孤兒，教以書算工藝，規模閎遠，不厭求詳，更於九江東方，創設仁濟善堂，歲捐善款，亦復不貲。又於香港大埔，創辦省躬草堂，集合同志，以為行善團體。曩年，潮汕風災，黃河水災，草堂咸捐鉅款，先嚴之力居多……宣統間，先嚴以捐資報効，蒙 道員加級，誥授榮祿大夫。國民政府 給二等嘉禾章。[32]

又有：

乙卯，大潦南順，桑園圍潰決數口，眾議重修，群策群力，各奏爾能，公推先嚴總理其事，先嚴痛災情慘重，慨任弗辭，惟工程浩大，籌款需時，迺首捐萬金，以為之倡，復墊款十萬元，先行庀材鳩工，親督徒役，櫛風沐雨，不敢告勞。[33]

香港名人葉蘭泉先生，廣東省鶴山縣羅江新村孝廉，弱冠之年來香港就讀於皇仁書院，畢業後曾當買辦，其後在香港自營商務，組織光大堂置業有限公司。在《葉公蘭泉紀念冊》中，有記載他在清末民初年間的事蹟。"適遇三江水漲，各屬被災，先生發起組織賣物賑災慈善會，親任司理，晨夕擘劃，集款九萬，率隊回粵，自行督賑，艱勞不避，卓著仁聲。"又"先生以賑災恤鄰，同聞義舉，復沿門勸募，未幾，得款六萬元。"[34]

另一香港富商陳瑞祺先生，原籍新會陳沖鄉，樂善好施，

---

32 《岑伯銘先生訃書》，12頁。可能有人對壽言錄、訃告和哀思錄等資料抱有懷疑態度，認為它們只是恭維之詞，但由於本人參與廣東地方誌編纂的工作，發覺地方誌對本文所提及的香港華人當年從事建設中國的事蹟，都有同樣的報導。例如對岑伯銘上述的事蹟，在《續桑園圍誌》就有詳細記載。所以上述的資料的可信性是很高的，而所記載的事蹟是豐富而有價值的。

33 同上，11頁。

34 葉蘭泉先生事略一文見《葉公蘭泉紀念冊》。

對於故鄉遭遇任何經濟困難，必定不遺餘力捐助，因此在陳先生追悼會上，全鄉父老族眾親臨致祭，在祭文中談及其對鄉人之功績，有如下的報導：

凡百善舉，罄竹難書，最大者，如械鬥之後，焚燒屋宇，人無棲止，公能獨力捐資，再建廣廈千間，民乃得所。次如黃河水災，山東各縣，盡成澤國，波及數省，公復使其哲嗣，親往督賑，救活十餘萬眾。綏遠河南旱災，赤地千里，公亦派人移粟救濟，民乃粒食，魚為餓殍，此其犖犖大端者，至若興學育才，創設道宇，教化文盲，與夫設立醫院，贈醫施藥，乃其他各善堂，無不慷慨捐助，捨米拖衣，以恤凍餒，到處皆然，此行之數十年如一日，無足為異者。[35]

至於陳公多年來捐款回鄉的數字亦可約略知道：

然廿年來斥貲五拾餘萬於是中者，鄉人亦知公之遺規垂蔭，實有足多，蓋陳鄉本屬窮鄉僻壤，重以械鬥破壞，已同廢墟，由公悉心擘劃，著手建設，如田地之購置，經界之劃定，居宇之構築，街道之放寬，濠溝之疏濬，堤岸之填築，鳩工定材，定名設計，悉臻完善，公預計百萬港幣為建設費，茲鄉遂更名瑞祺埠焉。[36]

又如香港航運界巨子許愛周先生，是高州府吳川縣人，在鄉間熱心創辦學校及推廣其他福利事業，在《許愛周八秩開一誕辰壽言集》有這一段記載：

35 陳沖鄉象慈、連典等暨全體族眾公民之祭文見《新會陳瑞祺先生哀思錄》。原文"凡百善舉，罄竹難書"一詞有錯用之嫌，因為根據《辭海》的解釋，"罄竹難書"一詞應該是論罪惡多端，非簡策所能盡載者。
36 同上。

又因吳川一隅之地，文化向未普及，村夫農子蒙然張口，如坐雲霧，乃獨出資財，籌辦育才學校，收集無力求學者，而教育之，培植人材，年以數百計，又發起捐輸，創設廣州灣四維中學，寸金橋公共醫院，再先後承買瀕海邊，圍築海田數十頃，分發無地可耕之農人耕種，以解決其生活，酌收租穀，以充育才常年經費，有贏餘穀米，悉數施贈鄉中孤寡老弱，其他糧食救濟，水災救濟，慈善救濟，襄助不可勝計。[37]

由於許公樂示於以鉅資捐助，竟然能夠將經濟甚為落後的故鄉變成為"人文萃薈之邦"。這段史實，亦可以在同一壽言集中知悉："育才校在吳川縣博立村，此即愛周翁之梓里，是校也，生徒兩集，校舍云連，有禮堂，宿舍，圖書館，標本儀器室，排球場，籃球場，絨球場，兒童遊戲場等等，更闢地以為農場，舉凡喬木／灌木，水生陸生，為花為果，為瓜為豆，莫不咸備，俾諸生身體而力行，為改革農材，增進民主之基礎，其計劃之遠大，何可比擬也。諸生就讀，不敢毫釐之費，更歲有書籍文具之供給，可謂厚矣。益以岐伯先生尊師重道，推心置腹用，一時俊彥聞風景從，海角僻材，儼成人文萃薈之邦。"[38]

又香港富商雷惠波先生，原籍台山，在《雷惠波花燭重逢唱酬集》中，有記錄他在清末民初年間於鄉熱心公益，提倡興學的功績："乃於遜清光緒三十一年，創立雷氏普育學校，栽成後學，聲譽卓著。遲十餘年，則有英育學校，培育學校，振育學校，次第成立，兼至各有分校，統計學生三千有奇，從此教育普及，學業發展，互相輝映。"[39]

37《許愛周八秩開一誕辰壽言集》，6頁。

38 同上，12頁。

39《雷惠波花燭重逢唱酬集》，4頁。

從上述資料顯示，單是幾位愛國香港商人，在晚清期間，即能捐出數百萬元回國，以供發展經濟之用。若果進一步找到更多同樣的港人的資料，則這筆流入中國的資金，不可謂不驚人。值得特別指出的是，類似上述的這批港商，勤奮開創實業，然後將所獲利潤，慷慨捐贈回國，都是受濃厚愛國心所驅使和激發的。例如馮平山先生，"抱愛國之熱誠，具仁民之宏願。"[40] 如在港創設有名陸海通有限公司的陳任國先生，"清季國勢漸微，外患日迫，革新之士，奮然思起，先生時在美洲，目覩時艱，慨捐互款，力與贊助，厥功遂以告成，以僑商而熱心祖國，先生當為其嚆矢，嗣後國家舉辦事業，需款項，外僑投資樂助，皆聞先生之風而繼起者也。此先生有功於國家一也。"[41] 又 "先生居美有年，目睹排華政策禁例日苛，愛國熱誠有感斯發，凡可以振興祖國者，莫不惟力是視。"[42] 而雷惠波先生則 "欲藉以與外人角逐於商戰場中，稍盡富國富民之這於萬一。"[43] 而果然有志者事竟成，"自光緒三十二年，創立兆安泰金山莊於香港後，以忠誠勤信孚社會，店務遂日益發展，荏苒至今，已閱五十載矣。歷年所辦國貨，暢銷外洋，挽回利權，何止倍蓰，同時爭取僑滙，增加國家財源，為功亦匪淺，是蓋我國商戰場中一慣戰之勇士也。"[44] 足以證明這些愛國商人，用心良苦而意義重大也。

綜合來說，本文只是嘗試初步探討香港在晚清期間對中國經濟發展的重要性。本文只是透過其中幾個主要片段去探討。首先提出一系列史實證明，同期的中國內地與香港貿易在全國對外貿易中，佔十分重要的地位，並且可能直接或間接地，影響到中

---

40 《新會馮平山先生七十壽言彙錄》，73 頁。

41 《陳任國先生暨德配酈夫人八秩開二壽言錄》，18 頁。

42 同上，15 頁。

43 《雷惠波花燭重逢唱酬集》，6 頁。

44 同上。

國對外貿易制度,甚至國內市場的結構形態,產生具體變化。至於影響到什麼程度,及引起的變化詳細情形,本文未能作深入分析,祈望再作進一步研究。其次,本文初步提供一些新的難得資料,指出在同期,一些香港華商及海外僑商,是怎樣將為數不少的資金從香港滙入國內協助發展經濟。要發展經濟,有足夠的資金是成功的主要因素之一。香港在這方面的直接或間接的貢獻是相當之大。但從香港流入中國內地的資金的確實數目,必要繼續努力研究,才能知其端詭。

三、香港華人的香港經濟網絡與經濟鏈

在查閱了 19 世紀末至 20 世紀 30 年代在香港經商的中國商人的一些有限的、罕見的私人記錄後,筆者發現中國商人對香港商業網絡的建立發揮了重要作用。當時的各種商業活動主要是依靠商人的私人關係網,而不是通過行政的層層管理和正式的組織機構來實現。

研究的第一個商務案例是一個傳承了四代的家族企業。企業名稱是元發行,由高滿華先生於 19 世紀 50 年代在香港設立。高滿華出生在汕頭,19 世紀 30 年代後期,在他青年時期去了泰國(舊稱暹羅),並依靠出口泰國大米和其他當地特產到汕頭掙得了人生第一桶金。[45] 在 19 世紀 50 年代,高滿華看到了將香港作為轉口貿易港的商業機會,並決定將進出口生意遷移至這個當時的英國殖民地。他隨即在香港成立了元發行。元發行也很快發展成為了香港最大的貿易行之一。元發行當時的主要生意是將自己在暹羅米廠的大米進口到香港。進口的大米中,有少量轉口貿易到廣

---

45 林熙(高貞白):《從香港的元發行談起》,載《大成》,117 期(1983 年 8 月),50-51 頁。

東，但大部分留在香港，供應當地市場消費。與當時被稱為南北行的大多數香港貿易商行一樣，元發行也通過自己在當地的分公司或子公司將中國商品運往亞洲各大主要港口城市。同時，元發行還為一些位於東南亞國家的公司和船運公司做代理，幫他們將本國商品銷往香港。在創辦人高滿華掌管元發行期間（1850年左右至1882年），元發行的組織架構還是以香港為行政管理中心，同時在曼谷和新加坡分別設有元發盛和元發棧兩間關聯公司。但當元發行在第二代和第三代掌門人手裡達到鼎盛期時，元發行除了在神戶和廣東建起了分公司以外，還在汕頭成立了其他的現代化企業，包括：銀行、電業照明公司、水廠和紡織廠；在香港成立了兩間保險公司，及在新加坡成立了橡膠種植廠。

高滿華在香港、暹羅和新加坡最早設立的幾間公司一直由高氏家族的直系親屬直接控制和管理。直系親屬主要包括高滿華的九個兒子。這些公司被視為高氏的"家族企業"，由九個兒子平等持有公司股份。在高滿華去世後，如任何一個兒子擬設立新的關聯公司，其他幾個兒子有優先入股權。因此，在1882年以後設立的分公司和關聯公司主要是由高氏兄弟們和他們的商業夥伴們控股，而不是完全由高家的直系親屬控制。但是，如果仔細分析這些商業夥伴，他們實際上也是高家兄弟們的近親。很大一部分商業夥伴是與高家兄弟有姻親關係，另外一部分則是元發行的高層管理人員，與高家也或多或少地有親屬關係。有鑑於此，可以說元發行系的所有關聯公司都屬於高滿華家族的近親和遠親。

在高滿華掌管元發行時代，元發行是一個典型的傳統中式家族企業，嚴格地按照世襲制度進行傳承控制。作為公司創辦人和家族族長，高滿華在公司管理上有著無可爭議的權威。再加上他有公司日常運營的專業知識，高滿華同時掌握著重大事項的決策權和日常運營的管理權。元發行的客戶無疑主要是依靠高滿華的個人關係網而建立。當時在香港的中國商行僱員都很少。元發行最初的高層管理人員是高滿華的九個兒子，也被稱為少東家。事實也的確如此。高滿華的九個兒子都在元發行領取薪水。套用當今的管理術語，他們都是元發行的董事。雖然沒有在任何遺囑或法律文書中寫明，但高滿華計劃將元發行的股份等分給兒子們的意圖是顯而易見的。事實上，元發行總部真正的執行董事只有一個，就是集各種權力於一身的高滿華本人。他親自挑選了幾個兒子擔任在香港以外設立的分公司的負責人。此外，高滿華還聘請了自己的侄子陳春泉擔任總經理，還有一名會計。在香港的外國商行通常都聘請會講外語的買辦擔任總經理。可是陳春泉不會講外語。考慮到元發行經常與外國公司做生意，元發行聘請了一位 "語言學家" 來輔助陳春泉。其餘雇員就全部都是普通職員和店員。

只要高滿華在世，這種一人獨攬大權的管理模式還是有效的。畢竟，作為執行董事的高滿華在公司有著不可置疑的權威。因為世襲制用人，所以公司的主要崗位都是由掌權的高氏家族成員擔任。高滿華權威的正統性就來自家族的傳統價值觀，即孝道和順從。而高滿華作為家族族長，也在不斷地灌輸和強化這些價值觀。高滿華既是公司的創始人又是所有董事的父親，他自然而然地得到全體高層管理職員的效忠，畢竟這些管理人員更多的實際上是他的隨從人員。

這種管理風格的一個特點或缺陷，也是被馬克斯·韋伯稱作典型的傳統商業企業的特性，就是公司各項法制的缺失。因為公司法制缺失，所以，在 1882 年，高滿華突患重疾後，公司在繼承人問題上出現了嚴重的危機。按照中國傳統做法，應該是長子繼承制，理應由大兒子接任。但事實上高滿華在病床上臨終前的最後囑託是指定二兒子高舜琴全權接管元發行。據高滿華曾孫回憶，他父親之所以受託繼位，並不是因為謀劃已久，而是由於一個家族秘密而導致的自然結果。高滿華的長子是收養的，因此不具備當家族領袖的正統性。[46] 當高舜琴去世後，他的長子高繩之繼位，擔任元發行的執行董事。同樣，當高繩之去世後，也是由他的長子接替他的職務。

毋庸多言，高舜琴和高繩之在擔任執行董事後，都沒有高滿華那樣強勢。他們都受到來自其他董事的質疑和反對，而其他董事在沒有公司法定程式的情況下，每個人都有機會自己爭取擔任執行董事。高舜琴從一開始就清楚地意識到他需要通過良好的業績和努力工作來贏得自己的執行董事職位。幸運的是，時任總經理陳春泉自身就是一位成功的有經驗的商人，他給了高舜琴全部的支援和為其背書。高舜琴一方面積極努力地工作，另一方面人又非常聰明，所以很快掌握了進出口貿易的技能。此外，高舜琴是讀書人，並取得了一定功名，中過舉人，還捐了個官銜，這些都有助於他的商業運營。作為學者轉型的商人，高舜琴很快獲得了在香港的中國商界、商業夥伴、海外客戶及中國內陸客戶的尊重。

許多傳統的家族商業企業的另外一個常見現象是公司缺少各項正式的規章制度。這就使得公司沒有制度用以區分公司利益和業主的個人私利。元發行也正是因為個別董事以公謀私的不恰當做法導致了其最後的衰敗。因為公司沒有制定各項法規制度來禁止元發行的東家們將公司財產挪作私用，就只能依靠各位董事的自覺和自律，並在很大程度上要依靠執行董事的主導作用和領導力來平衡好公司利益和一己私利的關係。

在高滿華任期時，這種管理漏洞還沒有給公司帶來任何麻煩。沒有一個少東家敢於私挪公款。在高舜琴任期，他還有能力平衡好公司利益和個人利益。每當元發行需要設立新的關聯公司時，高舜琴都會仔細權衡大家族的共同利益，並時刻警惕其他兄

46 林熙（高貞白）：《從香港的元發行談起》，50頁。

弟的所作所為。由於高舜琴在家族中地位較高，他能夠制止其他兄弟侵佔或挪用公款。何況，元發行在高舜琴時期利潤豐厚。公司資產在高舜琴的管理下翻了幾倍。[47] 其他兄弟對公司利潤分紅都很滿意，因此也不過問公司事務。

但是，當高繩之在 1909 年擔任了公司的執行董事後，情況發生了變化。管理系統潛在的問題開始浮出水面。首先，高舜琴去世後，他的三個兄弟還在世。這就意味著高氏家族還有三位長者在公司擔任董事。他們中的任何一位都有資格擔任執行董事。事實也的確如此。當時在一些人眼中的確認為高繩之屬於晚輩，應該由長輩擔任執行董事。最後這些人並沒有公開挑戰高繩之的領導，主要是出於兩個原因。一是他們並不具備貿易的相關經驗和專門知識，而高繩之在汕頭辦企業時就已經積累了豐富的經驗。在汕頭，高繩之建立起了幾個現代化企業，而他本人在其中發揮了至關重要的領導作用。二是元發行的總經理和其他管理人員都支持高繩之。因為這些人曾經是高舜琴緊密的業務夥伴和盟友。[48] 高繩之在職期間還是有能力防範他的叔叔們干涉公司管理的。但是高繩之在繼位四年後於 1913 年去世。

高繩之去世後，元發行一度出現了權力真空。高繩之的長子高伯昂當時年齡尚小，無法接任。在之後的幾年裡，公司就沒有執行董事，日常運營由總經理負責。陳春泉經驗豐富並長期在公司服務，由他代表高氏家族管理元發行遊刃有餘。但陳春泉本質上是一名高級僱員，在沒有公司法授權的情況下，他也無權阻止年長的東家們將公司資金挪用於私人投資。結果元發行就發生了好幾起挪用公款的事件。元發行並沒有制度性約束來制止這種不良習氣和阻止年長的東家們私用公款，這也直接導致了元發行在

47　林熙（高貞白）:《從香港的元發行談起》，49 頁。

48　同上，49－50 頁。

168

1926 年最終破產。

前文曾提到，元發行在鼎盛時期直接或間接控制了二十多個關聯公司或分公司。這些公司遍佈亞洲並涵蓋多個產業。為什麼會設立這些關聯公司和分公司及這些公司是如何形成的呢？與西方商行（如怡和洋行）不同的是，元發行的執行董事在考慮業務拓展和業務多元化時，並不是選擇在公司內部成立新的部門來提供輔助服務和技術服務，而是通過設立一系列的關聯公司來拓展其業務。但是，所有這些公司都是為元發行的主營核心業務，即進出口貿易，來提供便利、服務和保障的。

為保證在業內的領先地位，元發行需要直接或間接地控制與其主營業務相關的核心輔助服務或技術服務。其中一項就是倉儲能力。據了解，在鼎盛時期，元發行在香港建立了二十一個倉庫。但事實上，當時的執行董事高舜琴還用私人名義至少另外購買了十七個倉庫，以滿足元發行的倉儲需求。[49]

做貿易是否成功的一個核心指標就是存貨周轉率。為提高貨物周轉率，如何保證貨物的及時運輸與交付是至關重要的。為此，元發行需要與船運公司保持良好的互動關係。這也是元發行為什麼給多家船運公司做代理的原因。元發行代理的船員公司包括：蘇格蘭東方船運公司、北德公司、勞伊德和巴特菲爾德兄弟公司及太古集團。

鑑於陸地運輸和海上運輸在運送大宗物資時所面臨的高風險性和危險性，中國的進出口公司十分有必要為貨物購買財產保險。因此，高舜琴順理成章地對香港保險業也做了大量投資。高舜琴在世時，他是當時香港兩間知名保險公司，即萬安保險公司和宜安水火險公司的股東和董事。

任何一間貿易行都需要良好和高效的銀行配套服務來保證

---

49 林熙（高貞白）：《從香港的元發行談起》，49 頁。

其能夠及時結算貿易款項。而及時結算是維護公司信譽的根本。銀行服務對於元發行的運營是至關重要的，因為元發行的運營需要大量物資的快速周轉及快速補貨。另外一個影響公司信譽的因素是現金的流動性。這就需要銀行毫無保留地全力支持。而且，元發行大多數客戶的公司總部都不在香港。為滙款方便及時，這些客戶都願意在元發行開設賬戶。他們將保證金放在元發行，但保留隨時可以支取存款的權利。因此，一些規模較大的貿易行，如元發行，為滿足海外客戶需求不得不行使部分銀行職能。這也正是高舜琴為什麼於 1900 年在汕頭成立了嘉發銀莊的原因。隨後，嘉發銀莊在香港又設立了嘉發錢莊。隨著元發行貿易業務的不斷擴大，銀行相關的需求也越來越多。元發行在這個方向上越走越遠，相繼設立了多間自己的銀行。到 19 世紀 20 年代，高繩之的大兒子高伯昂繼位時，元發行已在潮州澄海掌控著四間銀行。此外，高氏家族的其他成員在汕頭和上海還有幾間銀行，在高伯昂有需要時可以輕易地獲得他們的幫助。[50]

　　整個家族企業中各個成員公司之間是否會為了共同的利益而協同運作呢？從世襲的角度來看，高滿華的每一位子孫都應該珍惜元發行。元發行是他們的“家族企業”和“祖產”，是他們從祖上繼承下來的家業。它代表著整個高氏大家族的尊貴和榮耀。事實上，大多數關聯公司（如果不是全部）本身就是元發行的股東。直到 1928 年，元發行的各個關聯公司之間也一直是真心合作，共同維護元發行的利益。然而，正如元發行自身沒有明文規定各個股東之間的權利和義務一樣，也沒有任何書面文件要求元發行的各個關聯公司為了共同利益而協同合作或者在一方遇到財務困境時伸出援手。嚴格意義上來講，沒有任何制度約定關聯公司之間應該協同合作或在一方遇到財務危機時提供擔保。各關聯

50　林熙（高貞白）:《從香港的元發行談起》，36 頁。

公司之間很容易有福同享，但卻很難有難同當。每當元發行遭遇危機，更多地是依靠元發行執行董事的個人魅力、控制技巧、家族地位和人際關係來解決問題。事實證明，那些由執行董事直接控制的關聯公司更有可能幫助遭遇危機的母公司。在 1907 年，當元發行資金鏈即將枯竭時，高舜琴從他直接控制的汕頭嘉發銀莊立即撥付二十五萬銀元來填補元發行的資金缺口。幸虧元發行是幾家船運公司的代理，而這幾家船運公司又控制著汕頭到香港的輪渡，才使得這筆錢及時從汕頭運至香港。[51]

但這些都是高舜琴在家族內還是位高權重的元發行執行董事的鼎盛時期發生的事情。在元發行後期的執行董事沒有像高舜琴一樣強勢時，關聯公司的各個股東之間很容易發生意見分歧，並且很難採取一致行動來保障家族共同利益。然而，在一般老百姓眼中，高氏家族的所有關聯公司都是同一家企業。每一間關聯公司之間並沒有太大差異。如果其中一間遇到了財務危機，那麼其他幾間也不會支撐多久。實際上，元發行最後也正是因為惡性循環導致了其在 1933 年的最後倒閉。具體倒閉原因不詳，但據知情人回憶，事情始發於當時元發行的執行董事高伯昂與其在嘉發銀莊的合作夥伴張淑楷之間的個人恩怨。張淑楷是元發行在上海的關聯公司宏發行的股東，但宏發行卻拒絕兌現高伯昂所擔任執行董事的光發銀莊的支票。[52] 坊間謠傳高氏家族的企業都遇到了財務危機，於是高氏家族的所有銀莊都受到了擠兌壓力。高伯昂隨後也關閉了其在汕頭和上海的四間銀行，導致了元發行最後的倒閉。[53]

第二個研究的商業企業是一間由在 19 世紀末 20 世紀初比較知名的香港商人馬敍朝所建立的商業王國。馬敍朝，廣東台山縣

---

51 林熙（高貞白）：《從香港的元發行談起》，45－46 頁。

52 同上，36－38 頁。

53 同上。

白沙鎮塘口村人，他的商業關係覆蓋廣泛，包括：廣東及周邊地區，及在澳門、東南亞和北美的華人公司等。他的大多數客戶也都是居住在北美、加拿大的溫哥華附近，或美國的三藩市和薩克拉門托。還有一部分客戶在稍微偏遠一些的城市，如加拿大的卡爾加里，美國亞利桑那州的克里夫頓和蒙大拿的阿弗爾。

馬敘朝的商業王國與高滿華的相比，無論在管理還是運營風格上都大相徑庭。客觀上看，馬敘朝的大家族成員散居在國內和海外。實際上，馬敘朝大量依靠了他在老家白沙縣的鄉黨來加入他的商業王國。他的好多客戶和助手都姓馬，有的甚至連名字都一樣，也叫馬敘朝。即使有的人有不同的姓，他們也是來自姻親或母系的親戚。還有另外一些人則是馬敘朝在台山縣或白沙鎮的同鄉。據現存的馬敘朝的商業信函記載，他的商業王國至少擁有兩百多個客戶。

馬敘朝的商業王國是按如下方式運營的。所有他的海外客戶都直接或間接地滙款給他，或者是客戶間接地通過他們自己在中國的公司或商業代辦把錢轉給馬敘朝。客戶的這些公司或代辦反過來又成為馬敘朝商業佈局的入會會員。他的這些客戶和代辦主要分佈在港口城市，如廣州、佛山和上海；或台山縣內的市鎮如白沙和新昌。

馬敘朝的主要業務是中國紡織物的進出口，特別是絲綢。其核心母公司是位於香港的公有源商社。馬敘朝所建立的私人商業網絡的主要特點是它非常接近於今天人們所說的資訊共用社區。馬敘朝在他與客戶溝通的商業往來信函裡分享的不僅僅包括商業資訊，還有客戶在中國老家的宗族事物和家庭瑣事。在商業資訊上，馬敘朝會告訴客戶中國市場的競爭環境，以便於客戶決定如何分配資源來領導香港和中國內地的市場潮流。但對他的客戶來說，馬敘朝所分享的最有吸引力的資訊還是來自老家的鄉村資訊。馬敘朝在客戶與客戶的家鄉之間發揮了至關重要的聯絡作用。因此，作為遠離家鄉的族人中的首領，一個真正的關心海外族人生活福祉和家鄉發展的人，馬敘朝在海外客戶中受到了極大的愛戴和尊敬。這些海外族人反過來又成了馬敘朝商業網絡中忠實的一員。此外，馬敘朝被公認為是台山縣在香港的領軍人物的事實本身，又進一步強化了他被推舉為族人在海外的首領。例如，他連續多年被推舉為香港台山商會的會長和香港四邑工商協會的會長。[54]

當然，馬敘朝還為客戶提供許多其他服務。例如，他替海外的客戶購買他們在中國內地和香港所需的商品，馬敘朝不僅僅只是服務他在北美的客戶，他還為在中國內地的商業代辦，特別是在白沙、佛山和廣州的客戶也提供類似服務。幫助他們購買來自馬敘朝香港商鋪的絲綢產品，美國的進口商品，和朝鮮的人參。[55]

在馬敘朝提供的所有服務中，被認為最有價值的是他能夠及時地說服客戶匯款至中國。他的商業網絡中絕大多數客戶都會經常匯錢至香港，然後馬敘朝通過他在中國直接或間接控制的商業網點再將這些錢最終匯至客戶在台山的家人手中。[56]

值得一提的是，在馬敘朝說服海外客戶匯款至中國的過程中，他把他在國內的商業網點當作一個運營中心一樣在運作，就像是銀行的分支機構。實際上，也的確有一部分客戶在給馬敘朝的信函中要求將他們匯至香港的錢先存放至他們在公有源的賬戶。有時也會要求馬敘朝先行墊付款項給他們國內的家人或商業夥伴，然後從他們的賬戶扣款。這也表明大多數海外客戶在公有源是開立了帳戶的。因此，除了海外族長這一身份，馬敘朝被他的客戶認

---

54 S.W.Woo（吳醒濂）：《香港華人名人史略》（香港：五洲書局，1937），43 頁；R.Luzzatto，"Hong Kong Who's Who"，《香港名人錄》，1959 年，第 175 期。

55 請參見 1903 年陰曆六月至九月間由白沙的孔柴堂（Kwong Choi Tong）的數封來函。

56 霍啟昌：《香港在中國近代史上的重要貢獻》（香港：香港公共圖書館，1990），14－20 頁。

可的另外一個原因就是他可以為客戶在香港提供銀行服務。

　　馬敘朝是如何建立起這麼龐大的個人商業網絡呢？這就與香港獨特的商業環境和馬敘朝本人對商業的熟稔和遠見密不可分。在 19 世紀末期的幾十年裡，香港已經不僅僅是一個國際貿易中心，還是國人移民海外的中轉站。就馬敘朝來說，他個人參與較多的是北美移民。由於馬敘朝在香港社會的影響力，及與政府和商界的密切關係，他是幫助台山大家族成員移民北美的最佳人選。馬敘朝也因此將其商業網絡從廣州、台山和佛山拓展至遙遠的國度，如美國和加拿大。他還為他的客戶提供資金支援。實際上，他的海外客戶十有八九都曾受益於馬敘朝曾經借錢資助他們支付移民海外時的費用。除貸款外，馬敘朝還為移民海外的族人提供在香港和移民目的地的住宿。這些服務為那些剛剛移民海外的族人解決了最迫切的需求。不管怎樣，通過馬敘朝的安排和資助（儘管這些細節在後來的往來商業信函中並未提及），這些移民都平安抵達目的地並立即受到馬敘朝在當地朋友的照顧。

　　通過以上介紹可以看出馬敘朝的個人商業網絡的運作與前文提及的高氏家族是不同的。馬敘朝的商業網絡是建立在贊助人和客戶的關係基礎上，然後又因為台山家族紐帶的互幫互助而進一步強化。馬敘朝的企業管理方式也還屬於典型的傳統企業，因為它需要馬敘朝個人掌控全部管理流程。客戶所有的往來商業信函都是直接寄給馬敘朝本人，並談及很多個人私事。雖然不能確定馬敘朝本人對每一封信件都做出了親自回覆，但有一點是肯定的，就是他對這兩百多個客戶的資訊是完全掌握的。[57] 馬敘朝除了

57　保存至今的七百多封信函均是由馬的海外客戶寫給他的。至於馬本人是否一一回覆則不得而知。但是，根據信的內容來判斷，大部分來函都是直接寫給馬本人的。內容多數都很親密和私人，這也表明馬與來函的每一位人士都很熟稔。

在公有源有最基本的人員配置之外，沒有證據表明他還單獨聘請過其他雇員或管理人員來幫助他管理企業。他的商業網絡更多地是依靠他本人的關係、處事風格和管理來運作。

但是，從運營風格來看，又很難將馬敘朝的商業網絡清晰地定義為傳統企業。根據艾爾弗萊德・錢德勒（Alfred.D.Chandler）的理論，現代企業是指在多個城市運營並提供多樣化的商品和服務的企業。[58] 而馬敘朝隨機建立起來的企業也是在不同的地理位置運營，橫跨兩個大陸。而且公有源的商業網絡也不僅僅是提供單一的商品。在這一點上，公有源與元發行的運營有些類似。它並不是單一的商業企業，單一的商業功能，單一的產品和地理位置。準確地說，元發行和公有源在管理和運營上是有著顯著傳統風格的企業。但是，因為它們都早在 19 世紀下半葉就從事了跨國經營，所以，從錢德勒的定義來看，它們並不能被清晰地劃分為傳統企業或現代企業。這也是可以理解的，畢竟錢德勒的理論是以美國本土公司的發展作為研究案例得來。然而，在該研究期內，香港已經是國際貿易自由港和多樣文化的滙聚地。在香港的中國商行恰恰正處於從舊的傳統家族企業向現代化商業企業的過渡階段。鑑於香港獨特的文化環境和商業多樣性，元發行和公有源為滿足各自客戶的需求都建立起了自己獨特的管理風格。由於研究資料有限，現在說任何研究結論還為時太早，但已經很明顯的是：我們所研究的兩家商行是截然不同的。馬敘朝的企業比高氏家族更具有私人色彩。馬敘朝與他的商業網絡中的每個客戶都維持著緊密的私人關係。而元發行的執行董事對他的商業網絡中的所有子公司都有著更加直接的管理和控制，並與成員企業之間僅僅維持著鬆散的私人聯繫。高氏家族是通過建立新的分公司或

58　A.D. Chandler，*The Visible Hand* (Cambridge: Harvard University Press, 1977), Vol 1-12.

關聯企業來為元發行服務。但馬敘朝是首先滿足客戶的一些特殊需求，繼而由客戶加盟其商業網絡，甚至是由客戶再介紹其他的客戶來加入公有源的網絡。兩者之間還有很多其他的地方可以進行對比。但是，上述分析已足以說明：對位於香港的中國商行的分析有助於進一步了解中國大陸企業的現代化進程。而這恰恰是本章研究的主要目的。

第五章

香港華人對近代中國的貢獻

一、香港華人英才為中用

雖然已有一少部分學者注意到香港華人在近代中國比較重大的問題上（例如辛亥革命運動、晚清民初中國的現代化、西化嘗試等）的貢獻，但這些貢獻卻被理解為主要是傳教士工作的結果。[1]本文試圖補救目前這種解釋上的不平衡，並且擴大我們有關一群在香港接受教育的華人對中國的貢獻的知識。這一群華人是香港獨特的文化環境和非宗教的世俗教育制度的產物，而不是傳教士活動的產物。[2]

當東方與西方在 19 世紀的香港相遇時，生活在香港社會的西方人士和中國人特殊集團分別扮演了兩種文化的中介人的角色。其中，西方人集團（特別是基督教傳教士和香港政府官員）的貢獻是為華人設立英語學校，創辦報紙和雜誌，翻譯書籍（由英文及其他歐洲文字譯為中文，或是反過來由中文譯為外文）和從事寫作（或用中文論述西方的藝術、文學和科學，或用他們本國文字介紹中國的文化和社會）。他們的成就主要來自他們對漢語的淵深知識，在香港的長期居留和研究當地文化的決心。[3]但是，本文將只著重論述大部分非教會英文學校畢業生的華人集

---

1 Paul A. Coben, "Christian Missions and Their Impact to 1900", in *The Cambridge History of China*, Vol. 10, Part I, pp.583-584.

2 本文著重研究的是曾經在模範官立英文學校，中央書院（或稱大書院）受讀的一群華人。中央書院是在 1862 年創立，於 1889 年曾改名為維多利亞書院，至 1894 年再改稱皇仁書院，一直沿用至今。

3 K.C. Fok, "Nineteenth Century Hong Kong: a Center of Cultural and Technical Interchange Between China and the West", Unpublished Conference Paper delivered at the International Alumni Conference, East-West Center, Hawaii, 1980.

團，試圖表明這些在港受業、精通英文的華人，對晚清民初期間的中國曾作出重大的貢獻，尤其是於中國逐漸傾向接受現代化知識上有重大的形成作用。

學習西學最基本的門徑就是通曉英語。重要的是要首先了解香港的獨特環境怎樣為這些華人學生學習英語提供方便。這一群華人所面對的文化環境無疑同中國內地的大有區別，對學習英語適合得多。因為，香港的行政管理不但使用英語和按照英國法律執行，而且香港政府確實也深思熟慮要鼓勵中國居民學習英語的興趣。香港教育著眼點的發展實在與當年中英關係的發展緊密相關。因為英國在香港建立殖民地政府不久，即發生第二次鴉片戰爭，而當時在港居住的華人排英情緒非常高漲，為此英國人在香港建立政府後不久，他們就發覺了在中英關係惡化的情況下華人居民對英國人普遍抱有敵視態度。殖民政府也開始了解，要使香港政府能夠有效率地運作，就須要在各個政府部門裡錄用經過良好訓練的華人譯員。在華籍居民中推行英國式教育制度被認為是最能奏效的辦法，英國殖民政府藉此可以增進其華籍臣民對政府政策的理解。[4] 只要提供學習英語的便利，就能培養出眾多的熟練的華籍學生譯員來，這樣政府就可以獲得經常可以培養到大批的華籍公務員的保證，他們可以在外國人政府與被統治者之間起橋樑的作用。

政治上和行政上既有如此迫切的需求，不久就導致 1860 年教育局（Board of Education）的成立，以取代當時負責發展教育的教育委員會（Education Committee）。該局受命為實現這樣有價值的目標擬訂計劃，負責強化英語教學，實施西方式的教育，

4　參看 Yan Woon Yin, "Hong Kong and the Modernization of China (1862-1911)", Unpublished B.A. thesis, University of Hong Kong, 1980, pp.13.

俾在港的華人能夠入官立學校就讀。[5]

香港最早的西式學校是教會開辦的，或與教會人士有關。這是由於英國政府對教育一貫採取不干涉的政策，學校多由私人或慈善團體開辦。[6] 英國在香港設立殖民政府後，只是著意挑選當地華人早已開辦的中文私塾，裨以經濟補助以便置於政府管理之下。這些接受政府補助的學校被稱為官立學校（當時譯為 "皇家書館"），早期主要是中文學校，到 1853 年秋才在兩所官立學校開始設置英語課程。[7] 教育委員會雖然在 1854 年 1 月向政府建議，應該盡可能地在這個英國殖民地鼓勵華人學生學習英語，[8] 但由於師資缺乏，水平又低，早期官立學校的英語教學收效甚微。鑑於在 1850 年代，負責管理官立學校的教育委員會的成員多是教會人士，而他們都竭力推行宗教教育，所以早期的官立學校一直可以稱是處於教會勢力的控制和影響之下。[9]

到了羅便臣港督就任時，政府才能夠使官立學校陸續擺脫教會控制，在官立教育世俗化方面逐步取得了成功。經羅便臣在 1860 年 1 月 21 日宣布組成教育局用以取代教育委員會。雖然維多利亞會督仍然擔任主席，但委員會秘書改由政府官員擔任，而視學官亦歸港督任命。[10]

教育局內的主要人物是理雅各博士，他雖然是一位傳教士，但極力主張香港教育成為世俗教育。[11] 他一手設計了為華人而設的

5　《香港轅門報》（1860），13 頁。

6　Ng Lun Ngai-ha, *Interactions of East and West, Development of Public Education in Early Hong Kong*, (Hong Kong: The Chinese University Press, 1984) pp.20-30.

7　《香港轅門報》，1861 年，107 頁。

8　同上。

9　G. B. Endacott: *A History of Hong Kong* (Hong Kong: The Standard Press, 1962), pp.136-137.

10　同上，139 頁。

11　Gwenneth Stokes, *Queen's College, 1862-1962*, p.12.

官立英文模範學校。1876 年 7 月 3 日，理雅各在教育局會議上，提出了他的革新教育計劃，內容最重要的是應強化英語教學，他具體說明應該使英語教學在為華人而設立的官立學校的教育內容中成為比以前更加重要的一部分，"這是應該在本港施行的，因為這裡的執法審判都使用英語而且是按照英國法律來進行的。"[12]

這是確立英國政府在本港實施英語教學的開端，以後港英政府一直秉承這個方針。例如輔政司柯士甸在 1878 年強調："基於政治和商業的利益，英語學習在所有官立學校中應具有頭等重要的地位。"[13]1902 年的教育委員會報告書亦重申了理雅各的意見，儘管是以較含蓄的方式："而且，從（英）帝國的利益設想，凡是願意學習英語和西方知識的中國青年都是值得向他們提供這方面的教育的。"[14]

理雅各的革新教育計劃，亦建議要改善官立學校的管理和組織制度，他主張在維多利亞城修建一所中央書院（The Central School），將分散在各處的幾所官立學校集中在該處，並且只在此書院內講授英語，由一名歐籍教師負責組織和管理英語班。[15]理雅各的計劃獲得教育局的通過並順利獲得港督羅便臣的贊同。1861 年 3 月 23 日，香港立法局同意撥款兩萬零五百元購買在歌賦街的一座房舍，用作中央書院的校舍。該書院在 1862 年 2 月正式開學，首任校長由年僅二十四歲的一位鴨巴甸皇家學院畢業生史釗域擔任。[16]

香港的華人為甚麼樂意送他們的子弟到中央書院受英語教學呢？同中國內地社會相比，19 世紀晚期的香港社會在經濟基

---

12 《香港轅門報》（1861），107 頁。

13 同上（1878），53－54 頁。

14 *Hong Kong Sessional Papers* (1902), pp.398.

15 《香港轅門報》（1861），106 頁。

16 Gwenneth Stokes, *Queen's College, 1862-1962*, p.16.

礎上基本是商業的而不是農業的，在文化取向上則儒家色彩無疑較少。一名於 19 世紀晚期從家鄉前來香港學習英語的中國兒童後來回憶說，當時香港是"對發展商業比對做學問更適合的地方"。[17] 他認為這是因為華人學生的父母大多數是商人。鑑於香港繁榮有賴於國際貿易的推廣，基於商務的實際需求，他們"並不期望兒子成為（儒家的）學者；他們所需要的只是孩子們應該……學好英語以便繼承父業或是開創新的生意。這樣，有利於傳統儒家思想的環境就完全缺乏了。"[18]

有許多同時代的記載可資證明，香港的華人學生從學習英語和西學中早就發現了一種實用的商業價值。例如，最著名的英文官立學校中央書院的校長就在他的 1865 年年度官立學校報告中抱怨學生中途輟學離校太快，認為這是他們學習英語只看重其"搵銀價值"的不幸後果。[19] 史釗域校長抱怨說："他們（香港華人）所喜愛的東西，沒有一樣不是具有市場價值的。因此，中央書院比較成功的，是可以幫他們用英語轉換為銀元……孩子們一旦能夠承擔編纂員或謄寫員的任務，就馬上離開學校了。"[20] 在另一個場合，一位無名作家（一般相信他是歐人社區裡極具聲望的人士）在 1877 年出版的一本小冊子裡毫不留情地攻擊中央書院，理由是該校沒有讓學生受到足夠的中國傳統倫理教育。"他們在智能上變得高出於父母，但是卻喪失了對父母的一切尊敬。他們還學到了輕視中國的聖賢和中國生活的舊式禮儀。"[21]

在一般的世界傾向以及世界聯繫方面來說，19 世紀的香港也是比中國內地較為外向的，因而眼界較為廣闊得多。在英文學

17　F.T. Cheng, *East and West: Episodes in a Sixty Years Journey*, 1951, p.42.

18　同上。

19　《香港轅門報》（1866），410 頁。

20　同上，138 頁。

21　Anonymons, *The Central School-Can it Justify Its Raison D etre* (1877), p.30.

校（特別是在中央書院）讀書的華人學生是這種世界觀的先驅。首先，這些學生的父母比他們的內地同胞對現實世界有更多的認識，對當時國際形勢的實況較為了解，因而也較能接受西方的觀點。例如若果他們通曉英語的話，很容易在當時香港刊行的英文日報閱讀到有關國際上發生的重大事件。在晚清民初期間，在香港出版的英文日報就有四份之多，分別是《德臣西報》、《孖剌西報》、《士蔑西報》和《南華早報》。[22] 這些英文日報都是由一些有學識的西方商人創辦的，他們立志將世界各地的政治經濟實際情況，儘量替港人作忠實的報導。除了設立自己的世界新聞專欄，更十分關注中國國內形勢，因而不時按照主編各自不同的政治見解對在中國發生的重大事情作出評論。

　　就是不懂英語的華人，亦不難在 19 世紀末期香港出版的中文報刊內認識到同樣的事實。當時香港主要的中文報刊如《遐邇貫珍》、《香港中外新報》、《華字日報》和《循環日報》，除了非常重視刊登世界商業訊息之外，亦受香港英文報紙的影響，都闢有新聞專欄，報導中外各地的實況。[23] 由於早期香港已有一定程度的新聞自由，只要不直接指名道姓批評香港政府，在報紙上發表不同的政治見解，一般是不會受到干涉的，所以讀者不時在中文報刊上閱讀到有關中國政府官員的腐敗行為，亦常常看到其他國家較中國優勝之處。香港這種特殊環境無疑令到華人學生的父母在他們下一代確定贊助新秩序的方向中起了很大的作用。有一個在香港居住的普通中國商人在聽到中國於 1895 年中日戰爭中敗北的消息後，立即勸告他的兒子說："我們的敵人學得更多，能夠做得較好。我們缺乏知識，特別是近代知識。" 於是，幾個月

---

22 這四張報紙，除缺去很少外，都得以完整保存下來。

23 參看林友蘭：《香港報業發展史略》（台北：世界書局出版社，1977）。

後他就催促兒子學習英語。[24] 這個少年最後被送入中央書院，以後成為 20 世紀初年最受尊敬的中國外交家之一。[25] 關於其他一些香港學生很快從中國的外交挫敗中得出相當正確的結論並且認識到中國在國際事務中的脆弱地位的故事，可以很容易地舉出一些史料來證明，[26] 不過不在此贅述了。

英文學校的氣氛和文化環境也有助於學生們養成開明的和世界主義的人生觀。在中央書院成立之初，校方並沒有為非華人學生的入學作特別的準備。但是不久就有多種國籍的學生獲准入學，其中有英國人、日本人、意大利人、葡萄牙人、美國人、菲律賓人等。1882 年到任的中央書院第二任校長已經可以聲稱有十二種國籍的兒童在他的管理之下。[27] 到 1889 年，學生中除中國人和歐亞混血兒共七百九十名外，還有一百三十一名註冊外籍學生，包括英國人、希伯來人、德國人、日本人、穆斯林、葡萄牙人等，還有印度人和印度祆教徒各一名。[28] 據說孩子們很能和睦合作，這主要是學校當局同樣尊重各種信仰的政策的結果。例如，學校從來不會勉強要一個學生違犯他本族的社會習慣或宗教風俗。在伊斯蘭教的齋月或猶太教的結茅節，都讓穆斯林和希伯來人學生請假，而華人學生則於清明節和其他中國節日不用上課。[29] 由於同各種國籍和信仰的兒童自由混合在一起，華人學生就處身於一個國際主義和世界主義的環境之中。

獨特的文化環境對華人學生國際傾向的形成起了重要的作

24　F.T. Cheng, *East and West: Episodes in a sixity Years Jouney*, p.43.

25　同上。

26　參看 Lyon Sharman, *Sun Yat-sen His life and its Meaning* (1968), pp.28-29; Tse Tsa Tai, *The Chinese Republic: Secret History of the Revolution* (1924), p.7.

27　Gwenneth Stokes, *Queen's College*, p.28.

28　同上。

29　同上。

用,同時他們所受教的制度和課程內容則可以說明他們對生活其中的現實世界的認識。香港官立英文學校設立的目的就是要對香港華人盡可能地提供開明和寬廣的通才教育。除漢語及英語外,中央書院建立後不久就開設了代數、化學、幾何、地理等課程,在 1869 年該校更設有實驗室並正式啟用。[30] 到 1892 年開設的學科就更多得多了,課程表上有誦讀、算術、拉丁語、代數、地理、歷史、歐幾里得幾何、文法、測量、常識、作文、默寫、翻譯、莎士比亞著作和三角學等。[31] 這種歐洲風格的教育,其意圖在於提供當時被認為是中國制度中所欠缺的內容;據香港當時一位機敏而有分析能力的教育家的說法,中國(傳統教育)制度 "把學生的精神和道德的視野都局限於二十四個世紀以前限制了孔子心靈的那個範圍,束縛智慧,阻碍道德感情的發育,並且使人專心致志地與一切非中國的事物為敵。" [32]

從 1896 年中央書院某幾門課試題中的一些摘錄將會有助於了解學生在校所達到的學習水平。最高年級即第一班學生的地理試卷中有一道試題要求他們繪出南美洲或歐洲的地圖。在南美洲地圖上要求填上主要港灣、海峽、河流和山脈並繪出各個國家的邊界,每國填上不多於兩個的城鎮;而在歐洲地圖上則要求填出政治區劃及每個政治區劃的主要城鎮。[33] 另一道試題要求學生簡述直布羅陀的歷史並指出馬爾太和香港對英國的特殊價值。[34] 同一年級的一道歷史試題要求學生解釋 "王稅"、"異教徒"、"君主國" 和 "人身保護令" 等有關英國歷史的專有名詞。[35] 常識試卷中的一

---

30 《香港轅門報》(1867),36－37 頁。

31 同上(1893),168－169 頁。

32 *Hong Kong Sessional Papers* (1896), p.371.

33 同上,89 頁。

34 同上。

35 同上,89 頁。

道題目測驗同一年級學生對西方文明的一般理解，而在作文試卷中則指定以"對外貿易的利益"為題要學生各寫一篇短論。[36]

在較低年級的一道歷史試題中要求考生考慮處決英王查理一世是否公正，另一道試題則要考生解釋詹姆士二世為何喪失英國王位。[37]地理課試卷中的一道試題提問了俄國政治制度和法國政治制度的區別。[38]同一課程的另一道試題要求學生描述中國本土面積最大的省份，特別著重其地理位置、人口和特產的分佈情況。[39]

這些有代表性的試題顯示了有關 19 世紀晚期中央書院和香港其他官立英文學校的教育性質的一個很重要的情況。在歷史、地理、常識等一類課程中，不但要求學生知道中國和中國以外的世界大部分的情況，而且學生還必須能夠對它們進行比較。這些華人學生所受的教育提供了一份多元化的中西結合的課程表，促進學生智力各方面同時發展，增進對彼此不同觀點的相互理解和容忍，並且以達成一項健全而開明的人生觀為目的。無可懷疑，這些在香港接受教育的華人學生比同時代中國內地的學生們有較高的西方語言水平，對西方學問和世界實際事務的知識也高深得多。不過，重要的是應該指出，他們當中有些人就是與同時代的英國學生比較起來也毫不遜色。例如，在 1894 年的牛津大學地方考試中，參加考試的有十五名中央書院學生，其中有八人取得及格。[40]

到此為止，本文試圖表明在香港官立英文學校唸書的一群特殊的華人學生如何被培養成為在中國同西方交往中雙重文化的中介人，下面將說明，在中國企圖實現現代化的一個最緊要的過渡時期

36　*Hong Kong Sessional Papers* (1896), pp.95-96.

37　同上，91 頁。

38　同上，90 頁。

39　同上。

40　同上（1894），93 頁。

中，這些香港學生怎樣能夠以自己對多元文化的經驗為中國服務。

最重要的是，正由於他們通曉英語，這些曾在香港受教育的華人才得以開始進入為中國服務的行列——他們被接受進入 19 世紀晚期中國的新式學堂裡就讀。[41] 事因在 19 世紀末期，清政府亦開始銳意創辦西學，但由於一班士大夫的反對，拒絕讓漢人子弟入讀新學堂，故此成績並不理想，最後清廷只好來香港招聘人材回去就讀。在這些新式學堂裡由西方教習用英語講授專門技術和自然科學課程。由於香港一般政府英文學校的畢業生，都較國內學生精通西方語言及科學科目，當他們回國就讀新學堂時，自然成績優良。所以從香港回去的學生，不少被清政府保送到歐美最著名的大學繼續深造。關於這些新式學堂的創建、性質、成分和組織，已有專家作過充分的研究和論述，這裡僅需指出，新式學堂可分為幾種類型。第一類以訓練譯員和外事專門人才為目標，北京同文館是一個顯著例子。其次是軍械廠和造船廠附設的學校，訓練的是工程師、機工和技術工人。福州船政局和上海江南製造局所辦學堂都屬於這一類。第三類學堂可同現代的海、陸軍軍事學院相比，是為訓練陸軍軍官、艦長、輪機室及艙面人員而設。1887 年在廣州建立的水陸師學堂是個好例子。

在幾乎所有這些新式學堂中，大量教學工作（特別是自然科學和專門技術課程）是由懂得很少乃至完全不懂漢語的外國教習擔任的。被招進這類學堂的學生無可避免地必須學習這門課程，從而也就必須具備英語的初步知識。這就是香港學生能夠容易適應這些學堂的主要原因。此外，即使個別學堂有輕微的改動，新式學堂的課程除外語外還包括算學和西洋科學。香港學生對這一套西方模式的學校課程，顯然十分熟悉。

41　Knight Biggerstaff, *The Earliest Modern Government Schools in China* (New York: Cornell Uniuersity Press, 1961).

新式學堂不得不招收香港學生的另一個原因和中國內地儒家學者對西學評價甚低有關。這些儒者不同意背離傳統教育形式的任何措施，而新式學堂正是這種背離的代表，於是一班士大夫都拒絕送國內漢人子弟入新式學堂，故當時清政府只能招募一些滿人子弟入學，可能由於滿族子弟無心向學，故此成績甚不理想；[42] 亦可能由於這些新式學堂的外籍教師，不大熟悉中國語言教育，授課時候師生溝通有困難，所以辦了幾年的新學仍然乏善可陳，[43] 最後清廷只好從香港招收學生回國就讀。保守勢力對於這些學堂的激烈抗議以及漢學生對加入這些學堂的抗拒，已在其他著作中有充分論述。[44] 這裡只要提到率先抗議的大學士倭仁（1804年－1871年）就足夠了。倭仁很瞧不起 "天文算學" 的功用，在奏章中強烈提出："立國之道，尚禮義，不尚權謀；根本之圖，在人心，不在技藝。"[45] 他對外籍教師的誠實也表示懷疑："今求之一藝之末，而又奉夷人為師，無論夷人詭譎，未必傳其精巧，即使教者誠教，學者誠學，所成就者不過術數之士。"[46]

倭仁呼籲學生不要 "奉夷人為師"，這確實有激動人心的力量，因為正是這些夷人新近侵略了中國而且目前還在傳播可憎的基督教教義。[47] 他因此大聲疾呼："如以天文算學必須講習，博採旁求，必有精其術者，何必夷人？何必師事夷人？"[48] 由於倭仁

42　Knight Biggerstaff, *The Earliest Modern Government Schools in China*. pp.79-124.

43　同上，122－124頁。

44　可參看，Chang Hao, "The Anti-foreignist Role of Wo-Jen, 1840-1871", *Papers on China*, Vol. 14 (1960), pp.1-29.

45　《籌辦夷務始末》（同治朝），47 卷，24 頁。

46　同上。

47　同上，24－25頁。

48　同上，24 頁。

是一位深受尊敬而且很有影響力的儒家士大夫，因此他的言論就使得那些已經申請進入新式學堂的學生飽受同省人士和同僚的嘲笑。[49] 有些頑固的儒生甚至把學習外語也當作叛國行為。據說有一位大臣曾對友人說："士君子自重者無不恥言洋務。"[50] 與此相反，鼓勵香港學生到新式學堂中學習的因素則並不缺乏，他們早就從學習英文及其他外語以至學習西學中發現了一種實用的、商業的價值。如上所論述，香港的特殊環境令到香港華人學生學習西學的風氣遠較同期的國人為盛。

不過，更為重要的是香港華人學生回國服務是獲得香港英國政府充分贊同的。必須指出，那些負責為香港華人建立英國式教育制度的人士不但關注中國事務和中國內地居民的需要，而且對此有迅速的反應。理雅各幫助具體設計了一所模範官立英文學校以供香港華人就讀，他希望把英語教學的影響由港島向外擴展，"廣及中國各地，對許多中國人民起啟蒙和造福的作用。"[51]

軒尼詩總督於 1880 年 1 月 30 日在中央書院的演詞中公開為香港官立學校大量畢業生被錄取進入中國新式學堂感到自豪。演詞的一部分是這樣的："去年……一位聲名卓著的紳士訪問了我——他就是赫德……他對本港的政府教育計劃對福州船政局及天津某些工程的幫助表示感謝；他告訴我，每年都有許多曾受良好漢文訓練的華人青年從本校（中央書院）被送往福州船政局及中華帝國政府建有工廠的中國其他地方；曾在本校受過訓練的青年在他們被安排的工作範圍內對中國政府最為有用。"[52]

香港政府為何願意採取訓練香港華人學生為中國政府辦事的

49　Knight Biggerstaff, *The Earliest Modern Gouernment Shcools in China*, p.71.

50　同上。

51　《香港轅門報》（1861），107 頁。

52　同上（1880），97 頁。

政策，其原因已由寶雲總督在 1884 年中央書院畢業授獎典禮上對該校畢業生的演詞中予以披露。寶雲爵士在提到該校十二名舊生當時已在清朝政府擔任要職的時候，表示希望這些在香港接受教育的華人中有些人"會在中國政府中取得大有影響的地位，而其影響力……將被運用於實現中國與外國政府的關係趨向更良好的相互了解。" [53]

　　寶雲總督的聲明立即獲得香港社會的支持。最佳的例證可見於《孖剌西報》1884 年 3 月 4 日的社論。社論作者承認畢業生離港回國服務暫時可能是香港的直接損失，不過他確信這在未來將要贏得重大的間接利益，因為"這一支會說英語的中國青年小分隊……終於會成為在中國開創進步的統治和引進各項改革的渠道。" [54] 因此香港政府能夠堅持辦好中央書院並且不反對該校華人學生到中國內地任職。香港教育委員會在 1902 年的年報內重申了寶雲總督的聲明。它指出若果香港政府所花的費用不多，是很值得向華人青年提供英語教學的。即使部分學生不是香港居民，因為"英語的傳播有助我們大英帝國友好感情的傳播，使英國在華得到的收益將會遠遠超過這筆費用。" [55]

　　香港政府這個設想就是通過這些香港華人學生的工作來傳播西方學術和科學，使香港發揮為中國服務的可能作用；在整個 19 世紀中這一點曾由香港最傑出的教育家們多次加以重申和支持。香港西醫書院教務長孟生博士在 1887 年 10 月的就職演詞中指出，香港"應該在有關文明的一切事項上成為中國的光明與指導的中心"，要求香港在向中國傳播醫學上作出更多的貢獻。[56] 隨著

53　*Hong Kong Telegraph*, February 3rd, 1884.

54　*Hong Kong Daily Press*, March 4th, 1884.

55　*Hong Kong Sessional Papers*, 1902, pp.398-399.

56　Philip H. Manson-Bahr. and A. Alcock, *The Life and Work of Sir, Patrick Manson*, The Journal of Parasitology, Vol. 14, 1927, pp.91-93.

西醫書院的成立，香港“成為不只是商品而且也是科學的中心和傳播者”的時機成熟了。[57] 西醫書院的次任教務長康德黎博士繼續採取相同的思路，而且更為嚴厲地去實施。在 1892 年該院教職員全體大會上的一次莊嚴演詞中，他說：

> 我們已經教育了他們（指畢業生），既不取金錢報酬，也沒有外界援助，我們向中華大帝國作了無償的奉獻。在中國，人們迄今還不知有科學，流行著西洋中世紀那樣的愚昧，占星家抱著“我是醫生”的自信，高視闊步地走出來。在那裡，從未試行外科手術，千萬個婦女受苦和死亡在所謂“產科醫生”施行巫術作了法的藥劑之下。[58]

最後他極力勉勵學生要心中牢記一個偉大原則——為把科學和醫術傳播入中國而奮鬥。[59]

不論是為了實用價值還是為了崇高理想，香港學生抱著充足有餘的決心進入中國的新式學堂，推動了近代化事業的起步。更重要的是他們當中有許多人以優異成績從這些新式學堂畢業，被送往歐美最有聲譽的高等學府，在各自的專業領域中接受更高級的訓練。這些選派去的香港學生，在 20 世紀初期，大部分都取得經濟、法律和工程等學科的博士頭銜回國。適值辛亥革命成功，中國非常缺乏精通西學的人材，故大部分回到中國服務的香港華人都擔當了重要的職位。例如，在孫中山先生組成的南京臨時政府一共有五位部長，其中的三位部長都在香港大學堂畢業，他們分別是陳錦濤、伍廷芳和王寵惠。[60] 連孫先生計算在內，在臨

第五章
香港華人對近代中國的貢獻

---

57 Philip H. Manson-Bahr. and A. Alcock, *The Life and Work of Sir, Patrick Manson*, 1927, pp.94-95.

58 *China Mail*, July 24th, 1892.

59 同上。

60 陳是財政部長，王是外交部長，伍則是司法部長。

時政府最高層的六個成員當中，有四個是曾在香港就讀的華人。又在 1921 年國會召開非常會議，決定組織中華民國正式政府，孫中山先生在廣州擔任了非常大總統。他手下的四個重要職務也是由在香港學校畢業的華人擔任。他們是外交部長伍廷芳、財政部長陳錦濤，海關總監梁瀾勛和外交司長陸敬科。香港華人對民國初年的中國政治不可謂影響不大。

值得關注的是，這批香港華人回國後，成為向 20 世紀初期的中國引進西方的政治、經濟、外交、法律、教育和技術各個方面的專門知識的主要動力。他們確實在當時的中國曾作出了重要的服務，因而在中國近代史上關鍵性的時刻擔當了一個相當重要的歷史任務。事實上，從 20 世紀最初二十年內中國名人的傳記資料中，我們可以發現其中有相當多的名人在教育和經歷上屬於這一模式。這就是說，他們在香港接受早期的英語教育，進入中國新式學堂，然後被派往外國留學深造，回國後在中央和各省不同層次的政府機構內擔任政府高級職務。本文以下對其中幾位最著名人士的教育背景和生平經歷作一簡單的概述，這將足以證明以上提出的論點是饒有意義的。

陳錦濤是廣東南海人，生於 1870 年。在幼年就學後，他來到香港皇仁書院接受英語教育。畢業後留任該校教員。1890 年代中他前赴天津在北洋大學任教。1901 年，由中國政府送往美國哥倫比亞大學攻讀數學，次年得理科碩士學位。稍後他進入耶魯大學主修政治經濟學，於 1906 年得哲學博士學位。回國後他先後在清政府和民國初年的南、北雙方政府中擔任多項公共財政職務，包括中國駐倫敦財政專員、財政部長等職。

王寵佑於 1879 年出生於香港，在 1893 至 1895 年間肄業於皇仁書院，後來往北洋大學研究採礦。因得政府資助，他去美國留學深造，修習採礦學和地質學。他先於 1901 年進入加利福尼亞大學，但其後轉學到哥倫比亞大學，到 1903 年畢業，得文科碩士學位。王氏於 1908 年回國，曾歷任多項政府職務，包括礦務工程師、廣州工商業專員、出席華盛頓會議中國代表團顧問、東京世界工程學大會中國代表團團長、漢口商品檢驗局督察、實業部長等。

張煜全於 1880 年生於廣州，他來香港在皇仁書院讀書，後來進了北洋大學。在中國政府資助下，他於 1901 年赴美留學，在加利福尼亞大學及耶魯大學主修法律，1903 年在耶魯大學畢業，得法學學士學位，翌年又得法學碩士學位。1906 年他被委任為中國考察團參贊，隨團往歐美考察憲政。以後他在幾個省份中為中國政府工作，歷任北京交通學院院長、中國總統秘書、清華學院院長、翻釋局主管、外交部顧問等職務。

羅泮輝於 1880 年生於南海，但童年即來香港，就學於皇仁書院，其後進入北洋大學。1906 年他往美國哈佛大學攻讀經濟學及政治科學，1908 年畢業得文學學士學位。然後他進芝加哥大學法學院作為法學博士候選人，稍遲又在該校政治科學系註冊為文學碩士候選人。到 1911 年他取得了這兩個學位。回國時他即參加革命運動，以後還以多種不同身份為民國政府服務，曾任廣東學院政治學教授、中國比較法學院（東吳大學法律系）證據法和商法講師、滬杭甬鐵路英文秘書主任、上海工部局中國顧問、滬寧鐵路特派員和滬寧路、滬寧杭路國民黨特別黨部執行委員會主席。

王寵惠原籍廣東東莞，於 1881 年出生於香港。在皇仁書院畢業後，他在 1895 年進入天津的北洋大學，於 1900 年在該校法學院畢業。1902 年，他由中國政府送往美國深造，專修法學。初時他在加利福尼亞大學註冊入學，不久轉入耶魯大學，1903 年在該校得法學碩士學位，1905 年又得民法學博士學位。隨後他前往英、法、德等國研究法理學和國際法。1907 年他被中國政府委任為出席第二屆海牙會議中國代表的助手。1911 年他被選為廣東省的代表出席南京會議，討論中國新政府的成立。次年他被任為南京臨時政府的外交部長，以後他多次擔任部長職務，還於 1922 年短期代理國務總理。

謝恩隆於 1884 年出生於廣州，1900－1904 年間就讀於香港皇仁書院，然後去了北洋大學。1906 年他由中國政府資助得進美國麻省農學院，1909 年取得農學士學位。後來又在波士頓大學取得文學士學位。1912 年回國後，他被任為農商部技術專家。1912 年至 1915 年間他是《農林學報》的主編。其後歷任政府職務，如農商部首席專家、交通部首席技術專家等。

以上只是略舉幾個例子，類似上述情況的同期香港畢業生最少尚有二三百人之多。[61] 不過以上幾個例子已足以給我們一個重要的提示，就是以上的香港華人在中國政府所擔當的高職，大多是在外交部、交通部、衛生部、招商局和銀行等，也就是說，在一些特別需要現代化技術知識的中國政府部門。由於在清末民初期間，香港是中西文化的交滙點，一般香港華人處身在香港社會，對西方的一般先進科技和社會政制，都有較多機會去體會及認識學習，而正如十分熟悉 20 世紀上半期外交事務的一位著名中國專家所指出的，中國當時 "正迫切需要直接受過西方式訓練的人才"，[62] 因此上述的一批特殊香港華人能夠對中國作出重大的貢獻。

不過，這只能部分地解釋為甚麼這些香港華人能夠在近代中國政治舞台扮演重要的角色。從背景和訓練來說，他們都很接近 20 世紀初年在中國得到公認為英才的形象。但光是通曉西學還不見得就能使他們具備成為人才的資格，因此有必要具體說明在這個時期中國人才觀念的特點。

---

61 其他如梁敦彥、何東、溫宗堯、趙慶華、馬小進、鄭天錫、梁瀾芬、周壽臣等，不能在此詳列。

62 F.T. Cheng, *East and West: Episodes in a Sixtity Years Journey*, p.137.

在整個 19 世紀，負責訓練人才並且授以行政職務的那些最有勢力的中國近代化思想家和領袖們，都有相同的思想方式。從馮桂芬開始，經過曾國藩、李鴻章直到張之洞，他們對於怎樣才是當世人才有著大體一致的看法。在馮桂芬看來，他們應該是從全國各地選拔的才氣煥發的學子，應該 "聘西人課以諸國語言文字，又聘內地名師課以經史等學，兼習算學"。[63]

這裡馮氏概括論述的 "既需要研習西學又永遠不能忽視中學" 的原則，以後由清朝的近代化領袖們反覆重申，直到張之洞提出 "中學為體、西學為用" 的口號而得到集中的體現。曾國藩與李鴻章在 1871 年的聯名奏章中強調說，被選送留學的中國學生除必要專修不同領域的西學以外，還須由 "教習隨時課以中國文義，俾識立身大節，可冀成有用之才。" [64]

李鴻章數年後對撤回一些留學生一事的評論進一步表明了中國政府衡量人才的標準："近年以來，頗有議蓴甫（按：容閎字）偏重西學，致幼童中學荒疏者。" 因此，最終被遣送回中國的就是那些被發現為沉迷美國生活方式很深的人。[65]

詳細闡明為甚麼忽略中學的人將沒有條件成為服務國家的人才的，就是張之洞。他說：

> 今欲強中國，存中學，則不得不講西學。然不先以中學固其根柢，端其識趣，則強者為亂首，弱者為人奴。[66]

因此按張之洞的意見，中國學生為要能夠好好地為國家服

63　Teng Ssu-yu and John K. Fairbank, *China's Response to the West: a Documentary Survey 1839-1923* (Cambridge: Havard University Press, 1954), p.51.

64　同上，93 頁。

65　同上，94 頁。

66　同上，169 頁。

務，就一定要深通中國學問，這樣才能在西學的素養漸深的同時保存自己的文化個性不受侵蝕。從張氏看來，中學是指學習中國經典、歷史和文學而言：

今日學者必先通經以明我國先聖先師立教之旨，考史以識我中國歷代之治亂、九州之風土，涉獵子集以通我中國之學術文章，然後擇西學之可以補吾闕者用之，西政之可以起吾疾者取之，斯有其益而無其害。[67]

張之洞關於在試圖講求西學前要先鞏固中學基礎的這一段格言就成為制訂新式學堂各項要求和規章的指導原則。例如廣東水陸師學堂的課程中雖然也包括西學學科，但是該校絕不容許學生忘記了中學。張之洞解釋說，規定要學生每天黎明誦讀四書五經的一些段落，"以固其根基"。[68] 同這些廣東官學生一樣，湖北武備學堂的學員在一天中也要花部分時間去研讀中國經史。[69] 自強學堂課程中有西方語言、自然科學、算學和商務，不過該學堂又有兩份重要規章規定申請入學者須先接受中文考試，中文知識膚淺的學生必須註冊選修中文課程，研讀中國經書和撰寫策論。[70]

說來有趣的是，香港學生的指導者們對於教育英才的觀點竟同李鴻章、張之洞等中國近代化領袖非常接近。香港政府所辦英文學校的管理人員和組織者並沒有打算把一種外國文化強加給中國學生，所以他們從來沒有忽略學校裡中國學問的地位。相反，

---

67 Teng Ssu-yu and John K. Fairbank, *China's Response to the West: a Documentary Survey 1839-1923*, p.169.

68 William Ayers, *Chang Chih-tung and Education Reform in China* (Cambridge: Havard University Press, 1971), p.111.

69 張之洞：《張文襄公全集》（台北：文海出版社，1964），45卷，14頁上－15頁下。

70 同上。

他們把漢語教學認作教育過程不可缺少的一部分。在 1866 年度報告中，中央書院校長強調說，他認為這是自明之理，即對一個還未懂得自己的母語的學生是不能授以外語的。[71] 在數年後的另一份報告中他又重申同樣的觀點並作如下的說明：

> 學生來到學校而不學習漢文，那簡直是浪費時間。在教師與班上學生之間必須有某種共同語言作為溝通的媒介。不論現在或將來，班中學生有九成是華人。因此，由英譯漢和由漢譯英必然是教學的基礎，特別在低年班裡更將是教學的主要部分。學生光讀英文書的將要浪費很多時間才能學懂英語，他愈快了解所讀的內容，他的進步就愈好。為了這個原因，中央書院的每一名學生都必須學習漢文。[72]

一所香港官立英文學校的校長所寫的這段話讀起來幾乎像是對張之洞創辦和組織的自強學堂一項重要條例的注釋。該條例是：

> 學子當以中學為根柢，以聖道為準繩，苟通曉經典，則授以西方文學可事半功倍。[73]

這樣，香港的官立英文學校從成立初年起就奠立了一個傳統，即要為學習中國經典、文學和歷史提供充足時間。中央書院（模範的官立英文學校）的入學考試是以漢文命題的。[74] 在通過入學考試，學生被錄取後，給分派到分為第七班和第八班的預備學

---

71 《香港轅門報》（1867），37 頁。

72 同上（1870），40 頁。

73 張之洞：《張文襄公全集》，120 卷，20 頁下－24 頁下。

74 《香港轅門報》（1865），150 頁。

第五章

香港華人對近代中國的貢獻

校。這個預備班或稱漢語班的學習期限於 1865 年減少為一年。[75]
在這期間學生要學習《中庸》、《論語》和《孟子》。[76] 只有通過這
些書籍的口試，他們才能離開預備學校進入英語部。在離開預備
學校後，學生在高級班每日仍有四個小時的中文課程，由教師講
授《五經》、《史記》和文章。[77] 甚至後來課程大為擴充，包括了
科學和社會科學一些科目的時候，學校仍然在情況許可的範圍內
盡可能遵守一貫的傳統，就是說要充分重視中國學問。結果是，
這些英文學校的畢業生不但能夠運用西方語言，通曉自然科學、
算學甚至商業事務，而且最重要的是對中國學問亦有很充實的
知識。

以上部分探索了 19 世紀晚期和 20 世紀初期一輩香港學生的
教育和經歷的模式。他們大部分是從模範的官立英文學校中央書
院畢業的。本文研究結果表明，由於香港的文化環境和英文學校
中的教育制度及課程內容，這些香港學生與同時代中國內地學生
比較起來，不獨精通西方語言及科學科目，更且對中國以外的世
界實況明了得多，換句話說，這些香港的畢業生的世界觀，就是
跟一般清朝官吏比較亦是廣博得多。因此，在中國試圖實現現代
化的最關重要的過渡時期中，這些香港學生就能以他們在文化交
往中的經驗來為中國服務，他們首先參加了中國的新式學堂，幫
助使近代化事業起步，然後，他們當中有許多人以優秀成績從這
些學堂畢業並且被送往歐美最有聲譽的高等學府，在各自的專業
領域中接受更高級的訓練。到回國以後，他們在中央和各省的不
同層次上分別擔任政府高級職務。

75　Cheng Man-Ki, "The Central School-the Earliest Government School in Hong
　　Kong" *Shih-chao* (United College), Vol. 4 (1978), p.42.

76　同上。

77　同上，43 頁。

本文的研究結果還提出下列觀點，香港學生之所以能夠對中國作出重要的服務並不僅是因為他們通曉西學，也由於香港官立學校管理人和組織者的政策是絕不忽視中文教學，把中文教學看作教育過程中不可缺少的部分，結果使這些英文學校的畢業生不單是精通西方語言及科學，而且在中國學術方面也有很充實的知識。正是這種優秀品質使他們能夠博得 19 世紀末年、20 世紀初年負責訓練中國人才並錄用他們參加政府行政工作的那些最有勢力的中國近代化思想家和領袖的信任。

最後但同樣重要的一點是，應該注意到這些香港學生之所以能夠在中國近代史上關鍵性的時刻，擔當了一個相當重要的歷史任務，也是由於香港政府採取合作的態度，樂意訓練香港華人學生為中國效勞的政策所致。

二、香港華人與晚清民初中國外交

中國與西方各國的近世交往始自 16 世紀初葡萄牙人從海上東來。葡人自 16 世紀下半葉入住澳門後，便利用澳門為中心，致力發展與眾多的亞太國家和歐洲及拉丁美洲的商業交往。因此在 16 世紀、17 世紀，澳門已成為最早的中西文化科技交滙點。由耶穌會士來澳門後引發的中西雙向文化科技交流，在中國和歐洲都產生了一定的影響，為各人所熟知，毋須在此贅述。

值得一提的是，經過與葡人接觸相處一段時期後，務實的明代官員在 16 世紀末已經逐步確定了涉外方向，以適應中國對外關係的兩種實際考慮。其一是肯定海上對外貿易是有利可圖，是對國家、民生經濟有利的，可以允許，但必須管制；其二是認定有效的海岸防衛，防止西方人與內地不良分子勾結是必要的。這個政策導致廣東官員自 1550 年代開始，制定了朝貢貿易制度之外與葡萄牙人進行等價貿易的政策。

這一政策可稱為"澳門模式"，因為它是在澳門的實際運作中產生的。[78] 這個"澳門模式"是一不成文的特殊外貿政策，明代地方務實官員對葡萄牙人所採取的政策，並沒有直接獲得明朝皇帝的認可。它的產生是基於當時中國對外關係的兩種實際考慮，但這個政策亦是以儒家教義作為理據，是基於"仁道"及"王者柔遠"之心，而最終目的則是將夷人潛移默化，令他們遵守儒家法紀。為了成功實施"澳門模式"，明代地方官員在澳門建立了一個周密的防禦機制，監管和控制西方商船與商人，這套細緻的管理外貿和對西方關係兼監視防禦葡人的機制，包括在蓮峰莖建築關閘以控制華夷的出入，在關閘附近屯重兵以防夷人入侵，設專官管理澳門一切華夷事務以及制訂規例控制夷商兼防範內奸等措施。

　　"澳門模式"的防衛管理機制在明清時期可算得上是長期生

---

78 "澳門模式"或"澳門方案"一詞即英語"Macao Formula"，是本人首先於 1977 年在夏威夷大學完成的博士論文："The Macao Formula: A Study of Chinese Management of Westerners from the Mid-Sixteenth Century to the Opium War Period"；unpublished Ph.D. dissertation，University of Hawaii，1978 內採用。其後在以下本人論著，皆有論及：

A. "Early Ming Images of the Portuguese" in R. Ptak(ed.), Portuguese Asia: Aspects in History and Economic History (Sixteenth and Seventeenth Centuries) (Heidelberg: Heidelberg University, 1987), pp.143-155.

B. "The Macao Formula and Ming Debate on the Accommodation of Portuguese", Revista de Cultura, Nos. 13/14(Special Issue), Cultural Institute of Macau, 1991, pp.328-344.

C. 《香港與近代中國》〔香港：商務印書館（香港）有限公司，1992〕。

D. "The Macau Formula: How 400 years of Luso-Chinese Interchange Began and Will Eudure" Working Paper Series, The Center for Western European Studies, University of California, Berkeley, No.23, 1997, pp.2-11.

E. 〈從澳門史認識試評鴉片戰爭成因〉，載廣州《學術研究》（創刊四十周年紀念專號，1998），87－93 頁。

F. 〈澳門模式與近代中西關係〉，載《港澳與近代中國學術研討會論文集》（台北：台灣國史館印行，2000），21－43 頁。

效。一旦葡人違背規例，地方官員即馬上封艙，停止貿易並且斷絕供應葡人一切日用需要，而由於葡人來華的目的主要是通商賺錢，更加以種種條件限制，即變得恭順，這樣的馭澳夷管理外貿外交方法，可說是屢試不爽。

至於在"澳門模式"下的中西文化交流，都是通過以耶穌會士為主的傳教士進行。以羅明堅、范禮安、利瑪竇為首的耶穌會士採取了適應中國國情的政策，迎合地方士紳的心理，排除傳教的障礙，例如容許入教者維持傳統的祭孔祀祖的習俗，在澳門儘量學習好中文。尊重欣賞儒家學說及其他經籍，常常在著作中大量引用儒家典籍和其他中國經籍，崇尚中國文化，甚至仿效中國式生活。這樣剛巧符合了明代官員制定欲"儒化"澳門西人的心意。所以基本上兩個民族相處融洽，在文化相互尊重的原則下，能夠做到和諧共存。

以上的申述，可以這樣說，在鴉片戰爭爆發之前，中西外交關係都是在"澳門模式"規範下進行，[79] 而澳門扮演了重要角色。

79　清代的對外的合法海上貿易，在乾隆時開始已全部集中在廣州。在廣州設立的所謂"廣州貿易"制度的運作，就明顯反映出是沿用澳門建立的一個周密的防禦機制，不單止用來監管前來經商的西方船隻和商人，而且用來控制與外國人交易的中國人。

讓我們翻查一下"廣州貿易"所訂立的外商要遵守的重要條例。全部外國船隻先要在澳門驗查才能通航至廣州，經澳門海防同知驗明後才委派帶水導航經虎門到黃埔灣泊。外國船隻完成裝卸貨物程序前，必須要預先照會澳門海防同志正確離去日期，以便安排在澳勘查。至於來華外商只能在貿易期間留住省城，其他時間只好在澳門暫時居留。這些"廣州貿易制度"所規定的禁例，多採自"澳門模式"用來監管和駕馭西方商人和外來船隻的規例。

值得一提的，就是在鴉片戰爭發生後，在不平等條約指定下的中國通商口岸制度，仍然可見到"澳門模式"的痕跡，例如在這個制度下，來華外商可以在通商口岸合法居留貿易。他們都受本國領使保護。對一切外國進口物品，中國是採取非保護性關稅制。但這些條件經已一早在澳門實施於葡人身上。以上參看〈澳門模式與近代中西關係〉，38－42頁。

但在鴉片戰爭發生後，由於英國是當時歐洲強國，而且亦已奪取香港作為根據地，因此中西交往逐漸集中透過香港進行，在晚清民初期間，香港已明顯代替了澳門，成為中國與西方的文化和技術交流的一個中心。而中英在外交上的一些具爭議性和高度政治敏感性的問題，亦很自然地轉移到作為雙方暗中角力的場所——香港。由於這些問題亦同樣涉及中國與其他西方國家的關係，因此一般來說，在這段時間兩地在處理西方國家的外交問題有著密切的關係。研究香港及其華人在晚清民初與中國外交是一個大題目，但本文只是這大題目中的一篇小文章，只著重抽出一些較為重要的環節去粗略介紹香港以及香港華人在中國近代外交史上的重要性。本文首先介紹，基於香港的特殊中西多元文化環境，一群特殊的華人在晚清民初被培育成為中國外交的主要人才。

有關香港華人英才在晚清民初間曾為中國政府重用上文已有論述，[80] 在此嘗試進一步解釋何以不少香港華人能夠充當中國外交人物。以下先列舉一些較著名香港出身華人簡歷，以證明著實不少香港華人曾在當時中國外交界擔當要職。

先談談上文提及的王寵惠、王寵佑、張煜全、羅泮輝。王寵惠於 1907 年被中國政府委任為出席第二屆海牙會議中國代表的助手。1911 年他被選為廣東省的代表出席南京會議，討論中國新政府的成立。次年他被任為南京臨時政府的外交部長。而王寵佑亦曾出席華盛頓會議中國代表團顧問。張煜全則曾在外交部當參事及秘書等要職。羅泮輝於 1911 年回國後歷任廣東外交司副司長、外交部特派廣東交涉員等職。

---

80 參看筆者的：〈香港華人在近代史上對中國的貢獻試析〉，載《海外華人研究》（台北：台灣中央研究院，1989），第 1 期，1-8 頁；〈香港，香港華人與近代中國〉，載《近代中國與世界論文集》（北京：中國社會科學院近代史研究所，1990），722-732 頁。

其他包括：

梁敦彥，早期畢業於香港維多利亞學校，後以官費留學美國耶魯大學，回國後曾先後在滿清政府任外務部侍郎、外務部尚書，民國成立後曾官至交通部長。

周壽臣，早期修讀於香港，後選充官費學生，赴美留學，修業於紐約哥倫比亞大學。回國後，先後奉派往朝鮮幫辦海關稅務並署理朝鮮仁川領事。

溫宗堯，早期畢業於香港皇仁書院，其後回國服務，隨英藏訂約大臣唐紹儀赴印度出任副大臣，旋更委任為駐藏參贊大臣，後又委任為兩江總督洋務顧問及外務部參議，辛亥革命後曾任全國外交次長。

趙慶華，早期畢業於香港拔萃書院，後入廣州電報學堂肄業，曾先後出任國務院秘書及東三省巡閱使署外交顧問等高職。

麥信堅，早年受讀於香港，後進北洋醫學堂，曾出任兩廣總督李鴻章之醫官兼翻譯官。1901 年義和團事件發生後，隨議和全權大臣李鴻章赴日談和約，甚有獻策。次年任駐德公使館二等參贊。其後回國被委任辦理洋務事宜。

譚子剛，廣東順德縣人，畢業於香港中央書院，初任清廷候補道，嗣後為清駐美公使館隨員，後轉任為墨西哥領事，其後更出任新加坡領事。

陳鑾，廣東新會縣人，香港皇仁書院畢業生，先奉職於各地的稅關。1904 年任北洋洋務隨辦，次年為《英藏條約》通譯。1909 年任外務部的俄國修約研究會會員。

林潤釗，廣東博羅縣人，先在香港皇仁書院畢業，後進天津北洋學堂。歷任瓊州、欽州及兩廣總督洋務委員，其後更被派往薩摩亞島出使領事之職。

對上列在中國各省和中央政府曾身居要職的香港出身的華人簡歷稍為覽閱，便會留意到他們絕大部分的教育和經歷都同屬一個模式。這就是說，他們先在香港接受早期的英語式教育，然後進入中國新式學堂，由於成績超卓，再被保送往歐美知名學府深造，適值中國辛亥革命成功前後，非常缺乏這些既精通西學和最新科技，而且在國學方面也有很充實知識的人才，但同樣重要的是，他們都有濃厚的愛國情懷，所以當他們回到中國服務，這種優秀品質使他們能夠博得晚清民初負責訓練中國英才，並錄用他們參加政府行政工作的那些最有影響力的中國近代化思想家和領袖的信任。[81]

何以在英國殖民政府管治下香港能夠培育出一批代表中國與西人進行外交競逐的人才呢？答案是當時的香港是一個特殊的地方，不單是華洋雜處的地方，而且是中西文化科技的交滙點，而這批香港華人是一群特殊的華人，在殖民但多元化的社會裡，在獨特的英文學校制度下，被培養成為在中國同西方交往中具有雙重文化背景的中介人。下面將加以詳細說明。

要充當中國外交人物，最基本的條件品質，是既要熟悉國際大事，亦要深知國體，才能為國家在國際上爭取利益，維護國家的尊嚴和聲望。這就包括要具有較高的西方語言水平，在西方學問尤其是在專業知識方面具有高深造詣；但若不深通中國學問，也是難以為中國服務的，因為雖則"今欲強中國，存中學，則不得不講西學"，"然不先以中學固其根柢，端其識趣，則強者為亂首，弱者為人奴"。[82] 但細看晚清國內的情況，卻絕對不容易找到這樣中西學識兼備的人才。

基於上述各種原因，一批在香港獨特環境下成長的華人學生，在關鍵時刻能夠成為中國外交人物。回顧在晚清民初期間，大部分中國棘手的外交問題都是由香港華人參與處理，周壽臣奉派往署理朝鮮問題；溫宗堯獲委任為駐藏參贊大臣，協助唐紹儀

---

81 霍啟昌：《香港與近代中國》，141－152頁。

82 同上，147頁。

署理英藏訂約事宜，而陳鑾則是《英藏條約》通譯。麥信堅於義和團事件發生後，隨議和全權大臣李鴻章赴日本，輔助他商談和約；王寵佑被委為中國代表團顧問，出席華盛頓會議；鄭天賜則是同一個代表團的法律顧問；而王寵惠亦曾被委任為中國政府出席第二屆海牙會議中國代表助手。其後辛亥革命成功後，溫宗堯更升至全國外交次長職位，而王寵惠亦貴為南京臨時政府的外交部長。而在 1921 年國會召開非常會議，決定組織中華民國正式政府，孫中山先生在廣州擔任了非常大總統，而充當外交部長職位的伍廷芳和外交司長職位的陸敬科亦是早期在香港受讀的華人。香港華人對晚清民初的中國外交不可謂影響不大。

三、香港華人在抗日戰爭期間的民族意識澎湃

鴉片戰爭後至回歸前，香港是英國的殖民地，但卻一直是個華人社會。但與中國內地社會相比，自 19 世紀下半葉開始，香港社會在經濟基礎上明顯是商業的而不是農業的。由於它是一個自由貿易海港，一直保持在政治上超然的地位，得以儘量避開國際紛爭，維持著對世界各地的交通聯繫，因此居住在香港的華人，比起他們內地同胞對現實世界有更多的認識，對當時國際形勢的實況較為了解；對當時西方的觀點和思想較易接觸和受激發。因此在 19 世紀末期 20 世紀初，曾發生反法、反日和反美的工人罷工行動。但這些罷工只是由工人參與，雖然有著愛國的色彩和反殖民的特點，但亦存在著內在矛盾，因為他們亦是直接或間接受廣州晚清政府的影響爆發的 [83]，難以說是民族主義思潮蓬勃興起的時期。

---

83 余繩武、劉存寬主編：《十九世紀的香港》（北京：中華書局，1994），405－406 頁。

辛亥革命運動能夠最後成功，是有賴不少愛國的香港華人長期出錢出力支持有以致之，這是毋庸置疑的。[84] 但由於不少這些香港華人與港英政府都有著密切關係，而港英政府對於香港華人組織愛國民族性運動敏感，監視甚為嚴密，恐防這類運動含有反帝意識，所以這些香港華人權貴，多不便公開支持推翻清政府，只能暗中支持保護，使得以香港為長期基地的辛亥革命運動未能有統一的民族革命思想和統一的革命民族戰線。所以在整個革命運動過程，香港還未能說是出現民族主義情緒高漲這一現象，這一現象是要在 20 世紀 30 年代，"九一八事變" 發生後才真正能夠在香港見到。

本節是對這個重要的歷史事實所做的初步研究的報告，即 20 世紀 30 年代香港華人所經歷的一段傑出的新民族主義思潮蓬勃興起的時期；有大量的香港歷史文獻證明這段史實，對於這一點，似乎毋庸置疑，但是對於香港史的研究來說，這一歷史事實卻基本被忽視了。1930 年代香港的民族主義情緒高漲這一現象在迄今為止的香港歷史上是絕無僅有的。

民族主義是一個含義複雜的概念，為了便於討論，本節採用了這方面的專家卡爾頓·海斯（Carlton Hayes）以及漢斯·科恩（Hans Kohn）對於民族主義所做的邏輯嚴謹的定義。民族主義可以界定為 "在全體國民或絕大多數國民中通過傳媒、社會、學校等創造出來的一種自覺的態度，這種態度認同大家共同的語言、文化，以及歷史傳統，並由此產生一種愛國主義的情感，這種情感使人們對於自己的國家無比忠誠，並決心為實現國家的利益而打擊和消滅敵人"。[85]

---

84 霍啟昌：〈香港在辛亥革命成功中的作用的研究〉，載《辛亥革命與近代中國》（北京：中華書局，1994），487－502 頁。

85 卡爾頓·海斯：《民族主義論文集》（上海：商務印書館，1925），26 頁。

民族主義思想在當時的香港華人社會中深入人心，特別是通過傳媒、學校和文化等管道滲透到香港華人社會主流所活動的每一個領域。這兩個問題涉及華人的教育制度以及在香港出版的中文報紙和雜誌。這兩個因素綜合在一起，對於香港華人民族主義精神的興起發揮了關鍵性作用。通過詳細回顧香港華人學校教育的指導思想以及主要觀念，具體審視香港中文學校的課外活動內容，深入分析香港各中文報紙和雜誌所宣傳的主要口號乃至常用的主題詞，就會感受到當時香港華人中民族主義情結十分高漲這一歷史現象。

（一）1930 年代香港中文學校與民族主義的澎湃

香港在當時是英國的殖民地，但卻建立了大量的中文學校，在這裡，中文是主要的教學語言。到 1939 年，香港絕大多數中文學校都嚴格遵循國民政府制定的教育制度，接受中國戰時教育的思想和目標。這樣的直接結果，就是這些學校成功地向香港居住的年輕華人不斷灌輸了民族主義的精神。

之所以如此，是由於 1931 年 "九一八事變" 後，大批中國人從不同地區離鄉別井湧入香港。這種人口流入在中國政府正式開始抵抗日本侵略之後進一步大量增加，因此在香港，移民學校十分普遍。香港大學教育學院的福斯特（L. Forster ）教授於 1932 年到香港時發現，這些移民學校實際收取的學生往往比學校的容納能力多三倍，而政府以及其他來源的資助遠遠不能應付容納過量學生的需要。[86]

筆者對六十六所中文學校進行了案例研究。這六十六所學校全都是在南京國民政府教育部註冊的；這意味著香港的中文學校要嚴格遵循中國國民政府的教育政策，而 1939 年那個時候的中

---

86 福斯特：〈香港的中文學校〉，載《海外教育》，第 3 卷（1932），132－133 頁。

國教育被許多人認為是國家向年輕學生灌輸現代民族主義精神和原則的正統工具。以下的例子可以說明這一點。

香港美華中學是一所私立中文中學，擁有五百多名學生，該校明確聲稱學校的管理將嚴格遵照國民政府的教育宗旨。為了適應戰時要求，學校特別重視教育學生掌握有關抗戰常識與技能和戰時後方服務的一些基本知識和特殊技能。這種努力在危機時期給學生培養出特別的能力去擔當起復興中華民族的歷史責任。另一所私立學校嶺東男女中學有男女生七百餘人，該校同樣聲明說學校將盡其全部努力訓練年輕學生報效國家，承擔起振興中華民族的責任。該校的主要目標之一就是培養全體學生有鞏固之意志、進取及愛國之精神。梅芳男女中學是當時著名的私立學校之一，該校也毫不含糊地申明其辦學目的是給學生培養一種良好而講道德的品格，鍛煉強壯的體魄，掌握保衛國家、重建國家以及復興中華民族的知識。[87]

另一所著名中文學校仿林中學也特別聲明：在任何條件允許的場合，學校都將實施戰時教育和特別訓練課目，以激發民族意識和愛國熱情，使學生在學習的同時不忘拯救國家的責任。知用中學是一所較大的學校，擁有一千一百餘名在校學生，該校除了灌輸必需的知識外，還注重增強學生的民族意識，提高民族之自尊心和自信心。該校自豪地宣佈，學校的主要任務一直是促進戰時教育，指導青年人正確地理解自己在抗日戰爭中的作用，引導他們積極地投身於救國運動，落實中國政府關於教育的戰時法案。[88]

民光中學的中文含義是中華民族的光榮，該校創建於 1938 年秋季，辦學目的就是要救國；由一些香港股商捐助的嶺東中學

---

87 呂家偉、趙世明：《港澳學校概覽》，第 4 卷，104－105、128、1、5 頁。
88 同上，10 頁，33 頁。

也是出於同樣的宗旨，即是為教育救國而創辦的。[89] 這樣的例子還可以舉出很多，但有一點是共同的，即所有這些案例研究中的六十六所學校的辦學目的和教學目標都是一樣的，都是遵循著三大主題："抗戰，國家重建，民族復興"。

然而，這裡有必要指出的是，儘管這些學校有相同的目標，各學校之間於如何實現這種目標也還有著不同的觀點。例如，一些學校認為發展軍事體育教育是救國的最好方式，因此這些學校十分重視和強調體育和軍事訓練，把它們作為學校教學課程的一部分，從而使年輕學生的體魄得到加強。

例如，嶺東中學給學生提供了大量的機會從事常規軍事訓練。為了充分落實對學生的軍事化教學，學校在 1937 年以後號召和鼓勵已經具有一定軍訓基礎的學生加入三民主義青年團的自願隊。[90] 三民主義青年團是在國民政府大力支持下成立的，它有兩個目標：抵抗日本侵略，實現國家重建計劃。每一個青年團員必須履行的六項義務是：第一，積極參加抗戰運動；第二，進行軍事訓練以保衛祖國；第三，政治訓練；第四，文化再教育；第五，社會服務；第六，掌握盡快實現國家重建所需要的技術知識。青年團團員還被要求進行口頭宣誓，誓言是："為了履行自己對國家的義務和為中國人民服務，我將不怕艱難困苦，不畏懼任務需要我做出的犧牲。"[91] 像青年團這樣的學生組織實際上是一種旨在訓練愛國青年從事抗日活動、通過破壞日本統治來救國的抗日組織。因此其團員必須履行效忠國家的義務。

當全面抗戰爆發後，國民政府頒佈了戰時教育政策，香港

89 呂家偉、趙世明：《港澳學校概覽》，90 頁，150 頁。

90 同上，129 頁。

91 胡隆宣、張明凱：《中日戰爭史（1931－1945）》（武漢：武漢大學出版社，1971），135 頁，137－139 頁。

的中文學校紛紛嘗試對學生進行恰當的訓練政策，以使學生們做好將來參加抗戰和國家重建的準備。例如，在廣州大學附屬中學的全體學生被要求必須參加軍事訓練。這種軍訓項目分為兩個部分——常規訓練和集中訓練。常規訓練在第一學年舉行，並由學校的軍訓主任教官執教。集中訓練在第二學年或第三學年舉行，所有這些訓練都由廣東省軍管區司令部軍國民軍訓處負責。[92]

1939 年，當抗日戰爭進入最關鍵階段的時候，國民政府召開了第三次全國教育大會，大會通過了 "關於在抗戰和國家重建時期進一步加強教育工作以適應戰時要求" 的決議。[93] 該項決議的主要內容明確強調以下目標：喚醒學生的民族意識，提高進行抗戰的覺悟，向學生灌輸正確的抗戰知識。這些指示很快便反映在香港中文學校的各種訓練項目中，各所學校採取了許多措施加強向學生灌輸上述目標所包含的思想。

香港各所中文學校普遍實行的一種做法就是利用早晨集會向學生灌輸民族意識、抗戰覺悟以及抗戰知識。作為一條規定，早會必須以升旗儀式開始，然後是唱國歌或者其他愛國歌曲。根據香港中學手冊的規定，這些儀式的目的是灌輸民族精神和愛國觀念。在高唱國歌之後，接著進行一個對全體學生的精神訓話，演講者一般都要向學生通報抗日戰爭的最新事態發展。根據仿林中學校方的報告，組織這種早會提高了學生的革命精神，向學生灌輸了政治理念，激勵起學生雪恥圖強的民族情緒。[94]

各所學校還利用其他形式宣傳民族主義思想，傳播抗戰知識。例如，香港中學特設關於戰時問題的系列講座，校方邀請著名教育家、政府官員以及軍官等輪流到講座來，做有系統之公開

---

92 呂家偉、趙世明：《港澳學校概覽》，58 頁。

93 胡隆宣、張明凱：《中日戰爭史（1931–1945）》，123 頁。

94 呂家偉、趙世明：《港澳學校概覽》，18 頁。

演講，從各自不同的角度就抗日戰爭的各個方面進行演講。嶺東男女中學也撥專款組織每周一次的時事演講，邀請校外各方面的專家就國內戰情等進行演講。這些中文學校還注意搜集積累有關戰爭的藏書和其他閱讀資料。毫無疑問，這樣做的目的是向學生提供關於抗日戰爭和國家重建的實際知識。例如，在導英中學的圖書館裡，有一個抗戰讀物專室，那裡有至少上千冊有關抗戰問題的書籍和資料供學生閱讀。另一方面，僑光中學花了極大的精力改進其有關抗戰的教學材料，以使教師能夠更清晰地向學生講解抗日戰爭的意義。梅芳中學和南方中學做出了相似的努力，向學生提供有關抗戰問題的足夠和正確的教學材料，以使學生對於保衛中國、復興中華民族的認識與知能有充分之訓練，以備為國儲材，建設祖國[95]。

香港的各所中文學校不僅在課堂內，而且在課外活動中也注重落實中國戰時教育的目標。因此學校鼓勵學生參加致力於救亡救國的各種活動。由於中國政府急需資金和軍事物資以進行抗日戰爭，因此不僅需要精神方面的支援，同時也需要源源不斷的物質支持。香港學校最流行、最受鼓勵的課外活動是籌款活動以及救助工作。這兩項工作的目的都是向內地提供援助、資金以及物資。學校組織的募捐活動形式多種多樣，包括學生上街義賣旗幟和鮮花、滑稽表演或者舉辦由學生表演的音樂會、舞蹈演出等等。這些活動募捐來的款項和物資都轉送到籌賑會或前方戰士。

以中華初級中學為例，1938 年上半年，該校學生籌集了大約四千元，購買了一批雨衣和防毒面具，並把這些物資送給了五路軍和十八集團軍。是年年底，他們再次組織募捐活動，用以購買棉衣、醫療用品、急救包、食品以及急救器材，這些物資很快就被送到了前線。該校還將兩千元匯給中國政府。嶺南中學在同一

---

95 呂家偉、趙世明：《港澳學校概覽》，17、128、81、118、5 頁。

年發起了"愛你的國家"運動，並且通過組織一系列活動募集了一點四萬多元款項。光華中學的學生以極大的熱情組織了多場形式不同的募捐活動，他們特別努力地推銷戰爭債券，義賣鮮花和旗幟。他們在一個星期之內所籌集的數以千元計的款項名列各校之首，學生們為此特別感到自豪。[96] 中國學生團體這些出色的成就說明民族主義精神和愛國主義情緒的空前高漲。可以毫不誇張地說，在 1930 年代後期，香港所有的學校都在鼓勵學生們參加任何形式的募捐活動來籌款，以支持抗戰。組織這種活動的目的顯而易見：所有的華人學生都有可能通過這種活動成為祖國的愛國而能幹的一員，並能夠為挽救中國而做出應有的貢獻。

除了積極參與募捐活動外，學生們還利用課外時間學習掌握能使自己從事抗日救國鬥爭的有用技能。他們熱切地尋求參加有關的訓練項目，包括輔助戰地服務訓練，以及後備護士服務科目，後備消防服務科目，防空救助團等民事救助訓練。這些訓練是根據中國政府教育部頒佈的關於在校學生必須進行戰時後方服務訓練的要求進行的。香港的一些學校甚至還徵召了一批學生到內地前線去服兵役。1938 年遷至香港的嶺南大學醫學專業的學生組成了一支醫療隊，奔赴廣東戰場從事戰地救護工作。為了使學生能夠得到廣泛的鍛煉和使學生運動更具規模，大多數中文學校都幫助學生們建立起專門從事戰時問題研究和學習的團體。例如，知用中學建立了抗戰教育促進會及抗戰協會，其主要目標是指導青年學生正確地理解抗戰，動員和領導青年學生積極參加抗日救國運動，幫助貫徹實施國民政府頒佈的戰時教育工作政策。同樣，香江中學的學生們在學校當局的指導下，也組織了一個"戰時問題研究會"[97]。

96　呂家偉、趙世明：《港澳學校概覽》，26、66－87、30 頁。

97　同上，67－68、35、18 頁。

為了達到同樣目的，絕大多數中文學校還建立了由學生自己管理的學生會，這些學生會主要負責組織和指導學生進行募捐籌款、戰時社會服務、宣傳愛國救國思想等活動。梅芳中學在組織學生進行上述各種活動方面十分活躍，並且特別突出宣傳抵抗日本侵略、拯救中華民族的愛國主義思想。他們組織的活動包括：歌詠比賽、話劇演出、卡通漫畫競賽等。[98] 這些活動都圍繞著愛國主義和民族主義這一主題。由於話劇和音樂會在當時被認為是最能激勵人心的活動，這兩種活動也成為香港學生在抗戰時期參與宣傳鼓動工作的主要工具。嶺東中學的學生組建了一個 "救亡合唱團" 和 "國防戲劇研究社"。僑光中學的學生也建立一個實驗話劇社。[99] 這種由愛國學生組成的合唱團體和舞蹈劇社巡迴香港各地區演出，以各種形式宣傳抗戰救國思想。例如，同濟中學的學生在 1941 年排練並演出了好幾齣話劇，這些話劇描寫了一批居住在日軍佔領地區的勇敢的中國兒童英勇抗日，以及漢奸賣國賊的可恥下場。[100]

總之，在 20 世紀 30 年代，香港中文學校大部分學生都根據 1933 年和 1939 年兩次中華民國教育大會通過的決議要求，進行了專門的教育和訓練。這些訓練特別注重喚醒學生的民族意識以及愛國恨敵恨日本的精神；學生們還通過教育來提高挽救國家民族危機的責任感，並加強體魄鍛煉以在將來適應各種艱難困苦的抗戰環境和鬥爭需要，掌握國防知識與技能以在將來能夠直接參加抗日戰爭。通過這種教育訓練，這些學生們事實上成為一批具有高度民族主義意識和軍事主義色彩的人。毫無疑問，接受這些教育的學生同那些在港英政府主辦或津貼的英文中學接受教育的

---

98 《梅芳校刊》，292 期（1940）。

99 呂家偉、趙世明：《港澳學校概覽》，129、119 頁。

100 《同濟校刊》（1941 年 4 月）。

學生有著顯著的區別，因為後者的教育目標在於向學生提供盡可能自由和廣泛的教育，因此這些學校鼓勵和灌輸學生培養國際主義和世界主義的人生觀而不是民族主義的思想觀念。

　　十分明顯的事實是，香港的華人學生中絕大多數人在 20 世紀 30 年代後期都經歷了一個民族主義思潮十分活躍的時期。如上所述，香港的中文學校在當時所起的作用是培養和推動民族主義思潮興起。但是這裡需要指出的是，那些在港英政府開辦或津貼的學校學習的華人學生當時也極力效仿在私立中文學校學習的同齡同胞們，積極開展各種愛國的課外活動和社會活動。這當然不是因為那些英文中學制度下的教育項目培養出來的結果，而是由於香港中文媒體的強大影響力。正是由於這個原因，下文有必要論述一下當時香港中文報紙雜誌所發揮的作用。

（二）1930 年代香港中文報刊與民族主義的澎湃

　　到目前為止，筆者搜集了 1930－1949 年在香港出版的將近三百種中文期刊，但是這個數字並非是最終的，因為進一步的搜集工作目前仍在進行之中。實際上，這些期刊的絕大多數都是在香港被日本佔領之前創刊發行的。而在 1912－1930 年期間，有記錄可查的出版刊物只有二十八種，同這個時期相比，1931－1941 年期間在香港創辦發行的出版物急劇增加。[101] 這顯然是由於"九一八事變"後中日之間的敵對形勢加劇以至中國國內政治形勢不穩定所致，內地的動盪形勢使大批傑出的作家和新聞記者湧入香港，由此帶來香港新聞出版業的空前活躍。

　　筆者考察了在 1931－1941 年期間，即"九一八事變"發生後開始出版發行的大約一百種報紙雜誌，其中絕大多數出版物都明

101　霍啟昌：〈到 1950 年為止的香港中文期刊的案例研究〉，未刊會議論文，香港大學（1982）。

確宣佈辦報辦刊的目標是跟蹤時事形勢[102]。這個調查顯示,上述的報刊,即在 "九一八事變" 發生後誕生的報刊,尤其是在抗日戰爭全面爆發後的 1937 年以後創辦的報紙雜誌,絕大多數都以挽救國家危亡、堅持抗戰、復興中華民族為宗旨。這些出版物展現了廣泛的主題和多種形式的活動方式。各種出版物之間對於拯救中國、復興民族的道路和方式問題可能有不同的主張,但毫無疑問,這些刊物都致力於同一個目標。

例如,政治性的報刊有《時事解剖》、《朝野公論》、《民鋒》、《大眾生活》;屬於經濟類的有《國貨與實業》、《財政評論》和《香港商報》等。至於文化或綜合性刊物則更有《天下》、《東方雜誌》、《星島周報》、《時代批評》、《華僑教育》、《大路》、《大風》、《大地畫報》等多種。《時事解剖》雜誌宣佈該刊的目標和宗旨是忠實地支持中國領導人領導全國人民抵抗日本,拯救中國。[103]《大風》也明確宣誓效忠中國中央政府,支持政府的抗戰努力,把抵抗日本侵略的戰爭進行到底。[104]《宇宙》雜誌給自己確定的目標和宗旨是教育中國人民通過正確的道路拯救中國。[105]《良友》雜誌的辦刊目的是通過文章、照片和圖畫等報導中國人民在抗日戰爭中種種的英勇鬥爭。[106] 另一方面,《天下》雜誌則通過支持和傳播中華文化來進行救國鬥爭。[107]《民鋒》雜誌明確宣佈將永遠站在抗戰救國鬥爭的最前線。[108]《香港商報》的創辦本身就是為

102 霍啟昌:〈到 1950 年為止的香港中文期刊的案例研究〉。

103 詳見《時事解剖》,第 1 期(1941 年 4 月),前言。

104 詳見《大風》,第 1 期(1938 年 3 月),前言。

105 詳見《宇宙》,第 1 卷第 2 期(1934),社論版。

106 《良友》創辦於 1926 年,但是其最早的一期已經無從查找,該刊的宗旨是跟蹤時事問題,詳見該刊第 77-78 期,社論版。

107 詳見《天下》,第 1 期(1939 年 6 月),前言。

108 詳見《民鋒》,第 1 卷第 1 期(1939 年 7 月),前言。

了紀念"七七事變",因此該雜誌一直致力於加強中國人民反抗日本侵略的鬥爭力量,並還在戰爭進行期間就積極推動國家重建工作。[109]

據一位日本觀察家在 20 世紀 40 年代初期的記載,在抗日戰爭爆發後的幾年時間裡,就至少有三十種報紙在香港創辦和發行。[110] 但是最近的研究顯示,從 20 世紀 30 年代到香港被日本佔領時為止,有將近四十種中文報紙在香港創辦發行。其中有相當一部分實際上是在 1937 年之後創辦的,當時許多中國報紙出版商和記者開始移居香港以繼續他們的媒體出版工作。這些報紙包括《天文台》、《國民日報》、《大公報》、《商報》、《申報》以及《立報》。[111] 上述這些報紙都同中國內地的主要報紙保持著密切聯繫,因此它們都致力於推動廣大民眾支持抗戰鬥爭。它們都宣誓要忠誠地支持中國中央政府抵抗日本侵略的鬥爭,並堅定地進行抗戰宣傳工作。以《大公報》為例,該報以溫和謹慎以及高素質的新聞專業標準而著稱,因此曾經在 1941 年獲得美國密蘇里大學新聞學院的新聞獎殊榮。在其香港版中,報紙編輯明確宣佈,該報最大的願望就是能夠對中國人民反抗日本侵略的光榮鬥爭做出應有的貢獻。該報編輯還號召廣大讀者繼續保持團結,不要懼怕更大的犧牲,以爭取贏得抗日戰爭的最後勝利。[112]《國民日報》和《華商報》等其他報紙的編輯們則使用了更激情、更具鼓動性的語言,極力激勵香港居民投身於抗戰鬥爭中去。

我們可以非常容易地列舉出更多在當時出版發行的報紙雜

---

109 《香港商報》,第 1 期(1938 年 7 月)。

110 齋藤幸治:《軍事管制下的香港》,286－290 頁。

111 楊國雄先生在香港大學歷史系時曾以這個問題為論文主題攻讀博士學位。他所做的估計是以當時在政府註冊登記的報紙,以及香港政府出版的媒體目錄為基礎的。

112 《大公報》(1938 年 8 月 13 日)。

誌，但是這裡僅需指出一個明顯的事實：無論這些報紙雜誌是政治類、經濟類或者文學或文化類的，除極少數例外，其餘絕大多數報紙雜誌都把提高和激發居住在香港的華人的民族意識作為辦報辦刊的目標。正因為如此，這些報紙雜誌最經常使用的主題詞是"抗戰建國"、"救國"、"民族復興"。由於歌曲、詩歌、諷刺文學、故事、小說、甚至卡通作品等被認為是激發民眾最有效的形式，報紙雜誌經常刊登這類作品來喚醒和激勵廣大讀者的民族意識和抗日精神。例如，《大風》雜誌當時以辛辣和激勵性的卡通作品而著稱。這些卡通作品還經常被西方一些媒體轉載，並被該雜誌自己的藝術家們反覆使用。卡通作品的內容多姿多彩，但都努力揭露日本的侵略和激發中國人民的民族主義精神。總之，絕大多數報紙雜誌所刊登的內容是根據中央政府的政策推出的，即提高中國人民的愛國主義精神，加強中國人民對日本的憎恨，推動中國人民參與救國鬥爭。

由於本文只是一份初步的研究報告，因此還不能更深入地考察當時在香港出版的中文報刊在促進香港華人民族主義崛起的過程中是怎樣發揮作用的。但有一點是可以肯定的，面對國家和民族的危機，民族主義提供了一種精神和力量，這種精神和力量是國家復興的基礎。面向這個目標，在香港出版發行的華人報紙雜誌通過向香港居民灌輸民族主義的觀念，為奠定國家復興的基礎做出了突出的貢獻。

在許多香港中文報刊社論和文章中，作者們都滿懷激情地向香港華人宣傳和介紹民族主義的各個方面。當時沒有時間以坐而論道的方式討論民族主義這一主題，也不可能在國家陷入危亡的關頭以系統性的方式闡述民族主義，但是這些報紙雜誌都十分明確地把目標鎖定在激發讀者民族主義和愛國主義的精神上。在這裡，中文的"民族"一詞在西方文字中往往被"民族國家"和"種族"互換使用，對於以中文寫作的作者來說，嚴格區分"民族"

和“國家”的含義也是很困難的。

因此在上述報紙雜誌中，號召讀者忠於“國家”或忠於“中華民族”也是經常被混用的。由於這個原因，在這些報紙雜誌刊登的文章中，強調“民族主義”往往成為民族意識和愛國主義的綜合含義。

這些報紙雜誌當時圍繞著民族主義這個含義廣泛的主題提出了一系列重要題目，包括“什麼是民族主義？”、“民族精神與民族道德”、“偉大的中華民族是如何形成的？”、“中國民族的潛勢力”以及“怎樣提高中國人的民族意識？”等。[113] 在這些有關“民族主義”的專題裡，有帶頭作用的文章包括周鯨文在《時代批評》發表的〈甚麼是民族及民族性養成的因素〉和〈中華民族怎樣作人類解放的先導〉；張君勱在《宇宙》撰寫的〈廣西建設與中華民族之改造〉；《大風》雜誌刊載由陸丹林執筆的〈提高民族意識〉、蘇雪林的〈中國民族的潛勢力〉和陳子展的〈民族精神與民族道德〉，以及唐寧在《朝野公論》發表的〈民族鬥爭與中華民族復興〉等。

在這裡，重要的不在於這些作者們是否在學術上解決了有關民族主義問題的爭論，而經常是在於這些文章在頗具商業頭腦而對政治經常漠不關心的香港華人中間所產生的深刻影響。通過這些文章，香港華人了解到中華民族的真正含義，理解了中國人民的民族特質。他們認識到，儘管中華民族具有某些弱點，但是在歷史長河中，中國人民經歷了各種各樣的考驗，生存延續至今，從而不斷實現自我完善。現在，中國人民再次面臨一個歷史關

---

113 因為本篇論文並不是要全面論述此問題，作者正在準備寫一本香港中文期刊歷史的書，因此這裡僅提供少部分參考資料：《時代批評》，第 1 期（1939 年 1 月）；《大風》，第 2 期（1938 年 3 月）；第 21 期（1938 年 9 月）；第 32 期（1939 年 3 月）。

頭，通過解放、拯救和復興中國來再次證明中華民族是一個偉大的民族。自香港淪為英國殖民地以後，香港華人很少有機會與內地的中國人分享“大中華群體”的感覺，他們甚至很少有機會接受忠於國家、對民族盡義務的教育。這次可能是自從 1911 年辛亥革命成功以來很長一個時期內香港的華人爆發出來的愛國主義和民族主義熱情。

除了精神上爆發出來的民族感情之外，抗日戰爭也調動起香港全部的人力資源。因此，在當時華人的報紙雜誌上經常刊登的另一類文章，是教育香港華人了解和牢記他們在抗戰救國鬥爭中的作用與義務。總的來看，香港華人通過不斷地以資金和其他經濟方式支援抗日戰爭，對抗戰救國事業做出了應有的貢獻。[114]

當時香港的傳媒號召富人們捐錢捐物，商人們不乘國家危機從事投機牟取暴利，學生們應該認識到在戰爭時期接受教育的目的是服務國家和社會。社會各界都被號召廣泛參加各種形式的愛國運動。[115] 學校的教學和學習都是為了同一個目的，即抗戰與國家重建。教師的作用應該是指導學生積極參與，或者與學生合作，共同積極參與學生的愛國運動。[116] 兒童是未來中國的棟樑，為了他們的成長，國家應該保護和撫育兒童，如果中國被別國侵略，兒童們不應該被侵略者奴役，因此全體中國兒童應該成為具有民族主義精神和公共精神、勇敢和大公無私的人。他們同樣也可以通過走訪和慰問抗戰中的傷患來幫助抗日救國事業。在這方面以《兒童世界》發表的一系列文章最為重要，如〈戰鬥精神〉、〈公

---

114 《大公報》（1938 年 8 月 20 日）。

115 見《生活日報》（月刊），第 4 期（1937 年 1 月）；《大風》，第 10 期（1938 年 6 月）；第 19 期（1938 年 9 月）；《良友》第 134 期（1938 年 2 月）。

116 《時代批評》，第 33 期（1939 年 10 月）；《大眾生活》，第 1 卷第 14 期（1936 年 2 月）；第 1 卷第 10 期（1936 年 1 月）。

與私〉、〈戰時兒童應有的覺悟〉和〈莫怕一時的犧牲〉等。[117] 中國的青年構成了中國國家的核心，他們應該立志投身於建設新中國的事業中；為了能夠在艱難曲折的道路上拯救中國，他們應加強鍛煉，使自己擁有強壯的體魄；他們必須始終堅定不移，充滿信心，智慧勤奮，意志剛強，並具有強烈的民族主義感情。媒體號召他們自我組織起來，或直接參軍、參加戰地服務隊。有關青年的專題則以《時代批評》發表的一連串文章最具影響力，如朱帝流的〈中國青年運動的革命任務〉、陳哲民的〈知識青年自覺的戰鬥〉和秋水的〈我們怎樣作一個大時代的青年〉等。[118] 婦女在抗戰救國中的作用也被認為是很重要的。在中國的傳統社會中，婦女不被允許在家庭以外發揮任何作用。但是隨著時代的進步，婦女解放已經成為現代社會結構的一部分。當國家需要動員一切可以利用的力量以抵抗敵人入侵、實現國家重建時，動員婦女就成為非常重要的問題。全體婦女都應該為國家貢獻出自己的勞動和金錢。有關婦女與抗戰問題是以《東方雜誌》所發表的文章最受矚目，如陳碧雲的〈民族解放戰爭與婦女〉、嘯雲的〈全面抗戰中知識婦女的當前任務〉、青凡的〈如何動員家庭婦女〉等。應該讓婦女認識到，她們在軍事、文化、政治以及經濟等領域能夠發揮重要作用。因此無論她們是領袖人物、知識分子、職業婦女，還是工人或家庭婦女，都能夠為抗日救國運動做出自己應有的貢獻。[119]

---

117 見《兒童世界》，第 43 卷第 5 期（1939 年 9 月）；第 44 卷第 2 期（1940 年 2 月）；第 49 卷第 1 期（1941 年 2 月）。

118 見《時代批評》，第 57 期（1940 年 10 月）；第 60 期（1940 年 12 月）；《香港大學學生聯合會雜誌》第 21 卷第 9 期（1941 年 9 月）。

119 見《東方雜誌》，第 34 卷第 18－19 期（1937 年 11 月）；第 18 卷第 21 期（1938 年 11 月）；《生活日報》（月刊），第 2 卷第 8 期（1938 年 2 月）。

（三）實際的救國愛國行動

在當時，香港的各界華人真的認可和積極回應上述這些文章提出的號召嗎？他們僅僅是理論上有興趣參加抗日救國鬥爭，還是把口頭語言和思想變成實際行動？讓我們用大量反映實況的資料來回答這個問題。

先談香港的中國婦女界。香港中華婦女俱樂部成立於 1938 年 10 月 10 日，它通過各種活動 "以直接或間接的方式全心全意地為抗戰事業服務"。[120] 從該俱樂部成立到香港被日本侵略軍佔領，這個婦女團體一直積極組織婦女進行籌集捐款和救援助資的活動以支持抗戰前線。她們向中國紅十字會捐獻了大量醫療供應物資和救護車，並不斷向戰區的軍隊和平民捐獻衣物和食品。其他的婦女組織也相繼成立並進行了類似的救援活動，其中，"香港中華婦女戰士救援協會" 特別值得一提。在 1937 年 8 月到 1938 年 3 月期間，該協會付出了巨大的努力，通過舉辦展覽會、酒會、話劇表演等活動，進行了多次大型募集捐款活動，最後共籌得捐款六萬兩千六百二十九點五元港幣，用於購買醫療物資送給前方救護戰場上的受傷人員。[121]

香港華人工商業界人士共同努力支持抗戰的意義也不應被低估。在 1937 年 9 月 7 日香港中華總商會的一次會議上，該會的領導成員通過一項決議，成立 "香港抗戰救援協會"，以籌集款項幫助在抗戰中受傷的軍人以及戰爭難民。[122] 在該協會 1937 年 9 月 17 日的擴大會議上，通過另一項決議，決定該協會所屬的所有在香港的商業聯合會以及同業公會的僱員每月都應捐獻出自己月資的百分之五，獻給戰爭救援基金，直到抗戰結束；同時還決

120　香港中華婦女俱樂部，募捐手冊，"西廂記"，1938 年。

121　《香港商報》，第 1－2 期（1938 年 7 月）。

122　《孖剌周刊》（1937 年 9 月 17 日），380－382 頁。

定，所有企業，無論大小，每個月向抗戰救援基金捐獻五港元。各個商業聯合會和行業公會籌集來的全部捐款都送到香港中華總商會，並通過總商會送往南京政府。[123]

在 1938 年 8 月期間，大約六十家位於香港中環區的花店店主以及位於深水埗區的十二家蔬菜商攤檔東主發起了一次義賣，以支持抗日戰爭。[124] 其他商店的店主們紛紛熱烈響應，這場愛國運動隨即在香港和九龍迅速蔓延，得到了社會各界的廣泛支援和響應，在不到一個月的時間裡，遍及全港的義賣活動共籌集了一百多萬港元的捐款。《大公報》當時對這個運動做了大量報導。編輯部在一篇社論中指出，這場運動的成功十分清楚地表明，以民族主義和愛國主義教育香港中國人的努力"已經以最豐碩和最有效的成果得到回報"。[125]

香港大學學生會的中華醫學會成立於 1937 年 9 月 7 日，其宗旨是通過向戰區的傷者和患病人員捐獻醫藥用品和醫療物資，為抗戰事業做貢獻。因此，該學會任命了一個特別委員會專門負責籌集資金以落實這項有意義的工作。[126] 香港各個學校還在 1937 年 8 月聯合成立了"中華青年運動"組織，以發動香港的華人青年採取實際行動拯救國家危亡。[127] 香港學生救援協會是由來自香港所有學校 —— 包括所有英文學校和中文學校 —— 所組成的，該協會的目的就是要保衛國家，抵禦日本侵略。[128]1937 年 3 月 31 日，香港這個英國殖民地上所有的華人學生團體聯合舉行了一次大型集會，全體與會者齊聲怒吼抵抗日本侵略的口號，充分反映

---

123 《孖剌周刊》（1938 年 9 月 24 日），42 頁。

124 《大公報》（1938 年 8 月 23 日）。

125 《大公報》（1938 年 9 月 2 日）。

126 《孖剌周刊》（1937 年 9 月 17 日），391 頁。

127 《孖剌周刊》（1937 年 8 月 13 日），216 頁；（1937 年 9 月 3 日），328 頁。

128 《孖剌周刊》（1937 年 9 月 24 日）。

出香港的華人學生對於國家前途與命運的關心和擔憂。這些學生還宣誓要恪守同中國內地愛國學生一樣的紀律和原則，為國家盡力。香港華人學生如此真誠的愛國行動深深打動了香港各家報紙雜誌的編輯部。《大公報》編輯部以少有的情感語言熱情讚頌這次自發的愛國行動是一次"令人尊敬的、堅韌不拔的和忠貞不渝的香港華人青年為了挽救國家而舉行的一次聯合大宣誓"。[129]

四、結論

通過回顧上述那段歷史可以看出，在 20 世紀 30 年代，香港各界的華人團體顯示出對於國家前途命運的極大關心，這並不是少數具有奉獻精神的人對於國家的擔憂。奪取抗戰勝利成為當時一種普遍的危機意識，這種意識深刻影響到整個香港社會。這份初步的研究報告顯示出，整個香港社會對於學校和媒體關於採取實際行動投身於抗日救國運動的號召做出了積極的回應。根據本文所研究的大量史料，以及從這些豐富史料中援引的僅僅是一小部分事實，就足以說明，在 20 世紀 30 年代，香港各界華人掀起了一場轟轟烈烈的本文所界定的那種民族主義高潮，而這個民族主義澎湃的史實是由"九一八事變"所觸發的。

---

129 《大公報》（1939 年 3 月 31 日）。

第六章

香港史研究資
料及港史評述

一、百年來港人研究香港史方向述評

（一）港人研究香港史的主要趨向（1895－1970 年）

1. 兩種主要的研究方法

長期以來，港人編寫香港史可以稱得上是受著兩種陳規所支配。在 20 世紀 70 年代以前出版的有關香港史著作，大都如此。

a. 編寫香港近代史概況

第一種陳規是以殖民行政史觀點去編寫香港近代史概況。歐德理（E. J. Eitel）編寫，在 1895 年出版的《歐洲在中國——從開埠到 1882 年的香港歷史》（*Europe in China: The History of Hong Kong from the Beginning to the Year 1882*）被公認為撰寫香港史的首部重要著作。該書同時為撰寫港史的第一種模式定了調。歐德理是一位熱心來華傳道的德國傳教士。在他的著作裡，他一點也不隱瞞他強烈的西方優越感。他認為西方文化和盎格魯—撒克遜（Anglo-Saxon）族比亞洲（指中國）文化與民族要優越。因此他在書的序言裡，以一種非常先驅的態度表達了他的歷史觀點：歐洲命定要統治亞洲。為此歐洲人要致力於他們負有向東方傳播文明的使命。[1] 歐氏在全書的字裡行間都有意或無意地為殖民主義辯護，因此可以稱得上是為以後著力替英帝國主義辯解的一派香港史學家的開山祖師。歐德理用來編寫歷史事實的方式，也為後來的同類作者定下了固定的模式。他詳細描述了香港從開埠到 1882 年的歷史。但該書的寫作線索並不是以歷史周期而是以

1　Eital, E. J., *Europe in China: The History of Hong Kong from the Beginning to the Year 1882*, 1895, Revised edition reprinted (Hong Kong: Oxford University Press, 1983), p.212.

19 世紀各港督的任期來劃分的，儘管歐氏認為歐洲要大力使“落後而野蠻的中國人”變得文明，他在書中還是用了大量的篇幅去描寫香港的華人。然而歐氏根據殖民地政府的觀點去敘述香港發展的概況的做法，毫無疑問地為以“殖民行政史”的方式去編寫香港史奠定了基礎。

歐德理用作撰寫香港史的方法後來在安德葛（G. B. Endacott）的力作《香港史》（*A History of Hong Kong*）一書中得到實際的體現。安氏的書在 1973 年出版，內容涉及香港由開埠至 1970 年的歷史。但該書絕大部分的篇幅是描述 19 世紀的香港歷史，對20 世紀的香港論述不多。不少人將安氏的著作看成一本標準的香港通史讀本，但其實該書存在相當大的局限性。例如它曾被批評為“只滿足於羅列歷任港督的到任，工作和離任，認為這就是香港的全部歷史”。[2] 誠然，此書所依據的原始史料相當豐富，總的來說對香港史上所發生的一些重大事件和港英的統治措施，亦大致上作相當翔實的考訂和敘述。但由於對香港歷史發展存有偏見，未能使讀者對香港歷史獲得全面和正確的了解。這種偏見所導致的錯誤見解就是，無論香港取得多大的成就，常常只歸功於英國派來的行政長官的能幹和辛勤工作，對於香港成功的另一重要因素，即香港華人的辛勤創業，則被嚴重忽視或甚至幾乎隻字不提。對於香港華人社會和中國內地與香港相互影響的關係更絕少闡述。

在歐德理的《歐洲在中國》和安德葛的《香港史》出版期間，也有其他編寫通史式的香港史的嘗試。佘雅（G. R. Sager）的《香港：誕生，青年與成長（1841－1862）》（*Hong Kong: 1841-1862: Birth, Adolescence and Coming of Age*）和活特（Winfred Wood）

2　Association for Radical East Asian Studies, "Hong Kong: Britain's Last Colonial Stronghold", (*AREAS*) (London, 1972), p.3.

的《香港簡史》（*A Brief History of Hong Kong*）便是好例子。佘雅其後尚有另一本著作《香港：謹慎抉擇的年代（1862－1919）》（*Hong Kong 1862-1919: Years of Discretion*），是他去世多年後作為遺著由他的兒子整理出版的。但與歐德理的書比較起來，這些後期香港史著作通常都被認為是較遜色的歷史著作。實際上，這些後期作者也很大程度地從他們的開山祖師歐德理那里取材和仿效他樹立的模式。佘雅試圖補充歐氏著作所缺少的一些原始史料，因此提供了不少有用的統計數字，學者使用起來相當方便。《香港簡史》的作者努力描述香港從開埠至 1940 年這段時期的發展和成長，然而像安德葛一樣，作者過分偏重描述 19 世紀，而且內容跟歐德理和佘雅所敘述的沒有什麼兩樣。最後要一提的是佘雅和活特都是仿效歐德理的編寫香港史模式，根據各任港督的任期去劃分章節。

歐德理對後來港人編寫香港史的影響的另一具證在林友蘭的流行甚廣的《香港史話》一書中可見一斑。正如作者在序中聲明，《香港史話》是特別為香港年輕一代的華人而寫的一本通俗性史書，目的是向 "以中文為母語的市民"，提供一本 "用中文寫成的香港史"。事實上，林氏大大地充實了歐德理和安德葛書中的內容，以相當大的篇幅突出香港華人的經濟和社會活動。但是，使中國讀者感到驚奇和不解的是，林友蘭同樣按照殖民行政史家的編寫模式，以歷任港督的任期來劃分全書的章節。該書是在 1975 年初版，內容包括從 1841 年開始到 1941 年末日軍攻陷香港為止的史實。1978 年出的增訂本又補寫了六章，將敘述的年代下限順延至 1957 年葛量洪總督的離任。雖然作者兼用中外文史料，但從注釋來看，多取材自第二手史料，相信作者未有參考一些機密文件。另一缺點正如一位有名學者指出："作者未將自己對香港的感情同對港英統治應有的認識作出區別，行文中不時流露對港英統治的片面頌美，陷於失實。" 不過總的來說，作為一本通俗性的史書，[3] 它的成就是肯定的。

b. 編寫香港前代史

港人早期對香港史研究的另一陳規，是根據遺物古蹟來推敲香港前代史。研究人員通過考古工作發掘的出土文物，文獻的考證和實地考察尚存的史跡進行研究。在中國學者中首先展開香港史跡考證工作的要算著名清朝遺老陳伯陶和他召集的一批廣東文士。1916 年秋，他們相約登宋皇台（九龍）紀念宋遺民玉淵子（趙必㙔）的冥誕，因有感而相互酬唱，其後將所得詩篇輯成詩集問世。[4] 在這本名叫《宋台秋唱》的詩集的序文中，作者提出許多有關宋朝皇室逃亡到香港地區的史跡的考證。陳伯陶等人的考證工作其後引起了其他學者的興趣，令他們相率加入這一行列，對陳等的言論提出反證或進一步考察。因而引致一些在港的著名學者對前人考證有若干爭論。爭論所在都是環繞著一些於宋朝時發生在香港地區的歷史事件的記載。結果由於這些學者都致力研究香港前代史以求充實他們不同的見解，而產生了不少學術成果，其中包括許地山的〈香港與九龍租借地史地的探略〉，羅香林的〈宋王台與宋季之海上王朝〉，饒宗頤的〈九龍與宋季史料〉和簡又文的〈宋末二帝南遷輦路考〉。[5] 這些著名學者對考證香港前代史的工作，雖然只是側重宋元間的一些個別事蹟，但卻替當時在港的年輕一代的中國史學家掀起研究香港史的風氣。像林天蔚和蕭國健兩位本港學者仍致力於蒐集中國文獻記錄的資料，以便進一步研究香港及新界地區在英屬以前的社會情況。值得一提

3　芳晨、澤生：〈關於香港史研究工作的回顧與展望〉，載《廣東社會科學》，第 2 期（1984），53 頁。

4　林天蔚、蕭國健：《香港前代史論集》（台北：台灣商務印書館，1977），第 1–2 頁。

5　同上。

的是在他們研究的過程中，羅香林、林天蔚和蕭國健等先後發現和保存了兩百多種香港的族譜，都是屬於香港地區原居民的。這些族譜對研究香港地區原居民的遷徙過程以及英屬前本區的行政機構、防衛系統和文教事業都提供了不少珍貴的史料。[6]

在西方學者中，率先研究香港前代史的似乎是那些對考古有濃厚興趣的人士。在這方面，韓以理（C. M. Hanley）、肖思雅（J. C. Shellsher）和芬戴禮神父（Fr. D. J. Finn）也許是最早期的熱衷者。他們在新界離島各處進行了考古發掘工作，並寫了一批學術報告。有必要提一下，這類早期的熱衷者至多也只能稱得上是考古研究方面的準職業人員，而比較職業性的考古研究直到相當近期才在香港出現。在這方面，戈斐侶（W. Schofield），戴維斯（S.G. Davis）和秦維廉（W.Meacham）的著作較有參考價值。[7]尤其是秦維廉的《香港考古》（Archaeology in HongKong）一書，作者利用香港地區考古發掘和研究的成果，相當成功地向一般讀者介紹了香港史前文化較為完整的概況。應該指出的是，《香港考古學會雜誌》（Journal of the Hong Kong Archaeological Society）對促進香港前代史考古研究，也起了不少的作用，至少它在鼓勵中國學者用英文發表他們的研究成果方面，應記一功。

同樣地，《皇家亞洲學會香港分會雜誌》（Journal of Hong Kong Branch of the Royal Asiatic Society）也在很大程度上推動了對香港地區，尤其是新界在英屬前原居民傳統生活以及風俗習慣的歷史研究。雖然大多數在這本雜誌刊登的都是短篇史料、短文和軼事之類，但也有不少是在深入研究後才寫出來的文章。其中

6　林天蔚、蕭國健：《香港前代史論集》，29－44頁。

7　Meacham, William, *Archaeology in Hong Kong*, Hong Kong, Heinemann, 1980; Davies, S. G., "History and Archaeology in Hong Kong", *Asian Perspectives*, No.12, 1926.

較突出的有許舒（J. Hayes）所寫的一系列有關新界和離島上原居民的生活習俗和行政管理制度的文章；巴爾福（S. F. Balfour）關於英屬前香港研究的再版文章和高扶爾（R.G. Groves）有關新界原居民的抗英行動的文章。[8]

類似上述關於英國佔領前香港地區的軼事和歷史短文，亦有不少是用中文寫的。從 20 世紀 40 年代後期開始，一些有影響力的中文報紙開闢了專欄，讓記者和學者把某些香港歷史上重要的事件和香港的古物古蹟介紹給廣大讀者。[9] 雖然這些短文大部分都是描寫性和資料性文章，但也有小部分是經認真研究後寫成的，梁濤（即魯金）是個好的例子。他的文章發表在報章和雜誌後常常被收集在各本《香港掌故》專題書集裡，為後來的學者研究工作提供有價值的參考資料。

2. 其他類型的歷史研究

以殖民行政史觀去研究香港史的必然副產品，是透過英國派來的傑出行政長官和其他統治階層人員的傳記，去解釋香港歷史的發展。然而例外地，香港以英文出版的第一本香港人物傳記，卻並不是以早期的港督為對象。作者是曾任香港大學校長的賴廉士（L. Ride）。他在這本於 1957 年出版的傳記中，選擇了一位偉大的傳教士 —— 莫禮遜作為該書的中心人物，詳細描述了莫氏的生平和他對早期香港的貢獻。[10] 第一本介紹早期的港督、公務員和其他歐籍要人的特寫是安德葛的《早期香港人物傳記》（*A*

---

8 R. G. Groves, "Militia, Market and Lineage: Chinese Resistance to the Occupation of Hong Kong's New Territories in 1899", *Journal of Hong Kong Branch of the Royal Asiatic Society (JHKBRAS)*, Vol. 9, 1969, pp.31-64.

9 例如《華僑日報》。

10 Ride, Lindsay, Robert Morrison, *the Scholar and the Man* (Hong Kong: Hong Kong University Press), 1957.

Biographical Sketch-book of Early Hong Kong）。書中包括了本港學者替第一任港督砵甸乍（Sir H. Pottinger）寫的一篇特寫，介紹他的生平和在港建立殖民地政府過程中他所扮演的角色。[11]

上文已提及香港史研究長期受到殖民行政史觀的影響，對香港的發展和繁榮絕對不會歸功於香港華人，所以由安德葛這類史家編撰的香港人物傳記自然不會選錄香港華人名人在內。但香港是一個華人社會，而編纂傑出華人傳記是每一華人社會的傳統習慣，所以由香港人編撰有關早期華人的總體專書也不是沒有，早在 1937 年，吳醒濂已編纂了第一本香港的華人名人錄。這本名為《香港華人名人史略》對研究戰前傑出的香港華人很有參考價值。於 1941 年出版的《百年商業》一書內亦附有名人傳記部分，名為〈香港華人聞人史略〉。嚴格來說，這兩部著作都只是粗略地介紹每位要人的生平、成就和貢獻，對學者深入研究香港華人團體的幫助不會太大，然而它們都是值得一提的，因為它們是為後來學者研究華人在本港社會發展所作貢獻的嚆矢。施其樂（C. Smith）的〈香港華人精英的崛起〉（"The Emergence of a Chinese Elite in Hong Kong"）和鄭棟材的〈立法局和行政局的華人非官守議員〉（"Chinese Unofficial Members of the Legislative and Executive Councils"）是朝著這個新方向研究香港史的著作中的表表者。[12]

以殖民地政府的觀點去研究香港史的另一必然結果是，歷史學家只注重論述港英政府各部門和與政府有關的各種機構的美好

---

11 Wong, H. C. George, "Sir Henry Pottinger and Hong Kong, 1841-1843", *Chung Chi Journal* 3, No. 2, pp.162-174.

12 Smith, T. Carl, "The Emergence of a Chinese Elite in Hong Kong", *JHKBRAS*, Vol. 11, 1971, pp.79-115; T. C. Cheng, "Chinese Unofficial Members of the Legislative and Executive Councils in Hong Kong up to 1941", *JHKBRAS*, Vol. 9, 1969, pp.7-30.

的一面，即是他們都替香港市民作出良好的服務和對促進香港發展繁榮有很大成就。在這一時期所完成屬於此類著作的有曾任掌案司的諾頓・基殊（Norton Kyshe）所寫的《香港法律與法院史》（*The History of Laws and Courts in Hong Kong*）。

香港作為英國的一個殖民地，它的早期發展和成長是與殖民者在港建立的宗教團體、社會機構和外資財團的歷史息息相關的。這些與港英統治者最具密切關係的殖民遺蹟本身也自然成為殖民行政史家的研究對象。安德葛與人於 1949 年合作編寫成可能是關於香港基督教歷史的首部著作。該書名為《一百年在維多利亞主教區內的香港教堂歷史 1849－1949》（*The Diocese of Victoria, Hong Kong: A Hundred Years of Church History 1849-1949*），但作者對編寫宗教史的技巧遠遠還未能達到完善。十年後賴恩神父（Fr. T. F. Ryan）編寫的有關香港天主教堂歷史的書則較為詳盡得多。賴神父是在港深受人敬重的一位天主教耶穌會教士，在《天主教傳信部在香港的百年歷史》（*The Story of a Hundred Years: The Pontifical Institute of Foreign Missions (P.I.F.M.) in Hong Kong, 1858-1958*）一書中，詳細描述了香港天主教區的發展過程，由高主教（Fr. Raimondi）和雷神父（Fr. Reina）創立開始至戰後香港天主教教會的重建為主。內容頗為豐富，涉及天主教會在港的教育事業，開辦學校的方針和各教堂的管理政策以至教會在戰後港人重建香港中所扮演的角色。

對不少人來說，香港早期的歷史發展過程由"一個連一間房屋亦不容易看到的荒島"搖身一變成為"東方之珠"，[13] 主要是一部經濟發展史。當然歷史學家是不應該這樣片面地去了解香港全面的發展過程，認為貿易營商是香港奇迹般成功的唯一因素。但無可否認，若果要幫助讀者對香港的成長和發展獲得全面的、正

13　G. B. Endacott, *A History of Hong Kong*, p. VIII.

確的了解，是不得不注重研究香港商人和商業機構的經濟活動。幸好在這方面的著作，為數頗多，對香港經濟發展有濃厚興趣的讀者準不會失望。例如彭尼（Y. Pennell）所做的關於香港總商會在香港經濟發展中所起的重要作用方面的研究，自必然會受大眾賞識。由於在香港經濟中，外資財團（主要是英資）始終佔很大優勢，所以研究外資財團在港設立的企業是香港經濟史中的一個重要課題。這時期出版的關於外資財團發展史的著作也不少，張榮洋（W. E. Cheong）所寫的怡和早期歷史；谷恩斯（A. Coates）寫的關於"港燈"的歷史；柯爾斯（M. Collis）寫的滙豐銀行歷史和狄克（C. Drage）寫的太古洋行早期歷史是較值得參考的。上述作者的研究為後期研究財雄勢大的外資財團和企業發展史樹立了榜樣。雅路（J. Arnold）關於山頂纜車的歷史與發展的著作，雖然只是一小冊子，但亦值得一提，因為它開闢了另一途徑去研究香港經濟發展史，即從交通工具所能影響的角度去研究。[14]

（二）港人研究香港史的主要趨向（1980 年至現在）

　　從上述所引的香港史著作中可以得知，替英國殖民主義辯護的學派在講解香港歷史方面似乎一直佔主導地位，但到了 20 世紀 80 年代初期，當有關香港前途的《中英聯合聲明》公佈後，它開始對編寫香港史有著相當大的影響，研究香港史為殖民行政史觀壟斷的局面才有所改變。

14　Arnold, John, *Hong Kong's Famous Funicular: The Peak Tramway, 1888-1978*, Hong Kong, Peak Tramways, 1978; Cheong J.W.E., *Mandarins and Merchants: Jardine Matheson and Co., A China Agency of the Early Nineteenth Century* (London: Curzon Press, 1979); Coates, Austin, *A Mountain of Light: The Story of the Hong Kong Electric Company* (London: Heinemann, 1977).

1. 通史式的著作

大約從 1980 年開始，中國政府開始與英國政府進行有關香港前途的談判，內地的歷史學家也首次公開表示需要更多地了解香港歷史。隨著香港回歸中國的日期的迫近，他們對編寫香港歷史的興趣與日俱增。

然而，過去國內運用中國馬克思主義觀點研究香港史，史家通常把英國佔領香港描述為蓄心積慮地對中國進行蠶食和領土擴張的結果。[15] 英國在港設立的管治機構，被認為是剝削性的機構，對港英政府的其他譴責隨之而來。港英政府一直對港華人非常歧視並且時加迫害。由於港英政府在近代史上屢次直接支持了中國內地的反革命政治力量，因而阻延了現代中國的無產階級革命。另外，在港英政府的統治政策中，商業思想佔了主導地位。英資銀行從未訂出支持本港工業發展的方針政策，也沒有支持中國內地的發展。他們只滿足於從國際貿易和金融外滙中刮取最大利益。更甚的是，英國一直利用香港作為軍事上進一步侵佔中國領土的基地。[16]

有必要指出的是，一些英國學者亦抱同樣馬克思主義史觀來進行研究香港史。他們都是研究東亞激進派學會（Association for Radical East Asian Studies）的成員。在他們發行的刊物中有一本名叫《香港：英國保衛殖民的最後橋頭堡》（*Hong Kong: Britain's Last Colonial Stronghold*），該書作者直截了當地譴責英國在香港的統治是剝削性、壓迫性和非正義的統治。[17]

---

15 丁又：《香港初期史話》（北京：生活・讀書・新知三聯書店，1958），27 頁。

16 同上，79－89 頁。

17 AREAS, *Hong Kong: Britain's Last Colonial Stronghold*, p. 1.

上述英國馬克思主義學者情感傾向反帝國主義和中國馬克思主義史學家在情感上充滿愛國和民族思想是可以理解的，但身為史學家而感情用事則看史實容易糢糊不清。熟知香港史實的人都知道，如果說英國在 19 世紀對華早有既定政策而且處心積慮圖謀對中國作經濟及領土掠奪，那是過於武斷的。

　　當時所謂英國對華政策，頂多只能說是幾個錯綜複雜的因素相互作用而成的產物，沒有人有能力去全盤處理或決定對中國的政策；也沒有人能預先準確地知曉最後會對中國採取什麼行動。幾個決定性的因素包括：誰在外交部掌舵；誰被派到中國全權處理對華事務，他們對中國的理解；一些當時英國的基本外交原則，長期的國家目標利益；在華英國商人的需求和當地英官員所遭受到中國政府所給與的壓力等。由於當時交通緩慢，中英相距太遠，中英關係大部分時間取決於英國派往華的全權大臣，要正確地認識英國奪取香港的整個過程是必須要留意這個關鍵的。無可否認的事實是在《南京條約》簽訂的前夕，當時的英國外務大臣鴨巴甸公爵給在華的砵甸乍的指示是要他放棄保留香港作為永久屬地。實際是砵甸乍違背上司指令，越權作出決定，保留香港作為殖民地。

　　這裡要提出討論的，並非用馬克思主義史觀研究香港史是否比殖民行政史觀更能使人正確地了解香港歷史，而是馬克思主義的思想路線如何反映在這個時期在香港出版的一些香港史著作中。《香港史略》是一個好例子。這本書於 1987 年在港出版。但該書的作者元邦建是在國內工作和接受教育的。這本書對由開埠到 20 世紀 80 年代的香港做了有系統的研究。它代表了史學家首先認真嘗試不採用歐德理所創的方法去編寫香港史的成果。元氏用分期方法劃分章節，所以比較前人的著作較能突出主要的政治經濟和社會發展的趨勢。無論讀者是否同意元氏對香港歷史發展的分期看法，都不應低估本書的優點。他給讀者提供了一種新鮮的和有創見的編寫香港史的方法。當然,《香港史略》像其他歷史著作一樣,有它的局限性。儘管該書的作者力圖降低他的反英反帝的調子,但全書仍然洋溢著愛國主義和民族主義感情。作者自己在書的〈後記〉中承認"掌握的史料也不夠全面和充分",換句話說,元氏並未有參考大量檔案材料來編寫此書,所以在史料方面,無法提供新的資料給大家參考。

為了彌補香港史研究的不足,香港學者努力去糾正各種成見,筆者亦是其中之一。當然,早在 1961 年,已故的羅香林教授已經注意到在近代史上,香港與中國內地有相當緊密的關係。他的著作《香港與東西文化之交流》是先以中文出版,後來在 1963 年譯為英文,該書力圖闡述在 19 世紀末 20 世紀初,香港在把西方文化傳播給中國中的作用。陳曼如在 1963 年寫成的論文(碩士),〈1895 年至 1911 年期間中國革命黨在香港的活動〉(*Chinese Revolutionaries in Hong Kong, 1895-1911*),也首先提到香港華人在辛亥革命運動中所起的作用。到了 20 世紀 70 年代,陳劉潔貞寫了一篇文章,講述了香港在抗日戰爭中如何利用它超然的地位替中國服務。1980 年黃振權在他的著作《香港與清季洋務建設運動之關係》亦試圖說明香港是如何影響現代中國歷史上一重要運動。不過該書的內容與它的書名標榜的主題遠不相符。可惜得很,黃氏只提到香港及幾位香港華人與洋務運動一些主要事件之間幾個模糊不清的關係。另外黃氏其實並不熟識香港史。上述這些研究只是集中論述香港的一些獨立片斷,它們實際上注重研究近代中國多於香港的歷史。反之,在一系列中英文著作中,筆者努力以確實的史實和證據解釋在近百年來,中國內地與香港兩地無論在文化、政治還是經濟的發展,都有非常緊密的關係。作品所涉及的重要的相互影響包括香港在清末成為中西文化思想交流的中心;香港在 1911 年前後中國的改良(立憲)和革命運動中的作用;香港及其華人對中國近代經濟發展的貢獻和香港在抗日戰爭中成為中國抗日文化思想向外傳播的重要橋頭堡。[18] L. M. Chere 和冼玉儀關於 1884 年的香港碼頭工人抗法罷工行動的文章，亦幫助讀者更多地了解香港怎樣曾經參與反對外國對中國的侵略的愛國運動。[19] 有關香港地區人民反抗外國侵略，亦可參考史維理（P. Wesley-Smith）的專著，《1898－1997 年不平等條約：中國，英國和香港新界》（*Unequal Treaty 1898-1997: China, Great Britain and Hong Kong's New Territories*），作者著重分析了英國強行租借新界以及當地人民的反抗鬥爭運動。

對於香港在 19 世紀的成就，香港的年輕一代歷史學家不會僅將其歸功於英國派來的行政首長，但也不低估英國管治下香港的特殊環境所產生的積極作用，而認為是憑多種有利條件所致的。這些條件包括香港華人辛勤創業的精神、營商的精密頭腦和超卓手法，高效率的銀行、保險和船業服務，完善的貨倉設備，相對穩定的政府，英國法制所給予市民生活和財產的長期保障和極大的經商自由，絕少受官僚方面的干擾。[20]

誠然在有關香港前途的《中英聯合聲明》公佈後，港人對香港史研究的方法起了變化，重新定了方向。除了一些著作採用馬克思主義解釋英國在香港的管治外，香港學者如陳劉潔貞、吳倫霓霞、冼玉儀和霍啟昌在他們的研究中都表明香港和中國的緊密

18　K. C. Fok, *Lectures on Hong Kong History: Hong Kong's Role in Modern Chinese History*, [HongKong: The Commercial Press (H. K.), 1990]; 霍啟昌：《香港與近代中國》〔香港：商務印書館（香港）有限公司，1992〕。

19　Sinn, Elizabeth, "The Strike and Riot of 1884: A Hong Kong Perspective", *JHKBRAS*, Vol 22, 1982, pp.65-98; Chere, L. M., "The Hong Kong Riots of October 1884: Evidence for Chinese Nationalism", *JHKBRAS*, Vol 20, 1980, pp.54-65.

20　K. C. Fok, "Private Chinese Business Letters and the Study of Hong Kong History – a Preliminary Report", *Collected Essays on Various Historical Materials for Hong Kong Studies* (Hong Kong: The Hong Kong Museum of History Press, 1990), pp.14-20.

關係應作為研究近代香港史不可分割的一部分。正如一位學者所指出，這些研究實在"為研究香港史開闢了新的方向"。[21]

由本地受過西方教育的史家和內地北京社會科學院近代史研究所的學者攜手合作，共同編寫的《十九世紀的香港》[22]，一班本港學者聯合編寫的《香港史新編》也都是非常重要。[23]

2. 香港前代史的研究

這個時期港人對英國管治前的香港地區歷史研究工作，一直都很活躍，也發表了不少中文、英文兼而有之的重要研究成果。例如許舒便有兩本關於英屬前新界的農村社會與農村生活的書。[24]科大衛的《中國鄉村社會的結構：香港新界東部的世系與鄉村研究》(*The Structure of Chinese Rural Society: Lineage and Village in Eastern New Territories, Hong Kong*) 一書對英屬前的新界東部的世系形成、宗教、鄉村活動都有很精彩的描述。中文著作中，林天蔚的《香港前代史論集》和蕭國健的《香港前代社會》也提供了關於英屬前香港地區的新鮮資料和珍貴的知識。

一些學術機構在促進香港學者深入研究英國管治前的香港地區歷史中起了很大的作用。這些學術機構常常組織專題講座和學術研討會，事後會議的論文往往被收集，經編輯後出版成為有價

---

21 連浩鋈：〈香港在中國近代史上所扮演的角色〉，《華僑日報》，1990 年 11 月 19 日，26 頁。

22 余繩武、劉存寬主編：《十九世紀的香港》（北京：中華書局，1994）。

23 王賡武主編：《香港史新編》〔香港：三聯書店（香港）有限公司，1997〕。2017 年，出增訂版。

24 James Hayes, *The Hong Kong Region, 1850-1911: Institutions and leadership in Town and Country Side* (Hong Kong: Hong Kong University Press, 2012); *The Rural Communities of Hong Kong: Studies and Themes* (Hong Kong: Oxford University Press, 1983).

值的參考書。1981 年由香港大學亞洲研究中心和香港中文大學東亞研究中心合辦的研究會是一個好例子。這個大會的主題是 “香港歷史與演變中的香港社會”。在該會宣讀的幾篇有關 1842 年前香港地區歷史的論文，後來被收集在香港大學出版的《從鄉村到城市：香港社會傳統根源的研究》（*From Village to City: Studies in the Traditional Roots of Hong Kong Society*）一書中。這本專題文集的一大部分文章都提供了一些新的資料和觀點。例如，蕭國健的論文突出了像採集珍珠，開發鹽田和加工香木這類早期的經濟活動對該地區生產的重要性。霍啟昌的論文詳細論述在明代香港地區的海防，並指出從明中葉開始，中國政府在香港地區就設有重要的軍事設施，以防範來自日本（東洋）和西洋的海上勢力的入侵。而科大衛的論文認真分析了 1661 年至 1669 年清政府沿海遷界對香港地區所造成的損失和影響，並試圖重寫錦田一些大氏族的世系歷史。最後還有吳倫霓霞有關明清新界鄉村教育的論文，為讀者提供有關該地區最重要的教育活動的一些精湛分析。

3. 其他種類的香港史研究

當然這個時期還有些著作是集中於論述港英統治機構。邁納斯（N. Miners）的《在英帝國統治下的香港 1912－1941》（*Hong Kong Under Imperial Rule, 1912-1941*）大概是這類書中最出名的一部。不過這時期最明顯的趨向是不寫有關殖民地政府而是轉向研究香港華人對香港的發展和成長的貢獻。事實上，這種趨向早些時候已經開始，只不過到了 20 世紀 80 年代才有更多的這種研究成果發表。其中最令人注目的是施其樂關於香港華人基督教徒精英的研究，冼玉儀的關於東華三院的精彩描述和蔡永業關於何啟的詳細研究。[25] 這些著作毫無疑問鼓舞了更多本港學者加入這方面的研究。由於在香港能夠成為政治和社會領袖的華人多受過西方教育，要了解這些華人在社會獲得的成就有必要了解港英當局所設立的教育制度。吳倫霓霞和史偉廷（A. Sweeting）關於香港教育的歷史與發展的研究提供給讀者很多精闢的見解。[26]

由於在 1997 年香港便要歸還給中國，因此在過渡時期，港英政府和外國人在港設立的機構都急切希望讓公眾知道他們過往在港服務的業績和貢獻。這可能是導致在 20 世紀 80 年代編寫香港教會歷史的興趣的復甦。史密斯（J. Smith）和 W. 唐（W. Down）對瑪利諾傳道會，金多琳（Doreen King）關於聖約翰大教堂歷史的小冊子，和巴頓‧大衛（David Paton）關於何明華會督的生平與歷史記載等都說明了這一點。[27] 同樣地，在這個時期出現不少有關一些大外資商業機構歷史的著作。一些被公認為最成功的外資企業率先公開他們在香港成功的秘密，透過這些著作，讀者往往可以知道這些大機構是如何變成現今財雄勢大的跨國商業公司。但必須指出，一部分這類機構是邀請了有名學者執筆為他們寫有關該機構的歷史，但也有另一些這類的公司堅守本身的"原則"，認為該公司的歷史必須"為該公司而寫，按該公司訂下的條件寫"，所以學者若果想用這些著作作為參考資料，則必須留意分析了。

---

25 G. H. Choa, *The Life and Times of Sir Ho Kai: A Prominent figure in Nineteenth Century Hong Kong* (Hong Kong: The Chinese University Press, 1981).

26 Anthony Sweeting, *Education on Hong Kong, Pre-1841 to 1941: Fact and Opinion* (Hong Kong: Hong Kong University Press, 1990).

27 David M. R. O. Paton, *The Life and Times of Bishop Hall of Hong Kong*, Gloucester, 1985; J. Smith & W. Downs, "The Maryknoll Mission, Hong Kong, 1941-1946", *JHKBRAS*, Vol. 19, 1979, pp.27-148; Doreen King, *St. John's Cathedral: A Short History and Guide* (Hong Kong: St. John's Cathedral, 1987).

香港金融機構、公用事業和貿易公司中的大戶，如香港滙豐銀行、怡和、和記、中華電力公司、置地和牛奶公司等紛紛出版了他們的樣板歷史。其中一些是委託了負盛名的史學家，如費正清、劉廣京、郝延平、景復朗等去編寫該機構的歷史，但亦有一些機構並不關注他們刊物的學術水平，而是寧願偏重於標榜他們的成就和貢獻。[28] 無論最後問世的作品質量如何，由於這些所謂"大戶"的商業機構在香港經濟發展的過程都有舉足輕重的影響力，所以他們提供有關本身歷史的資料是不能漠視的，只要細心評選，這些史料無疑會有助於香港史學家去著意編寫一本完整的香港史。

　　香港回歸中國的日期日益接近，而港英政府快要終結在港的統治，一些外籍作者，相應一窩蜂似地發表了關於港英政府處理最機密事情部門的歷史。如《香港皇家警察史 1841－1945》（The Royal Hong Kong Police 1841-1945），《亞洲的最佳警察部隊：香港皇家警察紀實》（Asia's Finest: An Illustrated Account of the Royal Hong Kong Police）和《香港皇家海軍史實：從 1841 年至現今》（The Royal Navy in Hong Kong Since 1841）的作者，其寫作動機看來是期望提醒中國政府關注警察和海軍部隊在香港過往的穩定和繁榮所起的重要作用。

　　有必要指出的是，最近不少作者過分刻意去描繪香港歷史上

28　Maggie, Keswick, ed., *The Thistle and the Jade: A Celebration of Jardine, Matheson and Co.* (London: Octopus Books, 1982); Frank H. H. King, Catherine E. King, and David J. S. King, *The History of the Hong Kong and Shanghai Banking Corporation,* 4 Vols. (London: Cambridge University Press, 1987-88); Nigel Cameron, *Power: The Story of China Light*, (Hong Kong: Oxford University Press, 1982); The Milky Way: *The History of Dairy Farm* (Hong Kong: Dairy Farm Company, 1986); Austin Coates, *Whampoa Ships on the Shore* (Hong Kong: South China Morning Post, 1980); Robin Hutcheon, *Wharf: The First Hundred Years* (Hong Kong: Wharf Holdings, 1986).

最黑暗的時期，亦即是日治時期。鑑於這時期的最重要的檔案記錄已在大戰中遺失，這種傾向是可以理解的。但是所出版的這類書籍中的大多數都是根據個人經歷去描寫的，比較具學術性的要算按安德葛遺稿，後由彭雅雋（Alan Birch）編輯和補充而成的關於香港在第二次世界大戰時期的故事。[29]

這一時期完成的歷史研究包括了能夠揭示出香港發展過程中新的一面的創作，例如有關何妙齡那打素醫院和西醫院的創立與發展的作品便是。屬於這類的尚有一部關於香港十分有名的建築公司對早期香港發展的貢獻的著作。[30]

從 20 世紀 70 年代開始，用照片、圖表和國畫，甚至是海報和明信片去講解香港史已經成了一種越來越普遍的潮流。在這方面獲致成功的藝術家，早期的有澳默（C. J. Warner）、布旦格斯（T. Briggs）和克旦斯韋爾（Criswell），而近期的則有威爾希爾（T. Wilshire）、菲斯貝克（F. Fishbeck）和蒂爾布萊克（B. Tilbrook）。[31]

最後必須提一下，香港中文大學和香港大學的一些社會學家

---

29 G. B. Endacott, (ed. By Alan Birch), *Hong Kong Eclipse* (Hong Kong: Oxford University Press, 1978).

30 E. H. Paterson, *A Hospital for Hong Kong: The Centenary History of the Alice Ho Miu Ling Nethersole Hospital*, (Hong Kong, 1987); Malcolm Purvis, *Tall Storeys: Palmer and Turner, Architects and Engineers, the First Hundred Years* (Hong Kong: Palmer and Turner, 1985).

31 John Warner, *Fragrant Harbour, Early Photographs of Hong Kong* (Hong Kong: John Warner Publications, 1976); *Hong Kong Illustrated, Views and News, 1840-1890* (Hong Kong: John Warner Publications, 1981); Tom Briggs and Colin Criswell, *The Vanishing City*, 2 Vols. (Hong Kong: South China Morning Post, 1977-78); Trea Wilshine, *Great Cities of the World: Old Hong Kong* (Hong Kong: Formasia, 1987); Brian Tilbrook, *Hong Kong Heritage: Historical Buildings and Antiquities in Hong Kong* (Hong Kong: Hong Kong Government printer, 1989); Frank Fishbeck and Jan Morris, *Building Hong Kong: A History of the City Through its Architecture* (Hong Kong: Formasia, 1989).

們對香港過去五十年的變化曾做過分析，他們對香港如何從一個維多利亞時代的殖民地城市轉變為一個現代工業化的大都會的研究花了不少心血，亦在某種程度上獲得成果。他們的見解亦對研究香港史的學者有啟發性。不過這些社會學家研究的目的是為了證明一些非具體的社會學模式是否存在，因此在這裡不當它是史學研究。[32]

二、研究香港史的各種資料評述

由於研究香港史的工作未能普及，現有的香港史著作可以說是相當貧瘠，不少香港史上相當重要的專題或片斷，一般現有香港史著作大都未能關注到，更談不上有充分的解釋。稱得上較為完整的香港通史不多，所謂"標準讀本"香港史，實際上不存在，能夠幫助有興趣研究香港史人士迅速入門的第二手史料極之少。故此，研究香港史的人或是普通讀者，為了尋找真相，是要親自從第一手史料找出答案。為此，有志研究香港史的人士必須掌握最原始的香港史資料。本章首先介紹一些重要參考書，然後詳細解釋不同種類的研究香港史資料。

（一）文獻目錄

有關香港史文獻的目錄，即所謂目錄、索引和書目的書籍介紹，可散見於中國史或中國研究的書目內，例如較早期的可參考 1907－1908 年出版，由科迪埃（H. Cordier）編輯的法文書目：*Bibliotheca Sinica, Dictionnaire Biblographique des Qurrages*

---

32 I. C. Jarvis, ed., *Hong Kong: A Society in Transition* (London: Praeger Press, 1969); Ambrose King, Y. C. & Lee, Rauce P. L. (ed.), *Social Life and Development in Hong Kong* (1981).

Relatifs a L'Empire Chinois。戰後，袁同禮的 *China in Western Literature*（1958）和勒斯特（John Lust）的 *Index Sinicus, a Catalogue of Articles Relating to China in Periodicals and Other Collective Publications, 1920-1955*（1964）都有介紹香港史文獻。斯金納（G. W. Skinner）的巨著，*Modern Chinese Society 1644-1969*（1972-1973）亦收入不少有關香港史的資料，甚至景復朗和克拉克（P. Clarke）合編的 *A Reserach Guide to China Coast Newspapers 1822-1911*（1965）亦有詳細介紹多種在港出版的早期報刊。有時有關香港史文獻的書目介紹，亦可散見於一些亞洲其他地區研究的書目內，例如墨吉（T. G. McGee）和布里斯（G. Breese）合編的 *Urban South East Asia*（1973）一書中便有收列八百種有關香港的資料。由於在英人佔領前香港是隸屬於廣東省縣治，所以要找記錄當時香港情況的文獻，就必須要參考介紹廣東省文獻的書目，在這方面黃蔭普編的《廣東文獻書目知見錄》可算是相當完整的書目。

有關香港史書目的專書，最早出版的可算是布拉加（J. M. Braga）編的 *A Hong Kong Bibliography*。這個書目原本是在戰前由香港政府出版的《香港年報》內刊載的，歷年都有增加條目，到了 1965 年便以專書的形式出版。

在 1968 年，埃迪・潘（Eddie K. Poon）個人出版了 *Hong Kong Society: A Reading List of Books, Articles and Official Publications about Hong Kong* 之後，有伯科威茨（M. I. Berkowitz）和埃迪・潘合編的 *Hong Kong Studies: A Bibliography*（1969），和葉富強等編的《香港：社會科學研究書目》，即 *Hong Kong: A Social Science Bibliography*（1974）。但必須指出的是，嚴格來說，這些書目都是比較注重有關香港社會的資料，並非單是介紹有關香港史文獻。較近期在這方面的英文書目則有彭雅雋（Alan Birch）、饒餘慶（Y. C. Jao）、冼玉儀（Elizabeth Sinn）合編的

Research Materials for Hong Kong Studies（1984）和 Ian Scott 編的
Hong Kong, the World Bibliographical Series, Volume 115（1990），
又以後者所搜集的資料較為廣泛豐富，而且編者對所列出的八百
多種資料，都有簡略介紹其內容並加評語，對研究香港史初入門
者相當有用，值得推薦。

　　有關香港史研究的書目專書，除上面介紹的以英文書寫的多
種外，亦有用中文出版的，如蕭國健所編輯的〈香港史研究書目〉
（《珠海學報》第 12 期，1981 年），就收錄了中英文資料共四百
零二種。較蕭著更近期和所收資料更豐富的有廣東省社會科學院
歷史研究所港澳史研究室在 1984 年所出版的《香港史研究書目
資料索引（初稿）》，這個索引是由劉澤生、金應熙負責編輯，
收錄現存廣州、上海、東北和香港地區有關香港的藏書，一共收
錄了中、英、日文資料共兩千零二十五種之多。

　　此外，一些在香港藏有大量香港史文獻的圖書館所出版的
藏書目錄，亦是十分重要的參考書目。這類目錄以香港政府政務
總署和布政司署的目錄較為重要。其中又以布政司署圖書館的藏
書目錄是檢索香港政府刊物的一種很重要的工具書，這是由於該
館所藏香港政府刊物，最為豐富。香港市政局圖書館在 1975 年
亦出版了 *Hong Kong Bibliography: A Preliminary Draft* 一書，除
了介紹該館所藏有關香港的書刊外，還介紹了有關香港影片、歷
史性圖片和在香港出版的報紙和期刊。這些與教材有關的資料，
相信對教授香港史的老師有特別參考價值。現時收藏香港資料最
豐富的藏書單位，可算是香港大學的孔安道紀念圖書館，而孔安
道紀念圖書館的藏書目錄亦已在 1976 年由前香港大學圖書館館
長賴廷士（H. A. Rydings）編輯出版。要指出的是，這個目錄除
了收錄孔安道紀念圖書館的藏書外，還收錄了香港中文大學各學
院、香港市政局、香港政府的布政司署、社會福利署、政務總
署和香港社會服務聯會的圖書館所藏有關香港的資料，所以這

個目錄名為《香港各圖書館所藏香港資料聯合目錄》，共收錄了四千二百零六種資料之多。

香港史已漸成為學者研究的熱門對象，學者在這方面的研究成果勢必陸續出版。我們除了要留意書店陳列新書的窗櫥和書架外，必須認識一些定期性介紹最新香港史文獻的書目。首先要參考的是由美國亞洲研究學會（Association for Asian Studies）定期出版的 *Bibliography of Asian Studies*。在這部書目的東亞歷史近作部分經常可以找到外國學者最新有關香港史的作品。另一同樣重要的西方史學家定期性工具書是美國歷史學會（American Historical Association）出版的最新史學論文索引 *Recently Published Articles*。當然這兩種書目絕大部分收錄的都是英文的作品。由台灣出版的《書目季刊》（*Bibliography Quarterly*）每期都有輯錄中國史學論文索引《最新出版期刊文史哲論文要目索引》，主要是介紹台灣出版的期刊所刊登的論文，但其中亦有收入香港及新加坡出版的期刊的文章。另一台灣雜誌《思與言》亦每期有輯錄同樣的史學論文索引，但主要是收錄英文期刊的論文，故標題用《最新英文期刊論文目錄》。台灣學者發表有關香港史的文章，很容易在這兩種書目中檢索到。

近年來國內學者漸重視研究香港史，已有不少有關香港歷史的著作面世，要知道國內學者在這方面的最新作品，就有必要翻閱中國史學會出版的《中國歷史學年鑑》。專門介紹有關香港的期刊論文的專書，則有香港理工學院圖書館出版的《香港專題期刊論文索引》。第一卷是在 1979 年出版的。這個《索引》當然收錄全部在香港的期刊刊登過的有關香港歷史研究的論文。

（二）檔案資料

1. 英國殖民地部

所謂檔案資料，通常是指未經公佈的歷史文件，應是未經整理刊印的。研究香港歷史的原始資料，最重要的是算《英國殖民地部檔案編號一二九》的原稿本書信公文，即 Colonial Office Series 129（C.O.129）。這個檔案收錄到的公函包括以下幾種：a. 由 1841 年至 20 世紀 50 年代，歷任港督與英國殖民地大臣的一切往來書信和附帶文件。b. 同時間英國殖民地部有關管治香港的會議記錄和備忘錄公文。c. 同期殖民地部與其他英國政府部門，或任何私人機構，或任何人士商討有關香港事宜的往來文件。香港檔案館藏有此檔案全部公文的縮微膠卷，但香港大學孔安道紀念圖書館則只藏至 1940 年。香港檔案館多年前已開始從事編撰這個檔案的目錄，直至目前為止，這個檔案目錄大概是編到 1930 年。這個目錄為讀者使用這個檔案時提供了很大的方便。

這個檔案資料是研究英國政府管治香港最重要的一批內部機密文件。任何事件有涉及香港內政的，當任港督都要向英國殖民地部大臣匯報，並且向其請示對策。至於殖民地部大臣回函批示港督應採取的應對政策，亦收錄其中。所以這個檔案的珍貴史料最能幫助研究香港史者去了解英國政府在港的一貫管治策略與其理論基礎。

要特別提出的是，不少涉及香港內政的事件亦往往會間接影響到港英政府或英國和中國的關係，因此這個檔案的部分資料對研究中國近代史一些重要事件，都可以提供難得的參考資料，補充中文文獻所報道的不足。

下面將挑選這個檔案幾款公文節譯出來，並加以解釋，以幫助讀者進一步了解這個檔案的重要性。

辛亥革命在中國近代史中的重要性是人所共知的，但多數人也許不知道，香港和這次革命運動有很深的聯繫。由 1895 年的廣州乙未起義以至其後的七次起義，孫中山先生及其他革命黨人都是利用香港作為出發點或重要聯絡站，因此都曾經引起香港政府的注意，更因為革命黨在港的活動，會間接影響到英國和清廷的邦交，所以當任港督向英國殖民地部大臣呈報孫中山先生及革命黨人在港策劃革命的情況，並且向其請示對策，是港督管治香港的正常程序。至於英國殖民地部大臣回函，批示港督應採取的應付政策，亦都是順理成章的事。這些資料使我們更深切地了解港英政府對革命黨人所採取的政策，成為研究早期辛亥革命運動過程的珍貴資料。這些資料包括以下幾種：

a. 港督羅便臣致殖民地部大臣有關陰謀奪取廣州事
   編號一二九卷二七一　1896 年 3 月 11 日

b. 廣州機密情報
   編號一二九卷二七四　1896 年 6 月 16 日

c. 廣州機密情報節錄
   編號一二九卷二七四　1896 年 12 月 12 日

d. 英國外交部致殖民地部有關在港對中國不利的秘密幫會
   編號一二九卷二七四　1896 年 10 月 31 日

e. 港督卜力致殖民地部大臣報告有關孫逸仙事件
   編號一二九卷二八三　1898 年 5 月 18 日

f. 英國下議院致殖民地部有關孫逸仙醫生事件
   編號一二九卷二八六　1898 年 4 月 1 日

g. 英國下議院致殖民地部有關孫逸仙醫生
   編號一二九卷二八六　1898 年 7 月 14 日

h. 英國外交部致殖民地部有關孫逸仙醫生被逐
   編號一二九卷二八七　1898 年 8 月 20 日

i. 英國外交部致殖民地部有關張逸仙醫生事件
   編號一二九卷二八七　1898 年 4 月 26 日

已出版的辛亥革命文獻，對乙未廣州起義報道較為詳細的有以下幾種：a. 羅家倫編的《革命文獻》，b. 鄒魯的《乙未廣州之役》，c. 陳少白的《興中會革命史要》，d. 馮自由的《革命逸史》，e. 謝纘泰的《辛亥革命秘史》。但收錄在殖民地部檔案編號一二九卷二七一內的有關乙未起義的資料，卻是以上各種文獻所無提及的。這個英文公文對我們認識當時革命黨人楊衢雲在港是怎樣去進行調度軍械和人員，依期到省接應，可以提供一些重要的新證據。這個公文就是港督羅便臣答覆殖民地大臣，有關港府調查乙未起義的報告書。這個報告書其實是按照當時香港代助理輔政司卑利（F. J. Badeley）草撰的調查備忘錄來寫的。港督羅便臣在綜合對此事件評論中指出，港府已盡一切力量去調查此事的真相。而革命黨人在港密謀起義的過程，亦可以在這份備忘錄中看到。因此，這個備忘錄除了幫助我們認識港英政府處理內政事務的程序外，更是研究乙未起義的一個重要文件。現謹將備忘錄中一部分資料，亦即是現有革命文獻未有提及到的部分，節譯出來，以供大家參考。

　　1895 年 10 月初，香港警局已得悉若干三合會會員正在港募集勇士，密謀回廣西生事。在 10 月 27 日，香港警官士丹頓（Stanton）接獲線報，得知革命黨員已招募得大概四百人，將於當晚乘搭保安輪往廣州。士丹頓即以電話將線報告知警察司，並親往碼頭調查。抵達後，即發現為數大約六百名貧窮工人（原文字眼為苦力，coolies）被拒絕登船，因各人皆無錢付往廣州船票。經盤問，其中供出他們都是由一名姓朱的（原文 Chu Ho，應是指朱貴全），代沙宣洋行買辦替省城招募的兵勇，每月餉銀十圓，兩日前每人已經領取五仙作食用，並經答允先再發一圓作盤川附輪往省城。

　　正當盤問間，朱貴全跟另兩人已抵達碼頭，此兩人皆攜有銀圓一袋，據稱他們兩人共攜有九百圓，是沙宣洋行買辦，即楊衢雲給予的，而他們來此目的是發給每名招勇一圓作盤川。

此時大隊警員亦開抵現場，攜同警察司之搜令，準備登船搜查軍火，亦同時對在場數百人展開搜查，看是否藏有軍械，但無結果。

保安輪船主指出，他早已知悉，此批意欲登船人士是招勇，但他的立場是誰人能付船費即准登輪，他並不計較登船人數。經磋商後，終於決定將該九百圓先交該輪買辦，待船開啟後，再發給所謂招勇。結果，大概四百人，包括朱貴全在內，登輪往省城。

當晚十時，士丹頓幫辦再接獲消息，據報一大批軍火最近曾被沙宣洋行買辦購入，並已藏在保安輪運往省城。經調查後，證實有楊衢雲購買軍火事，士丹頓即告知警察司，該司亦馬上電告英國駐廣州領事，並照會九龍海關。

翌日，士丹頓再從一名□□（原文 So Ku，該人中文姓名不詳）處獲知更詳細消息。據悉該人曾被朱貴全邀請幫他替清廷在港招勇，餉銀每月十圓，而□□已經答允相助，並且答應他本人亦加入行列，因他一直確信此說。直至十月廿七日下午三時，當他再次跟朱貴全在皇后道一八七號會面，才察覺到其中另有陰謀，因為朱貴全告訴他此次招勇的真正目的是用來向廣州滿人進擊。到時將會有三千人在廣州作內應，而另一批為數二千的同志，將會從澳門進發會合。□□即獲分派紅帶一條，警哨一個作為標記，並獲知暗語口號是"除暴安良"，更知悉小洋槍正藏在保安輪運省城途中。當□□得知真相後，即拒絕參與其事。

香港的一個華籍警長當晚亦是保安輪乘客，回港後，他有如下報告：船上兩招勇向他透露，當船離開香港後，朱貴全即告訴他們在該輪上藏有小洋槍，待抵達省城後便將該批槍械分發各人，當首領下令便行事。其他招勇獲知此事後，很多認為他們是應政府招募而來的，拒絕參與剛向他們透露的計劃……

船逢抵達省城，即見朱貴全和其他首領，暗中潛逃上岸，顯然已知道事機敗露，只好捨棄招勇遁去。

當時派駐碼頭的兵勇人數與平時無異。大約五十名船上招勇，向此等駐守兵勇申訴，實係為招勇而來並願候命，此五十人遂被帶往見緝捕統帶李家焯，大概清官方至此才知悉船上藏有軍械。因為，假設官方一早知悉，一定會帶備大隊兵勇駐守碼頭等候，以便登船搜查。該批軍械其後在別處起獲。

此次，楊衢雲是將槍藏在五個士敏土（即所謂"紅毛泥"）桶內，由當時經常代客運貨的廣興源棧，當作美國砵蘭士敏土寄運往省城。十月廿八日，該棧東主即接到廣州當局發來電報，通知他由於該棧寄出的士敏土桶藏有槍械，已將該棧在省城的夥伴逮捕，並要求該棧東主通知香港警局，設法緝拿將貨寄出之客人歸案。

11 月 1 日，兩廣總督透過英領使，要求港督，將此次謀反之五個主謀押往省城。港督因此等皆為嫌疑政治犯，故此並沒有答應粵督要求……

被認為是此次替叛黨組織籌募經費的骨幹人物，名叫孫文，或稱孫逸仙……偵知他在 10 月 31 日，曾經香港滙豐銀行提款三百圓，然後轉往皇后道一樓宇，之後便失其行蹤，大概是從後門遁去。自此，他亦未見在港出現，據說已往檀香山。[33]

　　這部分乙未起義有關香港的資料長達數千字。值得注意的幾點是：第一，經已出版的革命文獻，對於有關乙未起義在香港的籌劃過程，都報道得非常簡略。例如，陳少白在《興中會革命史要》中隻字不提；就算報道得最詳細的〈乙未廣州之役〉一文，亦只有幾行敘述此事："總理以佈置已定，乃親上省調度，將香港之軍械，財政人員，一切交楊衢雲處理。詎楊已得權，既懷私意，又不公平，以致內部發生問題，軍械人員不能依期到省。……楊衢雲雖接總理阻止來省電，然以軍械七箱，已裝泰安輪運省，若起回又恐敗露，乃使朱貴全、丘四等於初十晚帶數百

33《英國殖民地部檔案編號一二九》，271 卷，441－445 頁。

人附泰安輪入粵。李家焯早派人預伏，抵岸，先登者四十餘人被捕去，後登諸人盡將符號毀棄，始得免。"[34]

第二點，香港檔案資料在報道乙未起義事件，與革命文獻的報道有出入。根據檔案資料，最初是港府偵悉楊衢雲等在港籌創進行招勇和偷運軍火行蹤的，是在陽曆十月二十七日發生的事。但廣州政府在二十八日保安輪抵步後，仍未知悉革命黨從香港來省城接應的計劃。直至輪上四十餘名招勇，向駐守碼頭兵勇自供身份，然後被帶往見李家焯進行審訊，才得知詳情。但根據鄒魯所說："據稱九月間香港保安輪船抵省，附有土匪四百餘名，潛謀不軌，經千總鄧惠良等探悉前往截捕，僅獲四十餘人。"[35] 則是說鄧惠良偵悉的。又："十一日（即陽曆二十八日），香港泰安輪船搭載四百餘人抵省登岸，李家焯率把總曾瑞璠等往查護朱桂銓、邱四等四十五名。"[36] 卻是說李家焯查獲的。細查鄒魯所說，此兩段原來轉載自粵督譚鍾麟的奏章，而這個奏章是應清廷諭將乙未之役首犯迅速捕拿而發的。本來，此次舉義，因大吏恐怕清廷處分，最初是匿而不報，其後粵京官入奏清廷，才有此下諭。故此，譚鍾麟的奏文內多有粉飾之辭以求自保，其可靠性值得懷疑。例如，譚的奏稿全文對同樣事件的報道，就有幾處前後矛盾。最初是"據稱九月間香港保安輪船抵省，附有土匪四百餘名"，其後則"十一日香港泰安輪船搭載四百餘人抵省登岸"。[37] 報道同一事件，先是指保安輪，其後已改為泰安輪。但卑利的備忘錄則由始至終都指出載運招勇往省城的是保安輪。譚鍾麟的奏文中另一同樣前後不符的事件是原先報道"千總鄧惠良等探悉前

---

34 中國史學會編：《辛亥革命》，228－229頁。

35 中國史學會編：《辛亥革命》，232頁。

36 同上，233頁。

37 同上。

往截捕，僅獲四十餘人"。但在原奏稍後則已經不是鄧惠良，而改為"李家焯率把總曾瑞璠等往查獲朱桂銓、邱四等四十五名"。[38]

本文將革命文獻與香港檔案資料對乙未之役的記載作一比較，用意是想確證這些英文資料的參考價值。

另一最佳實例用來解釋《英國殖民地部檔案編號一二九》的重要性的是 19 世紀香港史上有名的所謂中國海關"封鎖香港港口"（Hong Kong Blockade）事件。這個封鎖事件由 1867 年開始，先後擾攘了二十年，最後在 1886 年才告獲得圓滿解決。這事件由於嚴重影響到近二十年的中國內地與香港貿易，關係重大，因此在這個檔案內，有不少內部文件，提供極詳細的資料，尤其是涉及中國帆船貿易及有關中國海關的部分，甚有參考價值。例如檔案編號一二九卷一三二、卷一三四、卷一四一、卷一五五等一系列公文，對中國政府要求在香港正式設立關口由來以及最後怎樣成立九龍關的過程細節，都有詳盡的報道，是可以補充中國檔案所藏有關這方面資料的不足的。

從香港的內政來看，這個中國海關"封鎖香港港口"事件，由於嚴重影響到早期香港的貿易，而香港的經濟基本上是建基在自由貿易上的，因而亦間接影響到當時香港的繁榮安定，故為研究 19 世紀香港史學者非常重視的課題，亦藉此深入了解港英政府在處理中英交惡事件的態度及政策。由於從麥當奴港督（1866－1872 年）開始，一連數任的香港總督都認為中國海關的行動嚴重損及英國政府在香港的主權和香港的自由貿易，因此都採取相當強硬不妥協的敵視態度，以至中英關於稅關的爭議，一直拖延下去，長期懸而未決。雖然經過多次談判，兩國終於在 1886 年 9 月 11 日簽訂了《香港鴉片貿易協定》，暫時結束了前後拖延二十年的"封鎖香港港口"事件，但其實此事件對港政府其

---

38 同上。

後的施政尚有餘波。因為在 1898 年，當英國提出租借九龍新界要求時，由於中國在九龍設立的稅務司所轄的汲水門、長洲、佛頭洲及九龍城外等稅關全部都在英政府要求租借的新界範圍內，中國政府一旦將新界租與英國，中國海關如何繼續保證稅收就大成問題，因此又重新引致與此有關的一連串中英交涉行動。而有關這方面的一些珍貴資料又是可以在編號一二九檔案內找到。更難得的是在中英交惡情況下，在港的華商所持的心態，亦可以在有關的文件中窺見。

在 1898 年，由於英人已佔取九龍和新界，赫德以中國海關總稅務司身份，致信英國駐北京大使，詳列各項中國海關擬實施於香港的則例，用以保障海關稅收的利益。[39] 英大使即照會當時香港代港督柏立基（R. B. Black），要求他向殖民地大臣就此事件作一評論。[40] 柏立基馬上向倫敦政府匯報，其詳情可在檔案編號一二九卷二八四、卷二八五、卷二八九和卷二九五等一系列公文中得見。內容包括赫德原稿本書信；柏立基個人對此事的意見，他向香港英商、華商團體諮詢的詳情；港商團體的答覆以及英殖民地部及外交部商討有關此事的往來書函等。其中一些文件原文是中文的。因為當時香港政府是透過兩位立法局華人代表何啟與韋寶珊，分別致信當時主要的香港華人商業機構，諮詢他們對中國海關稅務司要將稅關改設在香港的意見。以下謹將韋寶珊給香港疋頭綢緞行各董理的原函抄列以供參考：

　　啟者：商務局官紳會議　據云香港乃英國屬土。今聞九龍稅務司欲將稅關改設在本港，微抽來往貨稅，並派輪船查緝走私漏稅等弊。該件未審於各行商家有無窒礙，囑弟通知各行商董集議是否可行，然後舉

39《英國殖民地部檔案編號一二九》，284 卷，301－304 頁。

40 同上，292－293 頁。

辦。如無窒礙可行，祈簽允字，並蓋章於後，否則無庸簽寫。敬祈

　貴行董理卓奪，俾得轉詳，上憲是所厚望焉。[41]

　　疋頭綢緞行的答覆則是："此事於生意未常無礙，況港地乃英國屬土，伊官自有權衡。可否之處，於小行不敢忝議。謹將原函奉回，尚祈斟酌妥為轉達。是幸。"[42] 其他受諮詢的華商機構的答覆亦差不多與綢緞行相同口吻，例如華安公所則說："敝行即如命通傳各號到來集議。照於各號俱無主意，無所適從。懇閣下將此意轉達商務局，如何裁奪便是。恕不多及，請為原諒。"[43] 一些商行雖然有指出"稅關移設香港，非商務有益"，[44] 或"實於旅港商人不便"，[45] 但都不敢公開反對中國政府的要求，只是將責任推回港政府身上："香港乃英國轄地，政府自有權衡"。[46] 根據柏立基在匯報指出，在港華商有脅於滿清官員能夠危害他們在國內的生意和家人，所以都拒絕簽押公然反抗中國海關的要求。這些雖然可能只是柏立基的托辭，但亦足以反映出，當時香港華商對中國海關敢怒不敢言的心態。這些香港檔案文件，恐怕在海關檔內亦不容易找到，因此其是有一定的參考價值的。

　　現時香港居民大都關注立法局的直選問題，相信很少人知道早在 1845 年已有在港英商上書英國殖民地部大臣，認為應設立經選舉產生的自治議會。該請願書全文可在編號一二九卷十三，第一一四號公文見到。當然這個建議並未被執行。到 1849 年，港英商再次上書英國會請願，要求實施市議會的計劃，並對立

41　《英國殖民地部檔案編號一二九》，284 卷，131 頁。

42　同上，130 頁。

43　同上，113 頁。

44　同上，121 頁。

45　同上，123 頁。

46　同上，121 頁。

法、行政兩局並無非官守議席，極表不滿，要求改革。[47]

　　這可以說是香港居民要求政制改革之始。其後港人亦曾多次呈請願書要求改革政制，但港英政府對香港立法局議員委任的制度，一直維持不變，直至最近才容許少數議席由選舉產生。在這一百多年期間，歷任港督與殖民地部大臣拒絕接受選舉制度的理由及個別所持態度，都可以在這個檔案所藏往來的機密信札內得知真相。又佔香港人口絕大多數的華人，長時期被排斥在立法局門外，至 1880 年才有華人伍廷芳被委任為臨時非官守議員，其實際原因何在，亦可以在這個檔案所藏資料裡找到答案。例如梅（軒利）總督在 1913 年 7 月 22 日送給英國殖民地部大臣的報告便提供了最佳線索。在報告裡梅氏主要談及何啟和韋玉（即韋寶珊）兩位立法局華人議員同中國革命黨的聯繫。他對何啟將同情及贊助革命黨人活動放在效忠港英政府利益之上大感不滿，其後更因此建議英政府不再委任何啟為下屆立法局議員。現將該報告節譯出來，以供參考：

　　無可爭辯的證據顯示，遠在革命爆發之前，這兩位先生就都得到革命黨人的信任。革命黨的會議經常在韋玉先生家裡舉行……在革命前好幾個月內，他聽任自己的住宅被用為密謀反對清政府的會議場所，而且參與了密謀者的機密。這件壞事已經是眾所周知的了……至於何啟的行為更應受譴責……這是華人社區全體居民所熟知的無可置疑的事實。在革命前好幾個月內，何啟亦參與革命黨人的機密，實際上充當他們的顧問，指導他們可以活動到什麼程度就不至違犯香港法律條文的規定。可是他竟從未將正在進行中的這場運動（革命）向本港政府報告。[48]

47　G. B. Endacott, *Government and People of Hong Kong*, pp.44-45.

48　《英國殖民地部檔案編號一二九》，399 卷，271 頁。

從這個公文不難猜知港英統治者對港華人是否能真的衷心效忠英政府，大都缺乏信心，若果要商議一些機密問題，便難以絕對信任這些華人領袖了。

英國殖民地部檔案除了編號一二九藏有研究香港史的非常重要資料外，尚有其他編號亦有收錄到甚有價值的香港史資料。如編號一三○（C. O. Series 130）（Hong Kong Ordinances）是有關香港法例，編號一三二（C. O. Series 132）（Government Gazettes）有關香港政府憲報和編號一三三（C. O. Series 133）（Hong Kong Government Annual Reports）有關香港政府年報。但這些都是重複了香港政府出版的刊物。由於香港檔案館所藏的政府刊物相當齊全（請參看以下有關政府刊物部分），所以毋須要動用這些殖民地部檔案。但編號八八二（C. O. 882）則不同，因為它主要收錄殖民地部與外交部及其他英政府部門及其他殖民地政府的機密往來公函，所以很多時候它收錄到有關香港的公函，在其他檔案中不一定可以找到，所以極有參考價值。例如有關中英在 1898 年至 1899 年期間交涉接管新界的詳情，這個檔案就藏有很多珍貴資料。此外，編號八八二亦收錄有關省港大罷工的重要資料，內容包括有關罷工和聯合抵制運動的香港通訊。因篇幅所限，只能節錄香港輔政司駱克向殖民地部提交的有名的新界報告書，以供參考。在此部分，駱克建議要修改《展拓香港界址專條》有關新界北部陸界的規定，將深圳劃入英國管轄範圍內：

《展拓香港界址專條》黏附地圖標示的新界北部陸界走向很容易成為“激烈反對”的對象，因為它把以深圳為中心的富饒河谷劃分為二，不僅將該鎮排除在外，且將迄今由家族紐帶及共同利益連接在一起的各個村莊分開……所有這些村莊都視深圳為重要的集市中心。如果水流或道路一邊的村莊歸英國管轄，另一邊的歸中國管治，肯定會發生很多問題和摩擦……而且將使走私活動成為輕而易舉的事……深圳是新安縣東部的政治中心，由於該縣東部許多地方已劃入租借地，不能不考慮深圳對這些地方的"巨大影響"，讓一個中國城鎮留在英國領土邊境上，近在咫尺的地方，其不利之處在九龍城問題上已可以有所體會。該城多年來一直成為麻煩，而且是香港政府和中國政府經常發生摩擦的根源。若果仍容許深圳留為中國領土，歷史將會肯定重演的……深圳應該包括在租借地內。[49]

2. 英國外交部

當香港殖民地政府成立後，直至英國在中國正式設立領使這段時間內，歷任的港督，即最早的四位港督（砵甸乍，1843－1844年；戴維斯，1844－1848年；般咸，1848－1854年；包寧，1854－1859年），都要兼任英國派駐華全權處理中英貿易總監（Chief Superintendent of Trade）及全權大臣兼特使（British Plenipotentiary and Minister Extraordinary），而所兼任的職位都是隸屬英外交部管轄。因此在這段時間港督有很多重要事情涉及香港及中國內地的，都要匯報給外交部並且等待英外交部大臣指示才能辦理。為此在英國外交部檔案是藏有不少早期香港的史料。其後雖然港督毋須直接照會外交部，但在香港發生的不少重要事件都嚴重影響到中港或中英的關係，所以英外交部檔案都收錄有不少有關中國政府與香港或英國政府交涉的事宜，其中以編號一七（F. O. 17）（總務通信、中國），編號二二八（F. O. 228）（使館和領使檔案、通訊），編號二三三（F. O. 233）（使館和領使檔案、雜項），編號三七一（F. O. 371）（總務通信、政治）及編號六七七（F. O. 677）（使館和領使檔案、貿易總監記錄）等有較大參考價值。又以編號一七可以提供的不少資料最為重要。這個檔

49《英國殖民地部檔案編號八八二》，5卷，50－51頁。

案收錄到的文件包括以下幾種：a. 由 1815－1905 年間，英國駐外國領使及外交官員致英外交部大臣的原稿本彙報和往來公文；b. 同時期外國使節駐英國跟英外交部的來往書信；C. 同時期英外交部與其他人士的往來書函。這些外交部檔案都是以國家來分類，所以有關香港的文件可以在中國部分找到。

下面挑選的公文都是與英政府是否在很早期便決定奪取中國領土這個爭議性問題有關的，細讀這個檔案所藏公文，便會幫助讀者找到正確答案。例如此檔卷一，第五七九至五八〇頁，便有重要啟示。事緣 1816 年，英政府為應東印度公司的請求，遣派以亞墨爾斯（W. P. Amherst）（一譯譚夏氏）為首的使團往北京，要求改善通商辦法。國務大臣卡素里（Castlereagh）對亞墨爾斯的指示是，此行要設法為英國謀取各種利益，包括取消公行制度，開放多口通商及公使駐京等，但並無提及向中國爭取領土要求。但東印度公司的 "機密商務委員會" 卻致信亞墨爾斯就使團的任務提出詳盡的指示性意見，其中明確地提到奪取中國島嶼問題：

> 如果中國以暴力把我們拒於對華貿易的門外……那他們就不必指望我們會繼續採取被動的態度。他們必須明白，對於我們來說，沒有比佔領中國東部有價值的島嶼，特別是台灣和琉球更容易辦的事了。這將容許我們截斷他們與亞洲諸國之間的全部海上貿易，並給北京一帶造成恐慌。

要注意的是這個奪取中國領土作為貿易據點的建議，是由東印度公司的商人提出。此後不少與東印度公司有關的外籍人士相繼支持這個言論。但其後又怎樣發展到英國官員亦持此論點？在此檔案尋找適當的機密文件不難找出答案。好像在該檔卷十二便有英國駐華商務監督律勞卑於 1834 年 8 月 31 日致英國外交大臣格雷（Earl Grey）的公函。內裡提到律勞卑要求從印度調幾艘英國軍艦來華，"抵達後即應佔領珠江東部入口處的香港島，一個令人讚嘆，能適合於各種用途的島嶼"。根據現存資料，律勞卑應該是第一個極力主張奪佔香港的英國官員。三年後，繼他出任英國駐華商務總監督的魯賓遜（G. B. Robinson）在 1836 年 1 月 29 日致外交大臣巴麥尊（Pamerston）的公函中便重申律勞卑的論點，就是必須以武力奪取一個島嶼作為在中國的貿易據點：

摧毀一兩座炮台，並佔領（伶仃）附近的一個天然極適合作為各種商業用途的島嶼，可能產生我們所冀求的效果。[50]

所以在同一檔案卷三七，由巴麥尊於 1840 年 2 月 20 日發給英國遠征艦隊司令懿律和商務總監義律的訓令中，英政府已決定要奪取中國領土："我們認為這是符合我們的要求的，就是此次艦隊遠征（中國），應佔領到一些類似（上述）的島嶼，即是，一俟艦隊司令（懿律）和貿易總監（義律）有所決定在中國海岸芸芸眾島嶼之中，哪一個最為適合這個用途。"

當然，外交部檔案尚有其他編號，亦收錄不少重要公文，可以提供資料給我們深入探討英國奪取香港島的實情。[51] 但我們只是介紹了編號一七的一些重要公文，主要是由於香港大學孔安道紀念圖書館藏有編號一七的資料，但其他的編號則在本港尚無法取用。

同樣地，我們想介紹同一檔案編號二三三有關香港的資料，因為孔安道圖書館亦收藏有這些資料。要特別指出的是這個編號藏有不少原本是中文的香港政府公函和告示，稱為中文檔

50 《英國外交部檔案編號一七》，14 卷。

51 例如《英國外交部檔案編號二二八》、《英國外交部檔案編號七〇五》等。

（Chinese Records）。例如在卷一八五、一八六、一八七便可以找到不少這類公文。

例如，1844 年 8 月 21 日香港立法局通過法例，決定在華民政務司主持下對全港人口進行登記，並對居民徵收人頭稅。這條法例的本意其實主要是針對香港華人，因此引致全港華人一致抵制，發表〈華民公啟〉。這個中文檔在卷一八五，第二九頁便收有此告示：

> 舊例重收地租，已無限辛苦，新例加收身價，又何等艱難。……或時身票遺失，搜檢便捉擔枷，訟從此繁，刑從此酷。嗟呼唐人受害，種種難堪，設不預為杜漸防微，其禍將不知於胡底也。今者公議：各行工商暫行停止，貿易者罷其市，傭僱者歇其工，大眾踴躍同心，務行挾制之法，俾得聯情懇免，然後再開生意之門。倘有不虞，變生莫測，切須患難相顧，協力扶持。若其執例必行，寧可席捲而去，天下豈無佳境，何必香港乃為樂郊？

在早期的香港，由於治安欠佳，因此每年的警務費用相當巨大。港政府於是在 1845 年 7 月開始向香港居民徵收 “警察稅”（當時叫做 “巡捕規費”）以抵支出。編號二三三的中文檔收錄很多有關這個稅項及其所影響當時民生的珍貴史料。例如在卷一八五，即 1845 年中文檔的三三號，便藏有當時由香港總督戴維斯（一譯作德庇時）頒發有關此稅的告示：

> 德（即德庇時，但當時香港政府文件稱為德惠師）諭：照得在香港地方所有巡捕等費，宜必於本處屋宇地址徵餉，以供該警察之俸祿。

又在同卷四一號收有華人開設的眾盛店向港英當局稟請勿再將警察稅提高，因該店以前每季度納巡捕規費為四元半，但 “今每季要納十元半之多……實在無力完稅，懇請照舊徵收，無增無減"。而夾雜在卷一八五、一八六及一八七的中文檔更有不少有關黃泥涌村民由於亦要納此稅，以致生活困苦不堪的資料。這些根據黃泥涌村居民稟告政府的原稿文，反映出當時民生受影響到什麼程度："其少壯男女，單靠撿柴度日，其老弱童稚，每多乞丐沿街，苦楚備嘗。""每日難得兩餐飽"，"巡捕公費，月納常規……村民欲照常規辦納，則揭借無門，苟將公費推延，則刑罰立下，呼天莫應，叫地不聞"。[52]

黃泥涌村民後來命運如何，現已無可考證，但透過編號二三三的中文檔，至少我們可以知悉當時香港居民的生活狀況，因此這些史料，很值得我們重視。

3. 英國議會

愛爾蘭大學出版社在 1971 年從英國下議院 19 世紀的《會議與訓令文件》檔中，挑選複製原稿本編為《英國議會文書》（*British Parliamentary Papers*），這套文書是以國家為分類的，編在中國名下的第二十四至二十六卷是有關香港事情的文書。內容包括通訊、電訊、法令、備忘錄、統計表、報告、協定以及其他有關 1846 年至 1899 年期間香港事務的文件。卷二十四所收錄的文件都是涉及 1846 年至 1860 年期間香港政府面對的重要事務和棘手問題，如政府的歲收支出、鴉片貿易、立法局改革、扣留和審判中國罪犯和豬仔船貿易等。卷二十五所收的文件都是 1862 年至 1881 年間主要困擾港府的問題，例如公僕貪污、物業稅、港島英駐軍、賭博、衛生等。第二十六卷主要是有關香港在 1882 年至 1899 年這段時間的衛生環境情況，對 1894 年所發生的大瘟

---

52 見《英國外交部檔案編號二三三》，中文檔，第 31 號，第 5 號，第 6 號，186 卷。

疫的前因後果有極詳盡的報道。

大家都熟知，在 19 世紀時期，英國政府有關海外殖民地的一些重要政策，必須要向國會交待，甚至要經國會討論通過才能正式實施。所以殖民政府在管治香港期間，一些現稱為極之"敏感性"的問題都經議會討論，而一些藏有極之機密言論的文件，亦要呈交，作國會議員評議之用，而這些重要文件都被保存下來，重刊於《英國議會文書》之中。值得一提的是，出版人整理兼編目後，這套書非常方便讀者使用，為研究 19 世紀香港史人士參考的珍貴史料。

現選擇一些文件，其內容皆涉及一些具相當敏感性的管治問題，亦反映當時難得一見的"內部意見"。首先談的是英國在港駐軍的作用，一個現仍然為廣大市民關注的問題。收錄在《英國議會文書》卷二十五，第五一至六一頁，有港督羅便臣致羅杰斯的公函，是在 1863 年 2 月 21 日發出的，在此函內羅便臣分析了香港英國駐軍的作用。他認為香港有足夠的警察力量，足以維持當地秩序，英國駐軍自是為了英國的利益，而不是為殖民地（指香港）而設："英國在華有巨大的商業利益，中國沿海的外國租界目前有十四個，居住著大批英國商民，所以英國經常需要與中國政府打交道。毫無疑問，在比印度更靠近中國的地方駐紮一支小軍隊，對於排除困難有極良好的作用。同時，如果不幸發生誤會，他們即可構成作戰的基本力量。"同年九月，代理港督職權的輔政司馬沙爾（W. T. Mercer）在致紐卡素公爵的公函中（卷二十五第六七至七一頁）亦談及，英國在錫蘭、毛里求斯和澳大利亞等地駐軍，是為了鎮壓當地的騷亂，維持統治秩序，但在香港的英駐軍，其目的則不相同：

香港一直是（過去七年來肯定是）軍事據點，為了保護帝國的利益，從該地派遣軍隊前往中國各地。1856 年西摩（M. Seymour）爵士攻佔珠江炮台後，香港的駐軍為炮台提供了駐防部隊。1857 年攻佔廣州時，香港的軍隊是陸軍的主力，在 1861 年撤出廣州以前，香港駐軍又擔任了廣州的佔領軍。1860－1861 年遠征北京的軍隊，是在香港組成的，從那時起，本殖民地一直被用作給上海和天津等地分遣軍隊供應補給物品和兵員的軍事總部。

內地學者多指香港自淪為英國殖民地後，直成為英國進一步侵華的軍事基地，看過這些香港政府高級官員呈報英議會的內部文件，便不能說內地史學家這個看法是無所根據了。

華人是香港的主體民族，如何統治華人自然是歷來港督最關注的一個問題。至於歷任港督怎樣替他個人所採的統治華人方式和方法辯護呢？最好不過是參閱他們向英議會呈報的文件了。這裡只選擇軒尼詩港督在 1881 年 6 月 3 日所發關於人口調查和香港進展的報告（《英國議會文書》：卷二十五，第七二六頁、七二八頁、七三〇頁），軒尼詩猛烈抨擊前任港督的 "威懾政策" 和 "種族隔離方針"，主張給華人以較合理的待遇。他尊重華人的風俗習慣，保護華人的合法權利，堅持要把華人看作 "夥伴"，香港的華人顯然對於英國商業利益極為重要……香港很大一部分商業由華人經營，華人是香港最富有的商人，他們擁有大量財產，他們是香港的永久性居民，香港政府歲入的十分之九是靠華人出錢。過去三四年的情況很清楚地表明，企圖用人為的限制來阻擋商業自由發展的潮流（指禁止華人在歐人區購置房產，力圖把最好的一部分市區保留給歐人），這種辦法是失策的，而且實際是行不通的。

早期的香港，英政府用以管治華人的政策是否含有種族歧視，是一個具爭議性的問題。現在用過來人軒尼詩向國會呈報的說話來解答，應是最正確的答案。

最後要指出的是，這套《英國議會文書》除了卷二十四至二十六是全部有關香港事務外，在其他各卷也偶藏有關於香港的重要資料。例如在卷五，便可找到《皇家鴉片委員會議事錄》。1893 年英國皇家鴉片調查委員會對印度、中國、新加坡和香港等地的鴉片問題進行了調查，取得了很多重要資料。近代中國史家對於香港在 19 世紀以至 20 世紀初期，一直容許鴉片販賣，以稅收充港府的歲收，多指責其將金錢置於人道之上，荼毒華人，傷天害理，難辭其咎。英國皇家調查委員會的“內部意見”又是怎樣的呢？我們很容易在《文書》卷五的一些文件中找到答案。例如在第三五三頁，該委員會指出：“在英國，鴉片被正當地歸入有危險的毒藥類，其他許多國家也有同樣的認識；因此我們很難相信，它在其他地方竟被認為對人類只起無害的興奮作用。”又香港警方在 1893 年 12 月在答覆英國議會的調查時也承認：“人們抱怨英國以供應毒品荼毒其身的辦法，攫取中國人的大量金錢。”[53]

4. 港督私人檔案

歷任香港總督的私人檔案，對於研究他們任職時段香港史，有很大的參考價值。因為當他們處理重大事件的個人感受或與其他有關人士的關係都是在公函中無法得見，只可以在他私人的文件中窺見。孔安道圖書館藏有第九任港督軒尼詩（1877－1882年），第十三任港督彌敦（1904－1907 年）和第十四任港督盧押（1907－1912 年）的檔案縮微膠卷本，為喜研究他們在任期間的香港史事的人士必讀的資料。

5. 美國領使檔案

在美國國家檔案（United States National Archives）存有美國駐香港領使信件電訊檔（United States Consular Despatches, Hong

---

53 《英國議會文書》，5 卷，198 頁。

Kong）。這些檔案是美國國務院在 1844 年至 1906 年期間收到的駐港領使書信和電訊。這些文件除了涉及領使職務的日常工作報告外，亦有些相當詳細地報道在香港發生而涉及美國的事件，其中包括美國商船的報告，中國移民到夏威夷的報告，以及在南中國海附近有關海盜劫掠的報告。有興趣研究香港與美國關係史的人士，應參考這些資料。

（三）政府刊物

香港政府定期出版的刊物，雖然是經政府各部門整理過才出版的資料，但內裡亦重印了不少重要公文，所以亦是研究香港史的必須參考的史料。尤其重要的是這些刊物可以提供各政府部門發展過程和行政管理方面的可信資料。這些政府刊物比較重要的有《香港藍皮書》（*Hong Kong Blue Books, 1844-1936*）、《香港政府憲報》（又稱：《香港轅門報》，*Hong Kong Government Gazette, 1853-*）、《香港政府行政報告》（*Administrative Reports，1879-1930*，後改稱為 *Administration Reports, 1931-1939*）、《香港立法局會議文件彙編》（*Hong Kong Sessional Papers, 1884-1949*）、《香港立法局會議錄》（*Hong Kong Hansard, 1890/1891-*）和《香港年報》（*Hong Kong Annual Report 1910-*）等。下面抽選幾種較為重要的詳細介紹。

1.《香港藍皮書》

其內容是涉及香港政府的各項調查和統計資料，其中包括公共建設、各政府部門公務員教育、宗教、慈善團體、人口、工業、農業、移民、船務及政府的收支等項目。從第一期開始，每期的內容都有所增加，但較早期所包括的政府官員及政府部門的彙報則是其後所無的，因為這類報告已收進其他政府刊物。很多以上項目的資料是以圖表統計來作報告的。例如進出香港海港的船隻次數及港人出生和死亡人數等。但要留意的是所有統計資料並不是絕對正確的，其編者亦承認間中所作統計亦存錯誤之處，所以讀者必須仔細評估，才可動用所記錄指數，不能盡信。這套資料的另一特色是在回顧每一項目過往一年的情況時，都附帶提及前年或前幾年的情況，以作一比較並引用有關指數，所以便於研究者使用。

總括來說，《香港藍皮書》不失為有興趣研究早期香港經濟及社會史人士參考的資料。因為它所提供有關這方面的指數令初入門者很容易有一個相當明確的概念。例如根據 1901 年的《藍皮書》第三四二頁的報道，香港被佔領的第三年，當地已製成第一艘輪船"天朝"號，並正式行下水禮。黃埔船塢公司則是香港歷史最悠久的修船公司，規模也最大。1900 年該公司已僱用工人四千五百人，1899 年造船量達二十一艘，停泊船量則有三百三十艘，每艘二千三百三十六噸。到了 1900 年，香港造船公司已有八家，製造各種類型的輪船共一百一十六艘，合計五千九百六十五噸。這樣的報道對讀者認識 19 世紀下半期香港在造船修船等行業的發展情況，有很大的幫助，而且是不容易在其他政府刊物中找到的。最後要特別指出的是在《英國殖民地部檔案編號一三三》（C. 0. 133）所收藏的稱為《香港藍皮書統計資料》（*Hong Kong Blue Books of Statistics*）資料，是可以互相參用的。

2.《香港政府憲報》

早期稱《香港轅門報》，又稱《香港政府公佈》。顧名思義，其內容包括香港政府的各種公告、任免令、法例原文、立法局的會議事項和議事的投票結果、陪審員名冊、各行業人士註冊名單、拍賣公地記錄、破產告示、未領郵件及電訊，以至與政府有關和商業性的各類廣告等。根據政府的原意，透過《憲報》所發放的訊息，市民應可以對政府的運作有基本的認識，但有關政府或各重要事件發生的詳細資料則欠奉矣。例如《憲報》是將立法局所通過的每條法例原文刊出的，但政府之所以要立此法例的緣由，政府及有關法律人士對此法例的申辯過程及輿論的反應等則自然不會在《憲報》內閱讀得到了。

《香港政府憲報》是每周出版的，多在周末，但亦有刊印特別號外以應所需。由於所刊的事項瑣碎繁雜，所以每期都編有目錄索引以方便讀者找尋所需資料。值得一提的是，內容亦有引用圖表來解釋政府需要報道的數字。例如政府的收支和賣地等。若干政府部門的年度報告亦有附錄在《憲報》內。研究香港商業史的要特別注意《憲報》的廣告欄，因為經常可以發現一些商業機構所登的商業告示，雖然這些有關他們商業的情況是較為零碎及片面一點，但亦是了解當時商業機構和團體的珍貴史料。最後要一提的是在《憲報》所登的政府公佈，有很多時是用雙語登載的，即是有中英文版本的。

3.《香港立法局會議文件彙編》

其所藏的資料的性質與《英國議會文書》相類似。主要內容包括立法局每次開會用作討論議事項的一切有關文件，並附錄港督或港政府所委任的各特別調查委員會所作的報告書（Report of Commissions）。在 19 世紀，亦有部分收錄各政府部門的年報。

每當香港有重大事情發生，立法局便要開會討論，而密切有關此事件的文件便要呈交立法局議員作為討論該議事項之用。所以《彙編》所收錄的文件是對認識這些重要事件的珍貴資料。例如在 1899 年的《彙編》便收有不少有關《展拓香港界址專條》事宜的機密文件。其中包括卜力總督給英政府的密函、香港政府各高級官員如駱克的備忘錄及報告等。當然這裡收集的文件不能說是包羅全部研究這個問題的重要資料，但對於有興趣研究某一香港歷史上發生的重要事件的人士來說，可算是隨手便能撿獲不少與此有關的難得史料。

附錄在《彙編》的各特別委員會的調查報告書亦是珍貴的港史資料，這些報告書對調查的事項都作極詳盡的分析和報道，有的長達數百頁。例如羅便臣港督所委任為設立保良局的特別調查委員會所呈交的報告書（附錄在 1893 年的《彙編》）便是研究保良局成立過程的重要資料。

4.《香港政府行政報告》

它包括每年政府各部門的首長的施政報告。由 1879－1883 年這段時間內有按察司（Chief Justice）的法庭審判報告、巡捕官（Superintendent of Police）的警務報告、驛務司（Postmaster General）的郵政報告、船政廳（長）（Harbour Master）的船務報告、庫務司（Colonial Treasurer）的財經報告、監督學院（Inspector of Schools）的教育報告、司獄官（Superintendent of Gaol）的監房報告和國家大醫師（Colonial Surgeon）的醫務及衛生報告等。其後隨著政府部門的擴增，每期所刊登的行政報告數目亦按序遞升。由 1908 年開始，港府發表每年整體的行政報告，是以港督名義發表的，亦即是所謂港督施政報告，亦登載於每期的《行政報告》。

在政府各部門的每年行政報告中，以船政廳（香港海港司）、監督學院和國家大醫師的報告較為詳細。尤其是在船政廳年報內，可以找到相當詳盡有關香港對外貿易情況的參考資料。例如對研究中國內地與香港貿易有相當價值的部分，是幾欄登記每年從世界各地進出香港海港的船隻數字，及其所載的貨量。所記載的貨量是以噸位計算的，而來往的船隻則分為兩類，一類是載量較大能航行大洋的貨輪，而另一類則是容量較小，航程較短的帆船。在海港司的年報中，兩類載貨的船隻的資料是分開記錄的。只要參閱從中國沿岸通商的商埠及台灣進港，及從香港輸往這些通商港口船隻各欄，並將兩類不同的船隻數字及其所載的貨量相加，便可得知近代史期間，每年往來中國內地與香港的船運商品的總量。但要指出的是，由於香港是一自由貿易海港，船隻進出香港海港，是毋需抽付關稅的，所以海港司是無從得知中國內地與香港貿易貨值的總額，而其所記錄的進出口船隻及載貨容量，亦僅是按照各船長自行申報的數目編成，嚴格來說，此等數字是不一定絕對準確的。雖然如此，這些香港政府檔案記錄，是足以用來補充中國海關檔案，有關同時期中國沿岸各道商埠跟香港貿易的難得資料。

最後要指出的是這些政府行政首長年報，除了刊登在《行政報告》內，在不同的時間亦重複刊登在《香港政府憲報》（1844－1907 年）及《香港立法局會議文件彙編》（1894－1908 年）內。

5.《香港年報》

顧名思義，主要是將每年政府整體的報告和各部門的報告集中出版。在 1910 年開始刊印，基本上是重複了其他政府刊物所載的部分資料。在 1939 年《行政報告》停刊後，它成為唯一出版年報的政府刊物。

6.《香港立法局會議錄》

這是記錄立法局每次會議整個過程的資料。內容包括會議程序表、港督在會議的演詞、立法局所通過的法例原文、立法局議員對每一動議的發言及投票情況等。但在報道討論過程大都從略。間中亦有較為詳盡記錄的。例如在抗日戰爭期間，由於每日都有大批中國難民逃亡到香港，引致一連串的嚴重社會問題，立法局開會大都集中商議立法處理這個 "難民" 問題。《會議錄》所記載有關討論難民問題的會議過程，相當詳盡，為研究此問題的好資料。此外，愛好研究華人議員是否真正能在立法局內替華人團體盡力爭取利益，則必須要參考《會議錄》的資料了。

（四）報紙期刊

香港政府刊物雖然可以提供大量資料給研究香港史人士應用，但必須留意的是這些政府行政報告內容都是從單元化的觀點與角度，即是所謂官方的立場，去將事件報道。雖然政府不一定著意去隱瞞史實，但研究歷史首先看重儘量搜集多種從不同立場、見解報道同一事件的史料，以便能夠作一比較評估，來決定哪些資料的可信性較高。況且政府的行政報告主旨在於向市民交待政府每一部門過往一年所做的工作，至於有很多政府應做但未能做到的，自然不會在報告中說明。驟眼一看，每年的政績都似乎十分 "驕人"，但細心一想，從行政報告得知的這些政府政績是否能達到市民的期望，又這些工作是否譽多於毀，是否實際距離政府答應所能做的很遠，我們都是無法在這些資料中找到答案的，所以要明了每一在港發生的歷史事件的整個真相，有必要參考一些非官方刊物。

又以上所談及的官方記錄對於香港社會主要成員，即華人的生活狀況、商業活動及對香港的貢獻都是語焉不詳。若果要深入研究香港的華人社會演變過程或是華人的經濟活動，亦不得不向非官方刊物著手尋找所需的史料，而報紙與期刊應是其中最重要的資料。由於在第二次世界大戰後在香港出版的報紙與期刊其內容性質與當今出版的報刊並無顯著的分別，都是為大眾所熟識的，所以在這裡只集中介紹些較早期在香港出版的中、英文報章及期刊，以及其對研究早期香港史有參考價值的部分。

1. 英文報刊

在晚清民初期間，在香港出版的英文日報現尚保存的有四種。其中最早開辦的大概要算《德臣西報》（*China Mail*）。據查考，該報是 1845 年 2 月 20 日創刊的，當時只是一張周報，而每星期只有四頁。報館設在雲咸街。要注意的是《德臣西報》在 1867 年 2 月 1 日才開始轉為每日出版，所以最早每日出版的英文報紙應是 1857 年 10 月 1 日創刊的《孖剌西報》（*Hong Kong Daily Press*）。此報報館地址亦是在雲咸街。第三種每日出版的香港英文報紙是《士蔑西報》（*Hong Kong Telegraph*）。此報其實是每晚出版的，在 1881 年 6 月 15 日創刊，報館設在畢打山。四種英文日報中最遲開辦的是 1903 年 11 月 6 日創刊的《南華早報》（*South China Morning Post*）。最初報館原是設在干諾道，其後在 1907 年將館址遷至德輔道。

在這四種報紙中，《德臣西報》歷史最悠久，在日治時期曾停刊，光復後復刊，至 1974 年 8 月 17 日因經濟問題又告停刊。《德臣西報》的最早期數已不存，現存該報最早的期數應是藏在香港政府布政司署圖書館的於 1845 年 6 月 5 日出版的一份。該圖書館亦收藏 1846 年至 1853 年的較早期數。香港大學孔安道紀念圖書館則藏有 1853 年至 1875 年的期數。從 1876 年開始，除缺少部分期數外，該報都能夠差不多全部保存下來，亦算難能可貴，這些期數現存放在香港檔案館和香港大會堂圖書館。

第二種英文日報《孖剌西報》亦是歷史悠久，一共出版了八十四年，直至 1941 年香港淪陷才停止。香港現存的《孖剌西報》雖然並不齊全，因為最早的期數已無法找到，但香港檔案館及大會堂圖書館收藏的由 1870 年至 1941 年的期數，除缺去很少外，都得以完整保存下來。

《士蔑西報》是唯一仍能夠保存最早期數的英文日報，亦可算是相當齊全的，因為現藏於香港檔案館及大會堂圖書館該報的期數由創刊號至 1941 年為止，只缺去三個月。

《南華早報》雖然是四種報紙中創刊最遲的，但它最早的期數已散失，現藏大會堂圖書館及香港檔案館該報最早而又完整的一份是在 1904 年 1 月 5 日出版的。以後一直至 1941 年為止，幾乎全部期數都完整無缺地收藏在此兩藏書單位，所以到日治時期為止，《南華早報》是四種日報中保存得最齊全的了。

這些英文日報都是由一些有學識的西方商人創辦。他們立志將世界各地的政治經濟實際情況儘量向港人作忠實的報道。這些報紙的大部分篇幅都是著重報道與商業財經有關的消息。其中報道船務的最為詳盡，是對研究當時香港與各地的貿易有相當價值的部分。這四種英文日報都設有 “船務報道”、“航運通信錄” 等專欄，專門報道穿梭往來香港及中國沿岸通商港口以至世界各重要商埠的貨輪的一般性資料，例如每艘貨輪抵港或離港的正確日期，所載貨量的噸數等。但值得注意的是其中的一些報章以不定期方式登載一些對研究中國當時沿岸各重要商埠對外貿易情況的統計資料。例如在 1850 年代，《孖剌西報》的 “商業訊息” 欄便開始登載過往一個月由上海、廈門、廣州、汕頭、福州進出香港各種貨品的數量和總值的統計資料。而《德臣西報》則有專欄提供一些統計數字來分析香港與上海、汕頭、廣州、天津、廈門及福州等地的每年雙邊貿易發展情況。當然香港英文報章所提供的這些有關中港貿易的統計數字，不一定都是準確的數字，但肯定是具有極高的參考價值。

除此之外，與當時經濟活動有關的尚有報道經濟行情的專欄。這裡一般財經消息都可以找到，如股票、外滙和金融市場的最新行情等，實為喜愛研究 19 世紀香港經濟史人士的資料寶庫，因為藉此資料不難洞悉香港經濟貿易能夠起飛的真相。同樣值得參考的尚有登在這些報章的各大商業機構的通告，包括各大銀行、百貨公司、保險公司等的招股、分發花紅、營業規律以及會議結果的告示。這些都是嘗試了解當時一些大商業機構發展情況的好資料。

很可惜的是，這些英文日報用於報道本港新聞的篇幅極之有限，而且只是集中登載警署報告有關治安情況和高等法院及地方法院審判案件的過程。不過一些重要的案件的整個審判過程，這些報章都詳細替讀者報道，因此對當時港人所犯的罪案和所判的刑罰很容易在這些報道中知道。

無疑新聞欄對香港社會很多方面的活動都很少報道，偶然會有數則提及體育或文娛比賽事項。若果要進一步明了當時港人的生活方式，則要向佔篇幅相當廣的廣告欄去找尋有關資料了。這裡很容易找到有關各種行業和各商店所出售的各類商品和價格、商店招聘工人、開張及搬遷的啟事、各劇院上演的戲劇、音樂演奏會、重要晚會等都可以在廣告欄中獲取若干資料，這是認識當時上流社交活動的好方法。不過從英文日報中可以獲取的資料無疑是相當零碎的，是要費心去蒐集。

最後要特別一談的是這些英文報章都設有社論欄，多是由主編執筆的。對港府所施政策不時有所評論，甚至彈劾。而在這些社評中各報主編對港府政策都各持己見，這正好提供珍貴的資料讓我們分析該政策的得失。又這些報章都闢有"讀者欄"歡迎讀者來信發表意見，雖然只是代表個人見解，但亦可以反映出一些港人對一些重要事件的觀感，而編者亦常加評語，所以不失為難得的參考資料。

除了上述四種日報外，在 19 世紀出版的香港英文報紙尚有 *Dixon's Hong Kong Recorder*、*Hong Kong Register T*、*Friend of China, Hong Kong Gazette* 等，不過保存下來的期數有限而其內容亦大致上與上述的差不多，所以不再在此贅述了。

2. 中文報刊

在晚清民初出版的香港中文報刊現仍保留下來的亦有多種。統計有《遐邇貫珍》、《循環日報》、《華字日報》、《中國日報》、《世

界公益報》、《廣東日報》、《有所謂報》等，但是除了《華字日報》
稍為例外，其餘的用途只是局限於研究香港於近代史上對中西文
化交流的重要性和香港在近代中國政治史上所扮演的角色這類專
題，對研究香港的本身歷史發展提供不了甚麼有價值的資料。例
如《遐邇貫珍》是香港出版的第一本定期中文刊物，亦是近代史
上以中文出版的較早期刊物之一。它由英國倫敦傳道會所屬英華
書院自籌經費出版，於 1853 年 8 月 1 日創刊，至 1856 年 6 月停
刊。在出版期間，《遐邇貫珍》一直不遺餘力地以中文介紹西方科
學及歷史文化給國人認識，在早期的中西文化交流史上著實立下
了豐功偉績。[54] 但論述有關香港事務的專文可以稱得是鳳毛麟角，
只是在創刊號（1853 年 8 月 1 日）內登出篇名〈香港紀略〉的文
章，這篇可算是最早期從英國人的角度，以中文向國人綜合報道
當年英人管治下的香港實況的文章，相當有價值，特將全文轉錄。

溯前十二載，林文忠奉命到粵，禁絕鴉片，原宜將船煙拿獲，一
並入官，但林文忠竟將城外商民，不分青白，及有無販賣鴉片者，一
概封鎖，並將在內傭工漢人，均行撤盡，斷給口食，致令各商民，備受
艱難，幾有性命之憂。其中竟有與煙無涉，或屬傳道，或屬行醫，或屬
職員，非此則彼，似此不分良歹，豈得為公平之道乎？總因林文忠尚未
諳他國事務之故。蓋無人不深悉我國，斷不容無故受屈，致啟後釁，即
如我國皇后，彼時知良民被害，赫然大怒，即興師旅，蓋欲雪此恨，而
杜將來之患也。林文忠等，素輕視西邦，不以為勁敵，意以戰船兵丁即
來，何難除滅，以了其事。追溯昔時，中國名將奇才甚多，俯視今日，
內地猛士異能不乏，以英國不過渺如洲島，豈敵中華幅員之盛。惟英國
屬地，既多且廣，船隻人民，通行於天下，是別國一平民受害，必不肯
置之罔聞。況因中華歷來藐視外國，不通交往，以致外國商民，近年疊

---

54 霍啟昌：《香港與近代中國》，70—76 頁。

興美利，中國竟不能稍獲其益，林文忠豈不知之！彼時皇上漸悟其辦理悞謬之處。英兵攻克城池，遷至天津具訴，朝臣允其所請，而船始南旋。迨後又復食言，故更興兵，陸續攻克數處城池，直駛長江，幾陷江寧。其時英官所討，始皆允肯，軍乃撤退。英國初意非為土地，祇為本國之民照常貿易，免受平空之欺藐而已。後因所願不遂，致起兵釁，我國不得已而討取行師軍餉之費，另一小島，以備居息之所，往來商船，得以灣泊屯守，兵士藉為駐紮，遂擇地於香港，所定文約，即於癸卯五月二十九日，互交收執，此後香港割出中國版圖，永屬英土地矣。香港乃海隅一小島，周圍約一百里，距廣屬之新安，九龍司以南相離約有十里之遙，地形僅如三角，群山攢簇，山谷中有耕種禾苗瓜菜，亦間植甘煎。惟山坡之上，則無人栽植，山中樹木素被樵蘇，故大樹最少，時至秋冬，一望童然山中惟產花崗青石最饒，溪澗紛紛噴流，山泉極其甘冽，香港必由此得名，只需有人闢土栽植，自能灌溉茂盛，則不獨地方可美觀瞻，居人亦覺居恆舒暢。此土初歸英國時，居民稀少，多屬隨趁捕魚之人，設舖種地，漁汛既過即復隨而他徙。總計彼時港中居民，不逾兩千，今則不下三萬兩千矣。此外尚有諸多英吉利等國人，並天竺國等處人民，俱不在此數，港內復有諸式華美樓臺屋宇，如禮拜堂、臬司署、兵營、醫院、公司會館等處之類，不一而足。至商人居宅，俱依本國規模，亦屬高廣壯麗，即漢人舖宇酒樓，亦不減廣州光景，海壖並有通衢馬車廣路一條，長二十餘里，另有官路圍繞其島，以資往來，是則香港固儼然一大都會也。官此土者，有總督一缺，兼管五港貿易事務，輔之堂二，一稱佐理堂，凡總憲辦理公務，與其參議，專以職官任之；一稱創例堂，凡本港應創則例，與其議創，兼以職員官紳任之；改於總督者，則有撫臺，兼管軍營，品同總兵；其次則有牧師，總管傳道教牧，倡奉上帝，鼓舞士庶習經行善；其次有臬憲，審斷重要案件，至細故小案，俱歸刑訟司，協同撫民紳士一、二員訊斷。至凡有漢人告狀，或控本土人，或控他國人，即赴該司署以漢文稟訴，傳供人照由轉達，聽候判決，此係以犯例案而論，至不屬犯例之案，即如銀債等件，恐英國例原為英人而設，於漢人原不甚諳習，莫如向本村本灣地保按照本土風俗處理，若願赴公庭，照犯例案一體審辦者，仍聽其便。臬憲之次，又有香港僚佐官，又有提刑官，其責成在持法嚴明，又有帑餉僚佐官，總理港中稅餉，又有量地僚佐官，掌度地址，管批田土，起造公署，修整道路等事，又有巡捕官，總理差役，又捕廳總理羈監事務。以上皆香港地方大略，凡更欲深知事之詳細者，付信到本館，自能更加布悉也。

除了這篇專論外，有關香港事務的記載只能在"近日雜談"欄偶然發現三數則轉錄港府的通告或是報道一些與治安有關的新聞，但都非常簡略，沒有多大參考價值。

《循環日報》是由大名鼎鼎的王韜創辦的，主旨在介紹西方學術、政治制度和有關其他科學題材給國人，並且鼓吹中國要實行政治改革。因此對幫助當時中國讀者更多地了解西方文化和科技方面貢獻良多，然而專題論說有關香港事情的可以說是絕無僅有。但對研究香港史人士有參考價值的是第一版的有關香港經濟報道欄。在這個專欄經常可以找到影響民生的日常用品的價目表以及各大公司股票的行情。《循環日報》的新聞欄只是著重報道世界各地和中國，特別是廣州的新聞，對香港史研究無大幫助，反而是研究廣州的資料寶藏。不過該廣告欄跟英文日報的廣告欄一樣，不少當時香港的大商業機構都登有告示，各輪船公司更登有航運指南，提供各種航程的資料。上述有關香港物價貿易和船務的資料是可以用來補充英文日報同樣資料的不足的。

《中國日報》、《世界公益報》、《廣東日報》、《有所謂報》是由革命黨人在香港創辦的報章。這些報紙對辛亥革命運動的成功曾立下汗馬功勞，尤其是《中國日報》，不單是第一份中國革命的報刊，而且是唯一能夠連續沒有間斷地出版達十三年之久的革命刊物，它對革命成功的貢獻是其他革命刊物所難以比擬的。關於它的重要性已有文章詳細分析，毋須在此覆述。[55] 但這些革命刊物只銳意鼓吹民族主義和革命言論，所以內容極少涉及有關香港的評論，雖然他們都有新聞欄，但都著重報道國內或外國發生的事件，無疑《香港公益報》是闢有"港聞"欄，但報道簡略，無大參考價值。所以這些刊物的內容只能應用於研究香港與辛亥革命之關係或是香港報刊史這類專題。

《華字日報》不僅現存的期數延續性長，而且內容對研究香港史比較其他早期的中文刊物更有參考價值，所以要特別介紹。

《華字日報》每期出四頁，大部分篇幅是用來報道新聞，其中包括"選錄京報"、"羊城新聞"、"歐洲風雲錄"及"香港新聞"等專欄。"香港新聞"的報道涉及香港社會的各個方面，而且常能為某些香港史題目提供唯一可利用的資料，所以很值得留意。此欄經常登載港政府主要委會，如議政局（即行政局）、定例局（即立法局）、清淨局等的會議過程；港督及其他名人的演講詞；大商業機構及各華人社團如同鄉會、行業公會的集會會議錄等，是相當珍貴的中文史料。其他內容包括法庭審判重要案件的詳細報道以及一些意外或較突出的新聞的報道。除此之外，在《華字日報》的廣告欄亦可以發掘不少研究香港早年華商經濟及其他活動的珍貴史料。這裡不少重要的華商機構或是華商本身都透過"廣告"、"告白"和"聲明告白"的方式將他們的活動通告社會人士。

最後要特別一提的是，在抗日戰爭期間當大部分中國土地漸次被敵人佔領，香港即成為中國抗日文化思想向外傳播的重要橋頭堡，這是由於不少文化界及報界的知名人士，都避難到香港，利用香港較自由的氣氛和較為優良的物質環境，繼續刊行抗日報刊，提高中華民族抗戰的士氣。在這段抗戰時期，香港出版的中

55　霍啟昌：《香港與近代中國》，155－160頁。

文報刊，現存的就超過二百多種。[56] 從盧溝橋事變直至香港淪陷，這些香港出版的中文報刊的地位非常重要。主要是因為中國沿海城市在抗戰初期便已失守，上海租界也變得孤立，時常感受敵偽的威脅，惟英國統治下的香港，抗日的言論還可以存在。國人得以繼續努力向各方僑胞和國際友人宣傳中國抗戰衛國的政策，並且不時透過香港報刊，抨擊日本在國際上的行徑。中國抗日的民族陣線於是能夠在香港建立一個抗日文化傳遞站，與國內及外國溝通抗日的文化訊息。所以這些中文報刊給我們研究香港在中國抗日的民族運動上擔當了一個怎樣的角色，提供非常珍貴的資料。除此之外，不少的報刊都載有抗日時期有關香港的經濟和社會情況資料，亦是研究這段時期香港史的極好素材。

（五）私人檔案

上文已談過為了深入研究每一歷史課題，單靠政府檔案和刊物仍是不足夠的。因為這些資料只能提供單方面的觀點，而報刊往往亦只能對某一事件提供零碎的史料，所以對一些重要事件來說，能夠找到與此事件有關的一些私人機構或個人留下來的原始資料，是有很大參考價值的。例如太古洋行和乍甸洋行的檔案，對研究早期香港史的價值早為學者公認。但由於這檔案不在香港，無法為香港市民取用，因此不作進一步介紹。[57] 另一些藏在香港的私人檔案如東華三院、保良局、滙豐銀行等，已有學者詳為

---

56 K. C. Fok, *Lectures on Hong Kong History: Hong Kong's Role in Modern Chinese History*, p.126.

57 例如，乍甸洋行的檔案現存於英國劍橋大學圖書館。

研究並論述，因此亦不再在此覆述。[58] 現在要粗略介紹的是一些難得的而又少為人知曉的私人檔案資料。這些資料包括晚清民初時期一些香港商行的商業信札、賬簿及年結。這些資料可以幫助我們認識到，香港華人及僑居海外的華人的一部分資金是怎樣透過在香港的一些私人聯繫，轉入國內，用來發展商業或從事經濟建設的工作。

有關商業信札，現在想談的是"馬敘朝檔"，所收集到的數百件信札，發信人都是馬先生在海外或國內的貿易夥伴。信件大部分是在 1902 年至 1930 年間發出，但亦有少數是在辛亥革命前發出的。馬先生是清末民初時期的一個十分有名望的香港商人。[59] 從這些信件內容，得知不少跟他有聯繫的海外華人，常常將錢寄給馬先生，或託水客從外地帶錢給他，然後由他代轉到國內家人親友或族人手中，用來付予商店代買貨物，亦有用作還債，合股以及創業等之用。

單從"馬敘朝檔"，保存下來的小部分文件內容，已可以知道，只是透過一位香港商人，由香港帶入國內從事商業投資的外僑款項已是相當可觀，[60] 何況這個款項可能只代表實際流入資金的極小部分。首先，現存的馬敘朝先生商業信札，並不完整，其實大部分已失落，故從現存的信件顯示的統計數字，只應當是實際滙款總額的一小部分。其次，類似馬先生的香港殷商為數不少，例如從另一私人檔，即"馮民德檔"所存的商業信札內容，[61] 亦

58 Elizabeth Sinn, *Power and Charity: the Early History of the Tung Wah Hospital, Hong Kong* (Hong Kong: Oxford University Press, 1989); Frank H. H. King, *The History of the Hongkong and Shanghai Banking corporation* (London: Cambridge University Press, 1988).

59 霍啟昌：《香港與近代中國》，98 頁。

60 同上，99 頁。

61 同上，100 頁。

同樣可得知，與馮先生有生意往來的海外僑商，或是僑居海外的馮氏宗親，都是經常透過馮民德，將款項帶入國內，協助發展商業的。

又從"馮民德檔"一批信札內容得知，馮先生經常私人貸款給國內商人發展企業。[62] 而馮先生在 1920 年開始到解放前這段期間，都一直大力投資到國內一些重要城市的商店及實業，協助當地商人發展經濟。[63] 這一批難得的資料無疑可以幫助了解香港與中國內地在商業的聯繫，反映出香港的華商在中國近代商業史上，扮演了一個相當重要的角色，就是成為了國內商人及海外僑商的橋樑，提供一些重要的商業性服務。

現存本港的商業年結超過一百本，[64] 分別屬於八九十間店號的，這些商店分佈於香港、澳門、中國內地，以及美國、墨西哥、越南等地。從這些年結所列的開支，可得知華僑在外地開設的商店，多與內地商店有密切的商業聯繫。年結內亦有列明與該商店有賬目往還的客戶，此等客戶多是各地的商人，商店及銀行，但間中亦有是該店的股東，或部分高級職員。這一批年結的印發日期多在民國期間，但其中亦有小部分是在晚清期間刊印的。透過這些年結可以得知所提及的商店，其業務範圍是相當廣的，其中包括疋頭行、火柴廠、造紙廠、酒店、酒樓、藥材行、茶莊、保險公司、香莊、電器行、百貨公司等。這些年結都是幫助進一步了解當時中國商業活動的珍貴資料。

最後想談一談的商業資料是保存下來的一些香港華人商戶的賬簿。大部分都是民國時期的進支記錄。這幾年來經過學者的努

---

62 同上，101 頁。

63 同上，102 頁。

64 K. C. Fok, "Private Hong Kong Documents and the Study of Chinese Business History", *Chinese Business History*, Vol. 3, No. 1 (1992), p. 5.

力，搜集了超過一千本這類賬簿，本文作者及其他學者正在進行整理這些資料的工作，但整理需時，現在還未能把握到全部資料的內容，是要熟識當時記賬的方法與系統，才能充分了解這些統計資料。不過經過初步的整理，已得知每間商戶的賬簿，都非常詳細地列出每項收支的性質和數目，因此賬簿的名目不下數十種之多，例如有定貨部、定價部、入倉部、發貨部、認銀部、發單部、轉單部、行情部、磅碼部、儲倉部、來貨部、銷號部、苦力部、艇力部、擔力部等名目，這些賬簿對於研究當時一些規模較大的商業機構各部門的財政管理，有很大的參考價值。

（六）年鑑

由於研究早期香港社會情況的資料並不完備，一點一滴的可信史料都顯得難能可貴。除上文提及的，尚有另一種非政府刊物《年鑑》亦很有參考價值。這類刊物內容包括當年的月曆表（附有關天氣潮汐進退情況）、每年香港所發生的大事、有關香港政府機關的報道、在港的外國人、華人貿易、貨幣兌滙表、郵費、海港和警署法規、地產估值和契約法例等。現在香港可以找到的最早的年鑑是 1846 年出版的 *The Hong Kong Almanac and Directory for 1846*。另外在港出版現仍存有的英文年鑑是 1859 年出版的 *The Hong Kong Directory with List of Foreign Residents in China*。在 19 世紀後期出版的同類年鑑還有 *The Hong Kong Directory and Hong Kong List for the FarEast*。這個時期出版的《中國年鑑》（*The China Directory*），內容亦包括香港，同樣有參考價值。其後上述兩種年鑑合而為一，另名為 *Directory of Chronicle for China, Japan, Korea, Indo-China……*。

現在香港可以看到的最早的中文年鑑是 1934 年出版的《香港年鑑》。戰後出版而歷史悠久的當然是《華僑日報》出版的《香港年鑑》系列了。

商業年鑑雖然所收錄的資料是以與商業有關為主，但同樣有參考價值。出版時間最長而至今仍有出版的有 *Hong Kong & Directory*。中文商業年鑑現存本港最早的一本要算 1915 年出版的《香港中華商業交通人名指南錄》，此外在戰前出版現仍可找到的尚有《香港商務人名錄》（1930 年）、《中華商業指南》（1933 年）、《香港商務店名錄》（1930 年）、《香港九龍商業分類行名錄》（1939 年）、《香港華僑工商業年鑑》（1940 年）和《港澳商業分類行名錄》（1940 年、1941 年）。

（七）傳記

透過傳記所記載有關早期香港人物的豐富事蹟亦是幫助我們重建史實的方法。不過可能有人對這類資料抱有懷疑態度，認為只是恭維之詞。但若果對其內容先加以細心研究分析，或進一步設法在其他可信性高的資料，例如從一些地方誌中去找尋其對同一人物或涉及他的事蹟是否有同樣的報道，若果能印證其中記載的事蹟，則此傳記的可信性亦應是相當高，而其所記載的事蹟亦應是有價值。

三、不正視重要香港史實將危害香港年青一代

（一）前言

最近兩年西方國家不少有誠信及良知的專業史學家風起雲湧地站出來聯成一線，要求其政府不要因為政治目的及其他因素而不正視第二次世界大戰所發生的重要史實。這是因為在第二次世界大戰結束後，世界即步入所謂"冷戰"期，而一些在"二戰"期間的盟友卻演變成敵對國家，而有些在"二戰"期間是敵對國家的，卻竟然變成當今緊密盟友。所以世界的專業史家呼籲西方國家在現今國際關係的佈局及外交言論是不能漠視正確史實的，

這就是在當年亞洲的戰場，中美俄是親密的戰友，而日本卻是三個國家的公敵。這個學術界的趨勢是由於前幾年（2015年）是全球紀念反法西斯戰爭勝利七十周年紀慶年，而全球各地都舉行大規模活動來回顧這件人類歷史上重要的史實。

在現今的世界裡，曾受德國納粹政府不人道摧殘屠殺的歐洲國家及人民，由於當今的德國政府及人民對納粹黨人的暴行表示精誠懺悔及真心的道歉，似乎對這段史實已不為已甚，已達到基本的共識，就是無心再追究。這當然是由於了解到在現今的德國已找不到任何政治家或官員為了個人政治企圖，會表示支持當年納粹政府的所作所為。

在第二次世界大戰期間日本軍國政府同樣犯了彌天大罪，慘無人道地屠殺不少無辜亞洲平民，尤其是中國人民。但事隔七十餘年，日本仍被其亞洲鄰國指控未有正視這段史實，為甚麼有這樣的情況出現？根據一位研究人權的美國教授的說法，這是由於絕大部分德國人民，除了一小撮 "新納粹" 黨員之外，都不會認同納粹政府所犯的慘無人道罪行。[65] 正如德國著名史學家韋靈格（H. Winkler）於2015年5月8日出席世界戰勝法西斯政府紀念日，於德國國會講述這段歷史對現今德國人民的重要性時所說的一番話，他指出在第二次世界大戰結束後，德國人民花了不少時間認真痛心反省深思，才終於悟出真理，達到共識，就是認同德國人民其實亦是戰勝者，因為他們能夠戰勝在德國歷史造成最黑暗恐怖時期的邪惡勢力，令德國及其人民能夠重返現今歐洲民主文明的社團而成為受尊重及重要的一分子。[66]

---

65 In a *DW (Deutsche Welle)* interview Professor Ian Buruma talks about why news on WWII are so polarized in Japan. See "No Conçençus in Japan about wartime past", *DWDE*, April 8, 2015.

66 "Winkler reminded historian in the Bundestag on the war", *Panters,* May 8, 2015.

但日本的情況則不一樣，日人不單未能認真反省深思日軍國政府所犯彌天罪行，達成共識表示集體懺悔，反之一些政客及官員受個人政治目的的驅使打算修改日本的和平憲法，因而有需要爭取一些極端分子的支持，而這些極端分子一直未甘於承認日本軍國政府侵略中國、韓國及其他亞洲國家所犯的罪行。而一些為了達到一己政治目的的高官及政治家更不惜埋沒良知，竟然膽敢無恥地公開否定鐵一般的史實如"南京大屠殺"事件，當然日本並非唯一嘗試篡改史實來達到政治目的國家。眾所周知，在美國某些州政府的教育委員會亦曾授意編寫美國歷史教科書的人士儘量省去有關早期黑奴的實況，或是省去在美越戰爭期間一些反越戰的美國人民所作出的不愛國行為。[67] 但這次日本政府所篡改的史實卻涉及另一國家及其人民。

但如今"南京大屠殺"事件的爭議已塵埃落定，2015 年聯合國教科文組織（UNESCO）已將"南京大屠殺"檔案列入"世界記憶名錄"。但日本政府隨即警告稱它將不支付資金予該組織。果然日本外相岸田文雄於 2016 年 10 月表示日本暫緩支付聯合國教科文組織應付為數四千萬美元的資金。日本政府銳意篡改正確史實的行為竟然窮兇極惡至此，這證實在當今世界上是有無良的學者串同法西斯主義政治家不正視鐵一般的史實。這是全亞洲人民值得關注的危險現象。尤其是適值某些西方國家竟然盲目鼓動日本政府申張武備，擴展武力作為國際維和部隊之用。試問由一些仍然持有法西斯主義思想的人去領導國際維和部隊是何道理？是否荒謬之談？難道是為了政治企圖，西方民主文明的國家亦不欲正視亞洲鐵一般的史實？若是，則整個亞洲的年青一代將蒙受其害。

---

67 Alexis Dudden, "Letters to the Editors", *Perspectives On History*, March, 2015, pp.1-2.

（二）何以不正視史實會危害年青一輩

年青人的思想本質比較純樸天真，不諳政客的陰險及政治的黑暗，在日本，年青的一輩對一些有關日本軍國政府的重要史實多未能正確把握，因此當一些無良的政治人物刻意將一些似是實非、不負責任的言論或經篡改的史料來誤導，或是被人刻意灌輸不正確的史實來蒙蔽其政治視野，來混淆其視聽，將令其先入為主地接受顛倒黑白的史料，其理性的思維能力將受嚴重滋擾，對其秉持公平、公正的判斷力亦會造成混亂，令年青一代走入一個政治烏托邦的夢境，墮入了一個完全脫離政治現實的困局而不自覺。處此思維狀態，一經被煽動，很容易不惜破壞法紀，以不擇手段達到目的而不自覺，這將會危害社會穩定安寧。不幸的是這股始自日本的不正視史實歪風，已吹出境外荼毒其他地方，素以政治穩定、經濟繁榮見稱的香港，即已首當其衝。

（三）例證的商榷："香港佔中"行動

2014 年成千上萬的香港市民，以年青人為主，亦有成年人包括一些政客，上街示威自稱是一公民抗命運動，是為了爭取更多民主而發動的。但大部分參與者都不諱其言，知道是犯法的行為，因為是沒有按照香港行政特區的憲法性文件，即《基本法》所規定的程序去要求進行政改。因而組織這次行動的人士，宣稱將會是一和平、不採取暴力的示威行動，冀求爭取更多市民支持，原本只是佔據中環，即香港最繁盛的商業要塞。但其後示威者都在港九各處佔據主要交通幹道，著意癱瘓主要港九繁盛街道，並多次動用暴力對抗執法者及經濟受損的反示威人士，釀成多宗流血事件，因此難稱為和平行動。一般稱為"佔領中環"行動，或簡稱 "佔中" 行動。[68]

中央及特區政府官員都公開提及此次行動是有外來勢力在幕後充作黑手的，但尚未提供證據。[69] 一些年青激進示威者是否受外人錯導唆擺不正視過往的重要史實，而作出烏托邦式的政治要求，則尚言之過早，但已有足夠證據說明，這些激進分子由於故意漠視香港過往有關民主發展的最重要的史實，因此其政治視野受嚴重蒙蔽。究竟漠視了哪些重要史實呢？

第一，在港英殖民政府管治下，香港華人是絕少有過民主，在 "佔中" 期間一些激進示威者多次身披及手揮港英殖民政府旗，大概原意是藉此激怒中央官員，卻不知是甚為愚蠢的行為。因為他們高聲呼喊是要爭取更多民主。但在港英殖民政府管治期間，港人是絕少有民主的。談到爭取民主，港人對殖民政府是沒有甚麼值得懷念。直至最後一秒鐘，殖民政府仍是由個人獨攬大權的港督話事，而港督是由英國政府委任派來的。與此相關的另一史實，港人要勇敢面對的是替香港華人爭取到民主政制的是中共中央，而不是所謂民主派人士。在港英管治期間港人一直享有一般個人自由，但英國政府並未為香港帶來民主政制。在回歸前一秒鐘香港仍然是由英國派來的英籍人士在港當行政首長。與台灣民運的過程不同，香港所謂民主派人士在港英執政時期，並未有替香港市民爭取任何重要民主權利。在香港歷史上，香港市民較多地嘗試到民主政制滋味主要是始自實施 "一國兩制" 的《基本法》。而這是國家 —— 即中華人民共和國，由執政黨 —— 即

---

68 整個行動是由 2014 年 9 月 26 日至 12 月 15 日為止，見 Suzanne Pepper, "Occupy Central-HK", chinaelectionsblog.net/hkfocus/?tag=occupy-central-hk, BBC; http://zh.wikipedia.org/wiki/。

69 同上。

中國共產黨精心打造的成果。[70]

在這裡要特別指出的是港人所熟悉的所謂《香港核心價值宣言》是不符史實的，在回歸前香港核心價值應是良好法治，各種自由人權和穩定繁榮而並非有"民主"的。但港人是付出代價的，就是要恪守不反對港英政府的底線。因為宗主國當時是不惜一切嚴厲鎮壓反英行動及言論的。

現時香港市民能夠公開評議特區政府政策及以示威行動反對政府政策是回歸後，特區政府特意開放言論自由及放寬以前反對政府行動的壓制才有的權利。[71]

（四）香港華人的愛國情懷傳統

第二件史實要談的是雖然香港長期受外人管治過，但一直是個華人社會，其實在歷史上不少香港華人充滿強烈民族意識，更甚至抱有濃厚的愛國心。在近代史上，在關鍵時刻，對國家都有相當大的貢獻，筆者已用豐富的檔案及其他第一手資料在前面章節印證了這個香港華人值得引以為傲的傳統。

（五）中央政府有否善待香港華人

前面已證實從辛亥革命以至抗日戰爭期間，香港華人都表現出強烈的民族意識及愛國情懷。抗日戰爭勝利後，中國旋即進入內戰，結果中國共產黨成功獲取中國大陸政權，創建中華人民共和國。那麼中華人民共和國創立以來，中央有否善待香港華人？答案是在過去幾十年來，中央政府一直善待體貼香港華人是不爭之事。為甚麼這樣說？原因在建國初期，周恩來特別指出不能把

---

70 霍啟昌：〈讓史家為香港政改困局解碼〉，載《市民日報》，2014 年 8 月 25 日。

71 同上。

香港、澳門"看成內地",因為在港澳運作的是純粹的資本主義市場模式,"不能社會主義化,也不應社會主義化"。香港、澳門是要"按資本主義制度辦事,才能存在和發展",這樣對國家才能有利,才能把港澳的經濟優勢"為我所用"。[72]

至於對港澳作"長期打算,充分利用",周恩來亦作了明澈的解釋,這是由於中國大陸要"進行社會主義建設,香港(澳門)可作為我們同國外進行經濟聯繫的基地,可以通過它吸收外資,爭取外滙"。為此,中央政府在建國以來,對港澳堅持採取一系列具體的政策和措施,不容許內地的政治運動波及港澳,破壞港澳不同於內地的制度,從而影響其社會安定繁榮。[73]尤其是鄧小平,更明確地指出,"一國兩制,兩種制度"是可以允許的,只要"他們不要破壞大陸的制度,我們也不要破壞他那個制度"。據此,中央政府作出了"港澳工作必須深入調查研究,實事求是,一切工作都要從當地實際情況出發,不能照搬照套內地做法"的指示。[74]

早在1950年代周恩來已釐定以優惠價格大量供應香港必需的食品、日用品、淡水、燃料、工業原料和半製成品等。因為他深信:"香港的企業家是我們的朋友,他們搞的是資本主義,不是帝國主義。"即使在1980年代初中國經濟困難時期,這種供應也源源不斷,周曾為此多次指示:"對港澳供應確實是一項政治任務。"據統計,直至1980年代,由中國內地進口的食品、原料、衣服等消費品價格平均比國際市場價格便宜至少百分之三十至百分之四十,這對香港的穩定發展、降低生產成本、抑制

72　K.C.Fok, "The Existence of Macau: A Chinese Perspective", *Macau On the Threshold of the Third Millennium*, Macau Ricci Institute, 2003, pp.9-10.

73　同上。

74　K.C.Fok, "The Existence of Macau: A Chinese Perspective", *Macau On the Threshold of the Third Millennium*, Macau Ricci Institute, 2003, pp.9-10.

通貨膨脹、增強出口貨物在國際市場競爭力，起著重要作用。中共中央採取維護香港的政治經濟措施，為香港創造"奇蹟"的經濟發展，奠定了有利條件。[75] 香港回歸前的成功，中國其實是主要因素。在回歸後，沒有中國的支持，香港經濟更是難以展步的。

到了香港回歸，中央政府又毅然在香港實施前所未有的"一國兩制"政策，為了讓港人明白了解中央其實是為了向港人釋出最高善意的，在這裡不能不簡略解釋一下。

《中華人民共和國憲法》的序言很清楚揭示要"堅持社會主義道路"，要建設"高度民主的社會主義國家"，可見施行"社會主義"是《憲法》基本精神之所在，但香港《基本法》的第五條卻規定在"特區"："不實行社會主義制度和政策，保持原有的資本主義制度和生活方式，五十年不變。"而《憲法》第五條則明顯規定："一切法律、行政法規和地方性法規都不得同憲法相抵觸。"但是在第三十一條又作出例外的規定："國家在必要時得設立特別行政區。在特別行政區內實行的制度按照具體情況由全國人民代表大會以法律規定。"

單一制的國家，在理論上原本《憲法》是不容許一個國家之內存在著與中央完全不同的地方自治政府，即是說香港回歸中國時，中央政府理應在香港實施社會主義，但卻不勝其煩在《憲法》中找出突破點，即國家在必要時得設立特別行政區，將香港設立為一"特區"，在香港實行與社會主義制度完全相矛盾的資本主義制度。因此現時香港政府稱香港特別行政區政府其道理便在此。其用意亦很明顯，就是中央誠心誠意維護港人的利益。

回歸後，當香港經濟陷入困境，中央政府又不惜費煞心思，施行"自由行"、"CEPA"、"泛珠三角區域合作"一系列計劃，

75　余繩武、劉蜀永、霍啟昌：《二十世紀的香港》（香港：香港麒麟書業有限公司，1993），246頁。

旨在雪中送炭，善意扶助香港將經濟搞好，順利過渡到轉型期。現在中央又打算將香港作為人民幣結算中心，分明是益澤香港的措施。

由於一些香港華人未能正確把握上述這番史實，因此他們對未來及現在的視野受嚴重蒙蔽，未能體會到香港回歸後，中國仍然施行過往維護港人利益的政策，明眼人都很易了解，沒有中央政府的維護體貼，香港特區是很難以贏家身份完成當今香港正經歷的經濟轉型的。

（六）結論

本文旨在提供大量豐富的香港檔案及其他可信性高的第一手史料給大家參考，以證明從辛亥革命至抗日戰爭期間，香港華人所表現出的強烈民族意識及愛國情懷都是鐵一般的史實。這些史實都是當時"香港仔"、"香港女"的所作所為，都是當時"香港仔"、"香港女"的言行實錄。

但在"佔中"期間有小撮的年青港人所表達的言行都與過往幾十年的香港華人言行悖然相反，究竟是由於這些年青港人對香港過往重要正確史實懵然不知，重要史實如本文以大量史料證實的香港華人強烈民族意識及愛國情懷的傳統，民主政制正確發展過程，以及中央政府長期對香港華人施行的體貼政策；抑或是入世未深，受一些無良學者及喪心病狂的政客誤導，被人刻意灌輸不正確的史實來蒙蔽其視野，令其先入為主地接受顛倒黑白的史料？令其蓄意破壞本港的穩定繁榮，這個不健康的現象著實令人關注，因為在當今的世界，這類政客及學者是大有人在。就此筆者建議研究香港史的同行，多些研讀香港檔案及其他可信性高的第一手史料，以便能夠寫出更多香港正確歷史發展過程上的史實，提供給港人參考。而全港市民，莫論你是校長、教師、社會工作者或甚至一般父母，都應責無旁貸，儘量認識了解香港正確的史實，並透過研習獲取史學的技能，就是提升一己的客觀分析力，及獨立的評審力，以祈能輔導年青一代正視重要香港史實，避免他們受誤導，必須要撥亂反正，否則為年青一代爭取美好的未來，將會遇上滿途荊棘。

最後本文引用歷史上兩位中外政治風雲人物認為要正視重要史實的講話來結束本文。第一位是在反抗法西斯戰爭中帶領英國獲得最後勝利的丘吉爾首相，相信大家都認識他是一位卓越的政治家，但其實他同樣是一位卓越的史學家。他所說及歷史的重要性的言論在我年青學習歷史時已深入腦海，尤其是其中一句十分簡單，但是強有力的講話，我嘗試將它翻譯出來："未知過往，又焉能走出將來應走的道路呢？"另一位是當今政治風雲人物，中華人民共和國主席習近平先生，記憶所及中共最高領導很少在國際場合談到歷史的重要性，習近平主席似乎是一例外。第二十二屆國際歷史科學大會於 2015 年 8 月 23 日在山東濟南開幕。國家主席習近平致信祝賀，便談到正視歷史的重要性："人事有代謝，往來成古今。歷史研究是一切社會科學的基礎，承擔著'究天人之際，通古今之變'的使命。世界的今天是從世界的昨天發展而來的。今天世界遇到的很多事情可以在歷史上找到影子，歷史上發生的很多事情也可以作為今天的鏡鑑。重視歷史、研究歷史、借鑑歷史，可以給人類帶來很多了解昨天、把握今天、開創明天的智慧。所以說，歷史是人類最好的老師。"

對於日本政府未能正視抗日戰爭期間的重要史實，習主席強調："當年日本軍國主義犯下的侵略罪行不容掩蓋，歷史真相不容歪曲。不忘戰爭，是為了維護和平，中日雙方應該本著以史為鑑、面向未來的精神，為亞洲和世界和平作出貢獻。"[76]

76　節錄自習近平在"中日友好交流大會"上的講話，新華網 http://news.xinhuanet.com/politics/2015-05/23/c_1115384379.htm，2015 年 5 月 23 日。

在備受全球華人關注的習馬會中，習主席更主動提出兩岸應該支持鼓勵兩岸史學界攜起手來，共享史料，共寫史書，共同弘揚抗戰精神，共同捍衛民族尊嚴和榮譽。

主要參考文獻

中文及日文部分

1. 陳翰笙主編：《華工出國史料彙編》（北京：中華書局，1980）。

2. 《陳任國先生暨德配鄺夫人八秩開二壽言錄》。

3. 丁新豹：〈香港早期之華人社會〉（香港：香港大學博士學位論文，1988）。

4. 丁又：《香港初期史話》（北京：生活・讀書・新知三聯書店，1958）。

5. 方漢奇：《中國近代報刊史》（太原：山西人民出版社，1981）。

6. 芳晨、澤生：〈關於香港史研究工作的回顧與展望〉，載《廣東社會科學》，第 2 期（1984）。

7. 馮自由：《革命逸史》（台北：台灣商務印書館，1965）。

8. 福斯特：〈香港的中文學校〉，載《海外教育》，第 3 卷（1932）。

9. 顧炳章：《勘建九龍城炮台全案文牘》，1846 年。

10. 顧炎武：《天下郡國利病書》，1901 年。

11. 何啟，胡禮垣：〈新政真詮〉，載《胡翼南先生全集》（香港：香江胡氏，1917）。

12. 胡濱：《戊戌變法》（上海：新知識出版社，1956）。

13. 胡隆宜、張明凱：《中日戰爭史（1937－1945）》（武漢：武漢大學出版社，1971）。

14. 胡宗憲，鄭若曾：《籌海圖編》，1974 年重印本。

15. 《華字日報》。

16. 霍啟昌：〈《勘建九龍城砲台全案文牘》的史料價值〉，載《香港中國近代史學會會刊》，第 3 期（1989）。

17. 霍啟昌：〈淺釋"九一八"與香港華人民族意識的澎湃〉，載《九一八事變與近代中日關係——九一八事變 70 周年國際學術討論會論文集》（北京：社會科學文獻出版社，2004）。

18. 霍啟昌：〈淺釋港澳檔案所藏有關孫中山與澳門關係研究的一些資料〉，載《學術研究》，第 2 期（1997）。

19. 霍啟昌：〈認識港澳史與辛亥革命研究一些新方向芻議〉，載《辛亥革命與二十世紀的中國》（北京：中央文獻出版社，2002）。

20. 霍啟昌：〈孫中山先生早期在香港思想成長的初探〉，載《孫中山的時代》（北京：中華書局，1990）。

21. 霍啟昌：〈晚清民初香港及其華人與中國外交〉，載張存武、湯熙勇主編《海外華族研究論集第二卷：婦女、參政與地區研究》（台北：華僑協會總會，2002）。

22. 霍啟昌：〈晚清期間香港對中國經濟發展的重要性初探〉，載《清代區域社會經濟研究》（北京：中華書局，1992）。

23. 霍啟昌：〈晚清時期香港對內地經濟發展之影響〉，載《學術研究》，第 2 期（1988）。

24. 霍啟昌：〈香港，香港華人與近代中國〉，載《近代中國與世界論文集》（北京：中國社會科學院近代史研究所，1990）。

25. 霍啟昌：〈香港華人在近代史上對中國的貢獻試析〉，載《海外華人研究》（台北：台灣中央研究院，1989）。

26. 霍啟昌：〈香港在辛亥革命成功中的作用的研究〉，載《辛亥革命與近代中國》（北京：中華書局，1994）。

27. 霍啟昌：〈香港在中國近代史的重要貢獻〉，載《歷史與文化：香港史研究公開講座文集》（香港：香港公共圖書館，2005）。

28. 霍啟昌：《港澳檔案中的辛亥革命》〔香港：商務印書館（香港）有限公司，2011〕。

29. 霍啟昌：《香港與近代中國》〔香港：商務印書館（香港）有限公司，1992〕。

30. 靳文謨：《新安縣誌》，1688 年。

31. 科大衛、陸鴻基、吳倫霓霞合編：《香港碑銘彙編》（香港：市政局，1986）。

32. 鄺其照：《華英字典集成》，1899 年。

33. 李賢：《大明一統志》，1965 年重印本。

34. 連浩鋈：〈香港在中國近代史上所扮演的角色〉，《華僑日報》，1990 年 11 月 19 日。

35. 梁廣漢：《香港前代古蹟述略》（香港：學津書局，1980）。

36. 《雷惠波花燭重逢唱酬集》。

37. 林天蔚、蕭國健:《香港前代史論集》(台北:台灣商務印書館,1985)。

38. 林友蘭:〈香港報業發展史略〉,《報學》,第 2 卷第 10 期(1962 年)。

39. 林友蘭:《香港史話》(香港:上海印書館,1977)。

40. 龍文彬:《明會要》(北京:中華書局,1957)。

41. 羅學鵬:《廣東文獻》,1864 年。

42. 呂家偉、趙世明:《港澳學校概覽》,香港。

43. 桂文燦:《廣東圖說》,1862－1874 年。

44. 茅元儀:《武備誌》,1621 年。

45. 阮元:《廣東通誌》,1822 年。

46. 沈德符:《野獲編》(北京:中華書局,1959)。

47. 史澄:《廣州府誌》,1879 年。

48. 譚達軒:《華英字典彙集》,1875 年。

49. 汪敬虞:《十九世紀西方資本主義對中國的經濟侵略》(北京:人民出版社,1983)。

50. 王崇熙:《新安縣誌》,1819 年。

51. 王賡武主編:《香港史新編》(增訂版)〔香港:三聯書店(香港)有限公司,2017〕。

52. 王鳴鶴:《登壇必究》。

53. 王韜:《弢園文錄外編》,1883 年。

54. 文慶等編:《籌辦夷務始末》(道光朝)(北京:故宮博物院,1930)。

55. 蕭國健:《清代香港之海防與古壘》(香港:顯朝書室,1982)。

56. 蕭國健:《香港前代社會》〔香港:中華書局(香港)有限公司,1990〕。

57. 《新會陳瑞祺先生哀思錄》。

58. 《新會馮平山先生七十壽言彙錄》。

59. 《香港轅門報》

60. 嚴從簡:《殊域周咨錄》(北京:中華書局,1993)。

61. 印光任、張汝霖：《澳門紀略》，1800 年。

62. 《英國外交部檔案》。

63. 《英國殖民地部檔案》。

64. 余繩武、劉存寬主編：《十九世紀的香港》（北京：中華書局，1994）。

65. 余繩武、劉蜀永主編：《二十世紀的香港》（香港：麒麟書業有限公司，1993）。

66. 《葉蘭泉紀念冊》。

67. 張國輝：〈論外國資本對洋務企業的貸款〉，載《歷史研究》，第 4 期 (1982)。

68. 張之洞：《岑伯銘先生訃書》。

69. 《許愛周八秩開一誕辰壽言集》。

70. 《張文襄公全集》（台北：文海出版社，1963）。

71. 中國史學會編：《辛亥革命》，1957 年。

72. 周廣：《廣東考古輯要》，1893 年。

73. 佐佐木正哉：《鴉片戰爭の研究》（資料篇）（東京：東京大學出版會，1964）。

英文部分

1. Anonymous, *The Central School – Can It Justify its Raison D'etre*, 1877.

2. Arnold, John, *Hong Kong's Famous Funicular: The Peak Tramway, 1888-1978* (Hong Kong: Peak Tramways, 1978).

3. Association for Radical East Asian Studies, "Hong Kong: Britain's Last Colonial Stronghold", (*AREAS*) (London, 1972).

4. Ayers, William, *Chang Chih-tung and Educational Reform in Chinac* (Cambridge: Harvard University Press, 1971).

5. J. D.Ball, *How to Write Chinese*, (Hong Kong: Kelly & Walsh, 1905).

6. J. D.Ball, *Things Chinese or Notes Connected with China* (Hong Kong: Oxford University Press, 1982).

7. Biggerstaff, Knight, *The Earliest Government Schools in China* (New York: Cornell University Press, 1961).

8. Briggs, Tom and Criswell, Colin, *The Vanishing City*, 2 Vols. (Hong Kong: South China Morning Post, 1977-1978).

9. Cameron, Nigel, *Power: The Story of China Light* (Hong Kong: Oxford University Press, 1982).

10. Cameron, Nigel, *The Milky Way: The History of Dairy Farm* (Hong Kong, Dairy Farm Company, 1986).

11. Chan, Mary Man-yue, "Chinese Revolutionaries in Hong Kong 1895-1911" (M.A. thesis, The University of Hong Kong, 1963).

12. Chang, Hao, "The Anti-foreign Role of Wo-jen, 1804-1871", *Papers on China*, Harvard University, 14 (1906) .

13. Cheng, F. T., *East and West: Epidodes in a Sixty Years' Journey*, (1951).

14. Cheng, Man-ki, "The Central School – the Earliest government School in Hong Kong", *Shih-ch'ao*, Hong Kong United College, 4 (1978).

15. Cheng, T. C., "Chinese Unofficial Members of the Legislative and Executive Councils in Hong Kong up to 1941", *JHKBRAS*, Vol. 9 (1969).

16. Cheong John W.E., *Mandarins and Merchants: Jardine Matheson and Co., A China Agency of the Early Nineteenth Century* (London:Curzon Press, 1979).

17. Chere, L. M., "The Hong Kong Riots of October 1884: Evidence for Chinese Nationalism", *JHKBRAS*, Vol 20 (1980).

18. Chiu, T. N., *The Port of Hong Kong* (Hong Kong: The Hong Kong University Press, 1973).

19. Choa, G. H., *The Life and Times of Sir Ho Kai: A Prominent figure in Nineteenth Century Hong Kong* (Hong Kong: The Chinese University Press, 1981).

20. Coates, Austin, *A Mountain of Light: The Story of the Hong Kong Electric Company* (London: Heinemann, 1977).

21. Coates, Austin, *Whampoa Ships on the Shore* (Hong Kong: South China Morning Post, 1980).

22. Cohen, Paul, "Christian missions and Their impact to 1900", *The Cambridge History of China* (London:Cambridge University Press, 1978).

23. Cohen, Paul, "Littoral and Hinteriand in Nineteenth Century China: the Christian Reformers", in Fairbank, john, *The Missionary Enterprise in China and America* (Cambridge:Harvard University Press, 1981).

24. Davies, S. G., "History and Archaeology in Hong Kong", *Asian Perspectives*, No. 12 (1926).

25. Dudden, Alexis, "Letters to the Editors", Perspectives On History (2015).

26. E. J.Eitel, *Europe in China* (Hong Kong: Oxford University Press, 1983).

27. E. J.Eitel,*Europe in China: The History of Hong Kong from the Beijing to the Year 1882*, London, 1895, Revised edition reprinted (Hong Kong: Oxford University Press, 1983).

28. G. B.Endacott,*A History of Hong Kong* (Hong Kong: Oxford University Press, 1983).

29. G. B.Endacott, (ed. By Alan Birch), *Hong Kong Eclipse* (Hong Kong: Oxford University Press, 1978).

30. Fairbank, John K., *The Missionary Enterprise in China and America* (Cambridge: Harvard University Press, 1974).

31. Fishbeck, Frank and Morris, Jan, *Building Hong Kong: A History of the City Through its Architecture* (Hong Kong: Formasia, 1989).

32. Fok, Kai Cheong, "Private Chinese Business Letters and the Study of Hong Kong History – a Preliminary Report", *Collected Essays on Various Historical Materials for Hong Kong Studies* (Hong Kong:The Hong Kong Museum of History Press, 1990).

33. Fok, Kai Cheong, *Lectures on Hong Kong History: Hong Kong's Role in Modern Chinese History* (Hong Kong: The Commercial Press, 1990).

34. Fok, Kai Cheong, "Ming Military Measures in the Hong Kong Region" in Faure, David, Birch , Alan, *From Village to City: Studies in the Traditional Roots of Hong Kong Society* (Hong Kong: The University of Hong Kong, 1984).

35. Fok, Kai Cheong, "Nineteenth Century Hong Kong: A Center for Cultural and Technical Interchange Between China and the West", Unpublished Conference Paper Delivered at the International Alumni Conference, East-West Center (Hawaii: 1980).

36. Fok, Kai Cheong, "An Analytical Study of Hong Kong Chinese Periodicals up to 1950" (Unpublished Conference Paper Delivered at the University of Hong Kong, 1982).

37. Fok, Kai Cheong, "The Macao Formula: A Study of Chinese Management of Westerners from the Mid-Sixteenth Century to the Opium War Period" (Unpublished Ph. D Dissertation, University of Hawaii, 1978).

38. Fok, Kai Cheong,"Lineage Ties and Business Partnership: A Hong Kong Commercial Network", in *Commercial Networks in Modern Asia*. Eds. S. Sugiyama and L. Grove (Richmond: Curzon Press, 2001).

主要參考文獻

39. Fok, Kai Cheong,"Hong Kong Historical Research in Hong Kong, 1895-Present", in *Asian Research Trends*. No. 3. Centre for East Asian Cultural Studies (Toyo Bunko: 1993).

40. Fok, Kai Cheong, "Private Hong Kong Documents and the Study of Chinese Business History", *Chinese Business History*, Vol. 3, No. 1 (1992).

41. Great Britain, Colonial Office, *Original Correspondence: Hong Kong, 1841-1951*, Series 129 (CO129).

42. Great Britain, Foreign Office, *General Correspondence: China 1815-1905*, Series 17 (FO 17).

43. R. G.Groves, "Militia, Market and Lineage: Chinese Resistance to the Occupation of Hong Kong's New Territories in 1899", *Journal of Hong Kong Branch of the Royal Asiatic Society (JHKBRAS)*, Vol. 9 (1969).

44. Hayes, James, T*he Hong Kong Region, 1850-1911: Institutions and leadership in Town and Country Side* (Hamden: 1977).

45. Hayes, James, *The Rural Communities of Hong Kong: Studies and Themes* (Hong Kong: Oxford University Press, 1983).

46. Ho, Ping-yin, *The Foreign Trade of China* (Shanghai: The Commercial Press, 1935).

47. *Hong Kong Daily Press*, 1870 onwards.

48. *Hong Kong Government Gazette*.

49. *Hong Kong Sessional Papers*.

50. *Hong Kong Telegraph*, 1881 onwards.

51. *Hong Kong Weekly Press*.

52. Hutcheon, Robin, *Wharf: The First Hundred Years* (Hong Kong:Wharf Holdings, 1986).

53. Jarvis, I. C. ed., *Hong Kong: A Society in Transition* (London: 1969).

54. Keswick, Maggie ed., *The Thistle and the Jade: A Celebration of Jardine, Matheson and Co.* (London, 1982).

55. King, Ambrose, Y. C. & Lee, Rauce P. L. (ed.), *Social Life and Development in Hong Kon*g (1981).

56. King, Doreen, *St. John's Cathedral: A Short History and Guide* (Hong Kong: St. John's Cathedral, 1987).

57. King, Frank H., *The Hong Kong Bank in Late Imperial China 1864-1902*, 3 vols. (Hong Kong: Oxford University Press, 1987).

58. King, Frank H. H., and King, Catherine E., and King, David J. S., *The History of the Hong Kong and Shanghai Banking Corporation,* 4 Vols. (London: Cambridge University Press, 1987).

59. Legge, James, *The Chinese Classics* (Hong Kong, London: Trübner & Co., 1861-1872).

60. Lo, Hsiang-lin, *Hong Kong and Western Cultures* (Hawaii: East –West Center, 1963).

61. Lobscheid, William, *Grammar of the Chinese Language* (Hong Kong: Daily Press, 1864).

62. Mason, Mary G., *Western Concepts of China and the Chinese*, 1840-1876 (New York: Russell, 1973).

63. Mason-Bahr, Philip H. and Alcock, A., *The Life and Work of Patrick Mason* (London: Cassell, 1927).

64. Meacham, William, *Archaeology in Hong Kong* (Hong Kong: Heinemann, 1980).

65. Ng Lun Ngai-ha, *Interactions of East and West, Development of Public Education in Early Hong Kong* (Hong Kong: The Chinese University Press, 1984).

66. Norton-Kyshe, J. W., *The History of the Laws and Courts in Hong Kong* (Hong Kong: 1898).

67. Paterson, E. H., *A Hospital for Hong Kong: The Centenary History of the Alice Ho Miu Ling Nethersole Hospital* (Hong Kong: Alice Ho Miu Ling Nethersole Hospital, 1987).

68. Paton, David M. R. O.: *The Life and Times of Bishop Hall of Hong Kong* (Gloucester: 1985).

69. Purvis, Malcolm, *Tall Storeys: Palmer and Turner, Architects and Engineers, the First Hundred Years* (Hong Kong: Palmer and Turner, 1985).

70. Remer, Charles F., *Foreign Investments in China* (New York: Macmillan, 1933).

71. Ride, Lindsay, Robert Morrison, *the Scholar and the Man* (Hong Kong:Hong Kong University Press, 1957).

72. Sayer, Geoffrey R., *Hong Kong: Birth, Adolescence and Coming of Age* (Oxford: Oxford University Press, 1937).

73. Schiffrin, Harold Z., *Sun Yat-sen and the Origin of the Chinese Revolution* (California: University of California Press, 1968).

74. Sharman, Lyon, *Sun Yat-sen, His Life and Its Meaning* (New York: 1934).

75. Sinn, Elizabeth, "The Strike and Riot of 1884: A Hong Kong Perspective", *JHKBRAS*, Vol 22(1982).

76. Sinn, Elizabeth, *Power and Charity: the Early History of the Tung Wah Hospital, Hong Kong* (Hong Kong: Oxford University Press, 1989).

77. Smith, Carl T., "The Emergence of a Chinese Elite in Hong Kong", *JHKBRAS*, Vol. 1(1971).

78. Smith, J. and Downs, W., "The Maryknoll Mission, Hong Kong, 1941-1946", *JHKBRAS*, Vol. 19 (1979).

79. So,Kwan-wa, *Japanese Piracy in Ming Ching during the Sixteenth Century* (Michigan: Michigan State University Press, 1975).

80. *South China Morning Post.*

81. Stokes, Gwenneth, Queen's College, 1862-1962(Hong Kong: The Standard Press, 1962).

82. Sweeting, Anthony, *Education on Hong Kong, Pre-1841 to 1941: Fact and Opinion* (Hong Kong: Hong Kong University Press, 1990).

83. Teng, Ssu-yu and Fairbank, John K., *China's Response to the West: A Documentary Survey 1839-1923* (Cambridge: Harvard University Press, 1954).

84. Tilbrook, Brian, *Hong Kong Heritage: Historical Buildings and Antiquities in Hong Kong* (Hong Kong:Hong KongGovernment printer, 1989).

85. Tsai, Jung-fang, "The Predicament of the Compradore Ideologists", *Modern China*, (1981).

86. Tse, Tsan Tai, *The Chinese Republic: Secret History of the Revolution* (Hong Kong: South China Morning Post, 1924).

87. Warner, John, *Hong Kong Illustrated, Views and News, 1840-1890* (Hong Kong:John Warner Publications, 1981).

88. Warner, John, *Fragrant Harbour, Early Photographs of Hong Kong* (Hong Kong: John Warner Publications, 1976).

89. Wilshine, Trea, *Great Cities of the World: Old Hong Kong* (Hong Kong: Formasia, 1987).

90. Wong, George H. C., "Sir Henry Pottinger and Hong Kong, 1841-1843", *Chung Chi Journal* 3, No. 2.

91. Yan, Woon Yin, "Hong Kong and the Modernization of China (1862-1911)". Unpublished B. A. Thesis (Hong Kong: The University of Hong Kong, 1980).

附

錄

*

*　附錄部分的文章，所參引文獻基本與正文部分的相
　　同，今統一省略。

附錄一

霍啟昌教授英、日文香港史研究著作

1. Hong Kong and the Asian Pacific (1840-1900)*

Foreword

As old historical conditions recede, emerging conditions open up altered perceptions and place before us the need to provide new meaning to social events and development. Hong Kong stands at the threshold of change as it makes the transition from its old colonial status to a special territory under Chinese sovereignty. At this pivotal moment, following the speedy shift of events, many scholars and agencies are reviewing their responsibilities so as to focus on immediate tasks and future directions.

For a century and a half Hong Kong has interacted with many countries and peoples around the globe in a wide range of activities: commercial, political, cultural, religious, intelligence gathering etc. Records of these interactions, official and unofficial, have been kept in a variety of formats and repositories. However, except in isolated instances, they have not been

---

*   Abbreviations:

AR   *Hong Kong Administrative Reports*

CM   *China Mail*

CO129   *Great Britain.Colonial Office Original Correspondence(129). Hong Kong.*

DP   *Hong Kong Daily Press*

GG   *Hong Kong Government Gazettes*

OF   *Overland Friends of China*

SP   *Hong Kong Legislative Council Sessional Papers*

catalogued, organized or interpreted to give meaning to Hong Kong history. Actually, the intricacy of colonial rule did not lend itself to the systematic study of Hong Kong history. Moreover, political consciousness has not been an important characteristic of the people of HongKong.

With an imminent change of status, however, the study of history has become an indispensible requirement. Only when we truly understand our past, as it relates to our present and future, will we be able to understand and affirm our identity. In this connection, we should be proud of our wide and sustained relationships with our neighbours in the Asian Pacific region and beyond. Indeed, we might discover new dimensions of our richness, in culture as well as in social institutions, when we begin to perceive our history through a wider aperture.

Thus, there are compelling reasons for us to preserve and organize our very rich archival resources and other source materials, and to store them in permanent databases in research centres in Hong Kong and in other countries. Consonant with this development, the Centre for Asian Pacific Studies (CAPS) of Lingnan College began sometime ago a project to establish a database of source materials for the study of Hong Kong. What started as a simple project evolved into a mega-undertaking as the researchers uncovered the massive amount of materials available in the Colony. Not only were we surprised by the number of countries from which persons had come to Hong Kong to do business in the 19th Century, but were also impressed by the frequency of their visits. In another respect, we were delighted by how many old source materials were available in pristine condition as a result of the care with which they had been kept. These factors placed an awesome responsibility on the researchers and the Centre as they pondered on their roles and capabilities, given very limited resources.

The possibilities of organizing the archival information into meaningful publications are both enormous and engaging. Interest in organized source materials is real and wide-ranging. A number of governments and research centres have shown active interest in having specifically- focused source materials, such as those relating to links between Hong Kong and Singapore, organized and published. Locally, as Hong Kong history becomes a subject in secondary schools for the first time, the need for authentic, organized source materials intensifies in education circles.

CAPS is in the process of soliciting support for the various aspects of this project. Meanwhile, the publication of this Index represents the first instalment of our continuing efforts to establish a comprehensive database of Hong Kong source materials. This work, like the overall project, is the brain-child of Dr. K. C. Fok, a prominent local historian whose concern for Hong Kong history provided the impetus for CAPS to launch the project initially. I congratulate Dr. Fok most sincerely for his vision and devotion and for his meticulous searches of many repositories and libraries, which have resulted in this timely publication. It will certainly provide a useful resource to students, teachers and scholars, as interest in Hong Kong and its history deepens and intensifies overtime.

Shiu L.Kong
Director
CAPS, Lingnan College
1 July 1993

Introduction

A critical concern of scholars in recent years has been whether the change in Hong Kong's sovereign status may affect the accessibility of the colony's archives, data-banks and other information sources for research. This concern has been particularly accentuated in view of the remains in its original form, unorganized, fact that much of the archival material in the territory uncatalogued and not yet duplicated or distributed to information centres outside of HongKong.

Even though an increasing number of historians today are beginning to realize the important role played by Hong Kong in modern Chinese history, many are still unaware of the fact that there have also been close ties between Hong Kong and most of the other countries in the Asian Pacific region during the modern period.

In response to the urgent need for more research into the Hong Kong Archives and in order to rectify the gross lack of knowledge on Hong Kong's interactions with countries in the Asian Pacific region, the Centre for Asian Pacific Studies of Lingnan College decided to sponsor a research project which aimed primarily at building a data-bank of relevant source materials to facilitate future studies of Hong Kong in the Asian Pacific region. The research involveda comprehensive search of the most important source materials available in Hong Kong such as the Colonial Office Archives, Hong Kong government publications and Hong Kong's English daily newspapers.

Locally, the research project is also seen as a major effort to ease the urgent demand for well-researched publications on Hong Kong history for sixth-form education. It is necessary to point out that the teaching of Hong Kong history to school students has been remarkably neglected by the colonial government until very recent times. The proposal to introduce Hong Kong history into the public examination system with effect from 1994 was not officially approved until 1989. While the teaching syllabus on Hong Kong history for sixth-form education was published only a year ago. In the midst of a great shortage of works on the subject, it is hoped that the findings of this research project will greatly assist teachers and authors to produce scholarly works on an important aspect of Hong Kong history.

The research project began in August, 1990 and was directed mainly by Dr. K.C. Fok with Professor Takeshi Hamashita of Tokyo University playing the role of occasional adviser. The research has revealed that fairly rich hereto unexplored sources are available for the study of Hong Kong's political, social and economic interactions with countries in the Asian Pacific region. In fact, it is very likely that these new sources may shed much light on the economic and social, if not the political, developments of countries in the region.

For the convenience of researchers, the information collated here is arranged chronologically into entries under six sections: General, Hong Kong and East Asia, Hong Kong and South Asia, Hong Kong and South-east Asia, Hong Kong and Macao, and Hong Kong and the Pacific. The General Section contains entries with information which is related to Hong Kong's interactions involving over five Asia n Pacific countries. Each of the remaining sections is sub- divided into individual countries which include Japan, Burma, Kampuchea, Indonesia, India, the Philippines, Singapore, Sri Lanka, Thailand, Vietnam, Australia, Canada, New Zealand, and U.S.A. Any document which carries information about the interactions of Hong Kong with five countries or fewer in the Asian-Pacific region is entered under the sub-division of each respective country. The present-day name of each of these countries is used with the understanding that historical documents referring to Cambodia, Ceylon, Siam and the Straits Settlements have been incorporated into the sections under Kampuchea, Sri Lanka, Thailand and Singapore respectively.

It is necessary to point out that the materials concerning relations between Hong Kong and China are so disproportionately voluminous that they have been omitted from this index, and will be compiled into a separate volume entitled, "Hong Kong and China- An Index to Source Materials (1840-1900)". Because the research involves a comprehensive day-by-day search of the source materials, the funds allocated are only sufficient to cover the screening of the most important materials available in Hong Kong. These sources are: the Co 129 series, the Hong Kong Administrative Reports, the Hong Kong Government Gazettes, Hong Kong Legislative Council Sessional Papers, the Overland Friends of China, China Mail, and the Hong Kong Daily Press. For the same reason, this research has so far completed its search of the source materials only up to the end of the nineteenth century. However, it is intended that once new funds are available, the research will be carried on into the twentieth century.

Each entry in this index consists of one or more descriptive statements to help the user gain as clear a picture as possible about the contents of each document. Whenever available, the exact date and page number of the document is provided together with the title of the source from which the document is derived.

The compiler wishes to express his gratitude to the Centre for Asian Pacific Studies, Lingnan College for a special grant to finance the research project. He would like to thank in particular the two directors of the Centre, Dr. Frances Lai and Professor Shiu L. Kong for their unceasing support and assistance. A special note of thanks also goes to the Hong Kong Collection, the City Hall Library and the Hong Kong Public Records Office for permission to use their holdings. Mr. Tsang To-man has done an excellent job as coordinator for the research project and deserves special mention for his untiring efforts. Mr. Alfred Lee, Miss Dorothy Kok and Miss Angela Louie played a large role in collating and transcribing the raw data into publishable form and must be given credit for their contribution. Last but not the least, my heartfelt gratitude goes to my wife and two daughters. Without their affectionate care and moral support during the research period, life would have been much less bearable for me.

I. General

	Date	Description	Source
1	1840-1859	Shipping Intelligence During this period it appears as a weekly column. The information is presented in the form of a table containing the date of arrival at and departure from Hong Kong of each vessel and the name and the destination of the respective vessels. It shows the commercial and communication links between Hong Kong and more than 20 countries including Australia, India, Japan, the Philippines, Macao, Singapore, U.S.A. etc.	CM

II. Hong Kong and Eastasia

A.		Japan		
	Date	Description	Source	Page/s
1	29/10/1846	Naval - the movements of the squadron during the past month have been somewhat mysterious to many who expected that it was the Admiral's intention to pay a visit to Japan before resigning his command on this station	OF	71
2	29/03/1847	Sir John Davis visits Pekin and Japan	OF	89
3	29/12/1848	A Junk from Formosa brings a cargo of coals	OF	196
4	25/02/1854	Ships of war in China and Japan waters	OF	18
5	11/03/1854	Ships of war in China and Japan waters	OF	22
6	22/04/1854	Ships of war in China and Japan waters	OF	36
7	06/05/1854	Ships of war in China and Japan waters	OF	42
8	06/06/1854	Ships of war in China and Japan waters	OF	50
9	22/07/1854	Ships of war in China and Japan waters	OF	64
10	28/10/1854	Ships of war in China and Japan waters	OF	90
11	11/11/1854	Ships of war in China and Japan waters	OF	96
12	27/11/1854	Ships of war in China and Japan waters	OF	100
13	11/12/1854	Ships of war in China and Japan waters	OF	106
14	15/01/1855	Ships of war in China and Japan waters	OF	4
15	15/02/1855	Ships of war in China and Japan waters	OF	14
16	15/03/1855	Ships of war in China and Japan waters	OF	20
17	14/04/1855	Ships of war in China and Japan waters	OF	27
18	09/05/1855	Sir James Sterling's Departure for Japan	CO129/50	51-70
19	10/05/1855	Ships of war in China and Japan waters	OF	33

20	21/05/1855	Treaty with Japan	CO129/53	31-35
21	09/06/1855	Ships of war in China and Japan waters	OF	39
22	10/07/1855	Ships of war in China, Japan and Siam waters	OF	47
23	28/07/1855	Publication of Treaty with Japan	CO129/51	88-94
24	10/08/1855	Ships of war in China and Japan waters	OF	53
25	01/02/1856	Treaty with Japan	CO129/54	113-116
26	15/04/1856	Ships of war in China and Japan waters	OF	21

III. Hong Kong and Southasia

A.		India		
	Date	**Description**	**Source**	**Page/s**
1	18/12/1842	Correspondence between H.M.'s Plenipotentiary and himself regarding the climate of Hong Kong and its effects on the troops. Encloses a copy of letter to the Governor General of India submitting the proposed arrangements for the garrison in China	CO129/1	114-172
2	13/06/1842	Return of all monies repaid by H.M.'s Government to the East India Company	CO129/1	266
3	01/01/1843	Refers to his Despatch of Nov. 30 and forward copy of letter to the Governor General of India	CO129/1	180-185
4	22/02/1844	Chief Justice and Treasurer ordered Passages from Bombay to HongKong	CO129/9	missing
5	07/08/1844	A. Sung's Petition, letter to Governor from East India Company	CO129/9	77
6	19/09/1844	Payment of Monies on account of East India Company _ through Governor	CO129/9	80
7	28/01/1845	East India Company Acknowledges Despatch No.28 Sept.3	CO129/11	68
8	06/10/1845	East India Government for establishing a credit in favor of Lieutenant Dallor	CO129/13	174
9	31/01/1846	List of Passengers per "Braganza"-for Malta, Calcutta	OF	25
10	27/02/1846	List of Passengers per "Lady Mary Wood"-to Calcutta, Singapore	OF	29
11	24/04/1846	Sail of "Lady Mary Wood" with mails for England and India	OF	38
12	30/01/1847	Shipping Intelligence-Arrivals at Hong Kong - Departures from Hong Kong - Manila shipping	OF	77

13	24/06/1847	Troop ships from India arriving at Hong Kong	OF	103
14	23/09/1847	Army Pensioners serving in Police Force may return to India	CO129/21	37
15	05/10/1847	Transportation to India - Governors' Visit to Cochin China	CO129/21	79-83
16	29/10/1847	PassengersperSteamer "LadyMaryWood"-for Calcutta	OF	121
17	29/10/1847	The 42nd M.N.I. embark for Madras and the 18th Royal Irish for Calcutta	OF	121
18	29/01/1848	Passengers per Steamer "Pekin" - for Malta,S-ingapore, Calcutta,etc.	OF	136
19	29/01/1848	Passengers per Steamer "Braganza"-for Bombay, Ceylon	OF	139
20	05/02/1848	Transportation of convict from Hong Kong to places within the Territories of the East India Company	OF	44-48
21	29/03/1848	Passengers per P. & O. Co.'s Steamship "Pekin" - for Calcutta; Singapore, Penang, etc.	OF	151
22	24/05/1848	Passengers per Steamer "Pekin" - for Calcutta, Singapore, Penang	OF	163
23	29/11/1848	Passengers per P. & O. Co.'s Steamer" Pekin'-for Bombay	OF	191
24	26/02/1849	Passengers per P. & O. Co.'s Steamer "Malta"-for Bombay, Singapore	OF	206
25	30/03/1849	Passengers per P. & O. Co.'s Steamer" Achilles"- for Bombay, Singapore	OF	44
26	25/07/1849	Passengers per P. & O. Co.'s Steamer" Pekin"- for Bombay, Singapore	OF	237
27	02/08/1849	Forwards details of the cost of building in India a vessel to be used for the suppression of piracy in the China Seas	CO129/31	17-25
28	29/08/1849	Passengers per P. & O. Co.'s Steamer "Malta"-for Bombay, Singapore	OF	243
29	29/10/1849	Passengers per P. & O. Co.'s Steamer "Pekin"-for Bombay, Singapore	OF	259
30	12/12/1851	India Board, Growth of Tea in East India	CO129/38	112-164
31	19/11/1852	India Board, Growth of Tea in East India, Mr. Fortune's Mission to China	CO129/41	50-56
32	19/03/1853	Transportation of 20 convicts to Penang (East India Company)	CO129/42	72-74
33	02/07/1855	Examination of candidates for Indian Civil Service	CO129/51	3-12

34	07/05/1856	Colonel Caine's passage to India	CO129/54	319-320

IV. Hong Kong and South-East Asia

A.		Indonesia		
	Date	**Description**	**Source**	**Page/s**
1	15/09/1855	Our Diocesan will visit Java	OF	57

B.		Kampuchea		
	Date	**Description**	**Source**	**Page/s**
1	15/10/1855	Mission to Cochin -China	OF	69

C.		Malaysia		
	Date	**Description**	**Source**	**Page/s**
1	29/03/1848	Passengers per P. & O. Co.'s Steamship "Pekin" - for Calcutta, Singapore, Penang etc.	OF	151
2	24/05/1848	Passengers per Steamer "Pekin" - for Calcutta, Singapore, Penang	OF	163
3	06/06/1856	Chinese Convicts: Transportation of 21 Chinese Convicts to Penang	CO129/56	231-232
4	19/08/1856	Cost of removing Convicts to Penang	CO129/61	153
5	05/05/1857	Transportation of Convicts to Labuan	CO129/63	94-97
6	14/09/1857	Transportation of 60 Convicts to Labuan	CO129/64	217-2

D.		Philippines		
	Date	**Description**	**Source**	**Page/s**
1	25/08/1843	Replying to his letter regarding certain timber just arrived from Manila	CO129/10	506A
2	24/04/1846	Commercial Regulations of Manila	OF	41
3	11/03/1854	A regular Steam communication with Manila	OF	21
4	02/09/1856	Application of Chinese Passenger Act to Voyages between China and the Philippines	CO129/60	224-233
5	06/11/1856	Application of Chinese Passenger Act to Voyages between China and the Philippines	CO129/60	254-258
6	29/11/1856	Application of Chinese Passenger Act to Voyages between China and the Philippines	CO129/60	278-305

7	15/01/1859	Acknowledging receipt of Despatches to No. 62 of 18th Nov. 1858 and reporting Sir John Bowring's expected return from Manila on the 17th instant	Co127/73	43
8	18/08/1859	Transmitting communication from the Governor General of the Philippines, on the subject of Timber for shipbuilding to be obtained from those Islands	CO129/75	231-238
9	24/03/1859	Timber from the Philippine Islands	CO129/75	26-28

E.		Singapore		
	Date	**Description**	**Source**	**Page/s**
1	29/12/1847	Passengers per Steamer "Pekin" for Malta, Singapore, Calcutta, etc.	OF	136
2	29/03/1848	Passengers per P.& O. Co.'s Steamship "Pekin" -for Calcutta, Singapore, Penang, etc.	OF	151
3	24/05/1848	Passengers per Steamer "Pekin" - for Calcutta, Singapore, Penang	OF	163
4	21/07/1854	Transportation of Chinese Convicts (to Singapore)	CO129/46	missing
5	01/02/1855	Disembarkation Return per "Singapore" encloses	CO129/49	54-63
6	16/11/1855	Transportation of 47 Chinese Convicts to Singapore	CO129/52	259-262
7	09/09/1856	Chinese Convicts - Reports the Transportation of 24 Chinese Convicts to Singapore	CO129/58	147-149
8	27/11/1857	Removal of Madras Troops sent from Singapore	CO129/65	89-97

F.		Sri Lanka		
	Date	**Description**	**Source**	**Page/s**
1	29/11/1845	Sail of P. & O. Company's Steamer "Braganza" -to Ceylon, Malta, etc.	OF	15
2	20/04/1846	Solicits appointment of Surveyor General of Ceylon on a vacancy, requests permission to stop at Ceylon on his passage to arrange an exchange	CO129/17	392
3	28/09/1846	List of Passengers per Steamer "Braganza" -for Ceylon, Singapore	OF	67

4	29/01/1848	Passengers per Steamer "Braganza" - for Bombay, Ceylon	OF	139
5	27/02/1848	Passengers per Steamship "L.M. Wood" - for Ceylon, Singapore	OF	149
6	27/12/1853	Embarkation Return of Ceylon Rifles per "Singapore"	CO129/43	missing

G.		**Thailand**		
	Date	**Description**	**Source**	**Page/s**
1	15/03/1855	Sir J. Bowring's departure for Siam	CO129/49	276-277
2	15/01/1855	The King of Siam asked Sir John Bowring to defer his visit	OF	2
3	09/06/1855	The Success of the Mission to Siam	OF	41
4	10/07/1855	Ships of war in China, Japan and Siam waters	OF	47
5	15/10/1855	Our Treaty with Siam	OF	71,72
6	15/02/1856	Ships of war in China and Siam waters	OF	10
7	15/03/1856	The Siamese barque arrived at Hong Kong from Amoy	OF	13
8	15/03/1856	Ships of war in China and Siam waters	OF	16

V. Hong Kong and Macao

	Date	**Description**	**Source**	**Page/s**
1	19/12/1842	Reports travelling to Macao, having left the Steamer lying off the factories in Canton. Encloses correspondence regarding the size of force to remain at Hong Kong	CO129/1	173-179
2	09/10/1843	Governor's Return from Macao fixed for the 10th Oct/43 having completed his Mission there	CO129/2	318
3	30/04/1844	Right of Portuguese Authorities at Macao to British Protection in event of their becoming involved in a war with China	CO129/5	333-342
4	29/03/1846	Effect of Macao's alternation in the harbour regulations on Hong Kong	OF	34
5	29/03/1846	The translation of a Notification from His Excellency the Governor of Macao, and a Decree from the Court of Lisbon, by which Macao is declared a free port to the ships of all nations	OF	35
6	23/06/1846	Opening of the Hong Kong Club - guest from Macao and Canton	OF	51

7	27/08/1846	Macao Foreigners be permitted to buy or build houses, and possess any ground in Macao, paying to the public Treasury a quit-rent of half a-cent for each square covid Portuguese of all the ground they possess	OF	61, 62
8	29/10/1849	Governor of Macao	CO129/30	217
9	21/11/1849	Governor of Macao	CO129/30	376
10	28/11/1851	Governor had done little in the postal communication between Hong Kong and Macao, Whampao, Canton	OF	82
11	22/07/1854	Panic at Canton among richer classes of Chinese who took passage to Macao or Hong Kong	OF	61
12	11/11/1854	Circular to the consuls of the Republic of Peru in Macao, Hong Kong and Amoy - about emigration	OF	95
13	15/09/1855	Sir John Bowring proceeded to Macao	OF	58
14	14/10/1856	Coolie Emigrants, Macao	CO129/60	244-245

VI. Hong Kong and the Pacific

A.		Australia		
	Date	**Description**	**Source**	**Page/s**
1	14/11/1845	Grazing of Australian Cattle	CO129/14	410
2	29/07/1854	Chinese Emigration from Hong Kong to California, Australia, etc.	CO129/46	182-186
3	23/02/1855	Chinese Emigration from Hong Kong to California, Australia, etc.	CO129/53	272-297
4	14/09/1855	Emigration of Chinese to Victoria	CO129/52	61-81
5	26/11/1855	Emigration to Victoria: Case of the "Alfred"	CO129/53	349-356
6	08/01/1856	Act of the Victoria Legislature on Chinese Emigration	CO129/54	31
7	13/03/1856	Chinese Emigrants to Australia: Liabilities	CO129/55	13-15
8	15/05/1856	Chinese Emigration to Victoria	CO129/61	32-34
9	05/07/1856	Emigration from Hong Kong to Victoria	CO129/60	205-208
10	07/10/1856	Treaty with China. Explains that the Treaty alluded to in former Despatch is the Treaty of Peace. Chinese Emigration to Australia	CO129/58	253-255
11	19/01/1857	Emigration from Hong Kong to Victoria	CO129/65	263-267

附錄

| 12 | 04/03/1857 | Emigration of Chinamen to Australia | CO129/65 | 328-337 |
| 13 | 02/04/1857 | Chinese Emigration to Australia | CO129/65 | 345-346 |

B.		U.S.A.		
	Date	**Description**	**Source**	**Page/s**
1	05/09/1843	A Despatch from Her Majesty's Minister at Washington reporting that Mr. Cushing, the U.S. Commissioner to China, has departed for his post	CO129/3	309-312
2	27/03/1844	Mr. Waldron, the U.S. Consul	CO129/5	272-273
3	30/09/1845	Appointment of U.S. Consul at Hong Kong	OF	7
4	29/03/1846	The U.S. ship "Vincennes", Captain Paulding bearing the flag of Commodore Biddle, arrived on Saturday night	OF	36
5	29/03/1847	Comment on a letter of an American citizen (concerning the relation between U.S.A. and China)	OF	91
6	29/12/1848	American Whaler	OF	196
7	25/07/1849	California - news from U.S.A.	OF	242
8	29/11/1849	California - news from U.S.A.	OF	272
9	29/12/1849	California - news from U.S.A.	OF	279
10	22/06/1850	Intelligence from California	OF	309
11	27/02/1852	Hong Kong: included - emigration to California : Mutiny on board the American ship "Challenge"	OF OF	10 15
12	30/03/1852	Annual Export of Gold from California : Arrivals of American Clipper Ship	OF OF	18 18
13	22/06/1852	Hong Kong - Monthly Summary (U.S. policy on Chinese immigration): Chinese emigration to U. S.A.	OF OF	41 43
14	24/08/1852	California Law - concerning passengers arriving at the ports of California	OF	62
15	27/01/1854	The U.S. squadron left HongKong	OF	5
16	29/07/1854	Chinese Emigration from Hong Kong to California, Australia, etc.	CO129/46	182-186
17	22/08/1854	U.S.S. Susquehenna with Commissioner for U.S.A. arrived in Hong Kong - bringing a full marine report	OF	72

18	23/02/1855	Chinese Emigration from Hong Kong to California, Australia, etc.	CO129/53	272-297
19	07/08/1855	Departure of 2 Armed Ships from Boston for Hong Kong. Encloses notification from H.M. Consul at Boston	CO129/53	160
20	06/11/1855	Departure from Boston to China of the "Curlew" and "Antelope"	CO129/52	233-234
21	14/04/1856	Appointment of Mr. Silas E. Borrow as Consul for New Grenada	CO129/54	156-158
22	19/07/1856	Import Duties to Articles imported in Honolulu by ships from Hong Kong	CO129/57	138-192
23	18/03/1859	Act to prevent future Immigration of Chinese into California	CO129/75	180-184

附
錄

1860-1879

I. General

	Date	Description	Source
1	1860-69	a) <u>Shipping Report</u> During this period it appears as a weekly report. The report includes graphs and tables concerning the total number, tonnage and crew of each of the vessels entered and cleared at the port of Hong Kong. It also includes the total number of junks entered and cleared, the summary of arrivals and departures of same vessels and all Chinese passengers they carried on board. The countries which form the destination and point of embarkation for such vessels are listed in alphabetical order from Australia to U.S.A.	GG
		b) <u>Shipping Intelligence</u> During this period it appears as an irregular column published once every two to five days. It contains a more specific table concerning the dates of arrival and departure of each vessel and the name and destination of the respective vessels. Also, the names of the captain and the associated agents or companies of the vessels are listed. The table gives a fairly good idea of the links between Hong Kong and more than 30 countries and ports including Australia, India, Sri Lanka (Ceylon), Japan, Korea, Macao, the Philippines, Singapore (Straits Settlements), New Zealand, U.S.A. etc.	CM

		c) Shipping Correspondence This is a daily column which records the details of the arrival, clearance and departure of the vessels which entered and departed from Hong Kong. Major countries from which such vessels came and to which they sailed included Australia, India, U.S.A. etc.	DP
2	1870-79	a) Harbour Master's Report This is a yearly report which includes graphs, statistics, tables and charts of the total number, tonnage, crew and passengers of foreign vessels which entered and departed from Hong Kong. These vessels sailed between Hong Kong and countries which included Australia, Canada, India, Indonesia, Japan, Philippines, Thailand (Siam) and U.S.A.	AR; SP; GG
		b) Post Office Annual Report The report includes the rates of postage and the total number of different types of letters, parcels and postcards received and despatched in the past year. It also shows the results of the Money Order transactions between Hong Kong and Australia, British North Borneo, Canada, Hawaii, Japan, New Zealand, the Strait Settlements, Thailand (Siam) and U.S.A. during the year	AR
		c) Shipping Intelligence During this period it appears as a daily column. Apart from presenting a table concerning the dates, the names and the destinations of the vessels which arrived and departed, shipping information is also presented in the form of advertisements by the associated shipping companies and the agents of the vessels concerned. Details of the advertisements include the dates of arrival and departure; the name of the captain of each vessel; the destinations of the vessels as well as the correspondence addresses of the associated shipping companies	CM
		d) Shipping Correspondence This is a daily column. Each column includes the details of the arrival, clearance and departure of the vessels which entered and departed from Hong Kong	DP

II. Hong Kong and Eastasia

A.		Japan		
	Date	**Description**	**Source**	**Page/s**
1	17/07/1861	Sir Hercules Robinson reporting his departure for Japan and Ports in China, on vacation leave	CO129/81	515-516
2	29/04/1863	Box of seeds from Japan	CO129/95	219-223
3	15/05/1863	Box of seeds from Japan	CO129/95	232-235
4	26/06/1863	Japan - Introduction of Arms into	CO129/95	108-111
5	30/07/1863	Inefficient postal service in Japan, China led to a lot of troubles especially in places like Hong Kong	CM	2
6	22/09/1863	Punishment of offenders returning to China, Japan and Siam	CO129/95	155-160
7	05/11/1863	The sale of arms by Hong Kong firms to the Taipings and the sale of arms by Americans to Japan	CM	2
8	27/07/1864	Reporting payments authorized at the Packet Agencies at Swatow and Kanagawa	CO129/99	258-266
9	25/08/1865	Reporting that the "China and Japan Order in 1865" will commence to take effect from the 4th September 1865	CO129/106	106-120
10	22/03/1866	Reduction of Troops in China and Japan	CO129/119	15-24
11	26/03/1866	(There was no book post between Hong Kong and various ports of China and Japan)	DP	2
12	20/07/1866	(Phillips and More Co. established a branch at Yokohama)	DP	3
13	11/08/1866	(Nagasaki and Manila Shipping)	DP	2
14	09/10/1866	(Trade with Japan)	DP	2
15	02/01/1867	(Post Office Notification - A Mail will stop for Shanghai, Swatow, Nagasaki)	DP	3
16	12/01/1867	(Hydro graphic notice of Japan)	GG	8-10
17	06/07/1867	(Appointment of John Simpson to be the Post Master at Yokohama in Japan)	GG	2-15
18	12/11/1867	Postal arrangements of China and Japan	CO129/128	375-384
19	23/11/1867	Post office notification concerning America, Hong Kong and Japan	GG	406

20	06/02/1868	Alteration in Mail Service Establishment of the Money Order System between this country, Hong Kong, Shanghai and Yokohama	CO129/135	3-9
21	15/04/1868	Japanese Presents - Forward copy of communication sent to Sir Harry Parkes regarding -	CO129/130	111-115
22	18/04/1868	(Rates for book Packets and Packets of samples or Patterns to be transmitted by the Post in the Mails by the British Contract Packets between Hong Kong, Shanghai, Yokohama and Nagasaki)	GG	151-152
23	27/06/1868	Transfer of control over the Post Office Agents in China and Japan	CO129/135	27-29
24	05/08/1868	Money Orders - reporting the rate of commission to be changed in China and Japan on the issue of	CO129/132	16-18
25	15/08/1868	(Declaration of neutrality upon British Subjects during hostilities in Japan)	GG	301
26	12/09/1868	(Yokohama Money Order)	GG	334
27	06/03/1869	Expense for Auditing China and Japan Consular Accounts	CO129/140	228-232
28	13/03/1869	Case of suspicious Vessel arrived at Hokodati with none but Chinese on board	CO129/140	408-411
29	07/04/1870	Removal of Mr. Simpson from charge of Post Office at Yokohama and the transfer of Mr. Machado thereto	CO129/144	116-135
30	11/05/1870	Memorial of Mr. Simpson against his removal from office of Postmaster at Yokohama	CO129/144	357-391
31	17/05/1870	Great Northern Telegraph China and Japan Extension Company	CO129/148	199-203
32	18/05/1870	Project American Telegraph Line from California to Japan and China	CO129/147	525-529
33	22/06/1870	Projected American Telegraph Line from California to Japan and China	CO129/147	230-233
34	05/08/1870	Transfer of Mr. Simpson from Yokohama to Hong Kong	CO129/148	238-246
35	26/09/1870	East India, China and Japan mail contract	CM	3
36	27/09/1870	The Japanese Government intends to send an officer to Hong Kong to inspect the jail	CM	3
37	03/11/1870	Laying of cable with Hong Kong and Singapore, Japan, Shanghai	CM	3

38	05/11/1870	- Steamship "Japan" - for Yokohama and San Francisco	CM	4
39	04/01/1871	Agreement between Hong Kong Government and Great Northern Telegraphic China and Japan Extension Company	CO129/154	124-127
40	21/01/1871	(Hiogo and Nagasaki postage by U.S. Mail)	GG	16
41	20/03/1871	The first performance of the Japanese troupe in the City Hall theater	CM	3
42	21/03/1871	The Japanese troupe made their second performance at the Lusitano Theatre	CM	3
43	25/03/1871	- Steamer "Volga" - for Yokohama	CM	4
44	03/04/1871	- Steamer "Aden" - for Yokohama	CM	2
45	14/08/1871	China Submarine Telegraph Company - opening of China and Japan Extension Line	CO129/154	467-477
46	27/12/1871	- The Mikado Troupe of Japanese artists performed at the Lusitano Theater	CM	3
47	Nodate/ 71	- Chronicle and Directory for China, Japan and the Philippines for 1871	CO129/149	96
48	02/01/1872	Recent Japanese Mission to Hong Kong and Singapore	CO129/160	282-285
49	20/01/1872	Postal Communication with Japan	CO129/156	147-154
so	08/05/1872	Maintenance of Consular Prisoners from Japan	CO129/157	452-459
51	22/05/1872	Transmission to Japan of Parliamentary papers	CO129/160	356-361
52	25/09/1872	Despatch by Japanese Government of Labourers	CO129/160	499-507
53	04/10/1872	Escape of Coolie Emigrants from Peruvian ship "Maria Luz" at Yokohama	CO129/160	514-515
54	02/12/1872	Desire of Japanese Government for permission for two Naval officers to inspect Hong Kong Customs House	CO129/160	595-597
55	04/02/1873	Departure of Diplomatic Mission from Peru to China and Japan	CO129/166	212-216
56	19/04/1873	(Appointment of Vice-Consul for Japan)	GG	175
57	08/11/1873	Postal Convention between Japan and U.S.A.	CO129/165	339-364
58	12/01/1874	Postal Convention between Japan and U.S.A.	CO129/169	600-601
59	30/01/1874	Postal Convention with Japan	CO129/169	32-42

60	01/04/1874	Question of proclaiming Japanese silver yen and American Trade Dollar as Legal Tender	CO129/167	181-188
61	13/06/1874	Increase of salary to Postmaster and Shroff of Post Office, Yokohama	CO129/167	411-421
62	17/11/1874	Proposal of Postal Convention with Japan	CO129/168	384-407
63	14/12/1874	Postal Convention between the United States and Japan	CO129/168	496-513
64	09/01/1875	Suggested Postal Convention between Hong Kong and Japan	CO129/172	451-456
65	13/02/1875	(Impowering Ande Tare to act as Japanese Vice-Consul at HongKong)	GG	39
66	01/11/1875	Proposed Scheme of two British Subjects for Establishing an Emigration Agency at Yedo and Yokohama	CO129/172	397-410
67	28/12/1875	Proposed arrangements for carriage and disposal of American Mails between Hong Kong and Japan	CO129/172	424-425
68	15/07/1876	Proportion of Losses on China and Japan Mails which would fall on Hong Kong in event of its admission into Postal Union	CO129/176	97-102
69	14/03/1877	Postal changes between Hong Kong, Shanghai and Yokohama	CO129/177	358-361
70	09/08/1877	Contract for conveyance of India, China and Japan Mails on termination of present contract	CO129/ 180	93-97
71	04/10/1877	Proposed reduction of rate Postage on letters between Hong Kong, Shanghai and Yokohama	CO129/180	374-376
72	27/12/1877	Proposes Creation of two separate supreme consular courts for China and Japan respectively	CO129/180	269-281
73	18/03/1878	Proposed new court of Appeal for China, Japan and Hong Kong	CO129/183	175-180
74	20/03/1878	Trade Dollar in Japan	CO129/181	212-220
75	27/04/1878	Establishment of an Intermediate of India and China Mails on termination of present arrangements	CO129/183	99-113
76	25/07/1878	Mail line by British Packets between Hong Kong and Yokohama	CO129/183	210-212
77	16/07/1879	Contemplated withdrawal of Branch of Hong Kong Post	CO129/185	161-165

78	17/09/1879	Currency of Hong Kong, proposed legalisation of American Trade Dollar and Japanese Yen	CO129/186	128-152
79	17/12/1879	Relations between China and Japan	CO129/185	570-577

III. Hong Kong and Southasta

A.	India			
	Date	**Description**	**Source**	**Page/s**
1	28/12/1860	Applying for Authority to transport out of India 2 Sikh Soldiers convicted of manslaughter	CO129/178	413-441
2	30/04/1861	Chartered Bank of India, Australia and China	CM	1
3	25/08/1862	Reporting that a proposal has been made to the Indian Government for the reception of Convicts from Hong Kong into the Penal Establishment on the Andaman Isles	CO129/87	203-208
4	13/02/1863	Respecting recognition of the notes of the Chartered Bank of India, Australia and China	CO129/91	179-182
5	19/05/1864	Transmitting bill of exchange for £840 value advanced for West Indian Emigration purposes	CO129/98	415-
6	20/01/1865	(Import opium from Singapore to Calcutta)	DP	3
7	07/07/1866	(Notice to Mariners, received from the government of India, about the Straits Settlements)	GG	265
8	25/08/1866	(Notification received from the government of Bombay)	GG	362-363
9	29/12/1866	(Notification relating to Bombay Harbour light)	GG	499-500
10	02/03/1867	(Circular from the government of India intonating the Rate of Exchange at which the Rupee is fixed in certain transaction for 1867-1868)	GG	68
11	04/01/1868	Application of Hong Kong and Shanghai Banking Company for Authority to establish Agencies in India	CO129/135	269-270
12	20/04/1868	Departure of the Indian, and Australian Mail Steamers	CO129/135	88
13	09/01/1869	(Notification received from the government of India, relative to Light Houses on British Burmah)	GG	5-6

14	03/07/1869	(As requested by the government of Bombay, Australia and New Zealand, a notification is published respectively for the general information of the mariners)	GG	293
15	20/11/1869	(As requested by the Indian government, a notification is published to inform Mariners)	GG	539-540
16	07/07/1870	The Pacific Mail Company established branch lines between Hong Kong, India, Java, Siam, the Philippine Islands	CM	3
17	26/09/1870	East India, China and Japan mail contract	CM	3
18	08/11/1870	Indian government has ordered the regiment proceeding to Hong Kong	CM	3
19	16/01/1871	- Post office Notification - mails for Singapore, Penang, Calcutta, Swatow, Amoy, Foochow	CM	2
20	03/03/1871	- Telegraph tariff rate - to India, Ceylon, Penang, Singapore, Batavia	CM	2
21	28/03/1871	- Cotton from India	CM	3
22	16/06/1871	The barque "Constance Anilek" from Bombay for Hong Kong with a cargo of cotton, twist, elephant teeth, etc.	CM	3
23	10/07/1871	Return of Opium arrived at Hong Kong from Indian Ports during 1870	CO129/151	61-63
24	20/04/1872	(Mooring materials for sale at Calcutta)	GG	228
25	16/11/1872	(Quarantine Rules received from the government of India)	GG	487
26	31/05/1873	(Quarantine Rules for certain Ports in India)	GG	251
27	03/06/1873	Expenses incurred by Indian Government on account of Hong Kong convicts and Goal Depot in Straits Settlements	CO129/166	144-146
28	13/09/1873	- Steamer "Hindostan" - for Singapore, Penang, Calcutta	CM	2
29	01/06/1874	Agencies or Branches of Joint Stock Companies in India	CO129/167	356-362
30	29/05/1875	(Exchange of money order between Hong Kong and India)	GG	231
31	12/06/1875	Money Order between India and Hong Kong	CO129/170	685-688
32	03/06/1876	Application of Chartered Mercantile Bank of India, London and China for leave to issue One Dollar Notes	CO129/176	85-90.
33	05/10/1876	Issue of One Dollar Notes by Chartered Mercantile Bank of India, London and China	CO129/176	122-128

34	13/01/1877	(Postal Convention between Hong Kong and Netherland- India)	GG	3
35	09/08/1877	Contract for Conveyance of India, China and Japan Mails on termination of present contract	CO129/180	93-97
36	09/02/1878	(Thanks for aids to Indian Famine Relief Fund)	GG	39
37	26/08/1878	New Contract for conveyance of India and China Mails on termination of present arrangements	CO129/183	99-113

IV. Hong Kong and Southeast Asta

A.		Burma		
	Date	**Description**	**Source**	**Page/s**
1.	09/01/1869	(Notification received from the government of India, relative to Light Houses on British Burmah)	GG	5-6
2.	22/08/1869	Proposal to lay Telegraph Cable from Penang to Rangoon	CO129/174	562-565

B.		Indonesia		
	Date	**Description**	**Source**	**Page/s**
1.	07/07/70	The Pacific Mail Company established branch lines between Hong Kong and India, Japan, Siam, the Philippine Island	CM	3
2.	14/01/71	- Steamer for Saigon, Singapore, Batavia, etc.	CM	2
3.	03/03/71	- Telegraph tariff rate - to India, Ceylon, Penang, Singapore, Batavia	CM	2
4.	09/02/75	Free delivery of Closed Mails between Hong Kong and Batavia via Singapore	CO129/172	187-192
5.	06/01/76	Mail conveyed by French Packets between Hong Kong, Java and Singapore	CO129/176	463-465

C.		Kampuchea		
	Date	**Description**	**Source**	**Page/s**
1.	18/07/72	Visit of the King of Cambodia	CO129/158	268-269
2.	23/07/72	Wish of King of Cambodia to confer L'ordre Royal du Cambodge on certain officers	CO129/158	317-325

3.	12/09/72	King of Cambodia (encloses copy of letter from Governor of Saigon referring to the visit of)	CO129/159	47-49
4.	26/09/72	Decorations offered to British Subjects by King of Cambodia	CO129/160	508-510
5.	04/10/72	Telegram of 2nd October respecting Cambodian decorations	CO129/159	244-248
6.	23/12/72	Cambodian Decorations	CO129/159	573-576
7.	24/01/74	Treaties between France and Siam, Cambodia, and Annam.	CO129/169	15-25

D.		Malaysia		
	Date	**Description**	**Source**	**Page/s**
1	07/11/1870	- Steamer "Delhi" -for Singapore, Penang	CM	1
2	16/01/1871	- Post Office Notification - mails for Singapore, Penang, Calcutta, Swatow, Amoy, Foochow	CM	2
3	03/03/1871	- Telegraph tariff rate - to India, Ceylon, Penang, Singapore, Batavia	CM	2

E.		Philippines		
	Date	**Description**	**Source**	**Page/s**
1	08/11/1863	Difficulties in recruiting Hong Kong volunteers and the Band from Manila	CM	2
2	16/07/1863	Many Chinese wanted to return to China after the fearful Earthquakes in Manila	CM	5
3	16/07/1863	Merchant captains coming to the Philippines from ports in China must produce certificates of health	CM	5
4	28/07/1865	Timber Trees from Manila	CO129/108	215-218
5	20/01/1868	Sum of $654 advanced by the colony on account of distressed seamen from Manila	CO129/135	189-191
6	02/05/1868	(Despatch from Consul at Manila, announcing the exemption from Import Dues of certain Articles of Commerce)	GG	176-177
7	22/06/1868	Expenses incurred in removing British seamen from Manila	CO129/135	251-253
8	04/12/1868	Governor's proclamation defining the Length of Voyage between Amoy and Manila for steamers	CO129/134	735-738

附
錄

27	03/02/1872	Sulu, Proceedings of Governor of the Philippine Islands in regard to	CO129/160	300-303
28	12/04/1873	(Emigration Fee to Manila)	GG	155
29	05/06/1873	Official Denial of rumoured intention of Spain to cede the Philippines to Germany	CO129/166	327-329
30	02/07/1873	Fees leviable upon Chinese Passengers Traffic with Singapore andManila	CO129/164	9-14
31	11/10/1873	Seizure of German Vessels at Manila	CO129/165	90-94
32	22/10/1873	Disturbances at Manila	CO129/165	197-203
33	18/11/1873	Reduction of stamp duties on Chinese Passengers Traffic with Singapore and Manila	CO129/165	424-427
34	10/12/1873	Proceedings of HMS "Restree" at Manila	CO129/165	534-538
35	13/12/1873	(New Ports opened at the Philippines)	GG	604
36	18/12/1874	Rumoured Cession of Manila to Germany	CO129/169	515-516
37	02/02/1875	Seizure of "Marie Lousie" by Spanish Authorities at Manila	CO129/170	74-82
38	08/04/1876	Non-receipt by parties in Manila of two Registered Letters sent from Hong Kong	CO129/174	4-21
39	16/09/1876	Late irregularities in Postal Service of Manila.	CO129/176	250-253
40	10/10/1876	Sentence of Imprisonment at Hong Kong passed on two men by a Naval Court held at Manila	CO129/176	60-72
41	30/10/1876	Proceedings of Naval Court at Manila on seamen of the "Frederick" for murderous assault on the captain	CO129/176	73-74
42	13/11/1876	Proceedings before Naval Court at Manila under Presidency of Commander Dawson of HMS "Dwarf" on three seamen of the "Frederick"	CO129/176	20-22
43	31/03/1877	(Mails exchange with Manila and Saigon)	GG	187
44	15/12/1877	Administration and Commercial Prospects of the Philippines	CO129/80	262-268
45	12/06/1878	Seizure of British Steamer "Gunga" by Revenue Officers at Manila	CO129/181	255-258
46	24/07/1878	Seizure of "Gunga" at Manila	CO129/181	301-306
47	25/09/1878	Seizure of Steamer "Gunga" at Manila	CO129/181	161-187
48	03/12/1878	Establishment of Telegraphic Communication between the Philippine Islands and the Chinese Coast	CO129/183	254-261

49	15/01/1879	Proposal of Spanish Government to establish telegraphic communication between the Philippine Islands and Hong Kong	CO129/186	119-124
50	10/03/1879	Submarine Cable between Luzon and Hong Kong	CO129/186	169-170

F.		**SingaDore**		
	Date	**Description**	**Source**	**Page/s**
1	04/02/1861	Sorting of Mails - between Singapore and Hong Kong	CO129/83	181-182
2	27/02/1864	Respecting payment of Salary due to and expenses incurred by Sir. H. Robinson during his stay at Singapore on a special mission	CO129/97	252-260
3	02/04/1864	(Notice of a new harbour light exhibited at the Post of Singapore)	GG	114
4	20/01/1865	(Import opium from Singapore and Calcutta)	DP	3
5	06/07/1865	(Ship from Hong Kong to Singapore was attacked by piratical junks)	DP	4
6	05/01/1870	Monopoly granted by the Philippine Government to Promoters of a line of Telegraph from those Islands to Singapore and Hong Kong	CO129/147	156-159
7	05/03/1870	Postage charges to the country like Manila, Saigon, Singapore, ets.	GG	99
8	11/03/1870	Concessions to Messrs Hean and Graham in Laying down a Telegraphic Cable between Manila, Singapore and Hong Kong	CO129/147	468-474
9	28/03/1870	Proposed Telegraph between Manila, Hong Kongand Singapore	CO129/147	478-483
10	18/05/1870	Submarine Cable from Manila to Hong Kong and Singapore	CO129/147	523-524
11	25/10/1870	Cable will belaid between Hong Kong and Singapore	CM	3
12	07/11/1870	- Steamer "Delhi" - for Singapore, Penang	CM	1
13	16/11/1870	Laying of cable between Hong Kong and Shanghai, Singapore	CM	3
14	14/01/1871	- Steamer for Saigon, Singapore, Batavia, etc.	CM	2
15	16/01/1871	- Post Office Notification - mails for Singapore, Penang, Calcutta, Swatow, Amoy, Foochow	CM	2
16	No date	- Telegram with Hong Kong and Singapore, Shanghai	CM	3

附錄

17	24/02/1871	- Cable between Singapore and Hong Kongvia Saigon	CM	3
18	03/03/1871	- Telegraph tariff rate - to India, Ceylon, Penang, Singapore, Batavia	CM	2
19	01/05/1871	- Laying of cable from Singapore to Hong Kong	CM	3
20	20/01/1871	Protection of Amoy - Removal of left wing 75th Foot from Singapore to Hong Kong	CO129/154	390-400
21	06/05/1871	(Emigration Steamers to Singapore)	GG	194
22	28/07/1871	- Steamship "Fusiyama" - for Saigon, Singapore	CM	1
23	17/10/1871	Returns of Passenger and Merchandize Traffic between Manila, Hong Kong and Singapore	CO129/154	367-371
24	02/01/1872	Recent Japanese Mission to Hong Kong and Singapore	CO129/160	282-285
25	29/08/1872	Illegal Conveyance of Chinese from Swatow to Singapore	CO129/161	83-88
26	02/07/1873	Fees Leviable upon Chinese Passengers Traffic with Singapore andManila	CO129/164	9-14
27	18/11/1873	Reduction of Stamps Duties on Chinese Passengers Traffic with Singapore and Manila	CO129/165	424-427
28	25/11/1873	Mortality on Board the "Glenlyon" from Singapore	CO129/165	456-473
29	31/10/1874	(Ordinance for Passenger ships passed at Singapore)	GG	605-608
30	09/02/1875	Free delivery of Closed Mails between Hong Kong and Batavia via Singapore	CO129/172	187-192
31	30/11/1875	Stoppage by P. & O. Company of Allowance to Post Office Marine Sorters while detained at Singapore	CO129/171	594-602
32	06/01/1876	Mail conveyed by French Packets between Hong Kong, Java and Singapore	CO129/176	463-465
33	05/10/1878	(Singapore Instruction as to People engaged in Chinese Emigration)	GG	469
34	26/11/1878	The Currency Question and proposal of Hong Kong and Shanghai Bank to establish a branch at Singapore	CO129/183	114-155

G.		**Sri Lanka**		
	Date	**Description**	**Source**	**Page/s**
1	24/11/1863	(Notification relative to the Pearl Fishery at Aripo, in the Island of Ceylon, published for general information)	GG	28
2	13/03/1865	Intended departure of Sir Hercules Robinson for Ceylon on the 15 th Instant	CO129/104	292-293
3	11/10/1865	In reply to Circular Despatch of 27th June 1865 relative to dues in respect of the Little Basses Light Vessel at Ceylon	CO129/107	35-47
4	21/03/1866	Relief of European Troops by Ceylon Rifles	CO129/119	9-10
5	09/06/1869	Mr. Rennie's reply to the offer made to him of the Auditor Generalship of Ceylon	CO129/138	88-108
6	08/01/1870	(Notice to Mariners concerning light near Great Basses is published at the request of Ceylon Government)	GG	9
7	29/03/1870	Examinations for Civil Service Cadetships in Hong Kong, Ceylon and the Straits Settlements	CO129/148	351-353
8	03/03/1871	- Telegraph tariff rate - to India, Ceylon, Penang, Singapore, Batavia	CM	2
9	06/01/1877	(A Pearl Fishery will take place in the Island of Ceylon)	GG	3

H.		**Thailand**		
	Date	**Description**	**Source**	**Page/s**
1	17/02/1864	Mr. Adamson, Consul for Siam	CO129/102	92-93
2	28/01/1865	(Notice of a n Interdict is laid on the Export of Rice from Siam)	GG	23-24
3	27/02/186?	Recognition of M.H.W. Wood as Siamese Acting Vice-Consul at Hong Kong	CO129/104	193-196
4	26/01/1867	(Extending to the Subjects of the Kings of Siam the provisions of tbe Foreign Deserters Act 1852)	GG	23
5	25/01/1868	(Letter from Acting Consul at Bangkok for general information)	GG	19
6	07/07/1870	The Pacific Mail Company established branch lines between Hong Kong and India, Java, Siam, the Philippine Islands	CM	3
7	03/06/1871	(Appointment of Acting Consul for Siam)	GG	241

| 8 | 24/01/1874 | Treaties between France and Siam, Cambodia, and Annam | CO129/169 | 15-25 |
| 9 | 09/02/1878 | (Prohibition on the Export of rice from Siam has been removed) | GG | 40 |

I.		Vietnam		
	Date	**Description**	**Source**	**Page/s**
1	05/03/1870	(Postage charges to the country like Manila, Saigon, Singapore, etc.)	GG	99
2	14/01/1871	- Steamer for Saigon, Singapore, Batavia, etc.	CM	2
3	24/02/1871	- Cable between Singapore and Hong Kong via Saigon	CM	3
4	25/04/1871	- Carrying trade between Hong Kong and Saigon	CM	3
5	28/07/1871	- Steamship "Fusiyama" - for Saigon, Singapore	CM	1
6	31/07/1871	- Telegraphic communication between Hong Kong and Saigon	CM	3
7	01/08/1871	Telegrams exchanged with Governor of Saigon on the completion of cable connecting Saigon and Hong Kong	CO129/151	163-166
8	09/08/1871	Arrival in Colony per ship "Edouard Raoul" of Vagabond s from Saigon	CO129/151	239-245
9	25/09/1871	Deportation of Chinese from Saigon	CO129/154	247-303
10	04/10/1871	Deportation of Chinese from Saigon	CO129/154	341-343
11	02/11/1871	Deportation of Chinese Paupers from Saigon to Hong Kong	CO129/154	381-383
12	03/04/1873	Rumoured intention of French Government to Annex Province of Tonquin	CO129/166	271-275
13	21/04/1873	Intention of French Government to Annex Tonquin	CO129/166	292-294
14	21/11/1873	French Expedition to Tonquin and Yunnan	CO129/166	478-480
15	12/01/1874	Treaty between France and Annam	CO129/169	7-11
16	24/01/1874	Treaties between France and Siam, Cambodia, and Annam	CO129/169	15-25
17	06/02/1874	Treaties between France and Annam	CO129/169	43-44
18	24/02/1874	French Proceedings at Annam	CO129/169	45-48
19	02/04/1874	Annexation of Tonquin and Annam by France	CO129/169	60-89
20	13/04/1874	Recent French Mission to explore Tonquin	CO129/169	90-96

21	23/04/1874	French Proceedings in Tonquin and Annam	CO129/169	97-104
22	04/05/1874	Proceedings of French in Tonquin and An-nam	CO129/169	108-117
23	19/05/1874	Heads of recent treaty between France and Tonquin	CO129/169	118-120
24	23/05/1874	Treaty between France and Annam	CO129/169	121-130
25	02/06/1874	New Treaty between France and Annam	CO129/169	148-151
26	08/06/1874	Treaty engagements between France and An-nam	CO129/169	158-160
27	18/06/1874	Treaty between France and Annam	CO129/169	214-223
28	19/06/1874	Treaty between France and Annam	CO129/169	175-179
29	24/07/1874	French Treaty with Annam	CO129/169	232-237
30	29/07/1874	French Expedition to Tonquin	CO129/169	243-248
31	31/07/1874	French Treaty with Annam	CO129/169	249-251
32	06/08/1874	French Treaty with Annam	CO129/169	257-262
33	14/08/1874	French Treaty with Annam	CO129/169	271-283
34	25/08/1874	Treaties between France and Annam	CO129/169	288-301
35	19/11/1874	Commercial Treaty between France and An-nam	CO129/169	500-507
36	21/12/1874	French Commercial Treaty with Annam	CO129/169	541-543
37	04/01/1875	Commercial Treaty between France and An-nam	CO129/172	134-139
38	07/01/1875	Treaty between France and Annam	CO129/172	148-151
39	22/02/1875	French Treaty with Annam	CO129/172	200-207
40	20/03/1875	French Commercial Treaty with Annam	CO129/172	240-245 261-263
41	03/05/1875	French Treaty with Annam	CO129/170	479-485
42	18/06/1875	French Treaty with Annam	CO129/172	297-341
43	23/07/1875	Ratification by French Government of Treaty with Annam	CO129/172	352-366 367-371
44	13/09/1875	French Treaties with Annam	CO129/172	380-387
45	28/10/1875	Inquiry of Governor as to whether King of Annam is to be recognized as an Independent Sovereign	CO129/172	391-396
46	26/11/1875	Treaty between France and Annam	CO129/172	411-414
47	20/03/1876	Recent Negotiations between France and An-nam	CO129/176	192-196
48	17/04/1876	Relations between China and Annam as af-fecting Treaties between France and Annam	CO129/176	208-213

49	27/07/1876	Visit of Sir. B. Robertson to Haiphong and Hanoi in Tonquin	CO129/176	224-237
50	13/12/1876	Attempt made by M. Dupuis to open communication with China through Annam by the River Song Koi	CO129/176	312-330
51	05/03/1877	Expense of Establishment made in Tonquin by French under their Treaties with Annam	CO129/180	137-140
52	31/03/1877	(Mails exchange with Manila and Saigon)	GG	187
53	23/09/1879	Affairs of Hainan and Annam	CO129/186	219-221

V. Hong Kong and Macao

	Date	Description	Source	Page/s
1	23/03/1860	Reporting on certain recent cases of kidnapping, arising from the coolie traffic as carried on at Macao and Whampoa	CO129/77	158-216
2	04/06/1862	Macao and Canton was an important summerresidence for the People in HongKong	CM	5
3	14/08/1862	An Extradition Treaty with Macao and Hong Kong is suggested	CM	2
4	25/09/1862	Coolie Emigration from Macao	CM	2
5	03/09/1864	Transmitting Correspondence with the Governor of Macao, on the prohibition of export of Warlike stores from Hong Kong	CO129/100	2-30
6	08/12/1865	(The management of the Hong Kong, Canton and Macao Company)	DP	2
7	05/07/1867	Coolie Emigration from Macao	CO129/123	9-65
8	31/07/1867	Portuguese Deserters from Macao	CO129/123	456
9	21/09/1867	Coolie Emigration from Macao	CO129/127	444-449
10	04/01/1868	Rendition of Portuguese Deserters from Macao	CO129/134	229
11	11/06/1868	Government of Macao	CO129/131	114-137
12	19/06/1868	Emigration from Macao	CO129/134	666-678
13	11/09/1868	Ordinance - Providing for Extradition of Portuguese Criminals to Macao	CO129/134	457-462
14	26/09/1868	Coolie Emigration from Macao	CO129/134	482-490
15	30/09/1868	Macao - Emigration from New Rules as to	CO129/132	555-574
16	11/12/1868	Emigration Notice lately issued by the Governor of Macao	CO129/134	739-742

附
錄

41	14/06/1873	Kidnapping at Macao	CO129/166	314-348
42	30/06/1873	Kid napping at Macao	CO129/166	360-361
43	03/09/1873	German Firms Connected with Macao Coolie Trade	CO129/164	411-418
44	11/09/1873	Macao Coolie Trade	CO129/164	527-531
45	24/10/1873	Prohibition of Macao Coolie ships from entering Chinese waters	CO129/165	224-227
46	06/11/1873	Expulsion of Macao Coolie Vessels from Canton	CO129/166	457-464
47	17/11/1873	Peruvian ships engaged in Macao Coolie Trade	CO129/165	418-421
48	25/11/1873	Connection of a German Firm with the "Fatchoy" Vessel engaged in Macao Coolie Trade	CO129/166	481-482
49	31/11/1873	Suppression of Macao Coolie Trade by Portuguese Government	CO129/165	566-572
50	14/12/1873	Effects of the late Typhoon at Macao	CO129/168	588-597
51	24/11/1874	Discontinuance of Chinese Coolie Emigration through Macao	CO129/169	26-31
52	21/03/1874	Great Mortality on board "Rosita Nane" with Coolies from Macao	CO129/169	52-55
53	10/06/1874	Coolie Emigration from Macao	CO129/169	160-163
54	17/06/1874	Coolie Emigration from Macao	CO129/169	201-213
55	23/07/1874	Cessation of Emigration at Macao	CO129/169	224-231
56	16/09/1874	Coolie Traffic at Macao	CO129/169	307-311
57	19/10/1874	Supposed Mission of Don M. Calvo to Madrid in connection with Macao Coolie Traffic	CO129/169	361-365
58	05/01/1875	Depression of Coolie Trade at Macao	CO129/172	140-142
59	13/11/1875	Approaching Renewal of Macao Coolie Trade	CO129/170	54-62
60	02/02/1875	Seizure of "Marie Lousie" by Spanish Authorities at Manila	CO129/170	74-82
61	04/02/1875	Macao Coolie Traffic	CO129/172	184-186
62	12/02/1875	Macao Coolie Trade	CO129/172	193-197
63	13/04/1875	Coolie Traffic at Macao	CO129/172	264-272
64	18/06/1875	Emigration from Macao	CO129/170	689-692
65	10/12/1875	Loan granted to Macao Government by Hong Kong and Shanghai Bank	CO129/171	603-606

66	23/03/1876	Loan granted to Macao Government by Hong Kong and Shanghai Bank	CO129/176	197-201
67	10/08/1876	Establishment by Chinese Government of Fiscal Stations and Customs Houses near Macao	CO129/176	238-249
68	22/12/1876	Proposed Joint Action by Portuguese and British Government with regard to Chinese Customs Authorities near Macao and Hong Kong	CO129/176	349-356
69	24/08/1878	Alleged Chinese Sovereigoty in Macao	CO129/181	556-580
70	10/09/1878	Refusal of Chinese Government to permit import of Gunpowd er into Macao from Hong Kong	CO129/183	308-318
71	28/09/1878	Proposed arrangement for Mutual Extradition of Criminal between Hong Kong andMacao	CO129/183	229-234
72	26/10/1878	Conveya nce of Gunpowder from Hong Kong to Macao, Independence of Macao	CO129/183	235-238 239-248
73	05/12/1878	Huffam's Escape to Macao	CO129/181	362-431
74	30/12/1878	Relations between China and Macao	CO129/183	266-276
75	16/01/1879	Hong Kong Macao Extradition Ordinance of 1870	CO129/186	153-159

VI. Hong Kong and the Pacific

A.		Australia		
	Date	**Description**	**Source**	**Page/s**
1	30/04/1861	Chartered Bank of India, Australia and China	CM	1
2	14/08/1862	Chinese Immigration to Melbourne, Chinese are easier to handle than Europeans e.g. Chinese in Hong Kong	CM	2
3	14/08/1862	Chinese Immigration to Australia	CM	3
4	24/09/1862	Reporting that there is no objection to registered Letters being forwarded direct between Hong Kong and the Several Australian Colonies, including Tasmania and New Zealand	CO129/87	440-442
5	04/12/1862	The resignation of the "Chartered Bank of India, Australia and China" after the Opium Swindle in Hong Kong discouraged the public	CM	3
6	13/02/1863	Respecting recognition of the notes of the Chartered Bank of India, Australia and China	CO129/91	179-182

7	26/02/1863	Forwarding a letter from the Bishop of Victoria	CO129/91	234-244
8	09/07/1863	A bill was passed in Australia to abolish restrictions on Chinese immigration	CM	2
9	30/07/1863	A bill of exchange was drawn to deal with the events of burning of Kates Hooper in Melbourne	CM	2
10	23/01/1864	(Time table of India, China, Australia and Mauritius Mail service for the year 1864)	GG	30-37
11	15/06/1864	Passage to Sydney of Wrecked Passengers	CO129/102	188-192
12	06/07/1865	Queensland Emigration	DP	4
13	22/05/1866	(A British Clipper barque will be dispatched for Melbourne and Sydney)	DP	3
14	20/04/1868	Departure of the India, China and Australian Mail Steamer	CO129/135	88
15	17/07/1869	(Pattern Post between Hong Kong and Australia)	GG	312
16	18/06/1870	(Book postage to Australia and New Zealand)	GG	307
17	10/06/1871	(Giving currency for gold coins made at the Branch Mint at Sydney, New South Wales)	GG	249-250
18	30/12/1871	Alteration in date of despatching India, China, Australia and Mediterranean Mails via Southampton	CO129/154	485
19	18/05/1872	(Emigration ships to Australia)	GG	274
20	04/01/1873	(Postage of jewellery to Australia)	GG	5
21	25/03/1875	Chinese Emigration to Queensland and Cape of Good Hope	CO129/170	306-318
22	14/04/1875	Telegram from Queensland Government relative to Emigration from Hong Kong	CO129/170	451-453
23	20/04/1875	Emigration to Queensland Proposed Alteration of Law of that colony	CO129/170	456-458
24	25/12/1875	(Time table of Mails from Hong Kong to Australia for the year 1876)	GG	503
25	12/10/1876	Permission to hand over Government to Colonial Secretary in event of his being able to leave by direct steamer to Queensland	CO129/175	137-138
26	21/07/1877	(Restricting the influx of Chinese Emigration into Queensland)	GG	341
27	25/08/1877	(Emigration to Queensland, Deposit of £10 per head)	GG	385

28	06/10/1877	(Queensland Emigration Act)	GG	444
29	10/11/1877	(Summary of Queensland Emigration Act)	GG	481-482
30	16/03/1878	(No Employment for emigrants to Port Darwin)	GG	98
31	11/05/1878	(Emigration to South Australia)	GG	243
32	26/10/1878	Postal Convention between Hong Kong and Queensland	CO129/183	287-289

B.		**Canada**		
	Date	**Description**	**Source**	**Page/s**
1	05/03/1870	(Postage to Canada)	GG	96

C.		**New Zealand**		
	Date	**Description**	**Source**	**Page/s**
1	18/06/1870	(Book postage to Australia and New Zealand)	GG	307
2	03/10/1873	Embarkation for United States of a person pardoned by t he Govern or of New South Wales and arrived at Hong Kong from that Colony	CO129/168	118-120

D.		**U.S.A.**		
	Date	**Description**	**Source**	**Page/s**
1	23/01/1860	The plan for direct telegraph communication between America and Asia	CM	3
2	03/04/1862	Emigration trade between Hong Kong, China and California	CM	3
3	22/05/1862	American legislation forbid "Coolie Emigration" from China	CM	2
4	11/09/1862	Hong Kong to San Francisco	CM	2
5	04/06/1863	Rumours of the loss of the American ship with alarge number of Chinese immigrants on board	CM	5
6	19/06/1863	Reporting measures taken for the defence of the city and harbour, in the event of rupture with the Federal states of America	CO129/92	328-343
7	05/11/1863	The sale of arms by Hong Kong firms to the Taipings and the sale of arms by Americans to Japan	CM	2

8	26/03/1864	(An Ordinance to giveeffect to Her Majesty's Regulations for the observance of Neutrality during the existing hostilities between the United States and the States calling themselves the Confederate states of America)	GG	103-104
9	04/07/1864	Ordinance - Neutrality during war in America	CO129/102	120-125
10	08/04/1865	(An ordinance to give effect to Her Majesty's Regulations for the observance of Neutrality during the existing Hostilities between the United States and the States calling themselves the Confederate States of America)	GG	177-178
11	05/10/1865	(Hong Kong was considered a terminus of the steam mail route between China and San Francisco)	DP	2
12	28/10/1865	(Regulations for preventing collisions to ships belonging to the Hawaiian Islands)	GG	513-515
13	22/03/1866	Directors of the San Francisco line of steamers purchase land in Hong Kong	DP	2
14	18/05/1866	(A British Clipper barque will have a quick dispatch for San Francisco)	DP	3
15	05/06/1866	(A British ship will dispatch to San Francisco and Honolulu)	DP	3
16	06/12/1866	(Commercial intelligence - The growing commercial relations between China and California because of the speedy establishment of the projected line of steamers between Hong Kong and San Francisco)	DP	2
17	13/02/1867	Postal Correspondence between the United States and Hong Kong	CO129/120	307-312
18	08/05/1867	Postal arrangements between Hong Kong and U.S.A.	CO129/127	324-326
19	01/08/1867	Postal arrangements between U.S.A. and Hong Kong	CO129/128	99-104
20	10/08/1867	Proposed Postal convention between Hong Kong and the United States	CO129/124	59-74
21	17/10/1867	Postal arrangements between U.S.A. and Hong Kong	CO129/128	108-109
22	23/11/1867	(Post Office notification concerning America, Hong Kong and Japan)	GG	406
23	10/12/1867	Postal Convention between Hong Kong and U.S. Government	CO129/127	526-538

24	15/02/1868	(Postal convention between the United States of America and the colonial government of Hong Kong)	GG	37-38
25	22/06/1868	Reciprocity Treaty between U.S.A. and Sandwich Islands	CO129/135	233-250
26	12/11/1868	The United States Postal Convention	CO129/133	324-332
27	02/01/1869	Extension of Provisions of Postal Convention between Hong Kong and the U.S.A. to books and Pamphlets	CO129/142	3-6
28	05/05/1869	Postal Communication with North and South America and West Indies	CO129/137	339-347
29	22/05/1869	(Board of trade on U.S. Manifest)	GG	251
30	15/07/1869	Proposed Transmission of Correspondence from Hong Kong to North and South America and West Indies by U.S. MailPackets	CO129/142	63-67
31	11/09/1869	(Letters from the United States, respecting ships carrying Chinese Passengers from Hong Kong to the United States)	GG	408
32	05/01/1870	Bill submitted to U.S. Senate to regulate Immigration of Chinese	CO129/147	320-325
33	16/02/1870	Emigrants - Employment of Native Agents to Procure Emigration to United States	CO129/143	396-408
34	19/02/1870	(Reduced postage to the United States of America)	GG	67
35	21/02/1870	Emigration to the United States	CO129/143	453-472
36	14/04/1870	Difference of space allowed to emigrants by English and American Passenger Acts	CO129/144	275-279
37	21/04/1870	Draft Ordinance "to make further regulations respecting Chinese Passenger ships", Chinese Emigration from Hong Kong to U.S.A.	CO129/148	72-87
38	18/05/1870	Projected American Telegraph line from California to Japan and China	CO129/148	525-529
39	23/05/1870	Hawaiian Emigration from China	CO129/ 148	ss-9o
40	24/05/1870	Chinese Emigration from Hong Kong to U.S.A.	CO129/147	530-533
41	27/05/1870	Opposition shown by planters in South Carolina to introduction of Chinese Coolies	CO129/147	534-538
42	27/05/1870	Proposed Emigration of Chinese Coolies from Hong Kong to Sandwich Islands	CO129/147	539-544

43	16/06/1870	Difference between British and U.S. Laws regarding space to be allowed on board Emigrants ships	CO129/148	91-95
44	08/07/1870	The revenue officers in San Francisco succeeded in raiding the opium smugglers from Hong Kong	CM	3
45	12/08/1870	Coolie Emigration from China to U.S.A.	CO129/147	574-589
46	22/08/1870	Chinese Emigration to U.S.A.	CO129/148	117
47	05/09/1870	Twenty Chinese immigrants - to Hawaii	CM	3
48	10/09/1870	(Notification concerning ship to San Francisco)	GG	464
49	08/10/1870	(Appointment of Francisco Guilherme Machado as Postmaster at Yokohama)	GG	508
50	14/10/1870	Chinese Labour in America	CM	3
51	22/10/1870	(Declaring the making of a convention with the United States of America under the Naturalization Act, 1870)	GG	537
52	04/11/1870	Chinese emigrants at Honolulu	CM	3
53	08/11/1870	Coolie Emigration from China to U.S.A.	CO129/146	92-94
54	05/01/1875	Coolie Emigration from China to U.S.A.	CO129/154	433-434
55	06/04/1871	- The British bark "Violette", with Chinese emigrants, left Hong Kong for Honolulu	CM	3
56	08/05/1871	- Sugar Trade between Hong Kong and San Fransico	CM	3
57	04/09/1871	- Barque "Robert Fletcher" -for New York	CM	2
58	25/11/1871	(America n neutralization convention)	GG	511-515
59	05/12/1871	- The business of shippers of opium from Hong Kong or Chinese port via San Francisco to the Hawaiian group	CM	3
60	30/01/1873	Kidnapping of Chinese Coolies for sale in China by steamer "Fatchoy" under German Colours	CO129/166	196-211
61	08/11/1873	(Assay of the New American Trade Dollars at Canton)	GG	555-556
62	12/01/1874	Postal Convention between Japan and U.S.A.	CO129/169	600-601
63	18/02/1874	Chinese Emigration from Hong Kong to California	CO129/167	55-60
64	01/04/1874	Question of proclaiming Japanese silveryen and American Trade Dollar as Legal Tender	CO129/167	181-188

65	14/12/1874	Postal Convention between the United States and Japan	CO129/168	496-513
66	18/01/1876	Arrangements made between Hong Kong and U.S.A. for exchange of Mails	CO129/176	469-472
67	27/06/1876	Difficulty of making Conventions with Chief of Caroline Islands	CO129/176	219-223
68	26/12/1876	Proceedings of Governor relative to demand of the U.S. Consul for surrender of certain fugitivecriminals	CO129/176	331-335
69	17/09/1879	Currency of Hong Kong, Proposed Legalisation of American Trade Dollar and Japanese Yen	Co 129/186	12s-152

1880-1900

I. General

	Date	Description	Source
1	1880-1899	a) Shipping Intelligence This is a daily column which reviews the shipping links between Hong Kong and more than 40 countries. Details include the dates of arrival and departure of the vessels; the names and the destinations of the vessels as well as the capta in of the vessel and the associated shipping companies and agents	CM
		b) Postmaster General's Report This is a n annual report. It specifies the rate of postage; the total number of letters, parcels and postcards received and despatched between Hong Kong and other countries	SP
		c) Harhour Master's Report This is a yearly report which includes graphs, statistics, tables and charts of the total number, tonnage, crew and passengers of foreign vessels which entered and departed from Hong Kong. These vessels sailed between Hong Kong and countries which included Australia, Canada, India, Indonesia, Japan, Philippines, Thailand (Siam) and U.S.A.	AR

II. Hong Kong and East Asta

A.		Japan		
	Date	**Description**	**Source**	**Page/s**
1	21/01/1880	(Postal System between Hong Kong and Australian Colonies - Australia, New Zealand, Tasmania, and Fiji)	GG	76
2	24/01/1880	Japanese Trade Dollars	CO129/191	116-119
3	17/04/1880	Coining Bullion in Japan	CO129/187	487-488
4	29/06/1880	Departure of Major General Donovan for Japan	CO129/188	422-424
5	02/07/1880	Major General Donovan's departure for Japan	CO129/189	3-12
6	17/07/1880	General Donovan has gone to Japan	CO129/189	94-99
7	04/08/1880	Currency of the Japanese Yen	CO129/191	113-115
8	15/09/1880	Transfer of Post Office at Yokohama	CO129/191	291-303
9	14/06/1881	The Japanese Yen	CO129/195	70-76
10	16/11/1881	Sale of British Post office Buildings at Yokohama	CO129/196	173-176
11	04/07/1882	Visit of Taro Hito, Prince Arisugawa of Japan	CO129/202	14-15
12	02/08/1883	Naval and Military Salutes to British Ministers accredited to China and Japan and to Chinese and Japanese Ministers accredited to Great Britain	CO129/211	3-8
13	11/11/1884	Governor Bowen's visit to Japan	CO129/218	30-36
14	14/04/1885	Leave to visit Japan (Governor Bowen's)	CO129/221	51-55
15	01/06/1885	Foreign Men-of-war on the China and Japan Station	CM	3
16	04/06/1885	An Alliance between England, China and Japan	CM	3
17	08/06/1885	The Japanese Chinese Convention	CM	3
18	03/07/1885	The Attitudes of China and Japan	CM	3
19	03/07/1885	Merchant Vessels in Hong Kong Harbour. Foreign Men-of-war on the China and Japan Station	CM	4
20	29/08/1885	Governor Bowen, His Return from Japan	CO129/222	191-198
21	29/08/1885	(Quarantine Restriction at Port in Japan because of Cholera)	GG	771
22	31/08/1885	Governor Bowen, His visit to Japan	CO129/222	199-218

23	01/10/1885	Merchant vessels in Hong Kong Harbour and Foreign Men-of-war on China and Japan Station	CM	4
24	28/11/1885	(Removal of quarantine restriction from Nagasaki)	GG	1044
25	05/01/1886	Merchant vessels in Hong Kong Harbour and Foreign Men of war on the China and Japan Station	CM	2
26	07/01/1886	Shipping in China, Japan, the Philippines and Siam water	CM	2
27	02/02/1886	Merchant vessels in Hong Kong Harbour and Foreign Men-of-war on the China and Japan Station	CM	4
28	05/02/1886	Shipping in China, Japan, the Philippines and Siam water	CM	4
29	01/05/1886	Merchant vessels in Hong Kong Harbour. Foreign Men-of-war on the China and Japan Station	CM	4
30	01/06/1886	Merchant vessels in Hong Kong Harbour. Foreign Men-of-war on the China and Japan Station	CM	4
31	07/07/1888	(Quarantine, vessels from Hong Kong to Japan)	GG	675
32	13/02/1893	Japanese Emigration to Australia	CO129/258	381-382
33	31/07/1893	China and Japan	CO129/263	664-665
34	13/08/1893	China and Japan, Rice - Contraband of war to Japan	CO129/263	681-683
35	16/09/1893	(Parcel sent to Japan)	GG	994
36	09/06/1894	(Medical Inspection Regulationof Japan applicable to vessels arriving from Hong Kong)	GG	505
37	27/07/1894	Bubonic Plague, Precautions in Japan	CO129/265	202-203
38	02/08/1894	China and Japan	CO129/265	208-210
39	14/08/1894	China and Japan, Rice for Japan - Contraband of war	CO129/265	237-240
40	04/09/1894	Japanese Goods imported at Canton	CO129/264	53-56
41	08/09/1894	(War between Japan and China)	GG	771-774
42	08/12/1894	Japanese Treaty	CO129/264	424-434
43	19/01/1895	(Money Order issued on the additional post offices in Japan)	GG	43
44	04/02/1895	Sugar Treaty in Treaty with Japan	CO129/269	338-343

附錄

45	06/04/1895	War between China and Japan	CO129/269	545-555
46	16/04/1895	Sino-Japanese War	CO129/269	491A-502
47	05/07/1895	Cholera in Japan	CO129/269	380-384
48	09/07/1895	China Japan war	CO129/269	360-361
49	19/08/1895	Japan and Formosa	CO129/269	399-404
50	22/11/1895	Trade Mission to Treaty Ports of China, Japan and Korea	CO129/269	411-413
51	07/12/1895	Treaty between China and Japan	CO129/269	414-424
52	04/01/1896	Visit of Mr. Brenan to Treaty Ports, Japan and Korea	CO129/271	12-13
53	23/06/1896	Bubonic Plague, Japanese Medical Inspection Regulations	CO129/274	94-97
54	08/11/1896	Bubonic Plague, Medical Inspection at Japanese Ports	CO129/274	191-193
55	28/07/1897	Surrender of Fugitive offenders between Hong Kong and Japan	CO129/279	312-338
56	28/08/1897	Gold Currency in Japan	CO129/279	361-368
57	04/12/1897	Fugitive Offenders, Surrender between Hong Kong_and Japan	CO129/279	392-end
58	05/05/1899	Leave salaries and Pensions drawn in Japan and India	CO129/291	68-76
59	11/08/1899	Tea Duties in Japan	CO129/292	574-578
60	28/10/1899	(Regulation respecting the importation of Dogs into the colony of Hong Kong from Japan)	GG	1697

B.		Korea		
	Date	**Description**	**Source**	**Page/s**
1	31/07/1882	Treaty of Commerce with Korean Government	CO129/202	309-313
2	10/10/1882	Treaty with Korea	CO129/205	372-380
3	30/01/1883	Treaty with Korea	CO129/207	151-157
4	27/12/1883	Treaty with Korea	CO129/213	259-263
5	22/01/1884	Treaty with Korea	CO129/215	159-162
6	01/03/1884	Treaty with Korea	CO129/219	97-107
7	20/04/1886	Notes from Korea	CM	3

8	22/11/1895	Trade Mission to Treaty Ports of China, Japan and Korea	CO129/269	411-413
9	04/01/1896	Visit of Mr. Brenan to Treaty Ports, Japan and Korea	CO129/271	12-13

III. Hong Kong and South Asia

A.		India		
	Date	**Description**	**Source**	**Page/s**
1	22/01/1880	Steamer for Singapore, Penang via Bombay	CM	4
2	10/08/1881	Opium - Despatch of a Chinese Agent to India	CO129/196	160-164
3	10/03/1882	Opium Trade between India and China	CO129/198	97-101
4	22/06/1889	Indian Trade with China	CO129/243	166-169
5	25/01/1891	Indian Goal Guards	CO129/254	151-166
6	13/02/1892	(Parcel Post to India, terms and conditions of Insurance)	GG	134-135
7	20/04/1892	Embarkation of Hong Kong Regiment at Bombay for Hong Kong	CO129/257	368-371
8	17/10/1892	Enlistment of Natives of India in Military and Police Forces in colonies	CO129/256	328-330
9	No Date/ 1893	Legislative Council No. 15 (Progress of the Colony - The Indian Silver Act and the Sherman Act affected the business of Hong Kong)	GG	37-41
10	No Date/ 1893	Enclosure No.2 - The Bombay Yarn Trade	GG	309-310
11	01/07/1893	(Suspension of the issue of money orders on India)	GG	679
12	09/01/1894	Chartered Bank of India, Australia and China	CO129/265	422-430
13	16/01/1894	Chartered Bank of India, Australia and China	CO129/265	422-430
14	30/06/1894	(Issue of Money Order on India)	GG	557
15	02/08/1894	Rifles taken to India by sepoys	CO129/205	5362
16	27/10/1895	Security for Note Issue, Chartered Bank of India, China and Australia	CO129/269	325-330
17	10/02/1897	Emoluments of Indian Police	CO129/275	142-147

18	07/12/1898	Indian Trade with Western China, Resources, Trade etc. of Yunnan	CO129/286	546-549
19	28/01/1899	(Parcel for India)	GG	92
20	18/03/1899	(Certain goods were temporarily prohibited to import into Netherlands - India)	GG	418
21	05/05/1899	Leave salaries and Pensions drawn in Japan and India	CO129/291	68-76
22	15/06/1900	Indian Troops for the Colony	CO129/302	
23	10/12/1900	Survey of New Territory, claim of Indian Government	CO129/302	256-258

IV. Hong Kong and Southeast Asia

A.		Brunei		
	Date	Description	Source	Page/s
1	20/05/1889	Telegraphic communication with Singapore and North Borneo	CO129/241	533-554
2	03/09/1895	Extradition from N. Borneo	Co 129/268	423-432
3	17/03/1896	Ordinance 3 of 1896, North Borneo Extradition	CO129/271	468-470

B.		Burma		
	Date	Description	Source	Pase/s
1	10/01/1880	American Tonnage. Latest news from Burma	CM	6
2	15/12/1881	The foreign trade of China for 1880s and Chinese settlement in Burmah	CM	3
3	14/08/1885	Railway from Bangkok to Rangoon	CM	3
4	29/12/1885	Trade with China through Burma	CM	3
5	08/06/1887	Tonquin and Burma Frontiers of China	CO129/235	323-327
6	15/01/1889	Burma - Chinese Frontier Delimitation Commission	CO129/243	225-228
7	13/02/1894	Brothel Regulations in Burma	CO129/265	13-27, 42-52 63-65
8	07/06/1897	Burmah Agreement	CO129/279	282-283
9	08/06/1897	Burmah Frontier and West River Agreement	Co 129/279	284-285
10	11/03/1899	(Quarantine, Burma)	GG	401

C.		Indonesia		
	Date	**Description**	**Source .**	**Page/s**
1	19/03/1899	Contract Emigration to Sumatra	CO129/290	292-303

D.		Kampuchea		
	Date	**Description**	**Source**	**Page/s**
1	16/10/1883	Governor of Cochin China and King of Cambodia	CO129/214	401-403
2	03/11/1883	Alleged arrangement between King of Cambodia and Governor of Cochin China	CO129/214	440-443
3	06/12/1884	(Exportation of rice of Tongking)	GG	906

E.		Malaysia		
	Date	**Description**	**Source**	**Page/s**
1	13/02/1882	Pacific Steamship Company (from San Francisco to New York); (Steamship for Singapore, Penang and London)	CM	4
2	08/08/1883	Convention between Eastern Extension Telegraph Company for connecting Bangkok and Penang	CO129/214	351-356
3	21/02/1885	(Notification of the instruction for the British subjects going to Malay states)	GG	169
4	21/01/1893	Proposed cable between Singapore, Labuan, Manila and Hong Kong	CO129/258	271-292
5	10/04/1897	(Revised regulations regarding Hong Kong, the Straits Settlements, and Malay States Cadetships)	GG	227-228

F.		Philippines		
	Date	**Description**	**Source**	**Page/s**
1	06/05/1880	Extensions of Telegraph Communications to Manila	CO129/191	389
2	08/05/1880	The Manila, Hong Kong Telegraph completed	CM	3
3	19/02/1882	(The reaction of the government to Manila which was declared to be a place infected with cholera)	GG	998

4	18/08/1888	(Removal of quarantine restriction against vessels arriving at Manila)	GG	843
5	03/04/1889	Dispute between Hong Kong and Shanghai Bank and Manila Government	CO129/241	358-361
6	01/05/1889	Proceedings at Manila against Hong Kong and Shanghai Banking Corporation	CO129/243	276-286
7	28/05/1891	Embargo on Branch of Hong Kong and Shanghai Bank at Manila	CO129/249	692-694
8	21/01/1893	Proposed cable between Singapore, Labuan, Manila and Hong Kong	CO129/258	271-292
9	26/03/1895	Complaints against British Consul at Manila	CO129/266	576-581
10	07/06/1896	The Philippine Islands	CO129/272	286-289
11	09/09/1896	Filibustering to the Philippines	CO129/272	593-594
12	10/09/1896	Disturbances in the Philippine Islands	CO129/274	119-122
13	01/10/1896	Disturbances in the Philippine Islands	CO129/274	160-162, 163-171
14	10/11/1896	Arms Prohibition of Export to the Philippines	CO129/274	194-197, 198-200, 206-208
15	12/12/1896	(Prohibition of the exportation of Arms, Ammunition Gunpowder, and Naval and Military Stores from Hong Kong to the Philippine Islands)	GG	1199
16	05/01/1897	Export of Arms to the Philippines	CO129/275	14-17
17	06/08/1897	Insurrection in the Philippine Islands	CO129/279	353-356
18	28/09/1897	Insurrection in the Philippine Islands	CO129/277	172-175
19	02/10/1897	(Suspension of Quarantine in the Philippines)	GG	821
20	09/04/1898	Arms Export to the Philippines	CO129/287	26-35, 108-111
21	02/05/1898	Cable with the Philippine Islands	CO129/288	85-96
22	16/05/1898	Export of Arms to the Philippines	CO129/283	129-130
23	31/05/1898	War between U.S.A. and Spain, Battle at Manila	CO129/283	325-326
24	28/06/1898	War between U.S.A. and Spain, Protection of British interests at Manila	CO129/287	236-237

25	24/08/1898	Hong Kong Manila Telegraph Cable	CO129/287	327-329 336-339'
26	24/09/1898	The Philippine Islands	CO129/285	266-268
27	24/09/1898	(Rules in regard to the entrance of Chinese to the Port of Manila)	GG	992
28	06/04/1899	Affairs in Manila	CO129/290	89-90
29	01/08/1899	The Philippine Islands	CO129/295	189-190
30	03/03/1900	The Philippines	CO129/302	440-455
31	07/05/1900	Arms Export to the Philippines	CO129/302	511-514
32	11/05/1900	Arms Export to the Philippines	CO129/299	148-154
33	14/06/1900	Arms Export to the Philippines	CO129/302	
34	22/11/1900	Hostile Operations of the Philippine Junta against the United States	CO129/302	838-842
35	25/11/1900	Hostile Operations of the Philippine Junta	CO129/301	525-528

G.		**Singapore**		
	Date	**Description**	**Source**	**Page/s**
1	02/11/1880	Proposed Establishment of a Branch of Hong Kong Bank at Singapore	CO129/190	315-322
2	13/02/1882	Pacific Steamship Company (from San Francisco to New York); (Steamship for Singapore, Penang and • London)	CM	4
3	14/02/1882	Defences of Hong Kong and Singapore	CO129/205	431-536
4	05/04/1884	(A Chinese Interpreter is required for the Service of Government of the Straits Settlement)	GG	279
5	24/03/1885	Direct Cable with Singapore	CO129/220	541-546
6	09/02/1885	Direct Telegraphic Communication with Singapore	CO129/223	182-186
7	27/03/1885	Telegraphic Communication between Singapore and Hong Kong	CO129/223	394-399 400-406
8	06/04/1885	Defences and Direct Cable with Singapore	CO129/221	7-16
9	11/04/1885	Defences of Hong Kong and Singapore	CO129/223	407-411
10	13/04/1885	Singapore Saigon Cable	CO129/223	412-416
11	18/04/1885	Heavy Ordinance, cable to Singapore, Torpedo Boats	CO129/221	84-88
12	25/04/1885	Direct Cable from Singapore to Hong Kong	CO129/223	313-315, 334-335

附錄

13	07/05/1885	Cable with Singapore	CO129/221	226-233
14	09/07/1885	Direct Telegraphic Communications be-tween Hong Kong and Singapore	CO129/223	427-429
15	11/09/1885	New Industrial Enterprises for Singapore	CM	3
16	23/09/1885	Direct Telegraphic Communication with Singapore	CO129/222	298-304
17	10/10/1885	The Singapore Chinese Passengers Regula-tion	CM	3
18	16/11/1885	Post of Chief Justice, Singapore	CO129/223	69-72
19	22/01/1886	The Bankruptcy and Partnerships Laws of Singapore	CM	3
20	25/03/1886	The Defences of Hong Kong and Singapore	CM	3
21	02/04/1886	Direct Cable with Singapore	CO129/226	21-24
22	09/06/1886	Direct Telegraphic communication between Hong Kong and Singapore	CO129/229	586-589
23	14/08/1888	Direct Cable between Hong Kong and Sin-gapore	CO129/238	526-537
24	09/03/1889	(Tenders, Screw Steamer for Singapore)	GG	190
25	20/05/1889	Telegraphic communication with Singapore and British North Borneo	CO129/241	533-554
26	21/01/1893	Proposed cable between Singapore, Labuan, Manila and Hong Kong	CO129/258	271-292
27	11/05/1895	(Telegram from Singapore re Immigration of Chinese)	GG	501
28	15/08/1896	Fourth Judge, Singapore	CO129/272	423-426
29	12/10/1899	(The prohibition against Coolie Immigration from Hong Kong into Singapore has been withdrawn)	GG	1583

H.		Sri Lanka		
	Date	**Description**	**Source**	**Page/s**
1	23/02/1894	Director of Public works, Ceylon	CO129/215	604-606
2	12/02/1897	Director of Public works, Ceylon	CO129/275	148-149
3	26/01/1898	Application of Mr. Justice Wise for transfer to judicial appointment in Ceylon	CO129/281	90-94

附錄

J.		**Vietnam**		
	Date	**Description**	**Source**	**Page/s**
1	27/11/1880	(Increase of duty on exports of Rice from Saigon)	GG	911
2	07/01/1882	(Export duty upon rice and paddy of Saigon)	GG	1
3	26/05/1882	French Expedition in Haiphong and Annam	CO129/205	221-229
4	01/06/1882	French Proceedings in Tong-king	CO129/205	244-246
5	21/06/1882	France and Annam	CO129/206	312-316
6	31/07/1882	Relations between France and China in Tonquin	CO129/210	488-494
7	27/04/1883	French Expedition to Tonquin	CO129/214	193-196, 198-204
8	24/05/1883	Annamese Consulate at Hong Kong, French claims to Protectorate over Annam	CO129/214	224-230
9	29/05/1883	Tonquin Expedition	CO129/214	231-264, 272-289, 298-312, 318-321
10	05/07/1883	Relations between France and Annam	CO129/214	332-338
11	23/07/1883	Cable between Tonquin and Hong Kong	CO129/214	586-589
12	08/08/1883	Proposed Cable between Cochin China and Tonquin	CO129/214	347-350
13	21/08/1883	Cable between Tonquin and HongKong	CO129/214	596-599
14	04/09/1883	France and Tonquin	CO129/214	363-366, 367-367
15	20/09/1883	Events in Tonquin	CO129/214	378-380
16	12/10/1883	Information on subject of Tonquin	CO129/214	395-400
17	22/10/1883	The French in Tonquin	CO129/214	425-427
18	29/10/1883	Affairs in Tonquin	CO129/214	431-433
19	21/11/1883	Supplementary Credit on account of Tonquin	CO129/214	461-464
20	18/12/1883	Permission to land Cable at Hong Kong from Tonquin	CO129/214	598-629
21	01/01/1884	Laying of a Cable between Hong Kong and Tonquin	CO129/218	467-470
22	19/01/1884	Audience granted to M. Tricon by King of Annam	CO129/219	16-18

23	18/02/1884	Opening of new Saigon - Tonquin Cable, 18th February	CO129/215	277-279
24	13/04/1885	Singapore Saigon Cable	CO129/223	412-416
25	23/04/1884	Cable between Hong Kong and Tonquin	CO129/218	339-344
26	01/05/1884	Permission to land their Tonquin cable at Hong Kong	CO129/218	492-497
27	05/08/1884	Hong Kong - Tonquin cable	CO129/217	152-157
28	07/03/1885	(Blockade of the coast of China from the frontier of Tonquin to the Port of Pakhei)	GG	205
29	03/05/1886	Notes from Annam and Tonkin	CM	3
30	22/01/1887	(The ports of Vinh and Fai-Fo in Annam were opened to trade)	GG	56
31	28/06/1890	(Passport for Chinese in Indo-China)	GG	613
32	06/09/1890	(Removal of the blockade of the Harbour of Cac-ba in Annam)	GG	897
33	03/07/1894	Quarantine at Saigon	CO129/265	185-188
34	01/08/1895	Quarantine at Saigon against Hong Kong	CO129/269	391-395
35	07/06/1896	French Steamers "Hanoi" and "Haiphong"	CO129/272	290-299
36	26/03/1898	(Asiatic Immigration restriction , Saigon)	GG	273
37	12/05/1898	Quarantine at Saigon	CO129/287	87-91
38	04/07/1899	Opium Smuggling to Saigon	CO129/292	189-205
39	05/08/1899	Opium Smuggling from Hong Kong to Saigon	CO129/295	458-465
40	15/09/1899	Opium Smuggling at Saigon	CO129/293	404-409

V. Hong Kong and Macao

	Date	Description	Source	Page/s
1	29/01/1880	The Hong Kong and Macao Steamboat Company Ltd.	CM	3
2	15/05/1880	Extradition between Hong Kong and Macao	CO129/191	222-233
3	12/01/1881	Extradition between Hong Kong and Macao	CO129/196	121-133
4	09/04/1881	Ordinance 1of 1881, Macao Extradition	CO129/192	485-488
5	08/06/1881	Macao Extradition Ordinance 1881	CO129/196	143-145

6	23/01/1882	Hong Kong, Canton and Macao Steam-boat Company Limited	CM	3
7	13/06/1883	Visit to Portuguese Colony of Macao (Hong Kong Governor's)	CO129/210	26-36
8	17/06/1884	Cable between Hong Kong and Macao	CO129/218	355-359
9	24/06/1884	Hong Kong Macao Cable	CO129/218	548-551
10	17/07/1884	Hong Kong - Macao Cable of Eastern Telegraph Company	CO129/218	365-371
11	21/07/1885	Extradition from Hong Kong and Macao	CM	3
12	11/11/1885	The rumoured re-taking of Macao by the Chinese	CM	3
13	07/03/1886	Attack by Chinese Gunboats on Piratical and Smuggling Craft in neighbourhood of Macao and Hong Kong	CO129/229	439-443
14	01/02/1887	Smuggling of opium from China into Macao	CO129/235	200-209
15	05/03/1881	(Macao Extradition Ordinance, 1881)	GG	149-157
16	23/04/1895	(Prohibition of the immigration and importation into this Colony of all Chinese from the said port to Macao and the said Island of Hainan)	GG	465
17	22/186/1895	(Revoke the prohibition of the Immigration of Chinese into the Colony from Macao and the Island of Hainan)	GG	756
18	16/12/1899	Arms Import into Macao and China	CO129/294	582-593
19	12/02/1900	Importation of Arms from Macao into China	CO129/302	398-402
20	04/07/1900	Export of Arms from Macao to China	CO129/302	
21	10/07/1900	Arms Export from Macao	CO129/302	626-628

VI. Hong Kong and the Pacific

A.		Australia		
	Date	**Description**	**Source**	**Page/s**
1	14/01/1880	(Postal Convention between the governments of the colonies of Queensland and Hong Kong)	GG	56-57

2	21/01/1880	(Postal System between Hong Kong and Australian Colonies - Australia, New Zealand, Tasminia, and Fuji)	GG	76
3	02/08/1880	Deportation of Chinese criminals from Hong Kong to Australia	CM	3
4	06/10/1880	Deportation of Chinese criminals from Hong Kong to Australia	CO129/190	71-77
5	20/01/1881	Deportation of Convicts to Australia from Hong Kong	CO129/196	307-324
6	30/04/1881	(Chinese Emigration to Australia)	GG	299
7	21/06/1881	Chinese Emigration to Australia	CO129/193	284-324
8	23/07/1881	(Emigration to Australia)	GG	621-633
9	14/01/1882	(An Act to restrict the influx of Chinese into New South Wales)	GG	11-13
10	25/02/1882	(Act to regulate and restrict Chinese Immigration into South Australia)	GG	212-214
11	04/03/1882	(Ill-treatment of the Chinese passengers from Hong Kong to Sydney)	GG	242-243
12	06/05/1882	Alleged Deportation of Criminals to Australia	CO129/200	61-68
13	15/03/1884	(Amendment of Chinese Immigration Act for Queensland)	GG	171
14	21/04/1884	Chinese Emigration to Australia	CM	3
15	05/05/1885	A Chinese Union to oust European labour in Northern Australia, Chinese Labour in Mexico	CM	3
16	29/08/1885	(Money orders are issued at Hong Kong and Shanghai on the following countries and places like: Amoy, Canada, Hawaii, New South Wales, etc)	GG	763
17	14/01/1886	News by the Australia Mails	CM	3
18	18/02/1886	The Sugar Industry in Hong Kong and the Australian Colonies	CM	4
19	06/04/1886	News by the Australian Mails	CM	3
20	28/04/1886	News by the Australia n Mails	CM	3
21	12/05/1886	Chinese Immigration to S. Australia	CM	3
22	31/05/1886	Chinese Labour for S. Australia	CM	3
23	31/05/1886	News by the Australia n Mail	CM	3
24	25/08/1888	(Chinese Regulation Act, New South Wales)	GG	855-857

25	29/08/1888	Chinese Immigration to Australia	CO129/238	607-611
26	04/07/1891	Survey of North Coast of Australia	CO129/250	281-285
27	21/01/1893	(Certain exemption from the provision of part I of the Chinese Act (Melbourne), 1890)	GG	38
28	13/02/1893	Japanese Emigration to Australia	CO129/258	381-382
29	09/01/1894	Chartered Bank of India, Australia and China	CO129/265	422-430
30	16/01/1894	Chartered Bank of India, Australia and China	CO129/265	422-430
31	03/03/1894	(The issue of the money orders on Western Australia was ceased)	GG	105
32	27/10/1895	Security for Note Issue, Chartered Bank of India, China and Australia	CO129/269	325-330

B.	**Canada**			
	Date	**Description**	**Source**	**Page/s**
1	29/08/1885	(Money orders are issued a t Hong Kong and Shanghai on the following countries and places like: Amoy, Canada, Hawaii, New South Wales, etc.)	GG	763
2	30/12/1885	The Canadian Pacific Route to Asia	CM	
3	31/12/1885	The Canadian Pacific Route to Asia	CM	3
4	13/06/1891	(Money order system between Hong Kong and Canada)	GG	483

C.		**New Zaland**		
	Date	**Description**	**Source**	**Page/s**
1	01/07/1882	(An Act to regulate the immigration of Chinese into New Zealand)	GG	594-595
2	21/01/1880	(Postal System between Hong Kong and Australian colonies - Australia, New Zealand, Tasminia, and Fuji)	GG	76
3	26/03/1892	(Money order between Hong Kong and New Zealand)	GG	262
4	09/05/1896	(Parcel Post to New Zealand)	GG	416

D.	**U.S.A.**			
	Date	**Description**	**Source**	**Page/s**
1	10/02/1880	Caroline, Pelew and other Islands	CO129/191	510-514

2	01/03/1880	Caroline Islands	CO129/191	161-165
3	12/03/1880	Chinese news - notes from American papers	CM	3
4	12/05/1880	Chinese Emigration to Honolulu	CM	3
5	04/06/1880	Socialism and the Chinese in U.S.A.	CM	3
6	13/07/1880	General Donovan has gone to Japan	CO129/189	94-99
7	11/12/1880	(Emigration from Hong Kong to Honolulu)	GG	958-960
8	18/01/1881	Opium Trade between Hong Kong and San Francisco	CO129/196	440-449
9	25/03/1881	New Treaty between China and U.S.A .	CO129/196	134-142
10	28/04/1881	Visit of King of Hawaiian Isles to Hong Kong	CO129/192	499-501
11	16/06/1881	Visit of King of Hawaii to Hong Kong and Governor's complaint against Mr. Keswick		
12	15/10/1881	Emigrant Slavery in Hawaii	CO129/195	93-96
13	02/11/1881	Suspension of Emigration to Honolulu from Canton	CM	3
14	17/01/1882	Report on Immigration into Hawaii	CM	2-3
15	13/02/1882	Pacific Steamship Company (from San Francisco to New York); (Steamship for Singapore, Penang and London)	CM	4
16	30/03/1882	The paradox of the Chinese Invasion (concerning about Chinese Immigration to U.S.A.)	CM	3
17	03/05/1882	Evasion by Chinese from Hong Kong and U.S.A. Anti-Chinese Immigration Bill	CO129/205	183-193, 194-197
18	24/05/1882	The Anti-Chinese Bill in Washington	CM	3
19	29/05/1882	Chinese Immigration into U.S.A.	CM	3
20	07/06/1882	The Chinese in U.S.A.	CM	3
21	09/06/1882	The Chinese in U.S.A.	CM	2-3
22	26/05/1883	Merchant Shipping Convention between Great Britain and U.S.A.	CO129/207	643-647
23	09/06/1883	(Exemption from remeasurement of the sailing, and Steam Ships belonging to the United States of America)	GG	470-471
24	28/07/1883	(Chinese Emigrants to Hawaiian Islands)	GG	667
25	03/09/1883	Shipment of War Material from U.S.A. to China	CO129/214	357-362
26	02/10/1883	The Chinese in America	CM	3
27	03/10/1883	U.S. anti-Chinese Immigration Act.	CO129/214	392-394

28	20/10/1883	U.S. Chinese Immigration Act 1882	CO129/214	409-424
29	02/11/1883	Recent Decision at San Francisco under the Anti- Chinese Immigration Act	CO129/214	437-439
30	10/11/1883	Value of Chinese Labour in U.S.A.	CO129/214	444-446
31	15/01/1884	The Chinese in U.S.A.	CM	3
32	19/01/1884	(Smuggling of letter to San Francisco)	GG	19
33	11/02/1884	The Chinese Quarters of San Francisco	CM	4
34	01/05/1884	The Chinese in America	CM	3
35	03/05/1884	(Regulations for the admission of Chinese Immigrants into Hawaii)	GG	352
36	12/11/1884	The Chinese Processions in San Francisco	CM	3
37	18/12/1884	An American Special Correspondent in China	CM	3
38	30/12/1884	Attempted Assassination of the proprietor of San Francisco Chronicle	CM	3
39	14/03/1885	(Circular relating to Chinese going to the United States)	GG	226
40	28/03/1885	(Regulation relating t o the rights of Chinese labourers to enter the United States)	GG	255-256
41	22/06/1885	News by the American Mails	CM	3
42	08/08/1885	Special Shipments from San Francisco	CM	3
43	29/08/1885	(Money orders are issued at Hong Kong and Shanghai on the following countries and places like: Amoy, Canada, Hawaii, New South Wales)	GG	771
44	23/10/1885	Chinese in New York	CM	3
45	19/12/1885	(Regulation made by the Hawaiian Government in connection with immigration into that Kingdom)	GG	1101
46	22/02/1886	Anti-Chinese Riots in U.S.A.	CM	3
47	09/04/1886	News by the American Mail	CM	3
48	30/04/1886	News by the America n Mail	CM	3
49	19/05/1886	News by the American Mail	CM	3
50	28/04/1888	Quarantine Notice of San Francisco	GG	422
51	22/09/1888	(A general translation of the Act Regulating Chinese immigration to the Hawaiian Territory)	GG	915-916

52	01/12/1888	(Amendment to Chinese Restriction Act of 1887 by the King and the Legislature of the Hawaiian Kingdom)	GG	1090-1091
53	18/06/1892	Money Order Convention between U.S.A. and Hong Kong	CO129/257	259-261, 274-277, 284-290
54	30/12/1892	Money Order Convention , Hong Kong and U.S.A.	CO129/256	626-633
55	03/11/1893	Money Order Convention between U.S.A. and Hong Kong	CO129/261	144, 148, 320, 324, 385, 388
56	12/05/1894	(Direct exchange of money order between Hong Kong and the United States of America)	GG	377
57	13/12/1894	Seamen convicted by Naval Court at Honolulu	CO129/264	474-487
58	19/01/1895	(Free Chinese Emigration to Honolulu)	GG	39
59	12/06/1896	Seamen convicted by Naval Court, Honolulu	CO129/273	585-587, 588-590
60	10/07/1896	Chinese Exclusion from U.S.A.	CO129/274	98-99
61	20/03/1897	(Parcel for Hawaii)	GG	173
62	31/05/1898	War between U.S.A. and Spain, Battle at Manila	CO129/283	325-326
63	28/06/1898	War between U.S.A. and Spain, Protection of British interests at Manila	CO129/287	236-237
64	06/04/1899	Annexation of Hawaiian Islands	CO129/290	454-456
65	.31/05/1899	Annexation of Hawaii by U.S.A.	CO129/295	373-375
66	22/11/1900	Hostile Operation of Philippine Junta against the United States	CO129/302	838-842

2. Lineage Ties and Business Partnership: A Hong Kong Commercial Network

This paper is a preliminary report on the author's investigation of some rare private records of Chinese businessmen in Hong Kong from the late nineteenth century to the first three decades of the twentieth century. The findings yield significant revelations on how Chinese businessmen were largely responsible for building up Hong Kong's commercial networks. The findings also indicate that business activities were conducted more through personal networks than through administrative hierarchies and formal organizations.

The first commercial network under study is a family network which operated for four generations and can be traced back to the 1850s when Mr. Gao Manhua (Ko Mun Wa) founded the Yuan Fa Hang (Yuen Fat Hong) in Hong Kong. Gao Manhua was originally from Swatow and went to Thailand (Siam) in the late 1830s as a teenager and made his fortune there by exporting rice and other native products back to Swatow. But in the 1850s he came to realize the opportunities offered by Hong Kong as an entrepot and the prospects if he moved his import and export business to the British colony. He accordingly set up the Yuen Fat Hong which soon became one of the largest Chinese commercial houses in Hong Kong. Yuen Fat Hong's main line of business was the import of rice directly from its own rice mills in Siam to Hong Kong. Part of the imported rice was re-exported to Canton while the bulk of it was for local consumption. As one of the typical Chinese trading hangs in Hong Kong, the so-called Nam Pak Hong (Nan Bei Hang), it also handled large quantities of Chinese products which it distributed to the principal ports of Asia through its branch or subsidiary firms in those locations. It also acted as agent for firms in Southeast Asian countries to sell their native products as well as agent for several steamship companies. During the life time of its founder (1850s to 1882), the network of Yuen Fat Hong consisted of a central administration in Hong Kong and its collateral firms such as Yuan Fa Sheng (Yuen Fat Shing) in Bangkok and Yuan Fa Chan (Yuen Fat Chan) in Singapore. But in its heyday, that is, during the time of its second and third generations of owners, the operation network was expanded to include not only branch firms in Kobe and Canton but also other modern enterprises such as banks an Electric & Light Company, a Waterworks Company and textile factorie in Swatow rogether with two insurance companies in Hong Kong and a rubber plantation in Singapore.

The original firms founded by Gao Manhua in Hong Kong, Siam and Singapore remained under the direct and full control of the immediate Gao family which included the founder's nine sons. These firms were considered to be the Gao 'family enterprise,' the common interests of all the nine sons who each owned an equal share in them. After the death of Gao Manhua, whenever a collateral firm was set up by any of the Gao brothers, the person who initiated the project would, as a practice, invite the other brothers to become shareholders if they desired. As a consequence of this practice, the branch and subsidiary firms set up after 1882 were mainly owned by the Gao brothers and their business associates, and not exclusively by the immediate Gao family. A close analysis of the other partners in these firms shows that they were in fact close relatives of the Gao brothers. In most cases they were from the maternal side while other partners belonged to the senior management staff of Yuen Fat Hong who were also actually related in some ways to the Gaos. In this respect, it is not wrong to say that all the collateral firms within the Yuen Fat Hong network belonged to the extended family of Gao Manhua.

During the reign of Gao Manhua, Yuen Fat Hong operated according to the practices of a typical traditional Chinese family business enterprise with rigid patrimonial domination. As both the founder of the enterprise and undisputed patriarch of the Gao family, Manhua enjoyed an uncontested status in the management of the organization. He personally retained both decision-making power and day-to-day administrative power since he also possessed the professional expertise to attend to daily business operations. The patronage of Yuen Fat Hong's clients was no doubt made possible by Gao Manhua's own personal ties and connections. The Chinese commercial house in Hong Kong, as a rule, consisted of a small staff. To start with, the senior administrative staff of Yuen Fat Hong consisted of Gao Manhua's nine sons, who were known as the proprietors (dongzhu) of the firm. This was the case because Gao Manhua put all of his sons on the payroll of Yuen Fat Hong. In modern terms, all of his sons may be said to have had the status of Directors, since it is clear that Gao Manhua intended that each of his sons would be allotted one share of Yuen Fat Hong's property even though it was never written into any will or legal document. But in reality, there was only one proprietor or director in attendance at the headquarters of Yuen Fat Hong, Gao Manhua himself, as the all-powerful Managing Director. Some of his sons were handpicked by him to head the branch offices outside of Hong Kong. Then there was the General Manager Mr. Chea Chien Tsien (Chen Chunxuan), a cousin of Gao Manhua, and one accountant. In the western commercial houses in Hong Kong the position of general manager was occupied by a comprador who could speak foreign languages. However, in the case of Yuen Fat Hong Mr. Chen could not speak any foreign languages. Since Yuen Fat Hong dealt with foreign firms on a regular basis, the firm employed a 'linguist' to assist Mr. Chen. The rest of the staff was made up of people who were simply clerks and shop workers.

As long as Gao Manhua was alive this one-man management style worked reasonably well since, as the Managing Director, he enjoyed uncontested dominance over the enterprise. Based on patrimonial recruitment the most important posts were filled with members of the ruling family of the Gaos. The legitimacy of his authority rested upon the shared traditional familial values of filial piety and obedience imposed on the senior staff and enforced by Manhua as the patriarch. As the founder of the enterprise and father of all of the Directors, Gao was able to enjoy the full personal allegiance and obedience of all the senior administrative staff who were no more than his personal retainers.

One unique feature or weakness of this style of management, one that Max Weber would call typical of a traditional business enterprise, was the absence of company laws. In the absence of a company constitution, when Gao Manhua suddenly fell seriously ill in 1882, there appeared to be a crisis over who should succeed him. According to traditional Chinese practice, which is based on the practice of primogeniture, the eldest son should have been the successor. But it turned out that the last words of Gao Manhua on his deathbed were that his second son Gao Shunqin should be designated with full administrative powers to take charge of his Yuen Fat Hong enterprise. According to the recollection of his grandson, the unexpected enthronement of his father was not due to any family intrigue but the natural outcome of a family secret. The eldest son was in fact an adopted son and therefore did not possess the legitimate claim to be head of the family. However, when Gao Shunqin passed away his eldest son Shengchi succeeded him as the Managing Director of Yuen Fat Hong and Shengchi's eldest son in turn took over the same post.

The position of Gao Shunqin and Gao Shengchi as Managing Directors was, needless to say, not as powerful and strong as Gao Manhua's had been. They were both susceptible to challenge and opposition from the other Directors who in fact had their own right to claim to be the Managing Director in the absence of any constitutional procedure to appoint the commander-in-chief. Gao Shunqin knew too well right from the beginning that he needed to earn hi crown through good performance and hard work. Fortunately, the General Manager, Mr. Chen Chien Tsien, himself a successful and experienced businessman, gave Shunqin full support and endorsement. With the willingness to work hard coupled with his amazing intellect, Gao Shunqin soon mastered the skills in the import and export trade. In addition to this, hi.s scholar-gentry background and accomplishments, with a zhuren degree and a purchased official title, turned out to be a big bonus for his business operations. As a scholar-turned-merchant, Gao Shunqin soon gained the respect of the Hong Kong Chinese business community as well as his business associates and clients overseas and inside China.

The lack of a set of formal company regulations, another serious defect common to many traditional familial business organizations, was that there was no institutional means to separate what was company interest and what was the personal or private interests of its proprietors. This easily led to questionable practices by the Directors that contributed to the final downfall of the commercial house. Since there were no company laws to restrict the private usage of company property by the proprietors of Yuen Fat Hong, it was left entirely to their good consciences and self-restraint. Much was also left to the initiatives and leadership of the Managing Director to maintain a balance between company and personal interests.

In the time of Gao Manhua, such lacunas in the management system did not create problems for the organization. None of the proprietors dared to misappropriate company funds. When Gao Shunqin was Managing Director, it appeared that he was able to maintain a good balance between private and company interests. Each time he set up a new collateral firm to service the business needs of Yuen Fat Hong, he always carefully considered the common interests of his extended family. He also kept a very vigilant and watchful eye over all of his brothers and by virtue of his senior status within the Gao family, was capable of restraining the other proprietors from major embezzlements and misappropriations of company funds. Besides, during his administration Yuen Fat Hong was quite profitable. Gao Shunqin had, in fact, increased the company assets several fold. The other proprietors were thus content to share in the profits and also did not meddle in company matters.

But when Gao Shengchi became Managing Director in 1909 things were quite different, and the latent problems with the system of management began to become more visible. To start with, Gao Shunqin was survived by three of his brothers. This meant that there were three elderly statesmen of the Gao family serving as Directors, each of whom had a claim to be the Managing Director. As a matter of fact, in the eyes of some, they held even stronger claims since Gao Shengchi belonged to the junior generation. In the end, the Directors refrained from openly challenging Gao Shengchi's authority for two reasons. First, they had not mastered the specific skills and knowledge of the trade while Shengchi had plenty of experience as an entrepreneur in Swatow. Where he had been instrumental in setting up several modern enterprises. Second, the General Manager and other managing staff supported Shengchi because they were close business partners of Gao Shunqin and therefore his trusted allies. Gao Shengchi appeared to be able to check his paternal uncles from tampering with the management system while he was Managing Director, but he died in 1913, only four years after taking on the position.

Upon the death of Gao Shengchi there was a power vacuum in the management of Yuen Fat Hong because Shengchi's eldest son, Gao Baiang, was too young to take charge. For several years the company was left without a Managing Director. The day-to-day administration fell on the shoulders of the General Manager. With his experience and long service in the organization Chen Chien Tsien had little difficulty running the organization on behalf of the Gao family. But since he was only a salaried employee, he lacked the authority, in the absence of any company laws, to stop the elderly proprietors from using company funds for their private investments. As a result, there were a number of incidents of misappropriation of Yuen Fat Hong's funds. There was no institutional way to guard against such malpractice, and the misappropriation of company funds by the senior proprietors finally led to the insolvency of Yuen Fat Hong in 1926.

As noted earlier, in its heyday Yuen Fat Hong had under its control, directly or indirectly, some twenty collateral or branch firms which were spread all over Asia and were diversified into a wide spectrum of economic activities. Why and how did all of this come about? Unlike the western commercial houses such as Jardine, Matheson & Co., Yuen Fat Hong's Managing Directors did not choose to expand and diversify by setting up new departments within the company to provide for the necessary auxiliary and technical services. Instead they chose to expand their business by setting up a network of collateral firms all of which aimed at facilitating, servicing and protecting Yuen Fat Hong's main line of business, namely, the import and export business.

In order to remain one of the leading firms in the business, Yuen Fat Hong had to have control, directly or otherwise, over important auxiliary or technical services. One such service was storage facilities. During its heyday, Yuen Fat Hong was known to have owned twenty-one godowns in Hong Kong. But in fact, its Managing Director, Gao Shunqin, also purchased at least seventeen godowns under his own name to service Yuen Fat Hong's demand for storage services.

One secret to success in the business was to ensure a quick turnover of commodities for sale. To manage such quick turnover, it was absolutely necessary to secure prompt shipment and delivery of goods. Thus it was essential for Yuen Fat Hong to have very good relations and connections with shipping companies. This explain why Yuen Fat Hong acted as agent for a number of shipping companies such as the Scottish Oriental team hip Company, the Norddeutscher, Lloyd and Messrs. Butterfield and Swire. This meant that steamers running between Hong Kong and important ports in China and other Asian countries were consigned to Yuen Fat Hong.

In view of the high risks and hazards involved in the transportation of large quantities of goods over land and sea, insurance against losses was· also very important for Chinese import and export firms. It again comes as no surprise that Gao Shunqin invested heavily in the insurance business in Hong Kong. Before he passed away, Gao Shunqin was both owner and director of two well-known Hong Kong insurance companies, the Man On Insurance Company and the Yee On Insurance Company.

Good and efficient banking facilities would enable any commercial house to clear payments promptly, which was essential to maintaining the credibility of the firm. Such facilities were especially vital for Yuen Fat Hong's operations that involved quick turnovers of a large stock of goods sold and replenished in any given period. The credibility of the firm was also dependent on its cash fluidity. In this respect, the unreserved backing of a bank was necessary. Moreover, many of Yuen Fat Hong's clients had their headquarters outside of Hong Kong. In order to expedite their remittances these clients often wished to open an account with Yuen Fat Hong. Such clients kept their deposits with the firm, but reserved the right to withdraw them at any time. Thus a large trading hong like Yuen Fat Hong had to take on the functions of a banking agency to meet the needs of its overseas clients. This is precisely why Gao Shunqin saw the need to set up his own bank, the Kar Fat Bank, in Swatow in 1900 to serve the banking needs of Yuen Fat Hong. Later, a branch office of this bank, the Kar Fat Money Changer, was set up in Hong Kong. As the scope of the network's business activities widened, there were even greater needs for the Managing Directors to expand in this direction. Consequently, the network had to set up more of its own banks. In the 1920s when Gao Shengchi's eldest son, Baiang became Managing Director, he had under his control four additional banks in the Chenghai district of Chaozhou. In addition, he could easily rally the support of several other banks owned by other members of the Gao family in Swatow and Shanghai.

Did the firms in the network work effectively for mutual benefit? From the patrimonial point of view, each and every descendant of Gao Manhua should have cherished Yuen Fat Hong. It was their 'family enterprise' and 'ancestral property' which they all had inherited from the patriarch. It stood for the prestige and prosperity of the whole extended Gao family. On the practical side since most, if not all, of the proprietors of the collateral firms were also proprietors of Yuen Fat Hong, that is up to 1928, they should not have hesitated to collaborate with each other to safeguard the interests of Yuen Fat Hong. But just as there was no written constitution to define the obligations and responsibilities of the proprietors towards Yuen Fat Hong, there were also no legal documents binding all the subsidiary and collateral firms to work for their mutual interests or to bail each other out in times of financial difficulties. Strictly speaking, there was no institutionalized means to obligate the firms to take 'joint action' or to underwrite each other's financial liabilities. While it was relatively easy to come to a consensus for sharing profits, it was much more difficult to get cooperation in assuming burdens. In the wake of any criis confronting Yuen Fat Hong, much depended on the charisma, manipulative skills, patrimonial authority and inter-personal relations of the Managing Director of Yuen Fat Hong. In practice, the subsidiary firms most directly under the influence of the Managing Director were most likely to come to the aid of the parent firm when it was in trouble. In 1907 Gao Shunqin was able to make a timely move to save

Yuen Fat Hong from the danger of a possible run on its financial resources by immediately transferring a sum of $250,000 from his Kar Fat Bank in Swatow to help meet the demand. The sum could not possibly have been delivered to Hong Kong on time had it not been for the fact that Yuen Fat Hong was agent for a number of shipping companies which had control over steamers running between Swatow and Hong Kong.

That was, however, in the heyday of Yuen Fat Hong when Gao Shunqin was a powerful Managing Director and held a predominant position within the Gao family. But in the hands of a weaker helmsman, personal disputes could easily arise among the proprietors of the collateral firms and action for mutual security might be difficult to organize. Yet in the eyes of the public, all the firms in the network belonged to one organization. If one of them was a firm in the network so were the others. If one of them were in a financial crisis, the rest of them would soon fall as well. In fact when Yuen Fat Hong finally collapsed in 1933, it seems to have been the victim of this vicious chain effect. The details of how this whole event came about are lacking, but according to an insider's account, it all started with a personal grudge between the Managing Director of Yuen Fat Hong, Gao Baiang and his partner at the Kar Fat Bank, Mr. Chang Shujie. Chang was the proprietor of a subsidiary firm, Hung Fa Hang (Weng Fat Hong) in Shanghai which refused to credit or cash a check issued by the Guang Fa Bank which was owned by Gao Baiang. When the rumor spread that the whole network was in serious financial difficulties, it led to a run on all of the bank in the network. Gao Baiang' four banks in Swatow and Shanghai subsequently had to close, leading to Yuen Fat Hong declaring bankruptcy.

The second commercial network under study the one built by Mr. Ma Zhuchao, a notable businessman in Hong Kong in the late nineteenth and early twentieth centuries. A native of Daishan (Toisan) district (Danggou village within the town of Baisha) in Guangdong province, he was known to have business connections with Canton and its neighboring districts and with other Chinese firms in Macao, Southeast Asia, North America and other places. Most of his clients lived in North America near Vancouver, in the case of Canada, or in San Francisco and Sacramento, in the case of the United States. There were, however, some clients who were residents of more remote communities like Calgary in Canada, Clifton, Arizona and Havre, Montana.

In management style as well as operations, Mr. Ma's personal business network is quite different from the one set up by Mr. Gao Manhua. Apart

附錄

from his extended family members living abroad and inside China, Ma relied heavily and almost exclusively on members of his Baisha group as participants in the network. This means that most of Ma's business clients and associates bear the same surname. As a matter of fact many of them even shared the same first name as Ma Zhuchao. Even in the exceptional cases in which they didn't bear the same surname they were nevertheless close relatives from either his wife's or his mother's side. In other cases, they were at least from the same native district of Daishan or the same town of Baisha as Ma Zhuchao. Based on the extant business letters of Ma it is estimated that there were at least two hundred clients participating in the network.

Ma's business network operated as follows. All his clients overseas would either remit directly or indirectly to him or send money to him indirectly through firms or business contacts in China. Such firms and businessmen in China, in turn, became Mr. Ma's business associates and belonged to his commercial network as participating members. His business clients and associates in China were mainly located in such ports and cities as Canton, Foshan, Shanghai or towns inside the Daishan district such as Baisha and Hsinchang.

Ma's main line of business was the import and export of Chinese fabrics, particularly materials made of silk and satin. The parent company of the network or the store, which played the central role, was Ma's piece goods store called Kung Yau Yuen in Hong Kong. The unique feature of the personal network built by Ma is that it comes very close to what one may call today a shared-information network. The information which Ma gathered and disseminated to his clients through his business correspondence with them, included not only relevant business information but also information regarding clan affairs and family matters of his clients back in China. In terms of business information, Ma tried to inform them about the domestic competitive environment so that they knew how to invest their resources to keep abreast of new trends in business and trade in Hong Kong and China. But perhaps more important to the end-users of his intelligence network was the information about what happened in their native villages and district. Here Ma played a vital liaison role in helping to maintain close ties between his overseas clients and their families and place of origin. Thus by posing as his absentee clansmen's patriarch, one who was truly concerned about the well-being of his kinsmen overseas and back in China, Ma Zhuchao was able to gain a supreme status of respectability amongst his overseas clients.

They, in turn, became loyal participants in his business network. In addition, the fact that Ma was recognized as one of the most important leaders of the Daishan community in Hong Kong further enhanced his legitimate position as their patriarch. He was, for example, Director of the and Toishan (Daishan) Merchants Association and Sze Yap Commercial and Industrial Association in Hong Kong for many years.

Ma, of course, offered his clients numerous other services. For one he was often asked to credit orders placed on him by his overseas buyers for various kinds of commodities .to be acquired from China and Hong Kong. Ma did not just take care of the miscellaneous needs of his clients in North America. He also provided the same kind of services for his business associates inside China, particularly those in his native town of Baisha and to a lesser extent, those in Foshan and Canton. There were numerous cases in which Ma was asked to supply the Chinese stores in these places with silk products from his Hong Kong shop and other imported goods such as American and Korean ginseng.

Among the services offered by Ma, the one that was considered to be the most valuable by his clients was his efficient handling of their remittances to China. Almost every one of his network participants often sent money to Ma in Hong Kong. The money would be ultimately remitted to the sender's family in Daishan through Ma's network of business firms and subsidiary firms that were either directly or indirectly under his influence.

It is important to point out that in managing the remittances for his overseas clients Ma was using his firms as an operating center and therefore running them somewhat like a banking agency. Indeed, in some of the letters sent to Ma, the overseas clients asked him to deposit the amount of money remitted into their account with Kung Yau Yuen. Sometimes they would ask Ma to advance payment to their family members or business associates in China and then debit their accounts. This shows that most of the clients kept an account in his firm. Apart from his assumed role of a clan patriarch, what also endeared Ma to his clients was, therefore, the fact that he could serve as their banker in Hong Kong.

How did Ma manage to build up such a sizable personal business network to start with? It certainly had much to do with the combination of Hong Kong's unique environment and the business finesse and farsightedness of Ma. By the last few decades of the nineteenth century, Hong Kong not only had become an important entrepot for international trade but also the transit center for migrations of Chinese to different parts of the world. In Ma's case, he was particularly involved with those who had immigrated to North America. Since Ma was an influential figure in Hong Kong society and in view of his strong connections with both the government and the business sector, he was in an excellent position to help his extended family members and kinsmen in Daishan to migrate to North America. He was thus, able to turn the colony into the center of a business network that stretched from Canton, Daishan and Foshan to the distant countries of Canada and the United States. For one thing, he could offer his clients financial assistance. Indeed, nine out of ten of his overseas clients had benefited from his willingness to lend them money to pay for the passage fare and other traveling expenses. In addition to advancing the loan, Ma was also able to arrange for temporary accommodation for the sojourners both in Hong Kong and at the other end of their journey. Such traveling arrangements served well any traveler who was put on such a rough voyage to an unfamiliar land. In any case, through Ma's arrangements and sponsorship, even though the exact details were not revealed in the letters, the immigrants, as a rule, arrived safely at their destinations and were immediately taken care of by Ma's contacts there.

From the above discussion it is obvious that Ma's personal business network and the Gao family network did not operate in identical ways. Ma's network was built upon patron-client ties that were further cemented by the solidarity and fraternity of a basic Daishan kinship group. Concerning the style of management of Ma's enterprise, it is typical of a traditional enterprise in the sense that he maintained personal dominance over the entire management process. All the business letters of his clients were addressed to him in person and written in a highly intimate and personal tone. While one cannot be absolutely sure that Ma wrote back to each of his clients himself, there is no doubt that he alone was familiar with and could keep track of the details regarding these two hundred personal clients/retainers of his. There is little or no evidence that Ma employed any particular salaried managers or other officers to administer the enterprise for him apart from the basic staff in Kung Yua Yuen. Indeed, the business was carried out because of his personal relations, his personal touch and his personal management.

However, in terms of the manner of its operations, the distinction of Ma's commercial network as a traditional enterprise becomes blurred. According to Alfred. D. Chandler, modern enterprises operate in different locations, carrying on different lines of goods and services. It is to be remembered that the firms which were part of Ma's ad hoe organization were not located in only one geographic area, but were spread over two continents. Neither were the shops under Kung Yau Yuen's network dealing in a single product line. In this respect, Yuen Fat Hong's network has the same characteristics in its operations. It was definitely not a single unit business enterprise, handling only a single economic function, dealing in a single product line, and operating in one geographic area. Make no mistake, both Yuen Fat Hong and Kung Yau Yuen were Chinese enterprises with a predominantly traditional system of management and organizational structure. But because they both had already gotten involved in multinational operations as early as the second half of the nineteenth century, neither fit neatly into Chandler's perception of the 'traditional' or of the 'modern' enterprise. This is understandable since Chandler's categories are derived from his study of the evolution of business enterprises in the United States. But Hong Kong was a free international port and a center for cross-cultural activities during the period under study. The Chinese commercial houses in Hong Kong were at the threshold of change from a traditional co a modern form of business enterprise. Given the unique cultural environment and volatile business interactions of Hong Kong, Yuen Fat Hong and Kung Yau Yuen each took on unique features to meet the demand of it trade. While it is too early to tender even tentative conclusion largely because of the limitation of information available, it is apparent that the two commercial networks under study were not identical. Ma Zhuchao's was a much more personal network than that of the Gaos. Ma maintained very close personal ties with all of his clients in the network. But the Managing Director of Yuen Fat Hong enjoyed a much more direct control over all the subsidiary firm within his network while Ma only managed to maintain a rather loose link with most of the firms that operated within his network. The Gaos developed and expanded the network by setting up new firms of their own to service the needs of Yuen Fat Hong. On the other hand, Ma had built up hi network of individual clients first by catering for their special needs. In most cases it was the individual clients who in turn brought other firms into Ma's network. The comparison can easily be stretched further. But the differences that have surfaced so far are sufficient evidence to show that more conclusive findings on the study of Chinese commercial networks in Hong Kong will lead to greater understanding of the evolution of modern Chine business enterprises. That, precisely, is the purpose of this preliminary study.

3. Hong Kong Historical Research in Hong Kong: 1895 to the Present

Two Predominant Approaches

For a long time the writing of Hong Kong history in Hong Kong has been dominated and characterized by two stereotype approaches. This is largely true with historical works published before the 1970s by professional historians, Chinese as well as non-Chinese authors.

General History

E. J. Eitel, in what is commonly recognized as the first important work on Hong Kong history, perhaps set the tone for first module in *Europe in China*, published by Kelly and Walsh in 1895. As a zealous German missionary Eitel did not make the least effort to hide his strong feelings about the superiority of Western culturalism and the Anglo-Saxon race over their Asian (Chinese) counterparts. In an unusually transcendental manner Eitel displays in the book's preface his strong belief that it is the destiny of Europe to govern Asia, and that Europeans should dedicate themselves to fulfilling their paternalistic mission in Asia by transplanting their superior civilization to the Asian population. By attempting to justify colonialism Eitel has thus wittingly or unwittingly set the imprint for a school of Hong Kong historians which may be referred to as the school of apologetics for British imperialism. The approach adopted by Eitel to present the immensely copious historical facts also serves as a stereotype module for later writers carrying the same banner. Eitel gives a detailed account of the colony's history from its beginning to 1882, not according to historical periodizations but in terms of the administrations of successive nineteenth century Hong Kong governors. Even though Eitel postulates that Europe has much to civilize "Chinese antiquated barbarism," he still gives a good portion of his book to telling accounts of Hong Kong's Chinese population. But Eitel's approach to write the history of Hong Kong largely from the colonial administration's point of view no doubt laid the foundation for the colonial administrative approach to Hong Kong history.

This approach was later to be epitomized in G. B. Endacott's *A History of Hong Kong*. Published in 1973 Endacott's work covers the period when the colony was founded to 1970, but with a far greater part of the book given to nineteenth-century history. It is regarded by many today as a standard general history of Hong Kong, but in the eyes of one critic, "Such work is content to list the arrivals, works and departures of various governors in the apparent belief that that constitutes Hong Kong history". A major pitfall in this lopsided view of the development of Hong Kong is, of course, the fact that whatever achievements with which Hong Kong may be credited are, more often than not, attributed merely to the able and conscientious administrators sent from England, while the more important, or at least as important, role of the Chinese population is grossly neglected or hardly ever mentioned.

Between the publications of *Europe in China* and *A History of Hong Kong* the only other attempts at the writing of general history of Hong Kong are G. R. Sayer's *Hong Kong, 1841-1862: Birth, Adolescence and Coming of Age and Hong Kong, 1862-1919: Years of Discretion* and Winfred Wood's *A Brief History of Hong Kong*. They are considered to be lesser works and their authors are quite heavily indebted to the pioneering Eitel for information and format. Sayer tries to fill in a few gaps in Eitel's work and supplements some statistical information. *A Brief History of Hong Kong* endeavours to give a picture of the development and growth of the colony from its beginning to 1940, but like Endacott, places disproportionate emphasis on the nineteenth century and has little to add to Eitel's and Sayer's accounts. Both Sayer and Wood follow Eitel's format of recounting the history of the colony through the administrations of successive governors.

Another testimony to Eitel's influence on later works in the writing of a general history of Hong Kong can be found in Lin Youlan's highly popularized Chinese version of Hong Kong's history from 1841 to 1941. Published in 1975, *Xianggang shihua* (Chronicles of Hong Kong), as proclaimed by its author in the preface, is specifically written for the young generation of Chinese in Hong Kong. Indeed Lin Youlan supplements both Eitel and Endacott's accounts by giving a reasonably substantial portion of his work to highlighting the various important activities of the Hong Kong Chinese over time. But he must have surprised and confused his Chinese readers in copying the colonial administrative historian's prototype format of giving a chapter-by-chapter account of various administrations of the respective governors in each period.

Early Hong Kong History Before British Occupation

The second noticeable approach in the early phase of Hong Kong historical studies was to reconstruct the early history of the Hong Kong region in the period before the coming of the British. The studies were carried out through archaeological evidence and excavations, textual criticism of traditional Chinese literature, and actual site visits to rediscover extant historical records and relics. Among Chinese scholars, the pioneering work can perhaps be traced all the way back to the joint scholarship of a few Hong Kong scholargentry under the leadership of the well-known literary figure, Chen Botao, in 1917. In the preface of an anthology of poems written to commemorate the escape of the Song Emperor into the Hong Kong region, Chen and his associates set the pace for the study of pre-British Hong Kong by critically examining the existing historical evidence to determine whether certain places and monuments mentioned in some Chinese local gazetteers were indeed located within the region. Their exposition on the subject soon stirred up the interests of other Chinese scholars, who began to pursue historical studies along the same line. This led to controversy among quite a few distinguished Chinese scholars, who were divided in their views about a few historical events which were allegedly recorded to have occurred in the Hong Kong region during the Song period. The efforts expended by these scholars turned out a myriad of studies which included Xu Dishan's "Xianggang yu Jiulong zujiedi shidi tanliie" (A preliminary study on the history and geography of Hong Kong and the leased territories of Kowloon), Rao Zongyi's *Jiulong yu Songji shiliao* (Some late Song source materials and the study of Kowloon), Lo Hsiang-lin's "*Songhuangtai yu Songji zhi haishang wangchao*" (Songhuahgtai and the late Song regime at sea), and Jen Yu-wen's *Songmo erdi nanqian nianlu gao* (The southward escape route of the two late Song emperors). (For further details see Lam & Siu 1985.)

These mentors have a decidedly significant influence on the young generation of Chinese historians in the direction of searching out the rural roots of Hong Kong. Scholars like Lam Tin-wai and Siu Kwok-kin also focused on the study of Chinese records to determine the migration movements and pattern of settlements of the large lineage groups in the New Territories during the pre-British period. The Chinese cultural, bureaucratic, and military institutions set up in the region also form the targets of their study. (For a good understanding of their work see ibid.; Siu 1982, 1990.) It is necessary to point out that in their search for more written Chinese records to carry out their studies, Lo Hsiang-lin, Lam Tin-wai, and Siu Kwok-kin made notable accomplishments in locating and preserving hundreds of genealogies of the lineage groups which had been inhabitants of the territory long before the coming of the British. Through their efforts over 500 titles of genealogies had been preserved (see Siu & Siu 1982). Interestingly enough it was a Japanese scholar, Taga Akigoro, who started the pioneering work and inspired the Chinese scholars to pursue this vein, especially in Chapter 6 in which he introduced to the reader some extant genealogies belonging to residents of Kowloon and the New Territories.

Among Western scholars it was those entertaining archaeological interests who took the lead in studying pre-British Hong Kong. Dr. C. Hanley, Professor J. Shellsher, and Rev. Fr. D.]. Finn were perhaps the earliest enthusiasts. It is necessary to note, however, that these early enthusiasts were at best quasi-professionals in the field of archaeological study, so more professional studies of the region did not appear until comparatively more recent times. In this respect, Walter Schofield [1975], S. G. Davies, and William Meacham's various research on Hong Kong's archaeology serve as very useful guides to an understanding of the territory's prehistory. It should also be pointed out that the *Journal of the Hong Kong Archaeological Society* played no small role in promoting archaeological studies in the colony and should also be credited for encouraging Chinese scholars to publish the results of their work in the English language.

In like manner, the Journal of the *Hong Kong Branch of the Royal Asiatic Society* has helped in large measure to promote historical studies of the traditional life and customs of the people of the Hong Kong region, especially in the New Territories before British occupation. Even though most of what were ultimately printed never got beyond the category of short historical accounts, notes, and anecdotes, there were also numerous articles based on serious research which contributed substantially to a better understanding of Hong Kong before British rule. Outstanding examples are

James Hayes' series of articles on Chinese life and administration in various parts of the New Territories and Outlying Islands ("The Pattern of Life in the New Territories in 1898," *JHKBRAS* 2 and "Land and Leadership in the Hong Kong Region of Kwangtung," idem, 7), the reprinted articles of S. F. Balfour on Hong Kong before the British, and R. G. Groves' article on the resistance of native New Territories inhabitants against British takeover.

Speaking of English anecdotes and short historical accounts about pre-British Hong Kong, there are definitely their counterparts in the Chinese language. Starting from the late 1940s a few leading Chinese newspapers have opened up columns for both journalists and scholars to introduce to the general reader some principal historical events and important historical monuments and relics in the territory. While most of these short pieces are descriptive and informative in nature, there are also some which are written in the spirit of serious research. A good example would be Liang Tao (Lu Yan). His articles published in newspapers and periodicals have been collected into a series of paperback monographs entitled *Xianggang zhanggu* (Anecdotes of Hong Kong), which serve as useful references for any scholarly work. Lu's monographs appear in many volumes over a few years. In the first few volumes the articles collected are mostly written by Lu, but the last few volumes include also articles of other writers.

Other Approaches

A corollary to the colonial administrative approach to Hong Kong history is the attempt to explain the many facets of Hong Kong's development through the biographical accounts of the colony's outstanding administrators and other members of the ruling group. It is interesting, however, to know that the first English-language biography of Hong Kong personalities published in the colony in 1957 did not choose any of the early governors as its heroes. Instead, the author, a former Vice-Chancellor of the University of Hong Kong, accounted for the life and contributions of a great missionary figure, Robert Morrison, to the early days of Hong Kong. It was G. B. Endacott who first introduced short biographical sketches of the early governors, civil servants, and other European dignitaries in *A Biographical Sketch-book of Early Hong Kong*. This perhaps inspired a Western-educated local Chinese scholar, George H. C. Wong, to write a special article about the life and role of the first governor, Sir Henry Pottinger, in the founding of Hong Kong. Local Chinese scholars hardly need any particular persuasion to join in sketching biographies for Hong Kong Chinese. This is because the compilation of biographies for prominent figures in any Chinese community has been a timely tradition in the historical scholarship of these people. As early as 1937 Wu Shenglian had already compiled the first version of a Hong Kong Chinese's "who's who." Entitled *Xianggang huaren mingren shilue* (Biographical accounts of eminent Chinese in Hong Kong) it is a useful reference to prominent Hong Kong Chinese before the War. In 1941 a Chinese publication on Hong Kong's trade and commerce also included a special section on biographical accounts of eminent Chinese businessmen in Hong Kong. It is true that both works give a very sketchy account of each dignitary's life, achievements, and contributions, but they nevertheless deserve mentioning for having spearheaded later historical scholarship which professes to examine local Chinese contributions to Hong Kong's community in various fields. Carl Smith's "The Emergence of a Chinese Elite in Hong Kong" and T. C. Cheng's "Chinese Unofficial Members of the Legislative and Executive Councils in Hong Kong up to 1941" are just two examples of this new direction of historical pursuit.

Another corollary of the colonial administrative approach is for the historian to emphasize the good work and achievements of the government's various departments and the institutions dominated by the colonists. The only work completed in this period which belongs to the former category is the history of the law courts by J. W. Norton-Kyshe, who was the Registrar of the Supreme Court of Hong Kong.

Hong Kong's early development as a colony is perhaps, more than most other places, closely related to the history of its religious and social institutions, as well as its powerful trading companies. The history of such colonial vestiges has naturally also been studied in its own right. G. B. Endacott and Dorothy She might have started the art of writing Hong Kong's ecclesiastical history in their 1949 joint production of *The Diocese of Victoria, Hong Kong: A Hundred Years of Church History, 1849-1949*. But the art was nowhere near perfected until Fr. T. F. Ryan's more comprehensive history of the Catholic Church in Hong Kong came into publication ten years later. In *The Story of a Hundred Years: The Pontifical Institute of Foreign Missions (P.I.M.E.) in Hong Kong, 1858-1958*, Fr. Ryan, himself a respectable Jesuit priest in the colony, relates the story of the

Catholic Church from its earliest times when it was established by the Italian fathers, Raimondi and Reina, through the foundation and management of its myriad of schools and churches to its role in the post-war construction of Hong Kong.

To some, the history of Hong Kong is mainly the history of its economic development from "an island with hardly a house upon it" into "the Pearl of the Orient". While the historian should not consider trade as the one single factor behind Hong Kong's miraculous success story, it cannot be denied that no story of Hong Kong's growth and development can justifiably claim to be a complete one without any thorough understanding of its powerful trading companies and merchant organizations. Historians with keen interest in the economic development of Hong Kong will certainly appreciate W. V. Pennell's study of the important role played by the Hong Kong General Chamber of Commerce and its influential members. In the same way, the work of John Cheong, Austin Coates, Maurice Collis, and Charles Drage's on some of the most powerful, if not the most powerful, companies in Hong Kong set the pace for more research on company and organization history in the later period. John Arnold's little pamphlet on the history and development of the Peak Tramway likewise looks at Hong Kong's early growth from another angle, the role played by early means of transport and communication.

4. Major Trends from 1980 to the Present

An Important Turning Point

The school of British apologetics for British imperialism seems to have ruled supreme in the interpretation of Hong Kong history up to the early 1980s, when the Sino-British Agreement on the future of Hong Kong began to have considerable impact on the writing of Hong Kong's history.

附
錄

General History

Starting from around 1980, when the Chinese government opened negotiations with Great Britain regarding the future of Hong Kong, historians from mainland China for the first time publicly expressed their eagerness to find out more about the history of Hong Kong. Their interest in writing about Hong Kong history has accordingly grown as the date for the return of the territory back to China draws near. However, based on the ideological lines of anti-imperialism and nationalism, historians from mainland China often suffer from the historical stigma that Hong Kong was taken by the use of military force from Qing China by the British. The study of the history of Hong Kong, from such a point of view, is inevitably a part of the study of the syndrome of western imperialism's ill effects on modern China. They, therefore, are adamant that nothing positive to China can be derived from this British colony on Chinese soil. A typical example is the work written by Du Dingyou using his pen name, Ding You. This Chinese Marxist approach to viewing Hong Kong history usually characterizes the British seizure of Hong Kong as the result of a well-defined and persistent policy of territorial expansion and economic encroachment upon China. The British administration set up in Hong Kong is considered to be exploitative in nature. Other accusations follow. The British government in Hong Kong strongly discriminated against the easily persecuted Chinese population. Because the Hong Kong government gave direct support to reactionary political forces in China represented by the Qing government and the warlords during the modern period, it thus helped to postpone the (proletariat) revolution in modern China. Moreover, a mercantile mentality dominated British rule in Hong Kong. The banks had developed no policy of responding to local industrial needs and helping the inner development of China. They were satisfied with skimming the cream of international commercial transactions and exchange operations. To top everything, Hong Kong was used by the British as a base for further military encroachment into Chinese territory.

It is necessary to point out that a group of Marxist scholars from the Association for Radical East Asian Studies in England also sees the history of Hong Kong in pretty much the same way as the Marxist historians from mainland China. In one of their publications, *Hong Kong: Britain's Last Colonial Stronghold*, the author explicitly accuses British rule in Hong Kong as being unjust, exploitative and oppressive. While the feelings and emotions of the mainland Chinese historians are understandable, they serve to obscure the historian from important facts about British administration in Hong Kong and Hong Kong's role in modern Chinese history. To talk of a well-defined British policy in China during the nineteenth century is deceptively simple-minded. Any British policy at the time was at best the product of an interplay of a complex of personalities, principles, long-term national objectives and short-term local needs and pressures, over which no one had more than partial control and no one could be absolutely sure of what the end product would be. Because of the slowness of communication, a wide area of initiative remained for the man on the spot. Britain's acquisition of Hong Kong can only be accurately understood in the light of such a scenario. It is an indisputable fact that on the eve of the signing of the Treaty of Nanking in 1842, the instruction of Lord Aberdeen, then the Foreign Secretary of Britain, to Pottinger was not to retain Hong Kong as a permanent possession. It was Pottinger, exceeding the instructions of his superior, who decided to secure Hong Kong as a colony.

The important point to note here is not whether the Marxist approach will give one a more complete and truer picture of Hong Kong history, but the fact that the Marxist line of thinking is sometimes reflected in historical studies published in Hong Kong during this period. A good example is *Xianggang shilue* (A brief history of Hong Kong). The book was released by a Hong Kong publisher in 1987, but its author, YuanJianbang, was both trained and lives in China. It is a systematic survey of the colony's history from the beginning to the 1980s. It represents the first serious effort to compile a general history of Hong Kong by avoiding from the prototype format of the colonial administrative historian laid down by Eitel. Yuan organizes the book's contents according to a periodization scheme that brings out the larger political, economic, and social trends of development. Whether one agrees with Yuan's system of periodization or not should not be allowed to undermine the book's merit in offering the reader a fresh and innovative approach to the writing of Hong Kong history. To be sure, Xianggang shilue, like any historical work, has its limitations. Even though its author tries to tone down his anti-British and anti-imperialistic opinions, the book still overflows with patriotic and nationalistic nuances to the extent that it inevitably mars the quality of the book's scholarship. What is more, as the author himself admits in the epilogue of the book, he had no access to a lot of important documents, and therefore had to draw his information largely from a few secondary sources to which "I owe my deepest gratitude". In other words, in terms of historical information this book adds very little, if any, to what we already know.

The Marxist Chinese interpretation of Hong Kong's negative role in modern Chinese history has evoked the efforts of some local scholars to rectify this unbalanced view. Amongst them, K. C. Fok is by far the most ardent spokesman for Hong Kong's significant contributions to modern China. To be true, Lo Hsiang-lin had noted the significant cultural interactions between Hong Kong and China as early as 1963. First published in Chinese but later translated into English, Lo's *Hong Kong and Western Cultures* seeks to explain the role played by Hong Kong in the early transmission of Western culture to China at the turn of the nineteenth century. In her unpublished thesis of 1963 Mary Chan Man-yue also wrote about the role of Hong Kong Chinese in the 1911 Chinese revolutionary movement. In the late seventies Chan Lau Kit Ching also wrote an article about how Hong Kong served China in a special way during the war against Japan. In 1980 Wong Chun Kuen's study of the role of Hong Kong in the Yangwu movement attempts to show how Hong Kong may have influenced some larger issues in modern Chinese history. But the contents of the book fall far short of what the rather highsounding title suggests. Unfortunately, Wong could only raise a few vague and loose connections of Hong Kong and some Hong Kong residents to the main events of the Yangwu movement. Besides Wong demonstrate very little knowledge of Hong Kong history. In any case, all these studies merely focus on isolated aspects of Hong Kong history, and their emphasis is placed more in Chinese rather than Hong Kong history. On the other hand, in a series of Chinese articles, and a couple of books in English and Chinese, Fok successfully presents a well-documented account of a continuity of significant economic, political, and cultural interactions between colonial Hong Kong and China from the second half of the nineteenth century to the end of World War II. The significant interactions examined include Hong Kong's contributions to the early transformation of Western ideas and their transmission into China, Hong Kong's role in China's reformist and revolutionary movements before and after 1911, the very close and long existing economic link between Hong Kong and China, and, last but not the least, the vital role played by Hong Kong as a most important stronghold in China's war against the Japanese invaders on both the physical and spiritual fronts. Along the same theme L. M. Chere and Elizabeth Sinn's articles about the 1884 riots also add to our knowledge of how Hong Kong Chinese participated in a patriotic movement against foreign aggression and territorial encroachment in China.

In accounting for Hong Kong's success in the nineteenth century, local historians of the younger generation, like Fok, attribute it neither exclusively to British administrators nor underrate the contributive effects of Hong Kong's unique environment under British rule. It is a combination of primarily the hard work, business finesse, farsightedness, entrepreneurship, and intelligence of the Hong Kong Chinese population, coupled with the colony's unique environment under British rule. The unique environment which is germane to the rapid development of trade in nineteenth-century Hong Kong include a viable infrastructure of efficient banking, insurance, and shipping services and warehousing facilities, a comparatively stable government, and a just British legal system consistent with security of life and property, but also exhibiting minimum bureaucratic interference.

To be sure, the Sino-British settlement on the future of Hong Kong has brought about a re-orientation of approach and interpretation to the study of Hong Kong history. Apart from the Marxist interpretation of British rule in Hong Kong, studies by local historians like Chan Lau Kit-ching, Elizabeth Sinn, Ng Lun Ngai-ha, and K. C. Fok point to the significance of having to include Hong Kong's interactions with China as an indispensable component of any historical study of Hong Kong in the modern period. In purporting to show that Hong Kong plays an important role in the larger issues of modern Chinese history, works like Fok's, as a reviewer of his book puts it, "have also set a new direction for the study of Hong Kong history".

386

Despite this, there has yet appeared a documented study that encompasses the whole of Hong Kong's political, social, and economic transformation. In this respect, the joint efforts between local western-educated historians like Fok and mainland Chinese historians from the Institute of Modern History at the Academy of Social Sciences in Beijing are expected by many to open up new horizons for the compilation of a comprehensive record of nineteenth-century Hong Kong. For example, a group of historians from the Institute of Modern History, the Chinese Academy of Social Sciences at Beijing, led by Professors Yu Shengwu and Liu Cukuan, are co-authoring a book with K. C. Fok on nineteenth-century history of Hong Kong which is to be published by Chung Hua Book Store at Beijing in 1993. It will hopefully minimize the excesses exemplified in existing works of both the colonial and Marxist historians.

Early Hong Kong History

Historical pursuits concerning the territory in the pre-British period have been enthusiastically carried on down to the present time and have accounted for quite a few important studies in both the Chinese and English languages. James Hayes' two books on rural society and rural life of the New Territories before the British occupation are good examples. David Faure's *The Structure of Chinese Rural Society: Lineage and Village in the Eastern New Territories, Hong Kong* gives a good account of lineage-building, religion, and villages in the eastern part of the New Territories during pre-British times [Faure 1986]. In the Chinese language, Lam Tin-wai and Siu Kwok-kin's *Xianggang qiandaishi lunji* (Collected essays on ancient Hong Kong history) and Siu Kwok-kin's *Xianggang qiandai shehui* (Ancient Hong Kong society) among others, also provide additional Chinese materials and knowledge on the region before the British occupation.

As in the earlier period, some academic institutions have been instrumental in furthering studies on the period by organizing symposiums and conferences. The papers presented at such conferences are often published and provide very useful reference books on pre-British Hong Kong. The conference jointly organized by the Centre of Asian Studies of Hong Kong University and the East Asian Studies of the Chinese University of Hong Kong in 1981 and entitled "Hong Kong History and Society in

Change" is a very good example. Several of the papers presented in this conference discuss the history of the region before 1842 and are later collected into a University of Hong Kong publication entitled, *From Village to City: Studies in the Traditional Roots of Hong Kong Society*. A large part of this monograph provides the specialist and general reader alike with a wide range of topics on pre-British Hong Kong. For instance, Siu Kwok-kin's paper highlights the importance of such early economic activities as pearl-collecting, cultivation of salt fields, and processing of incense wood. Coastal defence, with particular reference to the Ming period, is discussed in detail in K. C. Fok's paper, which also raises various issues of importance for an appreciation of the early history of the region, while the effects of the disruption caused by the "coastal evacuation" from 1661 to 1669 are carefully examined in David Faure's paper, which attempts to reconstruct the history of the largest lineage group in Kam Tin. Last but not the least, Ng Lun Ngai-ha's work provides some insights into village education, which is one of the most important aspects of rural society in the region during the pre-British period.

Other Approaches

There are of course still studies which are entirely focused on the British administration in Hong Kong. Norman Miners' *Hong Kong under Imperial Rule, 1912-1941* is perhaps the most well-known. But a more popular trend is to deviate from writing about the colonial government and instead, turn to study the contributions made by the Chinese community to Hong Kong's development and growth. In fact, this trend had already begun in the earlier period and in the 1980s merely provided a great deal more of wellresearched studies published along this direction. Carl Smith's study of the Chinese Christian elites, Elizabeth Sinn's excellent account of the Tung Wah Hospital, and G. H. Choa's detailed study of Sir Ho Kai are the most prominent. They will certainly serve to inspire more scholars to follow in such pursuits. Since Western education plays a rather important role in enabling the Chinese to emerge as political and social leaders in Hong Kong society, an understanding of the history and system of education provided for the Chinese is vital to any insight into their success story. Ng Lun Ngai-ha and Anthony Sweeting's documented studies of the history and development of education in Hong Kong shed much light on the subject.

In the wake of the colony's having to be returned to China in 1997, the government and institutions set up by the foreign community are perhaps rather anxious to make known to the public their record of services and contributions to the community. This may account for a revived interest in the writing of church history in the 1980s and can be illustrated in such works as J. Smith and W. Downs' study of the Maryknoll Mission, Doreen King's pamphlet on the history of St. John's Cathedral, and David M. Paton's account of the life and history of Bishop Ronald Hall. In much the same manner, it is a most welcoming trend to have some of the colony's most successful foreign firms taking the lead to unfold the secrets of their success; i.e., of how they managed to turn themselves from their shanty, dubious beginnings into today's modern, multinational business corporations. It is necessary, however, to add a quick note of caution here that while some of the firms employ professional historians to write the accounts for them, there are also other firms which maintain the dictum that their history must be written "for its own sake, and on its own terms." The serious scholar needs to read such histories with a wary eye.

Giants among Hong Kong's financial institutions, utility, and trading corporations, such as the Hong Kong and Shanghai Bank, Jardine, Matheson and Company, the Hong Kong and Whampoa Dock Company, China Light, the Wharf and Diary Farm, all strove to publish their official history within this period. Some of the companies choose to commission the most prominent of historians in the field such as J. K. Fairbank, K. C. Liu, Hao Yen-ping, E. Le Fevour, Frank King and others to compile a definitive account of the corporation's history from its origin to the present time. Fairbank, Liu, Le Fevour, and Peter W. Fay were among contributors to Maggie Keswick's edited history of the Jardine, Matheson and Co. The Hong Kong and Shanghai Bank, on the other hand, commissioned Frank H. H. King to take charge of a huge project to produce a series of volumes on its official history. Other corporations take a much less academic attitude towards writing their history and would rather dwell on recounting their achievements and contributions. Whatever the final finished product, these institutions and corporations occupy such a unique position in Hong Kong's history of economic development that when used critically, their historical accounts will no doubt facilitate the professional historian in his endeavour to compile a more comprehensive history of Hong Kong.

In response to the approaching return of the colony to Chinese

附錄

389

sovereignty in 1997, some authors, for propaganda purpose or otherwise, have also joined the bandwagon in publishing historical accounts of some of the colonial government's most sensitive branches. It is likely that the authors of *The Royal Hong Kong Police* (1841-1945), *Asia's Finest: An Illustrated Account of the Royal Hong Kong Police*, and *The Royal Navy in Hong Kong since 1841* wrote with the intent to remind the Chinese government of the significant role played by both the police force and the navy in Hong Kong's stability and prosperity in the past.

It is necessary to point out that recently quite a few writers have been obsessed with the idea of reconstructing the darkest period of the colony's history, the period under Japanese occupation. This is necessary in view of the fact that most of the important archival records of the period had been lost during the war. Most of the books published on the subject turned out to be very personal accounts of events during the period, and the most scholarly amongst them is perhaps the story of Hong Kong during the Second World War originally written by G. B. Endacott and later edited and supplemented by Alan Birch.

Other historical studies completed in this period, which touch on new dimensions, include publications on the early beginnings and subsequent development of the Alice Ho Miu Ling Nethersole Hospital and the Hong Kong College of Medicine for Chinese and a historical account of the contributions of a highly celebrated architectural firm in Hong Kong, the Palmer and Turner Company.

Starting from the 1970s depicting the historical development of Hong Kong by means of choice photographs, drawings, and paintings or even posters and postcards has become an increasingly popular trend. Amongst successful early artists in this field are John Warner, Nigel Cameron, Tom Briggs and Colin Crisswell, while relatively more recent productions have been done by Trea Wilshire, Frank Fishbeck and Morris, and Brian Tilbrook.

Finally, it must be pointed out that a group of sociologists, such as those from the Chinese University and Hong Kong University, have managed to analyse the changes which took place in Hong Kong during the past fifty years. Their research on how Hong Kong underwent transformation from a Victorian colonial city into a modern industrial metropolis can, to a certain extent, offer insights to the Hong Kong historian. But their publications aim more at establishing abstract sociological models, and therefore have not been considered as "historical" studies in this review.

5. Hong Kong and the Philippines (1840-1900):
Themes and Perspectives through a Preliminary Analysis of Source Materials in the Hong Kong Archives

Introduction

Even though relatively more historians are beginning to realize the important role played by Hong Kong in modern Chinese history, many are still unaware of the fact that there are also close ties between Hong Kong and most countries in the Asia-Pacific region in the modern period. This paper represents a preliminary effort to analyze and discuss the kind of data available in the Hong Kong Archives for the study of Hong Kong's political, economic and social interactions with one of the countries in the Asia-Pacific region, that is, the Philippines, during the period 1840-1900. The data derived is based on a day-by-day search of the most important source materials in both the public and private Hong Kong Archives. These sources are the *Colonial Office 129 Series*, Hong Kong government publications such as the *Hong Kong Administrative Reports*, the *Hong Kong Government Gazettes, Hong Kong Legislative Council Sessional Papers* and early Hong Kong English newspapers such as the *Overland Friends of China*, *China Mail*, and the *Hong Kong Daily Press*.

To start with, the source materials mentioned will be briefly introduced and identified. Then in the following discussion, the relevant raw data is divided into various themes according to which category of interactions it falls into. Apart from helping the Hong Kong and Chinese historian to realize that there have been fairly close ties between Hong Kong and the Philippines during the modern period, it is hoped that the data under discussion may also shed light on the economic and social, if not the political, developments of the Philippines for the South-east Asian historian.

I. Brief Introduction of Source Materials

The *CO 129 Original Correspondence Series* consist of dispatches exchanged between the various Hong Kong governors and the Secretaries of the State for the Colonies in London during the period 1841-1943, together with their enclosures, Colonial office minutes and memoranda and correspondence between the C.O. and other ministries and private individuals and institutions.

The *Hong Kong Government Gazettes* are one of the most important, if not the most important, official publications of the early Hong Kong government. The *Gazette* was first published in September, 1853. It contains official notifications, appointments, reports, texts of proposed ordinances, legal advertisements, registration lists, jury lists, land sales, and much other data dealing with government business.

The *Hong Kong Administrative Report* was first published in 1879. It contains reports of police, goal, courts, the harbour master, results of examination Grant-in-aid schools, education, revenue and expenditure, post office, cases tried in the supreme court, the colonial surgeon and etc. Starting from 1884 it also contains reports of the various departments of the government and official reports to be found in the *Government Gazette*.

The *Hong Kong Legislative Council Sessional Papers* were first published in 1884.They are papers laid before the Legislative Council, Reports of Commissions and etc. This series corresponds to the*British Parliamentary Papers*, which are the chief and most accessible official source of information on matters of general and less important significance.

All the early Hong Kong English newspapers, without any exemption, were published by merchants and for the reading of the businessmen and traders in Hong Kong and other ports in the region. They therefore put a lot of emphasis on news and reports related to the trading and shipping activities of Hong Kong with China and other countries in the Asia-Pacific region. The data available in these newspapers constitute an important source for the study of Hong Kong's early trade with the outside world. The *Overland Friend of China* is amongst the earliest extant English newspapers published in Hong Kong. It was first published in 1845 as a monthly overland edition of the *Friend of China* in Macao. During the 1850s it became quite popular and was published twice every month. Beginning with 4 pages, the size of the newspaper was enlarged to as many as 14-16 pages by supplements during this time.

The *China Mail* was, perhaps, founded the earliest among the nineteenth century Hong Kong English newspapers since it was inaugurated on February 20, 1845, even though as a weekly newspaper. It is necessary to point out that the *China Mail* in fact did not become a daily until February 1, 1867. For this reason the first English daily published in Hong Kong should be the *Hong Kong Daily Press* which turned out its inaugural issue on October 1, 1857.

II. Data Related to Economic Interactions

附
錄

On the whole there is no lack of systematically collected data about the Colony's trade with China and the extended China trade to other countries in South-east Asia during the second half of the nineteenth century. After all, according to the British government, the colony of Hong Kong was founded mainly for commercial interests. Accordingly, the governor of Hong Kong in the early days had the dual responsibilities of serving not only as the chief administrator of the colony but also as Great Britain's Great Plenipotentiary and Chief Superintendant for Trade in China. As such, the governor had to send reports back to the home government regarding the trading prospects and conditions largely in China and to a lesser extent, those countries in the Asia-Pacific region with considerable British interests..These reports are to be found in the *Colonial Office 129 Original Correspondence Series*.Some of these reports offer rather penetrating insight into the early trade between Hong Kong and the Philippines. For example there are constant reports in this series about the timber business between Hong Kong and Manila and other parts of the Philippine Islands. Then in the year of 1856, there were several reports by the Hong Kong governor on the application of the Chinese Passenger Act to the voyages between China and the Philippines. Again in the dispatch of October 17, 1871, there was a full report on the returns of passenger and merchandize traffic between Manila, Hong Kong and Singapore. Even though the figures need not be taken as absolute, in an enclosure to this dispatch, the Administrator of the Customs of Manila put down that there were 509 Europeans arriving from Hong Kong and 463 Europeans leaving for Hong Kong at the port of Manila during the period July 1, 1869 to June 30, 1871. As to the number of Chinese passengers arriving from and departing for Hong Kong during the same two year period, the numbers recorded in the same document were 9,622 and 5,456 respectively. Amongst the 1877 dispatches was an assessment of the economic interactions between Hong Kong and the Philippines by the Hong Kong governor in the report entitled "Administration and Commercial Prospects of the Philippines". Between 1889 and 1891, there are several documents in the *CO 129* which reported about a dispute between the Hong Kong and Shanghai Bank and the Manila government which developed into proceedings against the bank and even an embargo on the branch of the bank at Manila.

For more specific statistics concerning Hong Kong's China trade and such extended junk trade to South-east Asia, one has to turn to the Hong Kong government publications. To start with, the *Hong Kong Government Gazettes* published a fairly complete record of general shipping news under the section entitled "Shipping Report" from 1860 on. It appeared as a weekly report which included graphs and tables concerning the total number, tonnage and crew of each of the vessels entered and cleared at the port of Hong Kong. It also includes the total number of junks entered and cleared, the summary of arrivals and departures of same vessels and all passengers they carried on board. The countries which form the destination and point of embarkation for such vessels are listed in alphabetical order from Australia to U.S.A. In the same manner the Harbour Master's annual report published in the *Hong Kong Administrative Reports*, the *Sessional Papers* and the *Gazettes*, includes graphs, statistics, tables and charts of the total number, tonnage, and crew and passengers of foreign vessels which entered and departed from Hong Kong. These vessels sailed between Hong Kong and countries which included India, Indonesia, the Philippines and Thailand (Siam). A complete list of vessels from the Philippines which sailed to and fro between Hong Kong and all the Chinese ports can be easily deduced from the report. The total tonnage of cargoes carried on board the vessels would also in a fairly realistic way reflect the volume of trade between Hong Kong and the Philippines. It is necessary, however, to point out that Hong Kong was a free port in the nineteenth century. For that reason, vessels entering and leaving the port were not required to declare the value of commodities carried on board for payment of customs dues. This means that a reliable estimate of the total value of trade between the Philippines and Hong Kong and China cannot be acquired by using the Harbour Master's reports.

Besides, the statistics recorded by the Harbour Master were obtained only through the best available means, that is, information voluntarily supplied by the captains of the vessels. These figures were therefore not necessarily very accurate and complete and need to be used critically. This means that information for the exact or real value of trade between the Philippines and Hong Kong and China at this given period must be sought elsewhere.

Fortunately, one can turn to the nineteenth century Hong Kong English newspapers for the purpose. Most English newspapers published at the time carry a regular column that reports on the general shipping information for their business-oriented readers. The "Shipping Intelligence" column of the *China Mail* and the "Shipping Correspondence" column of the *Hong Kong Daily Press* are typical examples. At the very beginning, during the period 1840-59, the "Shipping Intelligence" appeared as a weekly column. The shipping information is presented in the form of a table containing the date of arrival at and departure from Hong Kong of each vessel and the name and the destination of the respective vessels. It shows the commercial and communication links between Hong Kong and more than 20 countries including the Philippines. In the 1860s it still appeared as an irregular column published once every two to five days. It, however, contains a more specific table concerning the dates of arrival and departure of each vessel and the name and destination of the respective vessels. Also, the names of the captain and the associated agents or companies of the vessels are listed. The table gives a fairly good idea of the links between Hong Kong and more than 30 countries and ports including the Philippines. From the 1870s on it appeared as a daily column. The shipping information as in the previous issues is, however, presented in the form of advertisements by the associated companies and the agents of the vessels concerned. The "Shipping Correspondence" of the *Hong Kong Daily Press* first appeared in the 1860s but it was a daily column right from the beginning. The column records the details of the arrival, clearance and departure of the vessels which entered and departed from Hong Kong. Even though one can only deduce from columns such as the "Shipping Intelligence" and the "Shipping Correspondence" the approximate tonnage of cargoes brought into Hong Kong from the Philippines and vice versa, such figures, nevertheless, serve to verify those released by the government.

Apart from recording raw shipping and trading data, the Hong Kong government publications and Hong Kong English newspapers also contain

附
錄

reports on other aspects of the economic interactions between Hong Kong and the Philippines. For example in the April 24, 1846 issue of the *Overland Friend of China* there was a full report on the commercial regulations of Manila. Then in the May 15, 1869 issue of the *Gazette*, there was a notification concerning the customs, export and port dues for the Philippine Islands. While in an earlier issue, the *Gazette* had already reported on the dispatch from the British Consul at Manila announcing the exemption from import dues of certain articles of commerce.

III.Data Related to Political and Social Interactions

In the Hong Kong Archives there is quite a bit of substantial documentation on several topics related to the political and social interactions between Hong Kong and the Philippines in the second half of the nineteenth century. One of these topics was the setting up of telegraphic communication between Hong Kong, Singapore and the Philippines and ultimately between the Philippine islands and the Chinese coast. In the early 1870s there are quite a few reports on this topic in the *CO129* series. For example in the dispatch dated January 5, 1870, the Hong Kong governor reported about a monopoly granted by the Philippine government to promoters of a line of telegraph from the Philippine islands to Singapore and Hong Kong. Two months later he followed up with another report about concessions granted to Messrs. Hean and Graham in laying down a telegraphic cable between Manila, Singapore and Hong Kong. There are other reports on the same topic during the period and it seems that the last ones recorded are the ones sent out on December 3, 1878, January 15, 1879, March 10, 1879 and May 6, 1880 respectively. They reported about the establishment of telegraphic communication between the Philippine islands and the Chinese coast and a submarine cable between Luzon and Hong Kong and extensions of telegraphic communications to Manila.

Another topic reported throughout the period by the Hong Kong governor to his superior in London regarding the colony's interactions with the Philippines was the postal system set up between the two places. The *CO129* reports were sent mainly in the 1870s. For example, one sent in 1870 mentioned the high rates of postage between Hong Kong and the Philippine Islands. Another dispatch sent out the next year expressed the willingness of the Hong Kong government to reduce the postal rate to Manila on condition of reciprocity. While another report sent out later in the year of 1871 actually discussed the proposed reduction of rate of postage between Hong Kong and the Philippine Islands. Some other dispatches sent out a few years later still mentioned the misgivings and irregularities of the postal service in the Philippines showing that the postal system set up between Hong Kong and the Philippines remained far from being satisfactory. Occasional reports by the Hong Kong government publications such as the *Gazette* and English newspaper such as the *China Mail* on the same subject seem to substantiate the veracity of the governor's reports.

In the source materials under discussion, there is also interesting information regarding the emigration, legal or illegal, of Chinese from China to the Philippines through Hong Kong. Take for instance the two reports of *CO129* in 1873. One mentioned the fees leviable upon Chinese passengers traffic with Manila while the other one talked about reduction of stamp duties on Chinese passengers traffic with Manila. On the same subject, a *Gazette* report in 1869 translated the articles of the Royal Degree in reference to the admission and residence of foreigners in the Philippines while another *Gazette* report in 1873 revealed the emigration fee to Manila. The Hong Kong newspapers also have interesting reports on the same topic. For example, the July 16, 1863 issue of *ChinaMail* reported that many Chinese wanted to return to China after the fearful earthquakes occurred in Manila. While another report in the same issue disclosed that merchant captains coming to the Philippines from ports in China had to produce certificates of health. There was also a detailed report by the Hong Kong governor to London about the project of Macao coolie dealers for shipping coolies to Manila. This report exposed the plot of such dealers in trying to recruit and bring out Chinese labourers from Amoy and coerced them into signing unfavourable contracts before shipping them to Manila.

A theme which both the Hong Kong government and the Hong Kong English press liked to report about in the second half of the nineteenth century is the political instability, disturbances and insurrection of the Philippines. As early as June 5, 1873 the governor of Hong Kong reported about the official denial of the rumoured intention of Spain to cede the Philippines to Germany. He followed up with several related reports on the seizure of German vessels at Manila, disturbances at Manila and the resurgence of rumours about the cession of Manila to Germany up to the end of 1874. Starting from September 1896, the governor of Hong Kong continued to send reports to London about the disturbances in the Philippine islands until the outbreak of war between the United States and Spain in 1898. The reason why he was so concerned about the political and military situation in the Philippines seemed to be because of the fact that there had been arms and ammunition export from Hong Kong to the Philippines to which the governor particularly addressed in most of the reports. Another reason why he should be worried about the situation in the islands was of course because it was his responsibility to protect British interests there. In fact one need not be surprised that this forms the center of attention of the governor in view of the fact that there had once been a diplomatic row between the British authorities in Hong Kong and the Philippine government over the seizure of a British steamer by revenue officers at Manila in 1878. This incident was reported in details back to London by the governor at that time. It is necessary to point out that together with the British Consul at Manila the Hong Kong governor was still largely responsible for the British commercial interests in the region.

There is a whole range of other information available which includes the report of an outbreak of cholera in Manila which was declared to be a place infected by the disease in 1882 and various naval courts held at Manila by the British Commander for British seamen. Indeed, all such information can be just as important and interesting as the above-mentioned topics and it is entirely up to the individual researcher to decide.

IV. Conclusion

The purpose of this paper is to bring to the attention of historians the fact that there is sufficient data available for the study of Hong Kong's interactions with the Philippines in the second half of the nineteenth century. By virtue of the fact that the Hong Kong governor was also the Great Plenipotentiary and Chief Superintendant of Trade of Great Britain for the China trade in the period under discussion, it was his responsibility to maintain and protect British interests in the extended junk trade from China to the Philippines even though the country was under Spanish administration. The governor, therefore, had to keep a watchful eye not only on Hong Kong's interactions with the Philippines but also China's interactions, predominantly commercial interactions, with the Philippines through Hong Kong. For that reason it was his duty to collect information about the situation in the Philippines, to assess and evaluate it and report back to the Colonial Secretary wherever and whenever it is necessary. Such information is, more often than not, passed onto the Foreign Secretary of the United Kingdom as well before any decision is to be made. It is important to know, therefore, that the governor of Hong Kong played a rather significant role in the process leading to the ultimate formulation of Great Britain's commercial and diplomatic policy towards the Philippines during this period of time as revealed in the *CO129* correspondence. In such matters as the 'timber trade', 'dispute between the Philippines government and the Hong Kong Shanghai Bank', the 'telegraphic line set up between the Philippines and Hong Kong and the China coast' and the 'establishment of the postal system between Hong Kong and the Philippines' it is important for any historian to learn of the British perspective, that is, the British side of the story as to how the British party concerned thought about, handled the issue and finally came to a decision. This is particularly of significance for historians interested in the rivalry amongst British, Spanish and Portuguese commercial interests in the region and for that reason for historians in the Macao-Philippines trade.

As to the study of the 'Hong Kong-Philippines trade' and the 'passenger traffic between Manila and Hong Kong and China' there is no doubt, as pointed out in the above discussion, that there is a rich mine of untapped data waiting for the historian to unfold. The fact that the tonnage of merchandize or cargoes in the Hong Kong-Manila trade in a two years period (1869-1871) pointed to 28,177 (to Manila) and 34,079 (to Hong Kong) respectively, even though such figures may not be absolute, indicates that the 'Hong Kong-Philippines trade' cannot be neglected by any serious scholar in the study of inter-regional trade of Asia in the second half of the nineteenth century, especially for those interested in the Macao-Philippines trade. In the same manner, the fact that the passenger traffic between Manila and Hong Kong for the same two years indicated the numbers of 10,131 (from Hong Kong) and 5,919 (to Hong Kong) respectively leaves without any doubt that in order to gain an in-depth understanding into the various facets of Chinese emigration into South-east Asian countries during the nineteenth century, it is imperative that the historian should study the Hong Kong-Philippines interactions carefully.

This paper has picked on a few themes to illustrate the possibilities of researching into Hong Kong's interactions with the Philippines in the nineteenth century. Preliminary studies by the author show that more conclusive findings on the subject will lead to a more in-depth understanding of not only Hong Kong's and the Philippines' own internal historical developments but also shed great light on some important regional issues such as inter-regional trade and inter-flow of human resources within the Asia-Pacific region.Since there is sufficient historical data for such studies as demonstrated in this paper, it is hoped that more historians, especially those interested in Macao-Philippine relations, will take up the task. This is because Hong Kong and Macao had very close economic, social and political ties with each other but perhaps this is the subject of another paper.

6. 香港の商業ネットワーク
——宗族結合とビジネス・パートナーシップ

はじめに

　本章は、一九世紀末から二〇世紀初めの三〇年間に香港の中国商人がのこした稀少な私的文書にかんする考察の基礎的な報告である。この史料の発見によって、香港の中国商人が商業ネットワークを構築するうえでどれほど大きな役割をはたしていたか、という重要な新事実があきらかとなった。また、この史料は、商業活動というものが階層的な管理システムやフォーマルな組織よりは、個人的ネットワークを通して営まれていたということもおおいに示唆しているのである。

一　高満華と元発行

　ここで最初にとりあげる商業ネットワークは、四世代にわたって営まれ、高満華（Ko Mun Wa）が香港に元発行（Yuen Fat Hong）を創設した一八五〇年代にまでさかのぼることができる家族ネットワークの例である。高満華は汕頭出身で、一八三〇年代末に一〇代でタイに渡り、米や現地産品を汕頭に輸送することで財産をきずいた人物である。しかし、一八五〇年代、彼は集散地としての香港の利便性と輸出入ビジネスのイギリス植民地への拡大という大きな期待とを認識するようになる。こうして、彼は元発行を創設し、ほどなくそれは香港における最大の中国人商社のひとつとなった。元発行がおこなった主要なビジネスは、タイの自社精米工場から米を直接香港に輸入することであった。輸入米の一部は広東に再移出され、大部分は現地で消費された。しか

附録

し、代表的な中国人貿易商いわゆる南北行のひとつとして、支店
や子会社を通してアジアの主要貿易港に分配された大量の中国産
品も取り扱っていた。元発行はまた、いくつかの海運会社の代理
店のほかに、東南アジア諸国にある会社の代理店として現地の産
物を販売していた。創設者の存命中（一八五〇年代―一八八二
年）、元発行の"事業ネットワーク"は香港による中央管理とバン
コクの元発盛（Yuen Fat Shing）やシンガポールの元発桟（Yuen
Fat Chan）などの子会社から構成されていた。しかし、その全盛
期、すなわち経営者の二代目、三代目の時代になると、その事業
ネットワークは神戸や広東の支店をふくむばかりか、汕頭の銀
行、電灯会社、水道会社、織布工場、香港の二つの保険会社、シ
ンガポールのゴム・プランテーションなどの近代的企業にまで拡
大していったのである。

　高満華によって香港、タイ、シンガポールに設立されたもと
の会社は、彼の九人の息子からなる直系家族の直接的かつ完全な
管理下におかれていた。これらの会社は高氏の"家族企業"、ある
いはたがいに対等なシェアを有する九人の息子の共通の権益とみ
なされていた。高満華の死後、高兄弟の誰かによって子会社が設
立されるときはいつで、その事業に着手しようする者は他の兄弟
に個人の自由意志にもとづいて株主となるよう誘うことが習慣と
なっていた。したがって、一八八二年以後に設立された支店や子
会社は主として高兄弟とそのビジネス・パートナーによって所有
されてはいたが、直系の高一族によって排他的に所有されていた
わけではなかった。こうした会社における他のビジネス・パート
ナーについて詳細に調べてみると、彼らは事実上、高兄弟と近い
親族関係にあった。多くの場合、彼らは母方の親族からきた者で
あり、元発行の高級管理職に属する他のパートナーもまた、実際
には高氏となんらかのかたちで親族関係でつながっていた。こう

してみると、元発行のネットワーク内にあるすべての子会社は高満華の拡大家族に属していたといっても過言ではない。

　高満華の時代、元発行は厳格な世襲支配にもとづく中国の伝統的な家族ビジネス企業の典型的な例として存在していた。企業の創設者、また高一族の疑う余地のない家長として、彼は組織の運営にあたって全能者の地位をしめていた。彼は日常的な業務運営をおこなううえで必要な専門的知識を習得していたため、自分自身ですべての決定権や日々の管理権を有していた。顧客の元発行にたいする引き立ては疑いなく高満華の個人的紐帯やつながりがあって、はじめて可能だったのである。香港の中国商社は一般的に少人数で構成されていた。最初、元発行の高級管理職は会社の"東主"、すなわち所有者として知られる高満華の九人の息子によって構成されていた。これは高満華が自分の子をすべて元発行で雇用したからである。たとえ遺言や法的書類に記載されていないとしても、高満華が彼の子それぞれに元発行の財産の一部を分配する意向であったことはあきらかであり、近代的な意味では、彼の子供はすべて取締役の地位を得ることになるといえるかもしれない。しかし、現実には元発行の本部に参画するただひとりの所有者あるいは取締役で、強大な権力をもつ代表取締役としての高満華がいるだけであった。彼の息子のいく人かは父によって香港外の支店長に選ばれた。そして、高満華の甥で会計も担当していた陳春泉という総支配人がいた。外国商社における総支配人の地位は、外国語が話せる買弁によってしめられていた。しかし、元発行の場合、外国企業と取引しなければならないにもかかわらず、陳は外国語が話せなかったために、彼を補佐する「語学堪能者」を雇用する必要があった。のこりの職員はたんなる事務員や店員であった。

　高満華が生きているあいだ、彼は代表取締役として企業を絶対的に支配してきたため、このワンマン体制の経営は申し分なく機能していた。世襲的人材登用制によって、ほとんどの重要なポストは高一族の支配的家族のメンバーによってしめられていた。彼の権威の正統性は、家長として管理職にたいし強要された親孝行や絶対的服従といぅ、共有された伝統的家族主義的価値観にもとづいていた。企業の創設者として、そしてすべての重役の父親として、高は個人的従者ではないすべての高級管理職から個人的な忠誠や服従を獲得することができたのである。

　こうした経営形態の独自の特徴または弱点は、マックス・ウェーパーが伝統的企業の特徴とよぶところの会社法の欠如であった。会社に規約がない状態で、高満華は一八八二年に突然病気で重体となり、誰が彼の後継者となるかをめぐって危機的状況が発生した。長子相続の習慣にもとづく中国の伝統的慣行によれば、年長の息子が彼をつぐことになる。しかし、高満華の臨終にさいする最期の言葉は、二番目の息子である高舜琴を元発行のすべての経営権の継承者に指名するものであった。彼の曾孫の回想によると、父の予想外の就任は家族の陰謀などによるものではなく、家族内の秘密からくる自然な結果であった。長男は、じつは養子であるために一族の長となる正当な資格を有していなかったのである。しかし、高舜琴が亡くなると、長男の縄之が元発行の取締役として彼の地位をひきつぎ、ついで縄之の長男がおなじ地位についたのである。

　高舜琴や高縄之の代表取締役としての地位はいうまでもなく高満華が有していたものほど強大ではなかった。ほかの取締役たちは、"司令官"の指名にあたって合法的手続きをふまなくてもみずからが代表取締役となることを要求できる権利をもっていたために、舜琴や縄之は彼らからの挑戦や反対に敏感であった。高舜琴は就任当初から、卓越した行動力や過重労働によって"王位"を維持する必要があるということをよく知っていた。さいわいに、みずからも成功をおさめ、経験豊富な総支配人の陳春泉が彼に全面的な援助や保證をあたえてくれた。過重な労働への意欲と彼の驚くべき才能とがあいまって、高舜琴はまもなく輸出入貿易にかんする知識を習得していった。これにくわえて、彼の士大夫という背景や教養は"舉人"の資格や捐納によって得た官仕とともに、事業運営のうえで大きなプラス要因となった。学者から転じた商人として、高舜琴は海外や中国国内の商売仲間や顧客からと同様、香港の中国人商業界からも尊敬を勝ちえたのである。

　元発行のような伝統的な家族経営組織において、会社法の欠如から生じるもうひとつの重大な問題点は、会社の利益と個人の利益との所有者を分別する制度的手段がないということである。これは最終的に商社の倒産につながる取締役の背任行為を容易にひきおこした。元発行の所有者による会社の財産にたいする私的使用を制限する会社法がないために、彼らの自制心にすべてがまかきれたのである。また、多くは会社と個人の利益のバランスをはかる代表取締役のイニシアテイブと指導力とにかかっていた。

　高満華の時代には、そうした経営システム上での抜け穴は組織にとってなんの問題にもならなかつた。会社の資金を横領しようなどという経営者はいなかったのである。高舜琴が代表取締役であったときには、彼は私的利益と会社の利益とのバランスを保つことができた。元発行が経営の必要上、あらたに子会社を設立するさいにはいつでも、彼は一族の共通の利益への配慮をけっして忘れることがなかつた。また彼は兄弟すべてに監視の目を光らせ、高一族の長としての地位によって、他の所有者による会社の資金にたいする大規模な横領や悪用を防ぐことができた。そのうえ、彼の時代に元発行は相当な利益をあげた。高舜琴は会社の財産を数倍に増加させたのである。こうして他の所有者は利益配分に満足し、会社の問題に干渉せずにいたのである。

　しかし、一九〇九年に高縄之が代表取締役に就任したとき、状況は一変し、経営上の抜け穴が生じはじめた。まず、高舜琴は三人の兄弟をのこして死んだが、これは高一族のなかに代表取締役の地位を要求できる権利をもっ、取締役である三人の年長の"政治的手腕をもっ人々"がいるということを意味していた。事実、ある人からみれば、高縄之は結局のところ下の世代に属していたために、彼らはより有利な資格をもっていたことになる。結局、取締役たちは二つの理由から、高縄之の権威にたいして公然と挑戦することをさしひかえた。第一に、彼には貿易にかんする知識がほとんどなかったのにたいして、高縄之は汕頭で企業家としての多くの経験を有しており、同地でいくつかの近代企業の設立に貢献していた。第二に、総支配人や他の管理職が、かつて高舜琴の緊密な商売仲間であり、信頼された連合勢力であったので、縄之を支持したからである。高縄之はみずからが代表取締役であるあいだ、父方の叔父が経営システムに干渉するのを牽制することができたが、彼は地位を継承してわずか四年後の一九一三年に若くして亡くなった。

　　高縄之の死によって、長男の高伯昂が継承するには若すぎたために、元発行の経営に権力の空白が生じ、数年のあいだ会社に代表取締役がいない状態がつづいた。日常の采配は総支配人の両肩にかかっていた。組織における経験と長年の勤務によって、実際のところ陳春泉が高一族のために組織を運営することはそれほど困難ではなかった。しかし、しょせん彼は給与をもらう従業員にすぎなかったため、会社法がないなかで上司の所有者が会社の資産を私的な投資にもちいることを制止する権限はなかった。これが元発行の資産悪用事件の大半においてみられた事情である。そうした不正行為を防ぐ手段がなかったことから、上司である所有者による会社資産の悪用は、最終的に一九二六年の元発行の破産をまねくとになつた。

さきに指摘したように、全盛期の元発行はアジア全域にひろがり、広範囲に多様化した経済活動をおこなう約二〇の子会社や支店を直接または間接に支配下においていた。なぜ、そしてどのようにしてこのように発展したのだろうか。ジャーディン・マセソン商会のような外国商社とはことなり、元発行の代表取締役は、付加的、技術的サービスの必要にこたえるべく会社内にあらたな部門を設置するかたちで業務を拡大、多様化する方法はとらなかった。そのかわりに彼らは、元発行の主要な事業である輸出入貿易の促進、貢献、擁護を目的とした子会社のネットワークを構築することを選択したのである。

　事業において中心的な会社のひとつを存続させるために、元発行は直接的であろうとなかろうと、ある種の重要な付加的、技術的サービスを統制しなければならなかった。そうしたサービスのひとつはもちろん倉庫施設である。全盛期の元発行は香港に二一もの倉庫を所有していたことで知られていた。しかし、実際のところ代表取締役である高舜琴も、すくなくとも一七の倉庫を自己名義で購入して元発行の増加する需要におうじていたのである。

　事業成功のひとつの秘密は、販売商品の迅速な仕向先変更を保證することであり、そしてそのためには敏速な積送りと商品の配送を確保することが絶対に必要であった。そのために元発行は、船舶会社ととくに良好な関係をもつことが不可欠であった。これは元発行がなぜスコットランド・オリエンタル汽船会社、北ドイツ・ロイド社、バタフィールド・アンド・スワイア商会など、多くの船舶会社の代理店をつとめたのかを説明している。これは、香港と中国の主要港、そして他のアジア諸国とをむすぶ汽船が元発行に委託されていたことを意味する。

　陸と海をこえて大量の商品を輸送するうえで生じる高い危険性を考慮して、不必要な損失にたいして商品を保證することは、中国の輸出入商社にとり決定的に重要なことであった。そして、高舜琴が香港の保険事業に相当規模の投資をおこなっていたとしても驚くには値しない。彼は生前、万安保険公司と宜安水火険公司という香港の著名な保険会社二社のオーナー兼取締役だったのである。

　会社の信頼性を維持するうえで、迅速な決済を保證してくれる優秀で効率的な金融機関は欠かせないものである。売却・補充された大量在庫商品についてかぎられた時間内で迅速に仕向先の変更を余儀なくされる元発行の事業にとって、こうした金融機関はとくに重要であった。会社の信頼性というものは同時に現金の融通性にも依拠している。その点で銀行による無制限の支援は不可欠である。そのうえ、元発行の多くの顧客は香港外部にいたのである。こうした顧客は送金の迅速化をはかるために、しばしば元発行に口座を聞いて預金することを希望したが、いつでも引きだせる権利は保留していた。したがって、元発行のように大きな貿易商社は、海外の顧客の必要におうじて金融代理店としての機能をはたさなければならなかったのである。これこそ高舜琴が元発行の金融機能を吸収して、一九〇〇年、汕頭に独自の金融機関として嘉発銀荘（Kar Fat Bank）を設立する必要性を認識した理由である。その後、香港に支店として嘉発荘（Kar Money Changer）が設立された。商業活動のネットワークの範囲がひろがるにつれて、代表取締役はこの方面で事業を拡大する必要があり、結果的にはみずからが有する以上の金融機関を設立しなければならなかったのである。一九二〇年代、高縄之の長男である伯昂が代表取締役に就任したとき、彼はさらに潮州の澄海県にある四つの銀行を支配下においた。これにくわえて、彼は高一族の他のメンバーが汕頭と上海に所有するいくつかの銀行の支援を容易に受けることができた。

　ネットワークのなかにある企業は、相互の利益にたいして効果的に機能していたであろうか。世襲制の観点からすれば、高満華のいずれの子孫も元発行のことを大事にしたであろう。それは偉大な開祖から受けついだ"家族企業"であり、"先祖の財産"であった。それはすべての高一族にとって威信や繁栄を意味していた。現実には、すべてではないが、ほとんどの子会社の所有者は同時に元発行の所有者でもあり、一九二八年までは元発行の利益擁護のためにたがいに協力することを惜しまなかった。しかし、元発行にたいする所有者の義務や責任を規定した成文法がなかったように、子会社が相互利益のために働き、あるいはたがいに財政危機を救済するという義務を明記した正式の記録はなかったのである。厳密にいえば、会社に"共同行動"をとることやたがいの責任を負担することを強制するような制度的手段を欠いていたことになる。利潤追求のための合意は比較的簡単に達成できたが、元発行が危機に直面したときには、会社の調和をはかるべく、元発行の代表取締役のカリスマ性、手先の技術、世襲的権威や個人的関係などに大きく依拠せざるをえなかったのである。実際のところ、危機の救済にのりだしたのはほとんどが代表取締役の直接の影響下にある子会社であった。一九〇七年に元発行が資産取付の危機に立たされたとき、高舜琴は即座に汕頭の嘉発銀荘から必要とされた銀二五万元を用だて、元発行を救うことができたのである。元発行が汕頭‐香港間に運航する汽船を支配していた多くの船舶会社の代理店でなかったら、時間内に資金を香港へ運ぶことはできなかったであろう。

　しかし、これは高舜琴が有力な代表取締役であり、高一族のなかで支配的地位をしめていた元発行の全盛期のことである。しかし、力のない"操舵手"のもとでは、子会社の所有者間で個人的紛争が容易に発生し、相互の安全のための行動はいっさいみられなかった。しかし、世間の目からみればネットワーク内のどの会社もまったく同一であった。もし、ひとつの会社が財政危機におちいれば、のこりもまもなくおなじ目にあうであろう。実際、一九三三年に元発行がついに崩壊したとき、この悪い連鎖反応による犠牲者があらわれた。この事件がどのようにして発生したのか、その詳細は不明である。しかし、内部の者の説明によれば、すべては代表取締役である高伯昂と彼の嘉発銀荘でのパートナーである張淑楷とのあいだの個人的遺恨にはじまったという。張は上海にある子会社宏発行（Weng Fat Hong）の所有者で、高伯昂の経営光発銀荘（Guang Fa Bank）への信用供与や光発銀荘が発行した手形の現金交換を拒否したのである。ネットワーク全体が深刻な財政危機におちいっているという噂がひろがると、ネットワーク内のすべての銀行で取付騒ぎが発生した。汕頭と澄海にある高伯昂の四つの銀行がつぎつぎと閉鎖をよぎなくされ、元発行の倒産宣言へとつながったのである。

二　馬叙朝と公有源

　つぎにとりあげる商業ネットワークは、一九世紀末から二〇世紀初頭における香港の著名な商人である馬叙朝（Ma Zhuchao）によってきずかれたものである。彼は広東省台山県（白沙鎮の塘口村）の出身で広東やその周辺地域をはじめ、マカオ、東南アジア、北米などの中国企業とのあいだに商業関係を有していたことで知られる。北米の多くの顧客はカナダのバンクーパーに、アメリカであればサンフランシスコやサクラメントなどの周辺に居住していた。しかし、カルガリーやアリゾナ州のクリフトン、モンタナのホールに住む者さえいた。

　組織の運営と同様に経営スタイルにおいても、馬叙朝の個人的商業ネツトフークは、高満華のそれとはまつたくことなつていた。海外や国内こ住む拡大家族から離れ、馬はネツトフークの関係者として白沙の宗族集団にほぼ全面的に依拠していた。これわ

馬の取引相手や商売仲間のほとんどがおなじ姓を有していたこと
を意味する。実際のところ、彼らの多くは馬叙朝とおなじ名前す
ることさえあつた。たとえ例外的に同姓でない場合であつても、
彼らは馬の妻方あるいは母方のきわめて近い姻戚関係にあつたの
である。または、すくなくとも馬叙朝とおなじ台山県か白沙の出身
者であつた。現存する書簡によれば、ネツトワークに関係していた
そのような顧客はすくなくとも二〇〇人はいたと推定されている。

　　　馬の商業ネツトワークはつぎのように運営されていた。海
外の顧客は彼に直接あるいは間接的に送金するか、あるいは中国
の会社や業務連絡員を通して間接的に送金するかのどちらかであ
った。そうした中国の会社や商人はつぎつぎに馬の商売仲間とな
り、一構成員として商業ネツトワークに属することになる。彼の
中国国内にいる顧客や商売仲間は主として広東、仏山、上海など
の港や都市、白沙、新昌といった台山県内の鎮に存在していた。

　　　馬の主要な商売は絹やサテンの生地を中心とした中国織物の
輸出入である。ネットワークの親会社あるいは中心的役割をにな
った商店は、香港の公有源（Kun Yau Yuen）とよばれる馬が所有
する反物店であった。馬によってきやすかれた個人的ネットワー
クのもっとも個性的な特徴は、今日われわれが共有された情報ネ
ットワークとよぶものに非常にちかい。馬が顧客とのあいだで手
紙を通じて収集し広める情報には、商業にかんする情報ばかりで
なく、中国にいる顧客の宗族や家族にかんする消息もふくまれて
いた。商業にかんする情報について、馬は彼らが香港や中国の商
業や貿易の新しい動きに乗り遅れないためには資金をどのように
投資したらよいかがわかるように、国内の競争的な状況を知らせ
るようにした。しかし、彼の情報ネットワークの最終受取人にと
ってより重要であったのは、おそらく彼らの故郷の村や県でいっ
たいなにがおきているのかという情報であろう。そこにおいて馬

は、海外の顧客と彼らの家族や故郷とのあいだの緊密な関係を維持するうえで重要なパイプ役であった。そして、海外や中国にいる親族の様子や安寧を真に気づかう一族の家長であるかのようにふるまうことによって、馬叙朝は海外の顧客のなかで最高に尊敬すべき地位を獲得し、彼らを商業ネットワークの忠実な成員たらしめたのである。さらに馬が香港の台山出身者のコミュニティにおいてもっとも重要なリーダーとみなされていたという事実は、彼の家長としての正当な地位をいっそう高めることにつながった。たとえば、彼は長期にわたって香港の台山商務公所と四邑商工総局の董事でありつづけたのである。

　もちろん、馬はその他さまざまな方法で顧客にたいしてサービスを提供した。そのひとつに、海外の買い手からしばしば発注される中国や香港で得られる種々の商品にたいする信用注文がある。馬は北米の顧客からのさまざまな要求にたいしてのみサービスを提供したわけではなかった。中国国内、とくに彼の故郷である白沙、またはややすくないが仏山や広東の商売仲間にたいしても同様のサービスを提供していた。こうした中国商店はしばしば、馬の商店の絹製品やアメリカ産や朝鮮産の朝鮮人参などの輸入品の供給を馬に依頼したのである。

　しかし、馬が提供したサービスのなかで顧客にとってもっとも価値があると考えられたものは、あきらかに彼らの中国への送金の効率的な運営であった。彼のネットワーク成員のほとんどすべてが、香港の馬にたいして頻繁に送金していた。その金銭は彼の直接あるいは間接的影響下にある会社や子会社のネットワークを通じて、最終的に台山に住む送金者の家族のもとに送られた。

　ここでつぎのことを指摘しておくことが重要であると考えられる。海外の顧客からの送金を処理するうえで、馬はみずからの会社を運営センターとして、つまり金融代理店のようなものと

して経営していたということである。実際、馬への書簡のなかで
海外の顧客はすべての送金を公有源の口座に預金することを依頼
している。時として、彼らは馬に中国に住む家族や取引先への前
貸しを依頼して、みずからの借方勘定とすることもあった。これ
は多くの顧客が彼の会社において口座をもっていたことをしめし
ている。一族の家長のような役割は別としても、馬が顧客から
大切にされた理由は、彼が香港において彼らの銀行として機能し
ていたという事実にもあったのである。馬はこのように大規模な
個人的商業ネットワークをどのようにしてきずきはじめたのであ
ろうか。これは疑いなく香港の個性的環境と馬の商売上の手腕や
先見の明との結合にふかく関係している。一八七〇・八〇年頃ま
でに、香港は国際貿易の重要港となったばかりか、中国人の世界
各地、とくに馬のケースで重要である北米への移民の中継センタ
ーでもあった。馬は香港社会において影響力のある人物であり、
政府さらに商業界との太いパイプから考えて、台山に住む彼の一
族のメンバーや親族の北米への移住を援助するうえで、馬は抜き
んでた地位にいたのである。こうして、馬は植民地香港を広東、
台山、仏山、遠くはカナダやアメリカにまでひろがる商業ネット
ワークの中心に変えることができたのである。まず第一に、彼は
財政援助をすることができた。事実、海外の顧客の一〇人中九人
は、交通費やその他の旅費の支払いにたいして適切な金額を融資
しようという彼の好意を受け入れたのである。こうした貸付にく
わえて、馬は滞在者に香港や旅先での臨時宿泊施設を用意するこ
ともできた。そうした旅行の手配は、未知の土地と思われるとこ
ろへ苦しい航海にのりだす旅人にとっておおきな救いであった。
書簡からその詳細はわからないが、馬による手配・後援を受けた
場合、移民は概して安全にその目的地へ到達し、すぐに馬の連絡
人による世話を受けることができた。

三 高家と馬叙朝のネットワーク

　以上みてきたように、高家のネットワークと馬の個人的な商業ネットワークがおなじ方法で運営されていなかったことはあきらかである。馬のネットワークは台山の宗族集団という基本的な結合で固められたパトロン - クライアント関係にもとづいて構築されていた。馬の企業経営スタイルにかんしては、すべての経営過程にたいする個人的支配のゆえに、より伝統的企業の典型であるといえる。顧客からの書簡はすべて馬叙朝個人に宛てられ、しかも非常に親密で私的な語調でつづられていた。馬がそれぞれの顧客に返信を書いたか否かはさだかではないが、彼のみが二〇〇人もの個人顧客や部下にかんする詳細に精通し、たえずその消息に通じていた。公有源の中心的スタツフ以外に馬が企業管理のために特定の支配人や他の職員を雇用していたという證拠はまったくない。じっさいのところ、ビジネスは彼の個人的関係、個人的接触、個人的経営に大きく依拠して遂行されていたのである。

　しかし、その運営方式からみた場合、馬の商業ネットワークの伝統的企業としての特徴はぼやけてくる。A．D．チャンドラーによれば、近代企業はことなる場所で展開され、ことなるラインで財やサービスの提供がおこなわれるという。ここで、馬の"特別な"組織のなかで展開された企業はひとつの地域だけではなく、二大陸にわたってひろがっていたことが想起される。公有源のネットワークに属する商店はどれもひとつの商品のみを扱っていたわけではなかった。この点において、元発行のネットワークはその運営面でおなじ性質をもっていた。それは、ただひとつの経済的機能のみをはたし、単一の商品のみを扱い、一地域にのみ展開するような単一の企業ではけっしてなかったのである。まちがいなく、元発行と公有源はともにすぐれて伝統的な経営システムや組織構造をそなえた中国企業であった。しかし、それらは一九世紀後半にはすでに多国籍的な展開をみせており、"伝統的"か、それとも"近代的"企業かというチャンドラーの認識にはかならずしも適合しない。これは、チャンドラーの認識がアメリカの企業発展にかんする研究から導きだされたことによるということは理解できる。しかし、本章で扱った時期における香港は国際的自由港であり、文化をこえた諸活動の中心地であった。香港の中国商社は伝統的形態の企業から近代的な企業へと発展しつつあったのである。香港の個性的な文化背景ときまぐれな商売のやりとりによって、元発行と公有源はそれぞれの商業上の要求におうじるべく独自の特徴を有するにいたった。

附録

　利用可能な情報がかぎられているために、暫定的な結論さえだすことは時期尚早だが、本章でとりあげた二つの商業ネットワークがたがいに相異なるということは明白である。馬叙朝のネットワークは高家のネットワークより、さらにいっそう個人的なネットワークであった。馬はネットワーク内のすべての顧客と緊密な個人的むすびつきを保持していたのである。しかし、馬がネットワーク内で展開したほとんどの企業にたいしてゆるやかな結合を維持していたにすぎなかったのに比較して、元発行の代表取締役はネットワーク内の子会社にたいしてより直接的な管理を実現していた。高家が元発行の必要におうじて独自の新会社を設立することによってネットワークを発展、拡大させていったのにたいして、馬はまず個人顧客の特別な要求を満足させることによってネットワークをきやすいていった。多くの場合、個人顧客がみずからサービスを受けている他の企業を順次に馬のネットワークに組み入れていったのである。両者の比較はどこまでも可能であろう。しかし、ここであきらかにされた相違点は、香港の中国人商業ネットワークの研究にかんしていっそう決定的な事実がみいだせれば、近代の中国企業の展開についての理解もいっそう深まるであろうということである。これこそが、この基礎的研究の目的なのである。

7. Ming Military Measures in the Hong Kong Region

China's maritime defence of her long coastline began with the Ming. According to Ku Yen-wu in his T'ien-hsia chun-kuo li-ping shu, there were no maritime defence forces against Japanese marauders in Kwangtung before 1394. A Kwangtung Maritime Frontier Defence Circuit (*Kwang-tung hai-tao*) was formed that year under a decree of the Hung-wu emperor. The circuit was to be under the command of a vice-superintendant (*fu-shih*), a regional military commissioner (*tu-chih-hui*) and a guard commander (*wei-chih-hui*) and delegated with the commission of patrolling and guarding the Kwangtung coast against attacks by Japanese marauders. Following this a network of patrols safeguarding the vital areas of the Kwangtung seacoast was organized. Macao and part of the Hong Kong region today belonged to the same operative area of patrol and defence in this network and there were quartered officers and soldiers for patrol and defence against Japanese marauders. This is how the "Hong Kong" region first entered into the Kwangtung maritime defence record.

Almost throughout the sixteenth century the Ming was highly alerted to defend her coastal areas as a result of havoc brought by numerous *wo-k'ou* raids. Then before the "*wo-k'ou* problem" was solved another problem had arisen with the arrival of the Portuguese. The presence of westerners in Macao led to grave concerns among many Ming officials over the safeguards against Portuguese marauding the seacoast and penetrating into the interior. Such concerns resulted in the Ming's build-up of an elaborate mechanism of surveillance and control over foreigners in Macao and its vicinity, including part of today's Hong Kong region. Because of their fear of actions by the Ming loyalists and other rebels overseas and their general desire to consolidate Manchu power, the early Ch'ing emperors not only maintained the Ming precautions against possible collusion of westerners with undesirable native elements but also sought to tighten control of the Macao-Hong Kong region.

Whereas the guidelines for coastal defense laid down during the Ming, and their objectives, remained substantially the same in the Ch'ing , the measures implemented under the Ch'ing dynasty differed in some ways. The manoeuvring and deployment of Ch'ing forces, for example, were in several ways more refined. This was because the military systems for local defence in the two dynasties were not exactly the same. Another reason is that the Ch'ing authorities, often mindful of the bitter lessons of the Ming, sought to improve on Ming improvisations. In order to put in to perspective the responsiveness of the Ming and Ch'ing administrations to the call for more competent and sophisticated defence around the Hong Kong region, it is necessary first to trace back to the earliest administrative institutions in the locality in Ming times.

The regular army of the Ming in the provinces and prefectures was organized in guards *(wei)* and chiliads *(ch'ien-hu-so)*. The Hong Kong region was within the boundary of the Tung-Kuan country. Normally there would be a glaring weakness in the Ming defence set-up in maritime frontier areas which were quite remote from the prefectural or country administrations. But a special independent chiliad (shou-yu ch'ien-hu-so) was set up in Tung-kuan country in 1394 so that the Hong Kong region, despite its extremely peripheral location, was not completed out of the reach of local defence. Besides, another chiliad, the Ta-p'eng shou-yu ch'ien-hu-so, set up in the same year as the Tung-kuan chiliad, was located about 400 li to the south-east of the Tung-kuan county. This means that a small part of the Hong Kong region was within its defence territory. At the beginning the Tung-kuan chiliad was reported to have been made up of 8 officers and 328 soldiers while the Ta-p'eng chiliard had 223 soldiers.

The number of soldiers in these two chiliads was, however, later increased to 2,200. Apart from serving as combat troops in times of war such forces normally carried out garrison duties. These included the defence of exposed towns and walled cities and other coastal strategic locations against attacks by Japanese marauders. The defence of the Hong Kong region in early Ming would have had to rely on the chiliad and to a much lesser extent, the Ta-p'eng chiliad forces.

The maritime defence literature of the Ming left a fairly good account of how the network of patrols safeguarding the vital areas of the Kwangtung seacoast was organized. By the 1540's the whole seacoast was divided into three operative areas of patrol and defence against possible raids by Japanese pirates. The Hong Kong region would fall in with the central operative area (the *chung-Iu*). As one source pointed out:"the central operative area of patrol and defence starts with Nan-t'ou in Tung-Kuan county via Fo-t'ang-men, Shih–tzu-men (immediately ouside Macao), Lang-shui-chiao and other ports. The whole network of defence was constructed in accordance with the topography of the coastline and followed the rationale that in their voyage from Fukien to Kwangtung the Japanese marauders had to go through certain strategic ports and harbours or bays and islands. The assumption was that starting from the third and fourth months of the lunar year when the south-easterly winds were prevailing,the Japanese marauders would set sail from the Fukien coast towards the Kwangtung coast. The first ideal stoppage point was most likely to be Che-lin and the seas around it were therefore conceptualized to be the eastern operative area of defence (or the *tung-lu*). If the marauders were blocked from landing at Che-lin they were bound to sail towards the maritime boundaries of Tung-kuan county. This means they would cruise in the waters of such places as T'un-men, Chi-hsi, Fo-t'ang-men, Lang-shui-chiao, Lao-wan-shan, Hu-t'ou-men and in particular, Nan-t'ou, which could be used as an ideal place of anchorage and hiding. The waters enclosing all these bays, harbours and islands together constituted the central operative area of patrol and defence. Accordingly, the military forces from the Tung-kuan and Ta-p'eng chiliads were responsible for carrying out constant patrols both on land and in these waters.

To ensure that these patrol efforts were maintained there were designated patrol units stationed around these strategic ports and harbours. Ku Yen-wu in his T'ien-hsia chun-kuo li-ping-shu stated that "in each of the (strategic) ports and harbours which fall in with the three operative areas of patrol and defence (on the Kwangtung coast), there are quartered officers and soldiers for patrol and defence against Japanese marauders. This account and numerous other Ming accounts attested to the presence of officers who were in charge of directing defence operations over the ports and harbours or bays and islands within the Hong Kong region beginning from the middle of the sixteenth century.

There is no direct reference to who these officers and soldiers might be by any Ming writer. However, several sources alluded to the fact that there were both land and water forces involved in the defence system. The land forces in the region as explained earlier would have to come from the Tung-kuan chiliad. According to the Ming military system, in addition to the guards (*wei*) and chiliads (*so*) there were also patrol posts (*hsun-chien-ssu*) stationed at strategic points along the coast. The officer in charge of each post had under his command fifty soldiers with bows (*kung-ping*). These soldiers were recorded to have been stationed in guardhouses with watchtowers (*feng-hou*).

These fortified structures took on the guise of miniature forts and were placed along the coast in close proximity to one another for better surveillance and defense. The hsun-chien-ssu located in the Hong Kong region, according to Ming maps showing the Kwangtung maritime defence network, was the Kuan-fu hsun-chien-ssu. But the first officer holding this title could be traced to 1574 only. It is quite likely that this post was not set up in the Hong Kong region until the second half of the sixteenth century. This would mean that during the period between the time when the coastal defence network was in full swing (possibly in the 1550's) and the setting up of the Kuan-fu hsun-chien-ssu in the 1570's, the officers in charge of land patrols along the coastline of the Hong Kong region would have to be those regular officers of the two chiliads of Tung-kuan and Ta-p'eng. These officers were the chiliad commander (*chih-hui*), commander of one thousand (*ch'ien-hu*), and centurion (*pai-hu*) and they were most likely on temporary assignment in the strategic locations to ward off attacks by Japanese and other sea marauders. When the threat from the marauders subsided, both officers and troops would be transferred back to ordinary garrison duty. However, after the Kuan-fu hsun-chien-ssu was set up, the officer in charge would be posted there all the time.

Besides these land patrols there was also a system of naval defence carried out in the waters of the region by war junks.

According to the Nan-ao gazetteer, in the early years of the Ming dynasty there was no separate organization of the naval forces. They were placed under the command of the officers of the wei and so. In 1563 Governor T'an Lun and the Military Commissioner (*tsung-ping*), Ch'i Chi-kuang, together proposed to the throne that special naval battalions be set up to defend the coastline. Following this, the water forces of Kwangtung province were organized into six battalions (*chai*) which were responsible for defending the maritime territories of the six prefectures of Ch'ao-chou, Hui-chou, Kuang-chou, K'ao-chou, Lei-chou and Chiung-chou respectively. The battalion in charge of naval patrols for the whole of the Kuang-chou prefecture had its headquarters in Nan-t'ou of Tung-kuan county (from 1573, Hsin-an county). The headquarters was at very close proximity to the Hong Kong region. Sixty naval vessels were supposed to be allocated to the Nan-t'ou battalion and naval defence was carried out through a number of routine cruises in the waters of such places as Fo-t'ang-men, Ta-hsing and Kuan-hai in particular. And most war junks were put in anchorage in the waters of T'un-men and Fo-t'ang-men because the waters there were the deepest in the region.

The war junks allocated to the Kwangtung battalions were of four sizes. The number of crewmen on board ranged from seventy to forty according to their size. One officer was put in charge of four such junks. The sailors were recruited by the officers in charge of coast defence and paid by money drawn from the Finance Commissioner (*pu-cheng-ssu*) for such purposes. There is good reason to believe that until 1565 the officers put in charge of such naval operations were also the regular officers of the Tung-kuan and Ta-p'eng chiliads. But starting from that year a lieutenant-colonel (*ts'an-chiang*) was assigned to take command of the Nan-t'ou battalion with a water-force of 1,486 soldiers under him. He was also to command a regiment (*ying*) of 330 land troops. The water-force had at its disposal 53 large or small junks and patrol boats to guard all the strategic areas within the maritime territories of the Kuang-chou prefecture. The water forces and war junks were distributed equally among six patrol outposts. Each of these outposts, Fo-t'ang-men, Lung-chuan-wan, Lo-ke, Ta-ao, Lang-tao-wan and Lang-pai, was assigned a water force of 210 troops and 8 war junks. The system of defence was hence centralized and became better organized.

In 1586 a military officer of a higher rank, the military commissioner (*tsung-ping*), was stationed in the headquarters of the Nan-t'ou battalion to replace the lieutenant-colonel as commander. However, this lasted for only 4 years as the lieutenant-colonel was soon restored as chief officer in 1590. However, as the activities of the Japanese marauders became more rampant, the strength of the Nan-t'ou battalion was accordingly augmented to 2,008 troops in 1591 while the number of war junks under its command was also increased to 112. In addition to these changes, points of anchorage for patrolling war junks were extended to include such bays and harbours as T'un-men, Chiu-lung, Chi-shui-men, Tung-yung, Hsi-yung, O-kung-t'ou and others. Of these at least seven could be identified as falling into the Hong Kong maritime frontier.

In 1614, the Viceroy of Liang-Kuang, Chang Ming-kang, memorialized he throne that Japanese who were sheltered in Macao by the Portuguese had become too ungovernable and needed to be suppressed and driven out of the settlement. There were strong opinions at the time that the Portuguese should also be deported. But Viceroy Chang thought otherwise and recommended instead that the Portuguese be allowed to remain in Macao but that laws be enacted to control them and that garrison units in the area be augmented in order to guard against them. As a result, in 1617, a lieutenant-colonel was assigned to be in charge of a battalion to be stationed in Yung-mai village of Hsiang-shan county, approximately 50 *li* north of Macao, to defend the area both on land and at sea. In 1621, the lieutenant-colonel set up his headquarters in Ch'ien-shen, much closer to Macao. He had in his command a water-force of 1,200 troops and 50 large and small patrol boats to guard eleven strategic outposts leading to the entrance of the port of Macao. Six hundred and eighty of the troops and thirty-three of the boats were in fact taken from the Nan-t'ou battalion. Even though the strength of the Nan-t'ou battalion seemed to have been depleted, in fact the maritime territories within its jurisdiction were greatly reduced so that the defence of the Hong Kong region was made more efficient.

To recapitulate, in the early years of the Ming dynasty it is difficult to identify any defence units actually stationed inside the Hong Kong region. From 1394 on, after the Kwangtung Maritime Defence circuit came into being, the Hong Kong region was made one of the several defence outposts within the protective network which was being constructed along the Kwangtung coast against Japanese marauders. It was also in the same year that a special chiliad was set up and its headquarters located close to the Hong Kong region. By the 1550's after the network of naval patrols had been formulated into three operative areas, there were constant references to the localities of T'un-men, Fo-t'ang-men, Ta-ao and Tung-yung on Lantao Island and other bays within the Hong Kong region by the Ming maritime defence literature. These localities came into prominence in the defence network for various reasons. To start with, they were situated along the navigation channels leading to the Nan-t'ou peninsula which formed the main bulwark against any passage into Canton along the Pearl River. The strategic significances of Nan-t'ou was made very clear by the joint memorial of the Kwangtung viceroy and censor in 1586. They accordingly proposed that the military commissioner be assigned to Nan-t'ou to maintain full control over this "gateway into Canton." "For it is possible for foreign vessels to sail directly to Macao but from Macao to Canton (the channel) is too shallow for such vessels. They must therefore pass through the Lantao (Ta-yü-shan) channel via the Nan-t'ou peninsula straight up to the Boca Tigris (Hu-men) and into the Pearl River (Chu-chiang)." The waters in these localities needed therefore to be patrolled frequently and were ideal points of surveillance over foreign ships which attempted to sail up the Pearl estuary. This accounted for patrol outposts being set up in T'un-men, Fo-t'ang-men, Ta-ao and Tung-yung. Moreover, the deep drafts in the waters of these localities formed ideal points of anchorage for the larger war junks of the Nan-t'ou water-force which was responsible for defending the maritime frontier of the whole Kuang-chou prefecture.

How efficient was the defence system set up in the Hong Kong region from the mid-sixteenth century to the end of the Ming? There is evidence that the coastal region of the Tung-kuan county (later the Hsin-an county) during this period was far from peaceful and orderly. A few serious cases of plunder were recorded to have been wrought by marauders coming from the sea. These sea marauders were mainly made up of the mobile floating or boat population known in Kwangtung as the Tanka, and the deserters or runaways of the Fukien coastal military posts who had made their hideouts in the off-shore islands about sixty li from the Macao harbour. These marauders were allegedly reported to have close connections with foreigners. They were accused of instigating either Japanese or the Portuguese to take part in the raids. But compared to the much greater number of cases of plunder experienced by the Hsiang-shan district in the same period, the garrison forces of the Hong Kong region were apparently more efficient to cope with such disturbances.

In 1521 the Portuguese were reported to have sailed into the Hong Kong region with an attempt to reach Canton for trade. When the westerners allegedly refused to leave without selling their goods they were recoded to have engaged the Ming naval forces in a fierce confrontation near the port of T'un-men. Wang Hung, then the Hai-tao or commander of the fleet at Canton, was given chief credit for defeating the Portuguese because he was able to enlist in his service two Chinese who had been with the Portuguese for many years and knew how to cast cannon and make gunpowder, and Wang owed much of his victory to the cannon made by them. In 1623 there was an incident of Dutch vessels encroaching into the waters of Fo-t'ang-men and anchoring close to the shore. When it was reported that the Dutch were aiming at landing, the Hsin-an county magistrate, T'ao Hsüeh-hsiu, immediately led a force of village braves to reinforce the coastal defence units. Thus T'ao was finally able to ward off the foreign marauders by sallying into the scene of action to supervise the defence efforts. Again in

1630 sea marauders coming in over a hundred

Junks were reported to have penetrated into the waters off Fo-t'ang-men with a view to landing at Nan-t'ou peninsula to plunder the neighbouring areas. The commander of the Nan-t'ou naval battalion, Lieutenant-colonel Ch'en Kung mobilized his war junks to confront the marauders off Fo-t'ang-men. During the first encounter Ch'en was able to defeat the marauders and capture seven of their boats. The sea marauders then changed their tactics. They turned away from the government fleet and slipped into the waters of Nan-t'ou instead. Since the number of war junks under his command was greatly outnumbered by that of the marauders, Ch'en Kung did not dare to pursue after them. He returned to the headquarters and fortified the walled city to forestall their attack. The marauders besieged the city for days but failed to take it. After their leader was killed by cannons fired by the government troops, the marauders took off to the sea again and began a series of plunder along the coast. The Kwangtung governor empowered Ch'en Kung to gather a fleet of over a hundred war junks to engage the marauders in a series of fierce confrontations. Ch'en Kung was finally able to suppress the sea marauders but he also lost his life in the battle.

So far this paper has tried to trace the origin of the defence measures set up around the Hong Kong maritime frontier and to show how these measures had been maintained and strengthened throughout the Ming period. The measures were originally set up to protect the region against Japanese marauders. But after the "*wo-k'ou*" had been suppressed the vigilance over coastal defence was nevertheless maintained. As has been pointed out, the defence mechanism was used to ward off encroachment of Portuguese and Dutch ships into the neighbouring waters leading to the Pearl estuary. The same system had also successfully guarded the Hong Kong coast against the Ming's dissident elements plundering the region from the sea. Were these incidents, which occurred in the Hong Kong region and which involved Japanese marauders, Portuguese and Chinese renegades, simply isolated events? Or were they interrelated? If so, how could they be related to the larger issues of Ming history?

Since the founding of the Ming dynasty in 1368, its subjects had been prohibited from going out to sea to trade with foreign countries. The only form of foreign trade permitted was that which accompanied a tribute mission on a fixed schedule. However, at the beginning of the sixteenth century, political developments in East Asia and Southeast Asia threatened to disrupt the system of diplomacy and trade familiar to and favoured by the sinocentric world order of the Ming. In Japan, the central government was unable to maintain control over the whole country and so powerful military families vied with each other for the right to send tribute missions. The feud between the two families of Ouchi and Hosokawa resulted in great disturbances along the Fukien coast in 1523. Accordingly, Ming China suspended the tribute trade with Japan. The Portuguese takeover of Malacca in 1511-1512 also upset the harmony. Canton was the port of call for tribute missions from the Ming vassal states in Southeast Asia. The Portuguese followed the steps of the Malaccans and arrived at Canton in 1517. Foreigners were permitted by the local officials to trade. The Portuguese, however, were not satisfied with trade without imperial sanction. After their plot to pose as tribute bearers of Malacca failed to gain an audience with the Ming emperor, the Portuguese were banned by the Son of Heaven from trading with China throughout the rest of the dynasty.

The imperial ban did not stop the foreigners, both Portuguese and Japanese, from coming to trade. The Japanese began to turn to illicit ways to carry on profitable trade. Chinese in the coastal provinces, eager to reap the huge profits, willingly served as collaborators of the foreigners. In the absence of government supervision and regulation, illicit trade became a private affair between the Chinese collaborators and the Japanese. Often, eruptions of violence between the two groups led to Japanese marauding the coastal areas, reviving and worsening the "*wo-k'ou* problem". In the meantime, frustrated with their attempts to establish legitimate trade relations with China at Canton, the Portuguese also began participating in the illicit trade between the Japanese and their Chinese collaborators along the Fukien and Chekiang coasts after 1523. Thus the Portuguese became inextricably interwoven with the pirates and smuggling activities which were rampant throughout the Chia-ching (1522-1567) period. Thus, what the Chinese government referred to as the "*wo-k'ou*" by the 1550s were in reality marauders of an international fraternity.

The so-called "*wo-k'ou* problem" thus turned out to be more complex than just an external menace, that is, Japanese piracy along the coastal areas. Whereas the realization of te complexities and ultimate source for the problem came in good time to the Ming authorities, it only came gradually. In the event of the unravelling of the real nature of the "*wo-k'ou* problem", several characteristics of its syndrome came to be established. First, the problem also posed an internal threat to the dynasty. China's own dissident elements played a leading role in conducting the Japanese raids of the coastal areas. Secondly, the twin evils of smuggling and piracy formed the main ingredients of the problem and had to be dealt with simultaneously. Finally, the Ming policy of prohibiting maritime trade had to be re-evaluated since it played a large role in giving rise to or speeding up the twin evils. In a period of forty years or more, since the 1520s, the Ming authorities were thus forced to respond to the events, circumstances and crises as they arose in search of a prescription that might finally put an end to this malaise. This was indeed no easy job. For such a policy would not only have to be able to eradicate smuggling and piracy but also provide a settlement for maritime trade and hence, foreign relations. This accounted for the hesitancy and vacillation on the part of the court in adopting a definite policy.

While it took a long time for the Ming authorities to come up with an ultimate solution, they had come to the poignant realization quite early that the "wo-k'ou problem" posed more than just the danger of an external menace. Disturbances were being caused by China's own dissident elements from within. There was grave concern on the part of China defence strategists and policy-makers that the success of the pirate raid was greatly ensured by the collaboration of China's mainlanders. Defence against outside marauders was therefore tantamount to internal surveillance over possible collaborators and traitors. The dominant rationale was that when the seaborne marauders were completely cut off from their sources of supplies, the problem of coastal raids would be quite easily solved. This gave rise to the assumption that when foreigners were disassociated from China's internal treacherous elements, they could hardly pose formidable threats.

When piratical raids and smuggling of the Japanese and their collaborators intensified in the 1550s and spread from modern Chekiang northward to the coastal region of Kiangsu and southward to the coastal area of Fukien and Kwangtung provinces, the provincial officials were receiving pressure from Peking to take strong action against the international fraternity of marauders in the area. This accounted for the fact that the build-up of an elaborate mechanism of surveillance and defence in the Hong Kong region began with the 1550s. The Canton officials also simed at strengthening the local coastal defence system but with a different aim in mind. Since the expulsion of the Portuguese, the Canton trade with Southeast Asian states never regained its former size and significance. The main cause for such diminished trade was that some of the Southeast Asian states had fallen into the hands of the Portuguese and until differences with the Portuguese were reconciled no ships were likely to arrive in China from these areas. As a result, Kwangtung suffered from an acute economic crisis. The Canton officials were, therefore, eager to trade with the Portuguese so as to remedy the stringent financial situation.

Pressing needs on the part of the Portuguese also led them to reach an understanding with the Chinese provincial officials. The Portuguese trade with Japan, a trade based on the exchange of Chinese silks and Japanese silver with the Portuguese acting as middlemen, had reached considerable proportions and was yielding lucrative profits. The Portuguese, therefore, had a strong desire to secure supplies of Chinese products. What they needed was to work out trade details that would be acceptable to both parties. For the Kwangtung officials, to allow the foreigners to come into the city of Canton would raise a formidable security risk especially when the Portuguese were found to have close relations with the Japanese. This was a risk far greater than the Kwangtung officials were prepared to take. However, they had learned from the experiences of these years of contact with foreigners that if only the Portuguese could be kept from collaborating with the unscrupulous Japanese and treacherous Chinese inhabitants, the Portuguese themselves could hardly pose any formidable threat to the security of the area. If they were to be confined to an area where there were ample means to carefully examine and scrutinize those natives who were the medium for such contact, trade could be carried cut. But the area would have to be close enough to Canton to satisfy the needs of the Portuguese and it would have to be strongly defended.

The place finally chosen for such operations was Macao. But before this happened, in their efforts to accommodate the Portuguese the Canton officials had been tolerating foreign ships coming to anchor at islands south of the harbour of Canton such as Lang-pai-kao and Shang-chuan (St. John's Island). Evidence of Portuguese frequenting these islands can be found in both Chinese and Western sources. Details are lacking in these accounts but they corroborate each other in what they describe. And based on these descriptions there is no doubt that a considerable volume of trade was concluded at these off-shore islands between the Portuguese traders and the Chinese who came from Canton in small boats. There were indications that the Portuguese gradually desired to move into Canton city to trade. The reasons were not clear. However, the opportunities available in these islands were obviously not sufficient to satisfy the Portuguese who had begun to crave much greater business prospects associated with the Canton fairs. To the Kwangtung officials, the unsavory images of the Portuguese could not be so easily overcome. The foreigners must not be allowed to enter Canton. Navigational channels situated on the most likely passage into Canton which foreign ships had to take because of their deep drafts needed to be fortified. This explained why the headquarters of the Canton naval force was set up at Nan-t'ou. This also accounted for numerous defence outposts being set up in various points of the Lantao Island and in T'un-men and Fo-t'ang-men and other strategic points within the Hong Kong maritime frontier. These military installations represented part of an elaborate defence mechanism for maintaining control over foreign ships which attempted to sail into the Canton harbour for trade.

By the end of the sixteenth century a policy was gradually being shaped by the Canton officials to accommodate two facts of Chinese foreign relations: that foreign maritime trade was profitable and might be permissible but needed to be regulated, and that effective coastal defence was essential. This policy had stemmed from special historical circumstances and events leading to the worsening of the "*wo-k'ou* problem" and the rise of the "Portuguese problem". The workability of the formula as designed by the provincial officials would have to depend largely on efficient and sufficient safeguards against Portuguese penetration into the interior or sailing up the Pearl estuary to reach Canton. Kwangtung officials accordingly took the initiative to strengthen the local defence system around Macao and to fortify military outposts along the navigational channels leading to the Pearl estuary. This explains why the military measures set up within the Hong Kong region survived the "*wo-k'ou* problem". These measures must therefore be understood in the context of the special historical circumstances and events leading to the worsening of the "*wo-k'ou* problem" and the rise of the "Portuguese problem". They should also be understood as part of an elaborate mechanism built up around Macao and its vicinity to enable the formula to work.

附錄二

霍啟昌教授香港史主要著作目錄

專著

《港澳檔案中的辛亥革命》〔香港：商務印書館（香港）有限公司，2011〕。

《香港史教學參考資料》〔香港：三聯書店（香港）有限公司，1995〕。

Hong Kong and the Asian Pacific (1840-1900) (Hong Kong: Joint Publishing (H. K.) Co., Ltd, 1993).

《香港與近代中國》〔香港：商務印書館（香港）有限公司，1992〕。

Lectures on Hong Kong History (Hong Kong: The Commercial Press, 1990).

合著及編著

《香港史新編》（增訂版）〔香港：三聯書店（香港）有限公司，2017〕，第 1 冊，第 2 章。

《香港史新編》〔香港：三聯書店（香港）有限公司，1997〕，第 1 冊，第 2 章。

論文

《不正視重要香港史實將危害香港年青一代》，"香港的歷史與社會研究"國際學術研討會（2016 年 12 月 1－2 日）論文（香港："香港的歷史與社會研究"國際學術研討會籌委會，2017），25－46頁。

〈為什麼港澳、港澳人能够對辛亥革命運動的成功作出重大貢獻〉，《辛亥革命與百年中國：紀念辛亥革命一百周年國際學術研討會論文集》第 3 冊，中國社會科學院近代史研究所編，（北京：社會科學文獻出版社，2016），1649－1670 頁。

〈史家視角談香港回歸十年〉，載《中國評論》（香港：中國評論文化有限公司，2007），64－67 頁。

〈香港特首應有的歷史觀與全局視野〉，載《中國評論》（香港：中國評論文化有限公司，2007），55－58 頁。

"Hong Kong and the Philippines (1840-1900): Themes and Perspectives through a Preliminary Analysis of Source Materials in the Hong Kong Archives", in *Conference Proceedings of Macao-Philippines Historical Relations*, edited by Alan Norman Baxter, Maria Antónia Espadinha, Leonor Diaz de Seabra, published by University of Macau and CEPESA (Porturguese Centre for the Study of Southeast Asia, 2005), pp.56-68.

〈香港在中國近代史的重要貢獻〉，《歷史與文化：香港史研究公開講座文集》，香港史研究公開講座文集編輯委員會，（香港：香港公共圖書館，2005），97－119 頁。

〈淺釋 "九一八" 與香港華人民族意識的澎湃〉，《"九一八" 事變與近代中日關係──九一八事變 70 周年國際學術討論會論文集》，中國社會科學院中日歷史研究中心編，（北京：社會科學文獻出版社，2004），497－515 頁。

"Hong Kong's Economic Relations with China in the Late Ch'ing Period (an extract)", in *The Economy of Hong Kong in Non-Economic Perspectives*, Edited by Law Kam-yee and Lee Kim-ming (Hong Kong: Oxford University Press, 2004), pp.3-9.

"Private Chinese Business Letters and the Study of Hong Kong History - A Preliminary Report (an extract)", in *The Economy of*

Hong Kong in Non-Economic Perspectives, Edited by Law Kam-yee and Lee Kim-ming (Hong Kong: Oxford University Press, 2004), pp.99-100.

〈認識港澳史與辛亥革命研究一些新方向芻議〉，《辛亥革命與二十世紀的中國》，中國史學會編，（北京：中央文獻出版社，2002），2320－2368頁。

〈晚清民初香港及其華人與中國外交〉，《海外華族研究論集第二卷：婦女、參政與地區研究》，張存武、湯熙勇主編，（台北：華僑協會總會出版，2002），391－415頁。

"Lineage Ties and Business Partnership: A Hong Kong Commercial Network", in *Commercial Networks in Modern Asia*. Eds. S. Sugiyama and L. Grove. Richmond (London: Curzon Press, 2001), pp.159-170.

"Hon-kon no shōgyō Netsutowaku: Soozoku Musubu to Bizinesu Patonashitsupu [Lineage Ties and Business Partnership: A Hong Kong Commercial Network]", in *Kindai Ajia no Netsutowaku* [*Commercial Networks in Modern Asia*]. Eds. S. Sugiyama and L. Grove (Tokyo: Sōbunsha, 1999), pp.179-194.

〈淺釋港澳檔案所藏有關孫中山與澳門關係研究的一些資料〉，廣州《學術研究》，第2期（1997），60－65頁。

〈香港在辛亥革命成功中的作用的研究〉，《辛亥革命與近代中國》（北京：中華書局，1994），487－502頁。

〈香港與辛亥革命〉，《二十世紀的香港》（香港：麒麟書業有限公司，1993)，第4章，55－73頁。

〈英國佔領前的香港地區〉，《十九世紀的香港》（北京：中華書局，1993)，第1章，1－22頁。

"Hong Kong Historical Research in Hong Kong, 1895-Present", in *Asian Research Trends*. No. 3. Centre for East Asian Cultural Studies (Toyo Bunko 1993), pp. 1-19.

〈香港在辛亥革命中的作用〉，《香港與近代中國》〔香港：商務印書館（香港）有限公司，1992〕，152－181 頁。

〈晚清期間香港對中國經濟發展的重要性初探〉，《清代區域社會經濟研究》（北京：中華書局，1992），609－617 頁。

〈香港、香港華人與近代中國〉，《近代中國與世界論文集》（北京：中國社會科學院近代史研究所，1990），722－732 頁。

〈孫中山先生早期在香港思想成長的初探〉，《孫中山的時代》（北京：中華書局，1990），929－940 頁。

"Private Chinese Business Letters and the Study of Hong Kong History: A Preliminary Report", in *Collected Essays on Various Historical Materials for Hong Kong Studies* (Hong Kong: Hong Kong Museum of History Press, 1990), pp. 14-20.

〈香港華人在近代史上對中國的貢獻試析〉，《海外華人研究》，台灣中央研究院第 1 期（1989），1－8 頁。

〈香港與中國在近代史的關係 —— 歷史的回顧〉，《亞太區中的香港角色的挑戰與回應研討會論文集》（香港：嶺南學院亞太研究中心，1989），13－23 頁。

〈《勘建九龍城砲台全案文牘》的史料價值〉，《香港中國近代史學會會刊》，第 3 期（1989），33－41 頁。

〈晚清時期香港對內地經濟發展之影響〉，《學術研究》，第 2 期（1988），70－75 頁。

〈幾種有關孫中山先生在香港策劃革命的史料試析〉，《回顧與展望 —— 國內外孫中山研究述評》（北京：中華書局，1986），440－455 頁。

"Ming Military Measures in the Hong Kong Region", in *From Village to City: Studies in the Traditional Roots of Hong Kong Society*. Eds. David Faure and James Hayes (Hong Kong: The University of Hong Kong, 1984). pp.10-23.

索引

人物與機構

索引

435

地名

索引

報刊與文獻

事件與其他

索引

· **香港文庫**

　　總策劃：鄭德華

　　執行編輯：梁偉基

· **香港與近代中國：霍啟昌香港史論**

　　責任編輯：李　斌

　　書籍設計：吳冠曼

書　　名	香港與近代中國：霍啟昌香港史論
著　　者	霍啟昌
出　　版	三聯書店（香港）有限公司 香港北角英皇道 499 號北角工業大廈 20 樓 Joint Publishing (H.K.) Co., Ltd. 20/F., North Point Industrial Building, 499 King's Road, North Point, Hong Kong
香港發行	香港聯合書刊物流有限公司 香港新界大埔汀麗路 36 號 3 字樓
印　　刷	美雅印刷製本有限公司 香港九龍觀塘榮業街 6 號 4 樓 A 室
版　　次	2019 年 9 月香港第一版第一次印刷
規　　格	16 開（170 × 240 mm）456 面
國際書號	ISBN 978-962-04-4507-1